Roxane van Iperen

EIN VERSTECK UNTER FEINDEN

Die wahre Geschichte von zwei jüdischen Schwestern im Widerstand

Aus dem Niederländischen von Stefan Wieczorek

Hoffmann und Campe

Die Originalausgabe erschien 2018 unter dem Titel
't Hooge Nest bei Lebowski Publishers, Amsterdam.

Der Verlag dankt der Niederländischen Literaturstiftung für
die Förderung der Übersetzung.
Der Übersetzer erhielt für die Arbeit an diesem Text ein
Stipendium des Deutschen Übersetzerfonds.

Nederlands letterenfonds
dutch foundation
for literature

1. Auflage 2020

www.hoffmann-und-campe.de
Umschlaggestaltung: Vivian Bencs © Hoffmann und Campe
Umschlagabbildung: © Bea Dietrich-Gromotka
Gesetzt aus der Sabon
Satz: Dörlemann Satz, Lemförde
Druck und Bindung: GGP Media GmbH, Pößneck
Printed in Germany
ISBN 978-3-455-00645-2

HOFFMANN UND CAMPE

Ein Unternehmen der
GANSKE VERLAGSGRUPPE

INHALT

VORWORT

Als wir auf den Waldweg einbiegen und sich das Haus zwischen den Bäumen zeigt, hat es uns verzaubert. Die Redensart »ein Häuschen im Grünen« – und genau danach hatten wir gesucht – entspricht nicht ganz der Realität, denn dieses Haus ist riesig und trägt sogar einen eigenen Namen: *Das Hohe Nest*. Unser Blick gleitet über die stattliche Fassade, die mit Efeu bewachsenen Steinmauern und die alten Fensterläden. Aus allem hier spricht Geschichte, Größe, aber ohne das Prätentiöse oder Steife, das damit oft einhergeht. Im Gegenteil: Der verwilderte, waldähnliche Garten, das hochstehende Gras, die Strickleitern, die hin und her baumeln, die Obstbäume weiter hinten – all das verlangt geradezu danach, herumzurennen, zu spielen, ein Feuer zu machen und bis in die Nacht unter dem Sternenhimmel zu reden, ungestört von der bewohnten Welt. Wir schauen uns an und denken das Gleiche. Wenn wir hier leben könnten.

Das Unvorstellbare wird Wirklichkeit. Im Spätsommer des Jahres 2012 ziehen mein Mann und ich mit unseren drei kleinen Kindern, einem Altdeutschen Schäferhund und drei Katzen mit einem *Mobile Home* in den Garten des Hohen Nestes. Vor uns liegt ein langer Weg, an dessen Ende wir diese ganz besondere Villa wieder im alten Glanz erstrahlen lassen wollen. Wände werden restauriert, Treppen abgeschliffen, Verkleidungen entfernt, unter denen sich Decken mit einfallsreichen Balkenkonstruktionen verbergen. Mit bloßen Händen ziehen wir den Bodenbelag ab und entdecken in nahezu jedem Zimmer Luken im Holzboden und Verstecke hinter alten Vertäfelungen. Dort finden wir Kerzenstummel, Notenblätter und Zeitungen des Widerstands aus dem Zweiten Weltkrieg. So beginnt für uns die Rekonstruktion der Geschichte des Hohen Nestes. Eine erstaunliche Geschichte, die, wie sich gezeigt hat, von einem wichtigen Teil des Krieges erzählt; einem breiten Publikum war sie bislang unbekannt – sogar in der unmittelbaren Umgebung des Hohen Nestes.

Mit meinen Fragen löchere ich die ehemalige Besitzerin des Hauses, Nachbarn und Ladenbesitzer in den umliegenden Dörfern, ich stürze mich auf Kataster und Archive, und eine verblüffende Entdeckung folgt auf die nächste. Auf dem Höhepunkt des Zweiten Weltkriegs – die Züge in die Konzentrationslager sind ausgelastet und die »Endlösung der Judenfrage« wird Realität – errichten zwei jüdische Schwestern im Hohen Nest ein Zentrum des Widerstands und verstecken viele Verfolgte. Nach und nach lerne ich deren Nachfahren kennen, und die damals untergetauchten Kinder kehren ins Haus zurück. Sie teilen ihre Erinnerungen mit mir, geben mir persönliche Dokumente. So bekommt die Geschichte Farbe, kann ich den Schwestern eine Stimme geben.

Langsam, aber sicher, Zimmer für Zimmer, finden die Puzzlestücke zueinander, bis die unglaubliche Geschichte jetzt, sechs Jahre später, auf dem Papier steht: Dieses Haus ist größer als wir. Wir sind nur Passanten, die das Glück haben, es bewohnen zu dürfen.

KRIEG

»Wenn gekämpft werden muss, muss gekämpft werden. Man kann sich selbst nicht untreu werden. Man kann sich selbst auch nichts vormachen. Wir standen für etwas ein. Wir haben getan, was wir tun mussten, was wir tun konnten. Nicht mehr und nicht weniger.«

Janny Brandes-Brilleslijper

DIE SCHLACHT UM DEN NIEUWMARKT

Amsterdam, 1912. Wenn die Schlacht um den Nieuwmarkt anders ausgegangen wäre, hätte es die Familie Brilleslijper wahrscheinlich nicht gegeben. Dort, auf dem Platz im jüdischen Viertel, dem sogenannten Jodenhoek, zu Füßen des jahrhundertealten Stadttors De Waag, kämpft Joseph Brilleslijper um die Hand von Fijtje Gerritse.

Ihre Familien könnten gegensätzlicher nicht sein: Joseph stammt aus einem Zirkusgeschlecht von umherziehenden, jiddisch sprechenden Musikern, und obwohl sein Vater mittlerweile beruflich Obst importiert, sind für den Haushalt Brilleslijper noch immer die ausschweifenden Freitagabende zu Hause in der Jodenbreestraat typisch, wenn sich alle Familienmitglieder versammeln, um zu musizieren und Theater zu spielen. Fijtje Gerritse hingegen stammt aus einer Familie frommer friesischer Juden, alle groß und eher mürrisch, alle mit rotblondem Haar, die ihre sechs Kinder mit eiserner Disziplin inmitten der Gottlosigkeit des Amsterdamer Zeedijk erziehen, in dem sich Hafenarbeiter, Huren und Seemänner tummeln. Schon in jungen Jahren arbeitete Fijtje dort im Geschäft ihrer Eltern, das abends geöffnet war. Sie stand auf einer Kiste hinter der Kasse, neben sich die drei Brüder als Rausschmeißer. Sie ist bis über beide Ohren in den immer zum Lachen aufgelegten Joseph Brilleslijper verliebt, aber ihre Eltern wollen von dem jungen Kerl nichts wissen: ein Nichtsnutz ohne Beruf, der bei jeder Gelegenheit abhaut, um seinen umherziehenden Zirkusgroßvater zu besuchen.

Nachdem Joseph sich von den drei Gerritse-Brüdern wiederholt eine heftige Abreibung eingefangen hat, als er bei Fijtjes Eltern um ihre Hand anhalten wollte, ja von ihnen sogar aus dem Haus gejagt wurde, wobei sein Gesicht unsanft auf dem Pflaster landete, weiß er, dass er nur noch eine Chance hat. Er fordert die ungeschlagenen Riesen des Zeedijk-Viertels auf, von ihrem Thron herabzusteigen, sodass er der Familie Gerritse ein für alle Mal zeigen kann, zu was er imstande ist. Gemeinsam mit seinem älteren Bruder Ruben trommelt er einige Freunde aus der Jodenbreestraat und den Joden Houttuinen zusammen. Darunter ist ein Junge namens Stummer Öpie, der noch nie ein Wort gesagt hat, der aber so bärenstark ist, dass niemand es auch nur wagt, laut ein Wort darüber zu verlieren. Mit geballten Fäusten und zusammengebissenen Kiefern halten sie auf De Waag zu. Vor der Fischhalle auf dem Nieuwmarkt kommt es zu einem spektakulären Faustkampf, und zum ersten Mal in ihrem Leben werden die Brüder Gerritse in die Knie gezwungen. Joseph wischt sich das Blut von den Fingerknöcheln, holt seine »Fietje« im Laden ihrer Eltern ab und zieht mit ihr bei Ruben und dessen Frau ein. Ob es nun ein taktisches Kunststück, brutale Gewalt oder Glück war: Der Sieg ist das Startzeichen eines liebevollen Zusammenlebens. Sie heiraten am 1. Mai 1912 und Josephs Vater organisiert ein Häuschen für das junge Paar im ärmlichsten Teil des Jodenhoek. Dort bei den Joden Houttuinen, auf der Ecke zum Uilenburgersteeg, erblickt am 13. Dezember 1912 ihr erstes Kind, Rebekka – »Lientje« – Brilleslijper das Licht der Welt.

Die Familie ist arm, aber glücklich. Nach ein paar mageren Jahren können sie mit Hilfe von Josephs Vater, Opa Jaap, einen Laden in der Nieuwe Kerkstraat übernehmen. Mit der kleinen Lien ziehen sie über dem Geschäft ein. Fietje arbeitet Tag und

Nacht im Laden, während Joseph als Arbeiter im Großhandel von Opa Jaap hilft. Es dauert noch vier Jahre, bevor das Ehepaar Gerritse von Zeedijk aus – von ihnen nur getrennt durch den Waterlooplein und den Nieuwmarkt, aber doch eine ganze Welt entfernt – wieder Kontakt zu ihrer Tochter sucht. Der Anlass ist die Geburt von Fietjes zweiter Tochter, die sie nach ihrer Mutter nennen: Marianne – »Janny«. Fünf Jahre später, im Sommer 1921, wird dann endlich der lang erwartete Sohn, Jacob – »Japie« – geboren, damit ist die Familie komplett.

Während Joseph und Fietje rund um die Uhr arbeiten, damit es auch am Ende des Monats noch reicht, erzieht der Jodenhoek die Kinder. Große Familien leben in Häusern, die eigentlich nur bessere Schuhkartons sind – mit Schlafplätzen unter Spülbecken und neben der Fußbodenleiste in der Diele; das Leben der Kinder spielt sich daher vor allem auf der Straße ab. Um die Ecke des elterlichen Hauses befindet sich das Theater Carré, dort beobachten sie stundenlang die hübsch herausgeputzten Menschen, die in die Revue strömen. Etwas weiter in der Jodenbreestraat gibt es das Tip-Top-Theater, ein beliebter Treffpunkt, wo Stummfilme gezeigt werden und bekannte Künstler wie Louis und Heintje Davids auftreten. In diesem Viertel kennt jeder jeden; Brüder helfen, das tägliche Brot zu verdienen, Schwestern, die Kinder groß zu bekommen. In den Straßen hängt Essensgeruch; vom Waterlooplein bis zur Jodenbreestraat sind Stände aufgebaut, an denen geröstete Maronen, frischer Fisch, scharfe Gewürze und saure Gurken angeboten werden. Freitags kocht Fietje, genau wie einige andere Frauen aus der Nachbarschaft, für die Armen immer einen großen Topf Suppe über dem Feuer. In den Kriegsjahren, als plötzlich viele belgische Flüchtlinge im Laden auftauchen, gibt sie besorgten Müttern auch ohne Geld deren Einkäufe mit – »Ich schreib das an«, sagt sie dann und lächelt ihnen zum Abschied zu. Freitags trifft man sich abends mit dem Rest der Familie Brilleslijper im Haus von Opa Jaap an der Jodenbreestraat.

Dann wird Hühnersuppe gegessen und den ganzen Abend mit allen Onkeln, Tanten, Neffen und Nichten Musik und Theater gemacht. Eine Tradition, die Joseph, als Opa Jaap stirbt, mit seiner eigenen Familie fortsetzen wird.

So spielt die frühe Jugend der drei Brilleslijper-Kinder sich in der bedürftigen, aber geschützten Umgebung des Amsterdamer Jodenhoek ab, in einer Familie voller Liebe und Musik. Aber im Laufe der zwanziger Jahre wird das Leben schwieriger. Die Arbeitslosigkeit nimmt zu, Familien haben nichts zu essen, und als Fietje einmal freitags bei einer Nachbarin vorbeischaut, besteht deren traditioneller Eintopf für die Armen bloß noch aus kochendem Wasser. Das Gebäude, in dem sich ihr Laden und darüber ihre Wohnung befinden, wird an eine große Firma verkauft, und notgedrungen müssen sie in die Rapenburgerstraat umziehen. Das ist nur ein Block entfernt von ihrem alten Haus, aber die Mutter verliert ihr Geschäft, und dieser Verlust trifft sie schwer. Joseph allein verdient zu wenig, um das Haus zu halten, und die Familie zieht nochmals um, in zwei kleine Zimmer in der Nähe der Marnixstraat. Vor Tagesanbruch verlassen Fietje und Joseph die Wohnung, um Geld als Obst- und Gemüsegroßhändler zu verdienen.

Nach dem Tod von Opa Jaap 1925 ändern sich die Zeiten ein wenig: Joseph übernimmt mit der Unterstützung seines Bruders Ruben den Großhandel, und sie ziehen zur Familie in ein Gebäude in der Marnixstraat, wo sie das erste Geschoss bewohnen. Janny und Lien haben ein wunderbares gemeinsames Zimmer. Aber den Mädchen scheint der vertraute Jodenhoek Meilen entfernt; sie vermissen ihre Umgebung, die Menschen und das vertraute Jiddisch Amsterdams, mit dem gelispelten »S«. Abgeschnitten vom Jodenhoek verstehen die Mädchen zum ersten Mal, warum der stetig wachsende Strom jüdischer Flüchtlinge aus Russland und Polen in derart winzigen Gebäuden aufeinanderhockt. Im Straßenbild um die Nieuwe Prinsengracht, in der

Gegend ihres alten Ladens, wo viele Ostjuden frischen Fisch bei Fietje kauften, bilden sie ein zusammengehörendes Ganzes aus Männern in schwarzen Kaftanen mit langen Schläfenlocken und Frauen mit Kopftüchern.

Die Schwestern sind nicht nur äußerlich kaum auseinanderzuhalten, sie sind auch unzertrennlich und genießen die Freiheiten, die sich aus dem liebevollen Schlendrian der Eltern ergeben. Wenn Joseph und Fietje in der Morgendämmerung zum Markt aufgebrochen sind und Japie noch schläft, holen sie ihre Fahrräder aus dem Schuppen, treten kräftig in die Pedale und fahren mit vornübergebeugten Oberkörpern am Olympia-Stadion vorbei, über den Amstelveenseweg und dann rechts ab zum Ijsbaanpad. Bei der hölzernen Fußgängerbrücke über die Zugtrasse nach Aalsmeer müssen sie absteigen; die Brücke ist so steil und hoch, dass sie sich ins Zeug legen müssen und mit ausgestreckten Armen ihre Fahrräder emporschieben, die Augen zu Schlitzen verengt, damit sie die Schienen tief unter sich nicht sehen müssen. Und dort, wo die Schinkel ins Nieuwe Meer fließt, liegt auf hohen Pfählen das Schinkelbad, ein aus Holz errichtetes Freischwimmbad, gespeist aus dem örtlichen Wassernetz. Mit verschwitzten Körpern vom Fahrradfahren und dem Schlussanstieg springen sie rasch ins kalte Wasser und schwimmen jedes Mal etwas zu lange, sodass sie sich sputen müssen, um Jaap noch rechtzeitig zur Schule zu bringen.

Janny und Lien entwickeln sich zu zwei bildhübschen Mädchen. Sie sind klein und dunkel, mit geraden Nasen, hohen Jochbeinen und Augenbrauen, die aussehen wie Fuchsschwänze. Die schwarzen Haare tragen sie im Nacken zusammengebunden. Mit dem Ende der Volksschule ist ihre Ausbildung abgeschlossen; die Eltern haben kein Geld, um sie noch länger die Schule besuchen zu lassen und können ihre Hilfe außerdem gut gebrauchen. Das ist nicht weiter schlimm: Die Schwestern sind wissbegierig und haben einen guten Blick für die Welt um sie herum – Amsterdam bietet ihnen alles, was sie brauchen. Sie helfen Fietje im Haushalt, arbeiten Vollzeit als Näherinnen und kümmern sich um ihren kleinen Bruder. Je älter sie werden, desto mehr scheint der Altersunterschied zu verschwinden, jedoch fallen die Charakterunterschiede umso mehr auf. Lien ist spontan und extrovertiert, hat ein unbeschwertes Wesen wie ihr Vater und ist schnell im siebten Himmel. Janny ist nüchtern, mitunter sogar reserviert und verfügt über einen eisernen Willen, genau wie ihre Mutter.

Lien entpuppt sich als musikalisches Talent. Mit jungen Jahren singt sie in einem Kinderchor und trumpft bei den musikalischen Abenden bei Opa Jaap auf. Als Jugendliche besucht sie für einige Jahre die Tanzschule von Florrie Rodrigo, einer jüdisch-portugiesischen Tänzerin, die sich zunächst einen Namen im Cabaret von Jean-Louis Pisuisse und später als expressionistische Tänzerin in Berlin gemacht hat. Nach der Flucht vor dem zunehmenden Antisemitismus in Deutschland eröffnet sie eine Tanzschule im Jodenhoek von Amsterdam. Joseph hält von dem frivolen Hobby seiner Tochter nichts und verbietet ihr, weiterhin zu Florrie zu gehen. Aber Josephs sture Gene sind stärker als seine Autorität: Über Florrie lernt Lien die Choreographin Lili Green kennen, und mit etwa sechzehn fängt sie an, heimlich Unterrichtsstunden zu nehmen. Lili ist eine Pionierin in der Welt des Tanzes, eine Tänzerin, die klassische Balletttechniken modernisiert, und sie sieht für Lien eine echte Zukunft in diesem Metier. So arbeitet Lien also tagsüber als Näherin, eilt abends ins Studio von Lili Green auf der Pieter Pauwstraat zum Training und präsentiert nachts ihre Kunst in den Clubs um den Rembrandtplein. Wenn sie wieder einmal in der Morgendämmerung nach Hause kommt, und auf der Treppe ihrer besorgten Mutter begegnet, schleust diese sie schnell in ihr Zimmer, bevor Joseph sie entdeckt.

Die jüngere Schwester Janny hält es nur ein halbes Jahr in der Nähstube aus. Wie schon in der Schule ist sie ungeduldig und trotzig. Sie nennt sich gläubig, aber nicht religiös. Sie ist mitten im jüdischen Viertel aufgewachsen, geht aber nie in die Synagoge. Sie kommt aus einer Krämerfamilie, meldet sich aber bei der zionistischen Organisation Hatzair an, zu der vor allem Kinder von Ärzten und Anwälten gehören. Wenn sie sich ungleich behandelt fühlt, wehrt sie sich heftig – angetrieben von der Geschichte der Großeltern Gerritse, die ihren Vater zu unbedeutend fanden, um die Tochter zu heiraten. Nach dem gescheiterten Versuch in der Nähstube hat sie unzählige Stellen und landet schließlich in einem Labor. Dort darf sie mit ihrem verdienten Geld gelegentlich an Kursen teilnehmen. Janny lernt ein wenig Englisch, Französisch und Deutsch, und nimmt an einem Erste-Hilfe-Kurs teil; was ihr und Lientje später wahrscheinlich das Leben retten wird. Sie verlässt die zionistische Bewegung, um für eine bessere Gesellschaft für alle zu kämpfen – und nicht nur für die Rechte einer gut situierten Oberschicht. Sie beschäftigt sich mit dem Kommunismus, mit Marx, den sozialdemokratischen Grundprinzipien – Vater und Mutter Brilleslijper lesen zu Hause die Tageszeitung *Het Volk* – und fängt mit jedem eine Diskussion an. Bekümmert beobachtet sie, wie immer mehr Ostjuden und andere Emigranten im Jodenhoek ankommen, obwohl ihnen das Passieren der Grenze zunehmend erschwert wird. Janny versucht, ihren Vater von der »braunen Gefahr« zu überzeugen. Joseph glaubt, dass nichts so heiß gegessen wird, wie es gekocht wird, aber Janny sieht im Freundschaftspakt zwischen Hitler, Mussolini und Franco eine ernsthafte Bedrohung. Als im Sommer 1936 der Spanische Bürgerkrieg ausbricht, wird sie als neunzehnjähriges Mädchen im Untergrund aktiv.

Sie arbeitet vor allem für die Internationale Rote Hilfe: Mit verschiedenen Aktivitäten unterstützen sie niederländische Freiwillige, die im Spanischen Bürgerkrieg kämpfen wollen. Zudem gehört sie dem Komitee »Hilfe für Spanien« an. Dort arbeitet sie mit jungen Leuten zusammen, die sich auf der Keizersgracht 522 ein Haus teilen. Unter den Mitstreitern sind der Journalist Mik van Gilse, die Fotografin Éva Besnyő, der Fotograf Carel Blazer und der Filmemacher Joris Ivens – sie alle hat Janny über Lien kennengelernt. In Amsterdam unterstützt sie die Arbeit, indem sie Geld für Verbandsmaterial und andere knapp bemessene Dinge beschafft; sie schmuggelt einen Krankenwagen über die Grenze und hilft dabei, Unterkünfte für die steigende Zahl von Flüchtlingen aus Deutschland zu finden. Von ihnen hört Janny Geschichten über den zunehmenden Hass gegen Juden und die »Bolschewiken«. Die deutsche Niederlage im Ersten Weltkrieg, der Börsenkrach 1929 auf der Wall Street, der zu einer Weltkrise führte und Deutschland hart traf, und die immer antisemitischere Atmosphäre in der Öffentlichkeit – all diese Faktoren haben zum niederschmetternden Sieg von Hitlers Nationalsozialistischer Deutscher Arbeiterpartei geführt, der NSDAP.

Auch die Situation in den Niederlanden verschlechtert sich. Die wirtschaftliche Depression sorgt für breite Pauperisierung, die Arbeitslosigkeit steigt immer weiter und Premier Colijn setzt eine eiserne Sparpolitik um. Zu Hause bei Familie Brilleslijper läuft es auch nicht mehr gut: Joseph musste sich mehreren schweren Augenoperationen unterziehen und erholt sich davon nur schlecht. Fietje und die drei Kinder verdienen das Geld, bis auch die Mutter krank wird und ins Krankenhaus muss. Einen Lichtblick gibt es am Ende der unruhigen dreißiger Jahre: Beide Schwestern begegnen den Männern, die ihr Leben verändern.

~

Lien wohnt mittlerweile allein, vor allem um dem Zorn des Vaters über ihre Tanzleidenschaft zu entkommen. Sie lebt in einer Künstlerkommune auf der Bankastraat in Den Haag, die aus einer bunten Truppe Studenten besteht. Es gibt eine gemeinschaftliche Küche, eine Haushaltskasse, und im Flur hängt eine

Schultafel mit einer Liste der Bewohner, Zimmernummern und organisatorischen Mitteilungen. Als Lientje wegen einer Gehirnerschütterung ans Bett gefesselt ist – sie ist auf dem Weg zum Tanztraining gestürzt –, bringt ein neuer Mitbewohner ihr einen Strauß selbst gepflückter Blumen. Sie ist hingerissen von diesem großen blonden jungen Mann mit den blauen Augen und dem schüchternen Lachen. Eberhard Rebling ist ein Konzertpianist und Musikwissenschaftler aus Deutschland, der vor dem Nationalsozialismus und seinem militaristischen Vater aus seinem Heimatland geflohen ist. Eberhard wiederum ist fasziniert von dieser kleinen dunkelhaarigen Frau und ihrer spitzen Zunge. Auf dem Papier hätten sie nicht gegensätzlicher sein können, trotzdem verlieben sie sich innig ineinander. Auch musikalisch bilden sie schnell ein Duo: Als Lien wieder auf den Beinen ist, gibt sie Tanzunterricht und tritt selbst auf, dabei begleitet sie Eberhard am Klavier. Sie freunden sich mit weiteren Studenten an, die in die Wohngemeinschaft kommen, und diskutieren nächtelang die bedrohliche politische Situation in den Nachbarländern. Unter anderem treffen sich dort der junge Arzt Gerrit Kastein, der Oboist Haakon Stotijn und seine Frau Mieke sowie der Student der Wirtschaftswissenschaft Bob Brandes, ein Sohn aus einer bekannten Den Haager Architektenfamilie.

Als Lien im Sommer 1938 für ihre Arbeit in der Revue vorübergehend ein Zimmer am Leidseplein in Amsterdam mietet, kommt ihre vier Jahre jüngere Schwester Janny am Ende ihres Arbeitstages häufig zum Essen vorbei. Eines Abends, Janny ist wieder zu Gast bei Lien, trifft sie dort Bob Brandes, der sie wegen ihrer politischen Überzeugungen aufzieht – er sitzt im Leitungsgremium der Sozialdemokratischen Studentenvereinigung und absolviert ein Praktikum bei dem kommunistischen Verlag Pegasus in Amsterdam. Während der Diskussion wird Janny derart sauer, dass sie anfängt mit Kissen zu werfen, um diesem Besserwisser den Mund zu stopfen. Als sie aber wenige Wochen später von Lien den Schlüssel für deren Zimmer auf der Bankastraat in Den Haag bekommt, benutzt sie diesen schon bald, um Bob häufiger zu sehen. »Das scheint hier so eine Art linkes Bordell zu sein«, brummelt ein Mitbewohner, als die soundsovielte Beziehung im Haus besiegelt wird.

Frau Brandes, der Mutter von Bob, kommt die Affäre zu Ohren, und sie ruft daraufhin den wohlerzogenen Pianisten an, der einmal bei ihnen ein Hauskonzert gegeben hat, *diesen Eberhard Rebling*, um ihn zu bitten, auf seinen Freund Bob einzuwirken: Dieses Mädchen aus einem zweifelhaften Kaufmannsmilieu sei wirklich eine Nummer zu gewöhnlich für ihren Sohn. Eberhard hört ihr amüsiert zu, beruhigt Frau Brandes und versichert ihr, die Familie Brilleslijper bringe wirklich allerliebste Töchter hervor. Im Januar 1939 nimmt Bob Janny mit ins Kino in Den Haag, geht nach dem Ende des Films mit ihr nach Hause und zieht nicht wieder aus.

Bobs Eltern weigern sich, der beabsichtigten Hochzeit zuzustimmen: Neben Jannys sozialem Hintergrund halten sie ihre jüdische Abstammung in dieser Zeit für ein Risiko. Diese Haltung bereitet ihr natürlich Kummer, doch sie folgt dem Beispiel ihrer eigensinnigen Eltern: Im September 1939 treten die fast dreiundzwanzigjährige Janny und der sechsundzwanzigjährige Bob in den Stand der Ehe. Gefeiert wird in Jannys Elternhaus in Amsterdam, ohne Vater und Mutter Brandes, allerdings in Anwesenheit seiner Schwestern, unter denen sich Aleid Brandes befindet, mit der sich Janny gut versteht. Joseph schmiert Brote für alle, Fietje ist wieder aus dem Krankenhaus zurück und Janny ist mit einem nicht zu übersehenden runden Bauch der strahlende Mittelpunkt. Mit einiger Schadenfreude hat Bob eine Hochzeitsanzeige in der Den Haager Zeitung aufgegeben, woraufhin Herr und Frau Brandes noch wochenlang mit Glückwünschen aus ihrem vornehmen Bekanntenkreis überschüttet werden.

Einen Monat nach der Hochzeit, am 10. Oktober 1939, wird

Robert Brandes geboren, und Janny und Bob beziehen mit dem Baby zwei Zimmer in der Den Haager Bazarlaan.

Das junge Paar schwebt auf einer rosa Wolke, aber satt werden sie davon nicht. Durch ihre letzte Anstellung vor der Schwangerschaft – sie arbeitete an einer Strickmaschine in einer Fabrik – bekommt Janny ein wenig Mutterschaftsgeld, das rasch zusammenschmilzt. Bob bricht das Studium ab und findet eine Anstellung als Beamter. Janny kümmert sich um den kleinen Robbie.

Die Familie wächst schnell: Im Winter 1939 gewähren sie dem ersten Untergetauchten in ihrem Haus Unterschlupf. Alexander de Leeuw ist ein führender Anwalt aus Amsterdam, Vorstandsmitglied der Kommunistischen Partei der Niederlande (CPN) und Direktor bei Pegasus, wo er Bob kennengelernt hat. De Leeuw ist bekannt für seinen schroffen Charakter, aber auch für seinen kompromisslosen Kampf gegen den Faschismus und seine viel gelesenen Publikationen. Als bekannter Kommunist und CPN-Anwalt wird er zu einer Zielschiebe im immer feindseliger werdenden Amsterdam. Die jahrelange Politik der Genügsamkeit der Kabinette Colijn haben dem Land nicht über die ökonomische Krise hinweghelfen können, im Gegenteil: Die wirtschaftliche Erholung kommt kaum in Schwung, und die anhaltende Knappheit verursacht anwachsende Spannungen. Hunderttausende Juden und Sozialisten versuchen aus Deutschland und weiter östlich gelegenen Ländern zu entkommen, auf der Flucht vor der Orgie der Gewalt, die in der Kristallnacht Ende 1938 entfesselt wurde, als Juden auf der Straße gelyncht wurden. Aus Angst, Deutschland vor den Kopf zu stoßen, hat die niederländische Regierung die Grenze für Flüchtlinge geschlossen, die als »unerwünschte Elemente« gebrandmarkt wurden. Zudem, so argumentiert Colijn, würde ein massenhafter Zustrom von Juden den bestehenden Antisemitismus im Land bloß verschlimmern. »Vermieden werden muss alles, was tendenziell eine dauerhafte Ansiedlung in unserem bereits so dicht bevölkerten Land unterstützen könnte, weil ein weiteres Eindringen fremder Elemente schädlich wäre für die Aufrechterhaltung des Charakters des niederländischen Stamms. Die Regierung ist der Meinung, dass unser begrenztes Territorium grundsätzlich der eigenen Bevölkerung vorbehalten bleiben muss« – heißt es in der Antwortnote zum Haushalt von 1938.

Die Benennung eines Sündenbocks fällt auch in den Niederlanden auf fruchtbaren Boden, und der Hass zeigt sich immer deutlicher in der Öffentlichkeit. In diesem Winter des Jahres 1939 läuft in mehreren Kinos der Hauptstadt der Film *Olympia*, den Leni Riefenstahl im Auftrag Adolf Hitlers über die olympischen Spiele 1936 in Berlin drehte – ein langatmiges Anhimmeln arischer Sportlerkörper. Der Film zieht Gruppen halbstarker Anhänger der Nationaal-Socialistische Beweging in Nederland (NSB) an, und in der Stadt kommt es zu Schlägereien: NSB gegen Linke und Juden.

Der Anwalt De Leeuw fühlt sich sogar in seiner Stammkneipe Reynders nicht mehr sicher und sucht einen Ort, um unterzutauchen. Die Wohnung von Janny und Bob in Den Haag liegt im Obergeschoss; er kann auf dem Speicher schlafen und sich im Nebenzimmer des gerade geborenen Robbie heimlich waschen. Janny fällt auf, wie in sich gekehrt und ungelenk ihr untergetauchter Gast ist. Als ihre Schwester Lientje eines Morgens unangekündigt hereinkommt und De Leeuw bei Janny im Wohnzimmer beim Frühstück sieht, blicken sie einander erschrocken an. De Leeuw brummelt etwas vor sich hin, kramt sein Zeug zusammen und rast mit gesenktem Kopf an Lien vorbei auf den Speicher. Lien zieht fragend ihre Augenbrauen hoch und blickt Janny an, die nur demonstrativ die Lippen zusammenpresst und mit den Schultern zuckt, als hätte sie diesen Mann noch nie zuvor gesehen.

Als am 10. Mai 1940 um 03.55 Uhr deutsche Panzerzüge die niederländische Grenze überqueren und Geschwader der Luftwaffe in den niederländischen Luftraum eindringen, ist Janny kaum überrascht. An diesem Tag schließt sich das Netz, das Vertrauen auf Sicherheit durch die niederländische Neutralität entpuppt sich als Illusion. Die Proklamation von Königin Wilhelmina an diesem Tag lautet:

> *Nachdem unser Land mit peinlich genauer Gewissenhaftigkeit in all diesen Monaten eine strikte Neutralität gewahrt hat, und obwohl es keine andere Absicht hatte, als diese Haltung streng und konsequent aufrechtzuerhalten, hat die deutsche Wehrmacht in der vergangenen Nacht ohne die geringste Warnung plötzlich unser Gebiet angegriffen. Dies ungeachtet der offiziellen Zusage, dass die Neutralität unseres Landes respektiert würde, solange wir uns an sie hielten.*

In den ersten Tagen hoffen Janny und Bob noch, dass die Engländer die Deutschen aus dem Land jagen, aber das passiert nicht. Aus ihrem Haus in der Bazarlaan sind die königlichen Stallungen des Paleis Noordeinde quasi zum Greifen nah, und als sie am 13. Mai einen abfahrenden Konvoi mit eleganten Wagen sehen, wird ihnen klar: Die Niederlande sind besetzt. Als Robbie an diesem Abend eingeschlafen ist, sprechen Janny und Bob über die Situation. Sie kennen die Geschichten der Flüchtlinge aus dem Osten, die Traumata der Spanienkämpfer und die verhärteten Fronten in den Niederlanden in der jüngsten Vergangenheit. Aber sie zweifeln nicht im Geringsten: Sie werden dem Faschismus Widerstand leisten. Sie sind sich der möglichen Konsequenzen bewusst, obwohl sie sich noch keine Vorstellung von dem machen können, was sie tatsächlich erwartet.

Als Janny ein paar Tage später während eines Spaziergangs mit Robbie im Kinderwagen plötzlich vom Luftalarm überrascht wird, rennt sie durch die Straßen Den Haags und sucht Schutz. Das Unheil verkündende Heulen erfüllt die Luft, kreist zunächst drückend und flach über ihr, und schießt dann empor – immer wieder, während die Angst ihren Leib einschnürt und das Pflaster des Bürgersteigs unter ihren Füßen vorbeischießt. Sie sieht eine bekannte Fassade, klingelt beim Haus von Bekannten der Familie Brandes, einer Familie De Pres, und fragt außer Atem, ob sie bei ihnen Schutz suchen könne. Beschämt, aber resolut verweigern sie ihr und dem Baby den Zutritt.

DIE BRAUNE PEST

Die erste, die sie nach der Kapitulation verlieren, ist Anita, ein fröhliches Mädchen aus der Wohngemeinschaft in der Bankastraat. Am 14. Mai 1940 starren Lien, Eberhard und deren Freunde am Fenster des Vorderzimmers schweigend auf die schwarzen Rauchschwaden in der Ferne über Rotterdam – ein Fehler der Deutschen, die nach der niederländischen Kapitulation ihre Flugzeuge nicht rechtzeitig zurückbeordert haben. Plötzlich hören sie oben ein Stöhnen, es kommt aus dem ersten Stock. Lien eilt die Treppe hoch, Eberhard ist dicht hinter ihr, sie finden Anita kreideweiß und matt auf ihrem Bett, ein Glasröhrchen neben sich. Die junge Frau war vor dem brutalen Antisemitismus aus Deutschland geflohen; einmal erzählte sie Lien von der Dosis Arsen, die ihr ihr Vater, ein jüdischer Arzt, als Abschiedsgeschenk mitgegeben habe. Die Geschichte führte ihnen den Ernst der Lage in Deutschland einmal mehr vor Augen, dennoch hatten sie die Geste des Vaters auch als übertrieben dramatisch empfunden. Bis jetzt. »Besser tot als in den Händen der Nazis«, hatte Anitas Vater ihr ans Herz gelegt.

Im Rest der Niederlande denken viele ähnlich: Nachdem die Nachricht von der Kapitulation die Runde macht, nehmen sich Hunderte Menschen das Leben. Trotzdem geht das öffentliche

Leben recht schnell wieder seinen gewohnten Gang; Leute gehen zur Arbeit, die Geschäfte haben geöffnet, und die Zeitungen erscheinen. Janny und Lien besuchen regelmäßig ihre Eltern und den Bruder in Amsterdam, und auch dort scheint alles auffallend normal. Bobs ältere Schwester Aleid hat, dem Beispiel aus der Familie folgend, eine Wohngemeinschaft mit Gleichgesinnten an der Nieuwe Herengracht gegründet. Dort leben Freunde wie Janrik van Gilse, der ältere Bruder von Mik, und andere aus dem gemeinsamen Bekanntenkreis von Janny und Lien. Erst als die Schwestern bei Aleid vorbeischauen und fast niemanden ihrer Freunde mehr zu Hause antreffen, wird ihnen klar, dass manche schon fast im Untergrund leben: Sie übernachten überall und nirgends und kommen nur manchmal nach Hause, um etwas abzuholen. Janny und Lien hören, dass Listen mit Namen von Spanienkämpfern, linken Jugendlichen, Sozialdemokraten, Kommunisten und anderen Antifaschisten zirkulieren, die schon im Visier der Deutschen sind. Bei der Erstellung dieser Listen stützen sie sich auf das Wissen der sogenannten fünften Kolonne: faschistisch gesinnte Bürger, die gerne ihr Scherflein beitragen, indem sie lange gehütete Informationen weitergeben – von niederländischen Unternehmern, die ihre »roten« Kunden denunzieren, bis hin zu deutschen Dienstmädchen, die über jene Familien Bericht erstatten, für die sie schon seit Jahren die schmutzige Wäsche waschen. Janny ist besorgt, da Bob und ihre Freunde womöglich schon registriert worden sind – aber Bob zuckt nur mit den Schultern: »Das werden wir dann schon merken.«

Und damit beginnt die Zeit des Wartens.

Am 29. Mai 1940 hält der Reichskommissar Arthur Seyß-Inquart seine erste Ansprache als höchster Beamter der Besatzungsmacht im Rittersaal in Den Haag. Der österreichische Jurist mit der Schmachtlocke und der kleinen, runden Brille kündigt an, dass das niederländische Volk nichts von den Deutschen zu befürchten habe:

> *Wir kommen nicht hierher, um ein Volkstum zu bedrängen und zu zerstören und um einem Land die Freiheit zu nehmen. […] Aber diesmal ist es nicht um Volkstum und Glauben und Freiheit gegangen; diese Güter der Nation waren niemals bedroht. Diesmal ist es darum gegangen, daß die Niederlande zur Plattform für einen Angriff gegen den politischen Glauben, die Freiheit und das Leben der deutschen Nation mißbraucht werden sollten. […] Dies ist es, was ich heute aus dem Anlaß der Übernahme der obersten Regierungsgewalt in den Niederlanden dem niederländischen Volk sagen wollte. Wir sind nicht gern mit Waffengewalt gekommen. Wir wollen Schützer und Förderer sein, um dann Freunde zu bleiben, dies alles aber in dem Sinne der höheren Aufgaben, die wir als Europäer haben. Denn es geht darum, ein neues Europa zu bauen, dem als Leitstern die Grundsätze vorangestellt sind: Nationale Ehre und gemeinsame Arbeit.*

In den Niederlanden atmet man auf. Hier wird es anders laufen als in den östlichen besetzten Ländern: Vor diesem kultivierten, westlichen Land haben die Deutschen zumindest Respekt. Hitler hat immer betont, dass er die slawischen Völker als Abfall in seinem Hinterhof betrachtet, den man wegräumen muss, dass er dort *Lebensraum* schaffen will, und hofft, seine germanischen Brüder im Westen werden ihm dabei helfen. Die Niederlande haben sich nicht weiter um die deutsche Unterdrückungspolitik geschert – dafür erfährt man im Gegenzug gewiss eine milde Behandlung, so ist die Hoffnung im Land. Sogar die deutschen Soldaten sind gar nicht so schlimm: Bei diesem strahlenden Sommerwetter sieht man sie überall im Straßenbild, und am Strand von Scheveningen genießen sie warmen Kakao mit Schlagsahne –

trotzdem bleibt es ein befremdlicher Anblick. Auch in der Wohngemeinschaft in der Bankastraat ist man optimistisch: Dass eine der befreundeten Großmächte Hitler schnell schlagen wird, steht sowieso fest, die Frage ist nur, ob das ein oder vielleicht zwei Jahre dauern wird. Für die hier lebenden Juden wird das keine größeren Folgen haben; die niederländischen Juden sind in die Gesellschaft integriert und diese wird nicht zulassen, dass ihnen etwas angetan wird.

Als Lien gut gelaunt bei Janny zum Kaffeetrinken vorbeischaut, kann sich diese der positiven Perspektive nicht anschließen. Janny ist kurz angebunden und abwesend.

»Du darfst nicht mehr so oft hierherkommen.«

Das sagt sie, bevor sie ihrer Schwester überhaupt etwas zu trinken angeboten hat. Lien denkt an die fremden Männer, die sie immer wieder im Haus sieht, die verbotenen Zeitungen, die geheimen Verabredungen. Janny wird doch ihrer eigenen Schwester vertrauen?

»Ist es wegen Eberhard?«

Lien bekommt das fast nicht über die Lippen. Sie verengt ihre Augen zu Schlitzen, hält den Kopf schief und blickt ihre Schwester an. Lien weiß, dass Janny keine Zwischentöne akzeptiert, was die Besatzung betrifft; für sie ist jeder weitere Tag mit den Deutschen im Land einer zu viel. Und Eberhard ist Deutscher.

»Wie kommst du bloß darauf? Ich vertraue Eberhard wie meiner eigenen Familie.«

Janny drückt Lien an sich und seufzt. Dann hält sie ihre Schwester mit ausgestreckten Armen von sich weg und schaut ihr in die Augen.

»Hier ist es gefährlich, Lientje. Du hast keine Ahnung, wozu die Moffen imstande sind. Glaub mir: Je weniger du hier bist, desto besser ist das. Für dich und für mich.«

Kurz nach dem Gespräch mit ihrer Schwester steht Lien vor dem Tanzstudio, bereit, ihre nächste Stunde zu geben, als ein merkwürdiger Mann auf sie zugeht. Lien erschrickt, als er sie anspricht und erkennt erst dann seine Stimme: Es ist einer ihrer ostjüdischen Schüler; er hat seinen langen Bart und die Schläfenlocken abrasiert und ist mit dem glatten und bleichen Gesicht in der neuen Kleidung nicht wiederzuerkennen. Er traut sich kaum, Lien anzuschauen. Sie zwingt sich zu einem Lächeln und beginnt aufgeweckt mit der Stunde, aber für den Rest des Mittags verkrampft ihr Bauch und fühlen sich die Gliedmaßen so schwer an, dass sie sie kaum bewegen kann.

~

Eines Abends im Oktober kommt Bob mit einem Formular aus dem Büro nach Hause. Es ist eine Ariererklärung, mit der alle Beamten in den Niederlanden verbindlich angeben müssen, ob sie selbst jüdisch sind oder jüdische Verwandte haben. Gleich nachdem sie Robbie ins Bett gebracht haben, setzen sie sich zusammen und gehen die Erklärung konzentriert durch:

Der Unterzeichnende: ....
Beruf: ....
Tätigkeit: ....
Geboren am .... *in* ....
wohnhaft in ....
erklärt, dass nach seinem besten Wissen weder er/sie selbst noch der Ehepartner bzw. seine/ihr Verlobte(r), noch jemand seiner/ihrer Eltern oder Großeltern jemals der jüdischen Glaubensgemeinschaft angehört hat.
Dem Unterzeichnenden ist bekannt, dass ihm/ihr, falls obenstehende Erklärung sich als unrichtig erweist, fristlos gekündigt werden kann.
.................., 1940.
(Unterschrift)

Beim letzten Satz halten sie inne und schauen einander an. Es hat angefangen. Bob sagt nichts, fasst das Formular mit angewiderter Miene an einer Ecke an, öffnet den Deckel des Kanonenofens und lässt es langsam ins Feuer sinken.

»Was machst du da?«, fragt Janny.

»Ich fülle nichts aus und du auch nicht. Ich will damit nichts zu tun haben, und was passiert, werden wir ja sehen.«

Einen Monat später wird jeder im Staatsdienst entlassen, von dem man weiß, dass er Jude ist. Darunter auch der Vater ihrer Freundin Tilly, der Vorsitzende des Hohen Rats der Niederlande, des obersten Gerichts des Landes: Lodewijk Visser. Keiner seiner Kollegen protestiert dagegen.

Janny und Bob ahnen noch nicht, was auf die durchorganisierte Erfassung der Juden folgen wird und ignorieren die Erklärung. Viel interessanter sind die ermutigenden Zeichen des Widerstands in ihrer eigenen Umgebung. Sie hören vom Streik von Dutzenden Schülern am Vossius-Gymnasium in Amsterdam und vom zivilen Ungehorsam von Professor Rudolph Cleveringa an der Universität Leiden. Die Protestrede von Cleveringa wurde von Studenten tausendfach illegal im ganzen Land verteilt, und Janny und Lien bekommen auch ein Exemplar in die Hände. Cleveringa gehört, genau wie Bob, zu der sehr kleinen Gruppe von Beamten in den Niederlanden, die sich dazu entschließen, die Ariererklärung nicht zu unterzeichnen – im Fall von Cleveringa aus Solidarität mit seinen beiden jüdischen Kollegen, den Professoren Meijers und David, die gerade entlassen wurden. Aber jeder, der sich weigert das Formular auszufüllen, riskiert den Verlust der Arbeit. Cleveringa ist kein impulsiver Draufgänger, er ist sich der möglichen Konsequenzen sehr wohl bewusst, und doch will er seinen Standpunkt klar vertreten. Am 26. November 1940 bricht Cleveringa morgens zur Universität auf, angeblich um ein Seminar seines Kollegen Meijers zu übernehmen. Er hält vor den nichtsahnenden Studenten in der großen Aula der Universität Leiden eine Protestrede, die bis heute als eine der besten Reden gilt, die je in den Niederlanden gehalten wurden. In seinen Ausführungen lässt Cleveringa als Ehrbezeugung an seinen Lehrmeister die ganze Bandbreite des wissenschaftlichen Werks von Meijers Revue passieren und veranschaulicht so die Prinzipien des niederländischen Rechts. Er geht auf die Grundfesten der unterschiedlichen Rechtsgebiete ebenso ein wie auf die Verdienste von Meijers während seiner beeindruckenden Laufbahn; anschließend appelliert er an die Vernunft, das Gewissen und das Rechtsgefühl seiner jungen Zuhörer:

> *Meijers ist dieser Niederländer, dieser noble und wahre Sohn unseres Volkes, dieser Mensch, dieser Mentor der Studenten, dieser Gelehrte, den die Fremden, die uns heute mit feindlicher Gesinnung beherrschen, »von seinen Aufgaben entbinden«! Ich versprach Ihnen, nicht über meine Gefühle zu sprechen: Ich werde mich daran halten, auch wenn sie wie kochende Lava durch alle Ritzen zu quellen drohen, die sich, so kommt es mir vor, unter diesem Druck in meinem Kopf und in meinem Herzen auftun wollen. Aber in dieser Fakultät, die sich getreu ihrer Zielsetzung dem Studium des Rechts widmet, darf folgende Bemerkung nicht unterschlagen werden: In Übereinstimmung mit den niederländischen Traditionen erklärt das Grundgesetz, dass jeder Niederländer zu jedem Dienst für sein Land und zur Bekleidung jedweder Würdenfunktion und jedes Amts berufen werden kann, und erkennt ihm, unabhängig von seiner Religion, dieselben bürgerlichen Rechte beziehungsweise Bürgerrechte zu.*

Nachdem Cleveringa seine Rede beendet hat, ertönt tosender Applaus. Einige Studenten stimmen die Nationalhymne an, der restliche Hörsaal fällt ein. In den Straßen von Leiden herrscht kurz ein Gefühl des Zusammenhalts, das aber schon einen Tag später durch die Verhaftung von Cleveringa erstickt wird. Bis zum Kriegsende ist er im Gefängnis in Scheveningen inhaftiert. Die Universität Leiden wird geschlossen.

Janny und Lien diskutieren diesen Akt des Widerstands mit ihrer Freundin Tilly. Sie wollen sie ermutigen und betonen auch die Courage des Anwalts Visser, ihres Vaters. Sie bewundern seine Standhaftigkeit, sogar nachdem ihn die Nazis und deren Kollaborateure im Justizsystem vor die Tür gesetzt haben, worauf seine Kollegen im Rat nur mit Schweigen reagiert haben. Er ist überzeugt, die Kündigung sei unwirksam: Die Königin habe ihn ernannt, und nur sie habe das Recht, ihn seines Amtes zu entheben – alles andere betrachte er als widerrechtlichen Akt. Lodewijk Visser geht noch weiter und leistet den Deutschen aktiv Widerstand. Er arbeitet an der illegalen Zeitung *Het Parool* mit und wird Vorsitzender des Jüdischen Koordinierungsausschusses, einer landesweiten, autonomen Organisation, die von zwei religiösen jüdischen Verbänden gegründet wurde.

Menschen wie Lodewijk Visser sind für Lien Vorbilder, durch ihren Widerstand werden die Massen gegen die Besatzer in Aufruhr kommen – diese dachten vielleicht bislang, die Holländer würden ihnen freie Hand geben, aber die würden sich noch wundern. Janny hingegen spekuliert weder mit der Gnade der Deutschen noch mit einer Rettung durch die niederländische Bevölkerung. Als im Januar 1941, wenige Monate nach der verpflichtenden Ariererklärung für Beamte, eine Meldepflicht für alle Juden in den Niederlanden erfolgt, kommt sie dieser daher auch nicht nach. Als eine der wenigen in ihrem Umfeld weigert sie sich, sich den schwarzen Großbuchstaben J in den Personalausweis stempeln zu lassen. Später bereut sie bloß, dass sie nicht jeden in ihrem Umfeld aufgefordert hat, es ihr gleichzutun. Etwa ihre eigene Schwester, Lien, die sich keine Gedanken um die Bürokratie macht, sich also meldet und daher ein J in ihrem

Personalausweis trägt, wie 160820 andere Juden in den Niederlanden. Eine scheinbar kleine Verwaltungsangelegenheit, die sich für das System der Deportation von großem Wert erweisen wird. Es läuft kurz danach an, erleichtert durch die Effizienz und die Diensteifrigkeit der Niederländer, für die sie von den Deutschen so geschätzt werden.

Allein in Amsterdam werden etwa siebzigtausend Juden registriert – zehn Prozent der Einwohner. In der Zentralstelle für Jüdische Auswanderung am Adama van Scheltemaplein wird es dadurch später möglich sein, während des Krieges mit ein paar einfachen Karteikästen zu kontrollieren, wer schon deportiert wurde und wer noch nicht. Von jedem Zug, der abfährt, wird eine Kopie der Namensliste an die Zentralstelle geschickt. Dort steckt ein Buchhalter die Karteikarte, die zum jeweiligen Namen gehört, von einem Kasten in einen anderen. Eine Karte für jeden deportierten Mann, jede Frau, jedes Kind – bis der Karteikasten mit den gemeldeten Juden in Amsterdam beinahe leer ist und der mit den Deportationen voll.

STREIKT! STREIKT! STREIKT!

Es ist ein eiskalter Winter, der erste seit der deutschen Besatzung, und unter der Leitung von Anton Mussert werden die NSB und ihre Wehrabteilung (WA) – ein eleganter Name für schwarz uniformierte Schlägertrupps –, immer brutaler. Die NSB lässt sich vom Sog der ausländischen Besatzungsmacht erfassen: Bis zum deutschen Überfall hatte die Partei in der niederländischen Politiklandschaft wenig zu melden. Trotz einer fanatischen Kampagne mit dem Motto »Mussert oder Moskau?«, in der Mussert als Retter vor der bolschewistischen Bedrohung propagiert wurde, erreichte die Partei bei den landesweiten Wahlen 1937 noch nicht einmal vier Prozent der Stimmen – eine Halbierung der fast acht Prozent, die sie zwei Jahre zuvor bei den Regionalwahlen erreicht hatte. Das lässt sich aber auch dadurch erklären, dass die traditionell rechten Parteien nach und nach Standpunkte der Faschisten übernommen hatten.

Geschützt durch den starken Arm von Adolf Hitler nimmt die Dreistigkeit der NSB im Alltag schnell zu. Die Partei organisiert zielgerichtet provokante Aktionen in Vierteln, in denen viele jüdische Familien leben. Unter den Bewohnern des Amsterdamer Jodenhoek herrscht eine angespannte Atmosphäre.

Die Besatzungsmacht hat neue Richtlinien für die niederländische Polizei erlassen, die besagen, dass sie die NSB bei Konfrontationen mit Juden und aufrührerischen Bürgern besser beschützen müssen. Zudem ist es nun verboten, Mitglieder der WA festzunehmen.

Janny ist häufig in Amsterdam. Sie sieht die versteiften Gesichter, hört das Flüstern in den Gassen und spürt, wie die Spannung im und um das Stadtzentrum zunimmt. Jeder scheint in Eile zu sein, und wer nicht zwingend auf den Straßen unterwegs sein muss, bleibt in der Wohnung. Zu Hause berichtet sie Bob von der Lage in der Hauptstadt. Kleine Gruppen der WA suchen Cafébetreiber auf, bei denen noch kein Verbotsschild für Juden hängt – und diese Besuche laufen nicht gerade feinfühlig ab: Bei De Kroon am Rembrandtplein wurden alle Fenster eingeschmissen und bei anderen Cafés und Kneipen, die von Juden besucht werden, schlägt die WA, unterstützt von deutschen Soldaten und ohnmächtig beobachtet von der niederländischen Polizei, das Inventar zu Bruch.

»Das kann nicht gut gehen, Bob. Auch ganz normale Menschen akzeptieren das nicht. Es gab eine Schlägerei mit NSB-Leuten, dabei ist sogar jemand gestorben, ein gewisser Koot, und jetzt haben sie die Snoekjesgracht in Koot-Viertel umbenannt.«

Janny meint den Schläger und überzeugten WA-Mann Hendrik Koot. Bereits am 9. Februar hat eine Schlägerei beim Alcazar am Thorbeckeplein stattgefunden. Das Alcazar ist das letzte Lokal, das sich weigert, die Schilder mit der Aufschrift FÜR JUDEN VERBOTEN aufzuhängen. Die NSB erledigt die Angelegenheit mit grober Gewalt. Im Siegesrausch ziehen die Männer danach durch die Stadt, in Richtung des jüdischen Viertels. In der Gegend vom Waterlooplein richten sie großen Schaden an: Sie schlagen Türen und Fenster ein und drangsalieren Passanten. Die Menschen ziehen sich ängstlich in schmale Gassen zurück oder verstecken sich, aber nicht alle Amsterdamer lassen sich derart abschrecken.

Einige Bewohner des Viertels sind an diesem Sonntagmittag in einer Kneipe in der Nähe vom Waterlooplein, als sie von draußen hören, dass die WA anrückt. Ohne nachzudenken greifen sie zu den Billardstöcken, zerbrechen diese über den Knien und laufen damit hinaus. Als die Nachbarn die Männer mit ihren Spießen sehen, eilen sie von allen Seiten zu Hilfe, und mit einer großen zahlenmäßigen Überlegenheit jagen sie die Eisenbeißer von Mussert aus dem jüdischen Viertel.

Die Neuigkeit, dass sich die WA auf dem Kriegspfad befindet und dass die niederländische Polizei nur zuschaut, verbreitet sich schnell in der Stadt. Am nächsten Tag stoßen Freunde und Bekannte aus anderen Amsterdamer Vierteln zu der Bürgergruppe am Waterlooplein. Sie wollen bei einem eventuellen neuen Angriff das jüdische Viertel verteidigen. Aber an diesem 10. Februar 1941, einem Montag, geschieht nichts.

Dafür einen Tag später. Am Dienstagvormittag tauchen wieder zwei WA-Männer zwischen den Ständen auf dem Waterlooplein auf, aber als die Bürgergruppe auf sie zuläuft, nehmen sie die Beine in die Hand, »so schnell, das kannst du dir gar nicht vorstellen«, wie ein Amsterdamer Zeuge der ersten Stunde später voller Schadenfreude in einer Kneipe erzählt. Ein Eisenwarenhändler, der den Bewohnern des Viertels freundlich gesinnt ist, hat in der Zwischenzeit sein Lager für sie geöffnet. Die Männer greifen zu Eisenstangen und Holzlatten und bereiten sich auf die Rückkehr der WA vor – die nicht lange auf sich warten lässt.

Überall in der Stadt kommt es an diesem Tag zu Scharmützeln und Kämpfen zwischen jüdischen, nicht-jüdischen und kommunistischen Einwohnern auf der einen Seite – und NSB-Sympathisanten auf der anderen. Gerüchten zufolge werde auch im jüdischen Viertel in Den Haag gekämpft, und die NSB in Amsterdam habe vor, die Synagoge am Jonas Daniël Meijerplein in Brand zu stecken. Die Stimmung in der Stadt ist angespannt, auch weil man jetzt am eigenen Leib erfahren hat, dass die niederländische Polizei nicht gegen die Gewalt der NSB-Leute vorgeht. Die Straßen sind menschenleer, die Kälte allein kann kein Grund sein, und als die Sonne langsam hinter den Dächern verschwindet, scheint es, als würden die Zeiger der Uhr auf dem Westertoren sich in Zeitlupe bewegen.

Nach dem demütigenden Abzug der zwei WA-Männer vom Waterlooplein hat die NSB rund fünfzig Mann befohlen, sich beim Vendelhaus der WA zu melden. In den frühen Abendstunden setzen sie sich in Bewegung. In ihren pechschwarzen Uniformen marschieren sie in Reih und Glied durch die Stadt und singen dabei antijüdische Kampflieder. Sie ziehen von der Singel über Het Spui, Rokin, die Nieuwe Doelenstraat und die Staalstraat zum Waterlooplein, ins Herz des jüdischen Viertels. Die Menschen verschließen Fenster und Türen, nur die Sprechchöre der WA sind in den Straßen zu hören, während die Sonne schnell untergeht.

Beim Waterlooplein warten einige Dutzend bewaffnete Amsterdamer im Dunkeln auf sie. Etwas entfernt steht eine zweite Gruppe bereit. Sobald die WA-Leute eintreffen, bricht ein heftiger Kampf aus. Die Männer können kaum die Hand vor Augen sehen, aber laut einem der Anführer ist es einfach: Schlage auf jeden ein, der eine schwarze Uniform trägt. Man kämpft mit Totschlägern, Knüppeln, Billardstöcken, Eisenstangen und Steinen. Als die WA nach einigen Minuten flieht, bleibt einer von ihnen bewegungslos liegen. Es ist Hendrik Koot. Er wird mit einem Schädelbasisbruch ins Krankenhaus gebracht, dort stirbt er an seinen Verletzungen. Koot ist der Märtyrer, den die Faschisten gebraucht haben, um den nächsten Schritt wagen zu können.

Noch in derselben Nacht wird der Jodenhoek, das Herz des Amsterdamer Judenviertels, hermetisch abgeriegelt. Dort wohnen mehr als 25 000 Menschen. Die Brücken werden hochgezogen, und an anderen Stellen werden mannshohe Stacheldrahtabsperrungen ausgerollt. Vor den abgeriegelten Zugängen bezieht die *Grüne Polizei* Stellung, deutsche Polizisten. Einen Tag später fordert die Besatzungsmacht die Gründung des Jüdischen Rats: ein zentrales Organ, das die jüdischen »Rechte« wahrt und mit dem die Deutschen kommunizieren können – ein Organ, das sich schnell zu einer Institution entwickelt, die sie zur Durchführung ihrer Aufträge heranziehen können. Lodewijk Visser, das Gesicht des Jüdischen Koordinierungsausschusses, ist der direkte Widersacher des Jüdischen Rats und der Politik ihrer Vorsitzenden Abraham Asscher und David Cohen. Während Asscher, ein Diamantenhändler, und Cohen, ein Professor für alte Geschichte, denken, im Namen der jüdischen Gemeinschaft zwischen dieser und den Deutschen vermitteln zu können und vielleicht sogar einen positiven Einfluss auf die Besatzer auszuüben, ist Visser der Ansicht, der Jüdische Rat verhalte sich viel zu kooperativ. Visser weigert sich, im Namen des Jüdischen Koordinierungsausschusses mit den Deutschen zu sprechen und wendet sich ausschließlich an die niederländische Regierung. Im Laufe des Jahres werden die Deutschen befehlen, dass der Jüdische Koordinierungsausschuss seine Arbeit einstellt, und ernennen den Jüdischen Rat zum einzigen landesweiten Repräsentanten der jüdischen Gemeinschaft.

Die Propagandamaschine der NSB läuft nach dem Tod von Koot auf Hochtouren. Das NSB-Wochenblatt *Volk en Vaderland* schreibt:

Juda hat die Maske abgeworfen! [...] Wachtmeister Hendrik Evert Koot wurde ermordet. Ermordet? Zu Tode getrampelt aus sadistischer Lust! Zermalmt unter den rücksichtslosen Füßen eines Nomadenvolks – das nicht von unserem Blut ist. Diese Methode orientalischer Abschlachtung praktizieren nur die Juden. [...] Die Verbrecher sollen wissen, dass dies nun das letzte, allerletzte Mal war, dass einer von uns von Juden ermordet wurde.

In dieser Woche erscheinen in verschiedenen niederländischen Zeitungen Artikel mit demselben Tenor. Die vielen Bisswunden, die Koot angeblich gehabt haben soll, werden angeführt, schlimmer noch: Ein Jude soll sogar seinen Kehlkpf durchgebissen haben. In wenigen Tagen nimmt der Tod von Koot mythische Ausmaße an und müssen Joseph und Fietje Brilleslijper machtlos zusehen, wie das jüdische Viertel durch hohe Umzäunungen vom übrigen Amsterdam abgeschnitten wird. Überall, auch bei ihrer Wohnung, werden große Schilder aufgestellt: JUDENVIERTEL/JOODSCHE WIJK.

Aber das ist noch nicht alles. Am 19. Februar kommt es beim jüdischen Eiscafé Koco zur nächsten Schlägerei zwischen Mannschaften der Grünen Polizei und einem Verteidigungstrupp aus treuen Kunden, die schon seit längerem die beiden Cafébetreiber schützen, die deutsch-jüdischen Flüchtlinge Alfred Kohn und Ernst Cahn. Die Deutschen werden dabei aus einer eigens präparierten Flasche mit Ammoniakgas besprüht. Betreiber und Kunden werden festgenommen, und der Vorfall wird unmittelbar Heinrich Himmler berichtet, dem Führer der SS. Vom Café Alcazar über den Tod von Koot zum Ammoniakgas beim Eiscafé

Koco: Die Deutschen haben jetzt ein ausreichendes Alibi, um eine Großoffensive gegen die Juden zu starten, ohne dass sie noch mit lauten Gegenstimmen aus dem niederländischen Bürgertum zu rechnen hätten. Sie müssen nur noch eine Sache in die Wege leiten: dem Jüdischen Rat befehlen, die jüdische Gemeinschaft zu entwaffnen. Die taufrischen Vorsitzenden des Rats, Asscher und Cohen, fordern die jüdische Bevölkerung auf, alle Waffen vor Freitag, dem 21. Februar 1941 abzugeben. »Wird dies nicht befolgt, werden unmittelbar harte Maßnahmen der Regierung erfolgen.«

An diesem Wochenende erlebt die niederländische Bevölkerung zum ersten Mal eine Razzia, es werden viele weitere folgen. Menschen werden aus ihren Häusern gezerrt, Männer, die jüdisch aussehen, von ihren Fahrrädern gerissen und Frauen, die sich irgendwo einmischen, mit Gewalt zur Seite gedrängt.

Während der ersten Razzien am 22. und 23. Februar 1941 werden vierhundertsiebenundzwanzig jüdische Männer zwischen zwanzig und fünfunddreißig Jahren verhaftet; eine große Zahl von ihnen bei den Synagogen am Jonas Daniël Meijerplein in Amsterdam, einem kleinen Dreieck zwischen dem Wasser und dem Waterlooplein. Die niederländische Polizei wurde vorab nicht informiert und zahlreiche nicht jüdische Bürger werden an diesem Marktsonntag Zeugen der Maßnahme. Die Männer werden zusammengetrieben, sitzen in der Hocke, die Hände erhoben oder verschränkt hinter dem Kopf, mit kalkweißen Gesichtern und erweiterten Pupillen. Soldaten bewachen sie, stoßen junge Männer mit einem Stiefeltritt in die Ecke, andere Soldaten treiben frischen Nachschub mit dem Gewehrkolben auf den Platz. Lastwagen fahren vor, eine Gruppe wird hineingejagt, der Fahrer beschleunigt und weg sind sie. *Weitergehen, die Arme hoch*, Schreie, ein Schlag. Manche der jüdischen Männer tragen Arbeitskleidung, andere ihren Sonntagsanzug, ein Mann sogar einen Frack. Passanten schauen zu, wie festgenagelt ans Straßenpflaster, andere rennen nach Hause. Als der letzte Lastwagen an diesem Sonntagabend weggefahren ist, liegt eine eisige Stille über dem jüdischen Viertel.

Unter den Festgenommenen sind auch Freunde von Janny und Lien. Die Männer landen größtenteils im Arbeitslager Mauthausen: einem Konzentrationslager in Österreich, wo Granit abgebaut wird. Es ist wieder einmal Lodewijk Visser, der mehrere Male bei den Generalsekretären anfragt – denselben Leuten, die sich bei seiner Kündigung von ihm abgewandt haben –, ob man sich zumindest für die jüdischen Männer, die verhaftet und verschleppt wurden, einsetzen wird. Visser hat gehört, dass viele der Gefangenen im Arbeitslager rasch sterben, aufgrund der Arbeit im Steinbruch, durch Hunger, Krankheit oder Folter, und sieht die niederländische Regierung in der Pflicht einzugreifen. Abermals dringt er nicht durch. Den Deutschen wird dieser Mann inzwischen so lästig, dass sie damit drohen, ihn auch in ein Konzentrationslager zu stecken, wenn er sich in Zukunft nicht bedeckt halte. Das erweist sich als nicht mehr notwendig. Lodewijk Visser stirbt Anfang 1942 an einer Hirnblutung. Zu seiner Beerdigung erscheint kein einziger der ehemaligen Kollegen aus dem Hohen Rat.

Alle Männer, die am Wochenende vom 22. und 23. Februar 1941 aus den Niederlanden weggebracht werden, sind innerhalb weniger Monate tot; abgesehen von zwei »Glückspilzen«, die weiter ins Konzentrationslager Buchenwald geschickt werden und es überleben. Ernst Cahn vom Eiscafé Koco wird im März von einem Erschießungskommando auf der Waalsdorpervlakte getötet. Damit ist er der erste Bürger im Zweiten Weltkrieg, der auf diese Art in den Niederlanden ermordet wird. Sein Kompagnon Alfred Kohn kehrt nicht aus Auschwitz zurück.

~

Nach den Vorfällen passiert etwas Außergewöhnliches. Am Tag nach den Razzien verteilt die verbotene Kommunistische Partei am späten Abend Flugblätter in der ganzen Stadt. In schwarzen Schreibmaschinenlettern und mit vielen Ausrufungszeichen wird auf einem Blatt ausführlich zum Streik und zur Solidarität mit den Juden aufgerufen:

> *Organisiert in allen Betrieben Proteststreiks!*
> *Kämpft zusammen gegen den Terror!!!*
> *Fordert die unmittelbare Freilassung der verhafteten Juden!!!*
> *[…]*
> *Entzieht die jüdischen Kinder der Nazigewalt, nehmt sie in die eigenen Familien auf!!!*
> *WERDET EUCH DER ENORMEN KRAFT DER GEEINTEN AKTION BEWUSST!!!*
> *Diese ist um ein Vielfaches größer als die deutsche Militärbesatzung!*
>
> *STREIKT!!! STREIKT!!! STREIKT!!!*

Am frühen Abend desselben Tages, am 24. Februar, sind mehrere Hundert Mitglieder der Kommunistischen Partei der Niederlande – vor allem städtische Arbeiter – dem Aufruf ihrer Anführer gefolgt und haben auf dem Noordermarkt in Amsterdam unter freiem Himmel an einer Kundgebung teilgenommen. Aus allen Straßen und Gassen kamen sie auf den Platz; Männer in dicken Jacken, die Mützen über die Ohren gezogen, um der Kälte zu trotzen. Ein Nebel aus Atemwolken und Zigarettenrauch treibt über den Zuhörern zu Füßen der Noorderkerk. Die Initiatoren wenden sich mit feurigen Worten an sie.

Ein früherer Streikaufruf, aufgrund der Entsendung niederländischer Metallarbeiter nach Deutschland, wurde zwar abgeblasen, aber angesichts der entfesselten antisemitischen Gewalt der letzten Wochen rechnen die CPN-Führer nun mit einer breiteren Unterstützung für ihre Aktion. Jeder, der hier auf dem Noordermarkt zugegen ist, muss nicht nur selbst aktiv werden, sondern auch andere anspornen mitzumachen, als gemeinschaftlicher Protest gegen die Behandlung und Verschleppung der Amsterdamer Juden – *ihrer* Amsterdamer Mitbürger –, durch die ausländische Besatzungsmacht. Die Wut über die Misshandlung der Männer auf dem Jonas Daniël Meijerplein hat etwas entfacht, und die Planung einer großen Protestaktion wird an diesem Abend von vielen unterstützt. Am Ende der Kundgebung werden stapelweise Flugblätter verteilt, und die Gruppe löst sich auf, man kehrt zurück in die verschiedenen Amsterdamer Viertel, um die Nachricht zu verbreiten.

Am nächsten Morgen beginnt der Februarstreik: ein umfangreicher, organisierter und öffentlicher Protest gegen die Judenverfolgung. Eine wesentliche erste Maßnahme ist der Streik der Amsterdamer Straßenbahnführer. Da die Straßenbahnen nicht fahren, spekulieren die Wartenden an den Haltestellen darüber, was gerade passiert und gehen nicht zur Arbeit. Das bewirkt einen Domino-Effekt, und die Neuigkeit verbreitet sich schnell in der Stadt. Vielen verlangt die Aufforderung zum Streik das Äußerste ab, ein Akt des Ungehorsams, der ihrem üblichen Verhalten widerspricht – aber es braucht in jedem Betrieb nur einen, der den Streik in Gang bringt. Ein junger Mann in der Fabrik für Damenhüte der Gebrüder Van Duin löscht mit einem Eimer Wasser den großen Ofen, sodass kein Dampf mehr da ist, um die Hüte zu formen. Daraufhin steht die ganze Fabrik still, und das Personal verlässt in großen Gruppen das Gebäude. Eine junge Näherin hat ihren Plan gemeinsam mit ihrem Ehemann vorbereitet: Im Nähatelier im ersten Stock wartet sie am Fenster auf sein Zeichen von der Straße, dass der Streik begonnen hat. Daraufhin wendet sie sich nervös zum Saal mit den Näherinnen, räuspert sich und ruft die Kolleginnen auf, ihre Arbeit niederzulegen und gegen die Besatzungsmacht und den verbrecherischen Umgang mit den Juden zu protestieren und zu streiken. Zu ihrer Verblüffung stehen die Frauen alle auf und folgen ihr nach draußen.

Als die ersten Arbeiter unbefugt ihren Platz verlassen und in Jacken, die Mützen tief über die Ohren gezogen, auf der Straße erscheinen, gibt es kein Halten mehr. Überall in der Stadt strömen Menschen in der winterlichen Kälte auf den Straßen zusammen, Männer und Frauen, Büroangestellte und Straßenpflasterer. Erst zögernd und eng zusammengedrängt, später selbstbewusst und mit gerader Brust – nachdem mehr und mehr Leute aus den Häusern und Fabriken dazustoßen und die Zahl wächst. Man wartet auf die unvermeidliche Reaktion der Besatzer.

Die Deutschen werden vom Widerstand vollkommen überrascht, und am zweiten Tag greift der Streik auf andere Landesteile über: den Norden, 't Gooi, Utrecht und zögerlich auch auf Den Haag. Ein überwältigendes Gefühl der Zusammengehörigkeit breitet sich aus, und die Spannung, die aufgrund der Ereignisse der vergangenen Wochen das Land beherrschte, weicht der Hoffnung und der Kampfeslust. Aber das hält nur kurz an. Am ersten Tag des Streiks wurde eine Kundgebung auf dem Noordermarkt bereits grob von der Grünen Polizei aufgelöst, daher kehrt die Angst in der Bevölkerung zurück. Am zweiten Tag stehen große Polizeieinheiten zur Verfügung, außerdem die Schutzstaffel (SS): die deutschen Schwarzhemden, der große Bruder der WA. Der Ausnahmezustand wird ausgerufen und unter Gewalteinsatz wird der Widerstand der Streikenden gebrochen.

Lien und Janny beobachten das alles von Den Haag aus, zuerst aufgeregt, dann zunehmend besorgt. Durch die Straßen von Den Haag rasen Polizeiwagen, Sirenen heulen und aus Lautsprechern wird den Bewohnern befohlen, in den Häusern zu bleiben, beziehungsweise unverzüglich zur Arbeit zurückzukehren. Kein Zweifel: Die Faschisten sind in Panik. Ein Streik wie dieser hat sich noch in keinem der besetzten Länder ereignet. In Amsterdam füllen sich die Gassen mit eilig entsandten Bataillonen, die die Bürger zurück in die Häuser drängen sollen. Am ersten Tag des Streiks sah man vor allem die Schuhe der Arbeiter auf dem Straßenpflaster, am zweiten Tag hört man die Polizeistiefel. Es gibt mindestens neun Tote, Dutzende Menschen werden schwer verletzt, Hunderte Männer festgenommen. Die betroffenen Städte müssen Strafzahlungen leisten – allein Amsterdam muss fünfzehn Millionen Gulden zahlen –, und Bürgermeister Willem de Vlugt wird durch einen pro-deutschen Bürgervertreter ersetzt: Edward Voûte. Schließlich erlässt der Jüdische Rat einen Appell, in dem die Streikenden aufgefordert werden, die Arbeit wieder aufzunehmen.

Janny und Lien erfahren von Familie und Freunden aus dem CPN-Umfeld die blutigen Details der Vorgänge und werden sich über die Auswirkungen der aktuellen Entwicklungen nicht einig. Der zweitägige Streik hat bei Lien zum ersten Mal seit den Razzien wieder Hoffnung geweckt: Die Amsterdamer Arbeiter haben doch gezeigt, dass man sich sogar angesichts des schlimmsten Terrors wehren kann. Davon will Janny auch dieses Mal nichts wissen: Sie prophezeit, dass diese Aktion für die Juden negative Folgen haben wird. »Der Jüdische Rat versucht nun, die Juden ruhig zu stellen«, sagt sie ihrer Schwester, »und das passt zur Strategie der Moffen.«

Unmittelbar nach Kriegsende wird eine Gedenkfeier an die Streiks organisiert. Anlässlich des ersten Gedenkens 1946 verkündet Königin Wilhelmina, dass – in Erinnerung an die Februarstreiks – das Motto »Heldenhaft, Entschlossen, Barmherzig« dem Wappen von Amsterdam hinzugefügt werden soll. Trotz oder vielleicht auch gerade wegen des einmaligen Charakters dieses organisierten Protests gegen die Judenverfolgung, bricht ein jahrzehntelanger Streit darüber aus, wem die rechtmäßige Ehre zusteht, den Streik initiiert zu haben. Die führende Rolle der CPN wird geleugnet oder totgeschwiegen; in den ersten Jahren nach dem Krieg wird der Mythos aufrechterhalten, dass die Menschen spontan auf die Straßen gingen – aus Wut über die Maßnahmen der Nazis. Während des Kalten Krieges wurde Mitgliedern der Partei sogar jahrelang der Zugang zu der öffentlichen Gedenkfeier anlässlich des Februarstreiks verwehrt. Bis heute ist der Zusammenhang zwischen der CPN und der berühmten Aktion in weiten Kreisen unbekannt. Ein Symbol der Gerechtigkeit ist somit selbst zu einem Symbol der Ungerechtigkeit geworden.

Auf dem Jonas Daniël Meijerplein in Amsterdam, dem Ort, an dem die Opfer der ersten Razzia zusammengetrieben wurden und stundenlang gehockt in der Kälte sitzen mussten, steht zur Erinnerung an den Streik das Denkmal *De Dokwerker*: ein robuster, unbeugsamer Mann, mit aufgekrempelten Hemdsärmeln und erhobenem Kinn – aber mit hilflosen, leeren Händen.

KINDER DES KRIEGES

Während des Februarstreiks lebt Janny buchstäblich mit dem Feind im eigenen Haus. Unter der Wohnung in der Bazarlaan befindet sich eine Druckerei, die ein NSB-Blatt produziert. Genauso schnell wie im Erdgeschoss die faschistische Propaganda aus der Druckpresse schießt, vervielfältigen Bob und sie nur ein Stockwerk höher illegale Schriften, auf einem wahren Ungetüm von einer Maschine. Wie eine gelernte Druckerin kopiert sie die Auflage ihrer ersten Widerstandszeitung, *Het Signaal* – der Titel spielt auf *Signal*, das Propagandablatt der Wehrmacht an; dieses erscheint alle zwei Wochen in einer Auflage von 2,5 Millionen Exemplaren in zwanzig Sprachen. Davon ist Janny noch weit entfernt, aber sie macht mutig immer neue Abzüge, den schlafenden Robbie an ihrer Seite.

Um ihre Aktivitäten ausweiten zu können, mietet Janny ein Gebäude im Schilderswijk von Den Haag an, ein paar Kilometer entfernt, und richtet dort eine Untergrund-Druckerei ein. Angst und Misstrauen wachsen mit jedem Tag: Nach dem Februarstreik wurden alle Verbindungspersonen und Ansprechpartner in Amsterdam verhaftet, Janny hat es immer öfter mit wildfremden Leuten zu tun. Das macht sie nervös. Augenkontakt, Nachrichten ohne Absender, eine Begegnung an einer Straßenecke im Schilderswijk, um logistische Informationen über die gedruckten Zeitungen auszutauschen: Nie weiß sie, wer ihr eigentlich gegenübersteht. Ist es ein Maulwurf oder jemand, der sie aus naiver Abenteuerlust in Gefahr bringen kann? Jemand wie sie selbst, der sich für die gute Sache einsetzen will? Bei jedem neuen Gesicht, das argwöhnisch unter einem Hut hervorsieht, fragt sie sich, ob sie dem Gegenüber vertrauen kann. Zum Glück haben beide Seiten Codewörter, sodass sie sich zu erkennen geben können.

Die wachsende Paranoia ist nicht unbegründet. Die Geschichten über Arbeitslager im In- und Ausland, in die verhaftete jüdische Männer geschickt werden, lassen sich immer weniger von der Hand weisen. Dass dort so viele Menschen sterben, schreibt man widrigen Umständen zu: der Kälte, Krankheiten, der schweren Arbeit. Juden ist es mittlerweile verboten, Kinos, Cafés oder Märkte zu besuchen. In Amsterdam müssen Juden genau angeben, wie viele Häuser und Geschäfte sie besitzen, in welche Schule ihre Kinder gehen, welche Bus- oder Straßenbahnlinien sie benutzen und welche kulturellen Institutionen sie besuchen. Reisen ist für Juden beinahe unmöglich geworden. Das nächste Ziel der Besatzungsmacht ist es, möglichst viele Juden aus Amsterdam, und später dann aus den ganzen Niederlanden, an einem zentralen Ort einzukesseln. Das abgeriegelte jüdische Viertel scheint dafür der ideale Ort zu sein, aber die Blockade lässt sich nicht wie gedacht aufrechterhalten: In Amsterdam leben zu viele

Juden, als dass man sie auf diesem kleinen Gebiet unterbringen könnte, und außerdem wohnen auch noch etwa sechstausend nicht jüdische Amsterdamer hinter den hochgezogenen Brücken. Die können nicht so einfach aus ihren Häusern geworfen werden, zudem wollen sie weiterhin Gäste empfangen können, und auch der Zugang zu den Arbeitsplätzen in anderen Stadtteilen muss gewährleistet bleiben. Die Absperrungen werden daher entfernt, aber die Schilder bleiben stehen: JUDENVIERTEL/JOODSCHE WIJK. Juden dürfen nicht mehr umziehen. Da jeder nun an einen Aufenthaltsort gebunden ist, können die Mitglieder der jüdischen Gemeinschaft detailliert erfasst werden.

Als Lien nach einem Tanzauftritt an einem Abend im Dezember 1941 ihre Sachen einpackt, bespricht sie die Situation mit einer guten Freundin, der Pianistin Ida Rosenheimer, die sie während der Vorstellung begleitet hat. Lien kann sich nicht vorstellen, dass die besetzten Länder zulassen werden, dass Hitler seine Pläne auch in Zukunft durchführt – allein die logistische Infrastruktur, um Zehntausende Menschen wegzubringen, scheint ihr unmöglich zu realisieren –, aber Ida ist den ganzen Abend über bedrückt. Von ihrer Familie hat sie gehört, dass die Juden in Polen und in der Tschechoslowakei in Ghettos zusammengetrieben werden. Jeder, der auch nur den geringsten Widerstand leistet, wird in die neu errichteten Konzentrationslager gebracht. Sie hält ihre Freundin für naiv und versucht sie zu warnen: Seit zwanzig Jahren sage Hitler schon, er wolle die Juden vernichten. Im Osten habe er damit angefangen, und in den Niederlanden würden sie jetzt auch an die Reihe kommen.

Diese Warnung braucht Liens jüngere Schwester gar nicht: Schnell weitet Janny ihre illegalen Aktivitäten aus. Bob arbeitet bei der zentralen Nahrungsmittelversorgung, was sich später als großer Vorteil erweisen wird. Neben dem Druck und der Distribution der illegalen Widerstandsblätter widmet sich Janny auch anderen Dingen, die für Juden lebenswichtig geworden sind.

Falls nötig, gewähren sie in ihrem kleinen Haus Menschen in akuter Gefahr Unterschlupf; vor allem politischen Flüchtlingen und Leuten aus dem Widerstand, die ins Visier der Deutschen geraten sind. Schon bald stehen die ersten verfolgten Kommunisten vor ihrer Tür, auch Kees Schalker, ein ehemaliger Abgeordneter der Zweiten Kammer, versteckt sich bei ihnen. Er ist einer der Anführer der mittlerweile illegalen Kommunistischen Partei und steht auf einer Liste der Deutschen. Als alter Mann verkleidet, mit Hut und grauem Bart, versucht er sein Äußeres zu verändern, aber genau wie Alexander Leeuw, der zuvor bei ihnen untergetaucht war, wird Schalker das Ende des Krieges nicht erleben. Robbie kennt es nicht anders: Manchmal sind Freunde da, die für eine Weile zu Besuch bleiben. Und wenn Lien ihre jüngere Schwester besucht, und dort sitzt dann wieder einmal ein fremder Mann in der winzigen Küche und liest Zeitung, fragt sie schon gar nicht mehr.

Außerdem müssen dringend Ausweise gefälscht beziehungsweise gestohlen werden. Für Menschen, die untertauchen müssen, sind falsche Ausweise überlebenswichtig – ein Personalausweis, mit dem man bei einer Kontrolle, auf der Straße, während einer Razzia oder auf Reisen, nicht als Jude identifiziert werden kann; oder ein gefälschter Personalausweis, der beweist, dass man in der Wohnung, in der man sich versteckt, offiziell gemeldet ist. Die Aufforderung an die Juden früher im Jahr, sich zur sogenannten erweiterten Registrierung zu melden, war sehr erfolgreich: Im Land leben etwa hundertsechzigtausend registrierte Juden – Menschen mit einem großen gestempelten J auf der linken Seite ihres Personalausweises, neben dem Passfoto. Nur ganz wenige – wie Janny – haben keinen J-Stempel im Ausweis.

Die Personalausweise sind zu einem mächtigen Instrument geworden, ein Stück Papier, das in entscheidenden Momenten über Leben und Tod entscheidet. Ein gefälschter Personalausweis kann einem jüdischen Mann, einer Frau oder einem Kind ermöglichen, einen Kontrollpunkt zu passieren, zu Familien oder Freunden zu fahren oder in einem Versteck unterzutauchen. Auch die Angaben zur Person auf der rechten Seite des Ausweises werden gefälscht, ein sehr jüdisch klingender Name wird so zu einem holländischen, aus Simon Wallach wird beispielsweise ein Hendrik Akkerman.

Neben dem Erstellen falscher Ausweise entwickelt sich ein weiteres Tätigkeitsfeld: der Handel mit Bezugsscheinen, Lebensmittelmarken und Stammkarten. Durch die Besatzung ist der Warenaustausch mit dem Ausland beinahe zum Stillstand gekommen. Zahlreiche Güter und Nahrungsmittel sind daher knapp. Jeder Haushalt benötigt eine namentlich gekennzeichnete Bezugsstammkarte, auf der genau eingetragen wird, welche Marken ausgegeben wurden. Auf der linken Seite der Karte stehen verschiedene Kategorien – Lebensmittel, Schuhe, Geburt, Krankheit, Heizmaterial, Verschiedenes –, in den Feldern daneben wird angekreuzt, was und in welcher Menge zugeteilt wurde. Obwohl die Karte zu einem einfachen Verwaltungsvorgang zu gehören scheint, wird sie zu einem wichtigen Machtinstrument: Auf die erste Bezugsstammkarte, die zu Kriegsanfang eingeführt wurde, folgt 1942, als die Deportationen in großem Maßstab durchgeführt werden, eine zweite Bezugsstammkarte. Menschen, die untergetaucht sind, oder mit einem falschen Ausweis leben, haben keinen Zugang mehr. Zahlreiche Familien, bei denen sich Menschen im Haus verstecken – das kann eine Person sein, manchmal sind es aber auch ganze Familien –, nehmen nur noch Menschen im Versteck auf, die nicht von den Lebensmittelzuteilungen der Familie mitessen, sondern eine eigene Karte und Bezugsscheine organisiert haben. Das System erweist sich als effektive Methode, um die Menschen, die sich nicht zum Abtransport gemeldet haben, auszuhungern oder aus ihrem Unterschlupf zu vertreiben.

Daher werden auch die Bezugsstammkarten und die Bezugsscheine vom Widerstand in hohen Stückzahlen gestohlen und verteilt. Janny verfügt über ein ganzes Netzwerk aus festen, zuverlässigen Kontaktpersonen, die ihr dabei helfen. Sie ist unterwegs zwischen Den Haag, Amsterdam und Utrecht, die Papiere versteckt im BH oder unter dem Rock.

Die Kämpfe mit der WA und die ersten Razzien haben gezeigt, dass weder die Besatzungsmacht noch die NSB Gnade kennen. Aber erst im Laufe des Jahres 1941 wird Janny sich der Gefahr bewusst, in die sie und Bob sich begeben. Auch die Jagd auf die Kommunisten ist jetzt offiziell eröffnet: Menschen, die im Untergrund für die CPN arbeiten, werden verhaftet und verschwinden ohne jeden Prozess.

Das nächste Ziel sind die niederländischen Freiwilligen, die im Spanischen Bürgerkrieg gegen die Faschisten gekämpft haben, unter den ehemaligen Spanienkämpfern sind auch viele Freunde der Geschwister Brilleslijper. Die meisten von ihnen sind auch jetzt wieder, oder noch immer, im Untergrund aktiv – nicht ohne Grund wurde der Spanische Bürgerkrieg die Generalprobe zum Zweiten Weltkrieg genannt. Ehemalige Spanienkämpfer beteiligen sich an Blättern wie *Het Parool, Vrij Nederland* und *De Waarheid* und gründen untereinander neue Widerstandsgruppen. Janny fällt in etwa so jede Feindkategorie der Nazis: Sie ist Jüdin, Kommunistin und Aktivistin im Spanischen Bürgerkrieg, auch wenn sie vorwiegend Unterstützungsarbeit aus den Niederlanden geleistet hat.

Im Mai 1941 wird bekannt gegeben, dass alle ehemaligen Spanienkämpfer arretiert werden sollen. Sie gelten jetzt als staatenlose Kriminelle. Im Konzentrationslager Dachau werden für sie eigene Baracken errichtet: der sogenannte *Interbrigadistenblock*. Aus ganz Europa werden die ehemaligen Spanienkämpfer dorthin gebracht. Janny hört die Geschichten ihrer Freunde, was sie aber nicht davon abhält, ihre Tätigkeiten fortzusetzen: Immer dringender muss Juden und anderen Menschen in Notsituationen geholfen werden. Sie erweitert ihr Netzwerk um so viele vertrauenswerte Kontakte wie möglich. Um das J für Jude aus den Ausweisen zu entfernen, sucht sie beispielsweise Hans Verwer in Amsterdam auf. Der Vorname ist eine Abkürzung von Johanna. Hans ist Ballerina und eine gute Freundin von Lientje; gemeinsam haben sie bis zum Kriegsbeginn bei Lili Green getanzt. Die Feinmotorik und die Grazie, die sie zu so einer guten Tänzerin machen, sind auch im Krieg hilfreich: Sie und ihr Mann sind Spitzenfälscher. Auch über das Elternhaus von Janny entstehen wichtige Verbindungen, obwohl Joseph mit seiner Tochter oft über seine Sorgen wegen ihrer illegalen Arbeit spricht. Über der Wohnung von Joseph und Fietje an der Nieuwe Achtergracht leben ihre Freunde Leo Fuks und dessen Frau Loes. Leo ist mit zahlreichen jüdischen Intellektuellen gut vernetzt und bringt Janny mit Leuten zusammen, die für die illegale Arbeit wichtig werden. Sie hat einen festen Ansprechpartner in der Stadtverwaltung, der für sie Abschriften von Dokumenten aus dem Bevölkerungsregister von Amsterdam besorgt und jemanden, der ihr echte Personalausweise mit echten Siegelmarken liefert; diese tauscht Janny dann wieder gegen gefälschte ein, die sie für Neugeborene benötigt.

Im Sommer 1941 erfolgen die Erfassung und Ghettoisierung aller niederländischen Juden. Etwa hundertsechzigtausend Juden werden registriert, ihre Bewegungsfreiheit ist eingeschränkt, sie dürfen keine Märkte, Schwimmbäder oder Strände mehr besuchen, Unternehmen wurden enteignet, Radiogeräte konfisziert. Beamte der Stadtverwaltung Amsterdam haben im Auftrag der Deutschen eine statistische Übersicht angefertigt: eine Karte Amsterdams, in der mit Punkten angegeben ist, wo wie viele Juden wohnen – jeder Punkt steht für zehn jüdische Bewohner.

Auf einen Blick wird damit klar, was zu tun ist: Manche Viertel sind beinahe eingeschwärzt, in anderen ist das Muster löchriger. Stück für Stück, ohne nennenswerten Widerstand der niederländischen Regierung, wird eine ganze Bevölkerungsgruppe ihrer Rechte und Würde beraubt, wird sie vom Rest der Gesellschaft isoliert und erfasst.

Allerdings läuft der Alltag für die meisten Menschen einfach weiter. Man hofft auf eine bessere Zukunft nach dem Krieg, ohne Naziterror, und im Umfeld der beiden Schwestern erwarten sogar mehrere Paare ein Baby. Lien und Eberhard sind zu ihrem Kummer nicht verheiratet – die Nürnberger Rassengesetze, die bereits 1935 festgelegt haben, dass Juden keine nicht jüdischen Deutschen heiraten dürfen, haben das verhindert. Lien ist noch immer bis über beide Ohren verliebt. Sie fragt sich, ob man in diesen Zeiten eine Familie gründen dürfe. Janny und Bob sind, trotz all ihrer illegalen Aktivitäten, sehr glücklich mit dem kleinen mittlerweile einjährigen Robbie; genauso wie Haakon und Mieke mit ihrem Baby René. Haakon ist der Sohn eines international bekannten Oboisten und Dirigenten, er arbeitete zunächst für das Radiosymphonieorchester des Senders VARA und wurde dann Solo-Oboist im Orchester des Concertgebouw. Voller Stolz nimmt er diese Aufgabe an, und die Familie zieht von Hilversum in die Johannes Verhulststraat in Amsterdam, hinter das Konzertgebäude – eine Adresse, die für die Schwestern einmal von großer Bedeutung sein wird.

So gestalten viele ihr Leben, in der Annahme, die Zeit der Besatzung wäre bald wieder vorüber. Als Lien das Wochenbett einer Freundin in Amsterdam besucht und das Neugeborene im Arm hält, lösen sich ihre restlichen Zweifel auf.

Wenig später sind beide Schwestern in anderen Umständen: Lien erwartet ihr erstes Kind, Janny ihr zweites.

Eberhard und Lien machen gelegentlich Witze darüber, wie seinem deutschen Vater die Haare zu Berge stünden, wenn er seinen Sohn jetzt sehen könnte. Dieser stolze preußische Offizier aus der kaiserlichen Armee, der jegliche Musik hasst, mit Ausnahme von Marschmusik, hat einen Sohn, der alles tut, was er selbst verachtet: ein Marxist, Pianist und promovierter Musikwissenschaftler, der in einer wilden Ehe mit einer jüdischen Frau lebt – die jetzt auch noch schwanger ist. Außerdem haust er in einer Künstlerkommune in den Niederlanden. Eberhard hat die militärische Gesinnung seines Vaters schon in jungen Jahren verabscheut. Die Geschichten über das große Deutsche Kaiserreich, das Romantisieren des Ersten Weltkriegs, als sein Vater in Belgien stationiert war, die aufputschende Musik. Eberhard kann die Stockschläge nicht vergessen, mit denen sein Vater früher versuchte, ihm Gehorsam und die eigenen Vorlieben einzubläuen.

Nur einmal hat ihn sein Vater angeregt, etwas zu spielen, während eines Abends mit seinen alten Regimentskameraden. Jedes Jahr zum Geburtstag des Kaisers mieteten die Männer einen Saal an, um dieses denkwürdige Ereignis mit einem dreifachen Er-lebe-hoch zu feiern, Reden zu halten und glorreiche Erinnerungen an den guten, alten Krieg auszutauschen. Anlässlich eines solchen Festes hatte Vater Rebling den sechzehnjährigen Eberhard gebeten, etwas Schönes auf dem Klavier zu spielen, und dieser hatte sich darauf gefreut, Beethovens Waldsteinsonate auszuführen – ein Stück, das er schon lange übte. Sein Vater und dessen Kameraden stampften und klatschten aus vollem Herzen mit. Vater Rebling forderte seinen Sohn auf, nach dem Sonatengeklimper nun einen ordentlichen Militärmarsch zu spielen. Mit rotem Gesicht traute Eberhard sich, den Wunsch abzulehnen, obwohl sein Vater wiederholt auf ihn eindrang. Als Entschuldigung behauptete Eberhard, sein Lehrer habe ihm die strikte Anweisung gegeben, nur das zu spielen, was er auch tüchtig geübt habe.

Eberhard hatte das Glück, dass der Dirigent Otto Klemperer ihn unter die Fittiche nahm. Er entwickelte sich zu einem begnadeten Pianisten. Durch Klemperer lernte er die Welt von Strawinsky, Paul Hindemith, Wagner und Beethoven kennen. Er studiert Musikgeschichte, Germanistik und Philosophie in Berlin. Die kommunistische Idee begeistert ihn zusehends mehr. Mit vierundzwanzig promoviert er über »Die soziologischen Grundlagen der Stilwandlung der Musik in Deutschland um die Mitte des 18. Jahrhunderts«. In dieser Zeit arbeitet Eberhard bereits für die Kommunistische Partei, und das herrschende Klima in seinem Land und in seiner Familie schnüren ihm immer mehr die Kehle zu. Mit der Machtergreifung der NSDAP zwei Jahre zuvor war die Weimarer Republik beendet worden, und Adolf Hitler hatte sich selbst diktatorische Ermächtigungen erteilt, um seine Pläne für das Deutsche Reich umzusetzen. Eberhards älterer Bruder Dietrich – zumindest dieser Sohn war in den Augen des Vaters zu einem anständigen Mann herangewachsen – schließt sich den Nationalsozialisten an. Eberhard fasst einen Entschluss: Sobald er die Schulden für sein Studium abgezahlt hat, verlässt er das Land, das einen Kurs eingeschlagen hat, dem er nicht folgen kann – und eine Familie, die sozusagen auf Hitlers Panzern die Welt befahren will. Im Jahr 1936 verlässt er die Heimat und trifft mit einer Schreibmaschine und ein paar Spargroschen in Den Haag ein, wo er seine große Liebe Lientje trifft. Der Rest ist Geschichte.

DIE HAUSDURCHSUCHUNG

Die Wohnung von Janny und Bob in Den Haag wird zu einer Keimzelle des Widerstands. Sie bieten sogenannten Staatsfeinden Unterschlupf: Juden auf der Flucht, Widerstandskämpfern und Mitgliedern der verbotenen Kommunistischen Partei. Zuerst

Alexander de Leeuw, dem mürrischen Anwalt aus Amsterdam, danach Kees Schalker, dem ehemaligen Mitglied der Zweiten Kammer und genau wie de Leeuw Teil der Parteileitung der CPN. Für eine Weile lebt ihr Freund Frits Reuter bei ihnen – auch er ist ein führender Kommunist und außerdem einer der Initiatoren des Februarstreiks. Gemeinsam mit ihm betreibt Janny die geheime Druckerei im Schilderswijk. Sie druckt weiterhin Flugblätter, Aufrufe und illegale Zeitungen und sorgt dafür, dass diese in Umlauf kommen. Mit Robbie im Kinderwagen und dem dicken Babybauch dreht sie ihre Runden durch Den Haag, manchmal alleine, manchmal auch mit Bob, ganz selten auch mit Dick Teixeira de Mattos, dem Auslandskorrespondenten der verbotenen kommunistischen Zeitung *De Waarheid*. Während jemand Schmiere steht, aber auch ganz auf sich gestellt, durchquert sie einige vorher ausgewählte Straßen und klebt dort Flugblätter auf Kästen und Masten. Nicht nur die Schlüssel der geheimen Druckerei liegen bei ihr zu Hause, auch das ganze Parteiarchiv der CPN befindet sich dort. Gerrit Kastein hat das Archiv unmittelbar nach dem Einmarsch bei ihr deponiert. So viele Widerstandsaktivitäten, die an eine Adresse gekoppelt sind, können auf Dauer nicht unentdeckt bleiben, und es geht dann auch folgerichtig schief.

In Den Haag wurden Aufrufe mit antifaschistischen Inhalten von den Deutschen abgefangen. Jemand wird verhaftet und nennt, vermutlich nicht aus freien Stücken, die Namen von Janny und Bob. Schließlich verrät der- oder diejenige auch die Adresse der Wohnung in der Bazarlaan, in der Janny, wegen der Hitze und der aufgedunsenen Knöchel schnaufend, die letzten Wochen bis zur Geburt ihres zweiten Kindes herunterzählt.

Es ist der 17. August 1941, ein Sonntag, ein drückender Sommertag, als eine Gruppe Männer unter großem Getöse ins Haus eindringt und die Treppe hinaufstürmt. Es ist der SD: der Sicherheitsdienst der Nazis, in Begleitung einer Handvoll niederländischer Polizisten. Janny nähert sich zufällig gerade dem Haus mit dem kleinen Rob und einem vollgepackten Wagen: Sie war bei einem sozialen Hilfswerk, um eine Bettpfanne, Matratzenschoner und Untersetzer für die Bettpfosten abzuholen. Es ist zu spät, um umzukehren; Bob ist zum Glück im Büro. Die Männer, die noch unten stehen, halten sie auf.

»Wohnt hier ein Bob Brandes?«, schnauzt einer sie an.

»Der hat hier gewohnt, ja, aber der ist schon lange umgezogen.« Janny sagt das Erste, was ihr einfällt. Die Männer schüchtern sie ein, und Robbie hält sich heulend an seiner Mutter fest. Ein niederländischer Polizist beugt sich zu ihr herunter und seine Nase berührt fast ihr Gesicht.

»Du bist die Frau von diesem Bob Brandes.«

Janny wagt nicht mehr, etwas zu entgegnen, und hält schweigend den Schlüssel in die Höhe, wie einen Schild; als würde sie mit dieser Geste sagen wollen, dass sie auf eine freundliche Frage hin gerne die Tür aufgeschlossen hätte.

Die Männer begleiten sie und Robbie nach oben und weisen ihr einen Stuhl in der Küche zu. Weitere Polizisten durchsuchen bereits das Haus: Schränke werden geöffnet, Kleidung herausgeworfen, das Bücherregal wird zerpflückt. Janny bekommt Panik; rasch überlegt sie, wie sie verhindern kann, dass alle illegalen Unterlagen entdeckt werden – das scheint unmöglich, angesichts so vieler Männer, die sich auf so wenige Quadratmeter konzentrieren. Sie greift an ihren Bauch, schreit, sie sei hochschwanger und fragt die Männer, was man eigentlich von ihr wolle. Als niemand reagiert, sagt sie, das Kind würde jetzt kommen. Im Prinzip keine abwegige Idee: Ihr Bauch ist kugelrund, es sind nur noch wenige Wochen. Die Männer erschrecken, niemand will in eine Geburt verwickelt werden, und als Janny sie anfleht, dass sie einen Arzt anrufen darf, gibt einer der SD-Leute nach.

Mit Robbie an der Hand eilt sie auf die andere Straßenseite, ins Lebensmittelgeschäft, wo es ein Telefon gibt. Janny ruft ihre Freundin Joop Moes an, diese ist Ärztin in einem Krankenhaus in Den Haag. Joop hat vor einer guten Woche, am 8. August, bereits die Entbindung von Lientje betreut. Sie versteht sofort, was los ist, und springt auf ihr Fahrrad. Janny nimmt Robbie mit zurück nach Hause. Es gelingt ihr, heimlich die Schlüssel der Druckerei einzustecken. Sie legt sich im Schlafzimmer aufs Bett und wartet, die Schlüssel in der einen, die kleinen Finger von Robbie in der anderen Hand. Während sie mit anhört, wie die Männer mit roher Gewalt alles auf den Kopf stellen, betet sie, dass sie das CPN-Archiv nicht finden: Die Dokumente sind in der winzigen Küche in verschiedenen Töpfen und in einem Eimer versteckt.

Es ist warm, und die Luft steht zwischen den Wänden der Wohnung. Janny hört, wie die Männer immer wieder in die Küche gehen, um etwas zu trinken. Jedes Mal, wenn jemand den Hahn aufdreht, um sich ein Glas Wasser einzuschenken, denkt sie daran, dass sich nur wenige Zentimeter neben dessen Kopf das CPN-Archiv befindet. Sollten sie es entdecken, wäre das ihr Ende. Sie drückt Robbie noch dichter an sich und lauscht mit angehaltenem Atem, wie das Glas in großen Zügen geleert wird, und ist sich jedes Mal sicher, dass dies der Augenblick ist, in dem der Blick des Polizisten auf die Regalbretter über seinem Kopf fallen wird. Aber Mal auf Mal landet das Glas mit einem dumpfen Geräusch auf der Anrichte und fahren die Männer mit ihrer Durchsuchung woanders fort.

Dann trifft Joop Moes ein. Sie eilt die Treppe hinauf ins Schlafzimmer und wirft die SD-Leute, die dort die Wohnung filzen, hinaus. »Meine Herren, ich muss die Dame untersuchen. Wären Sie so freundlich, das Zimmer unverzüglich zu verlassen?«

Während Janny zum Schein ihre Hose auszieht, übergibt sie Joop die Schlüssel der Druckerei. Ihr Genosse Frits Reuter ist zu dieser Zeit bei Joop in der Wohnung, in der Nähe von Kijkduin; bei ihm sind die Schlüssel in guten Händen.

Joop bricht wieder auf, zuvor stellt sie Janny aber noch ein Rezept aus. Sie achtet darauf, dass die SD-Leute sie hören können, als sie Janny die Anweisungen gibt: »Das hier ist ein Rezept für ein Beruhigungsmittel, das Sie jetzt sofort in der Apotheke abholen müssen, ansonsten ist das Leben des Babys in Gefahr.« Es ist schon fast fünf, und um fünf Uhr wird Bob das Büro verlassen. Janny greift Robbie am Arm und schnellt zur Tür hinaus. Die Apotheke liegt unmittelbar bei der Arbeitsstätte von Bob. Sie muss ihn erwischen, bevor er den Polizisten direkt in die Arme läuft. Einer der Polizisten läuft ihr hinterher. Die Apotheke liegt an einem Platz, auf der anderen Seite ist das Büro von Bob. Sie geht um den Platz und hält Robbie fest an der Hand. Der Mann folgt ihr wie ein Schatten. Plötzlich schüttet es vom Himmel, und das dunkle Pflaster glänzt. Janny schlüpft in ein Portal und sieht, wie der Verfolger im Regen an ihr vorbeihastet. Auf der gegenüberliegenden Seite öffnet sich eine Tür, und Bob kommt heraus. Erstaunt entdeckt er seine Frau und seinen Sohn. Er geht um den Platz herum, seine Wege kreuzen sich dabei mit denen des Polizisten – ohne dass einer von beiden wüsste, wer der andere ist –, und küsst Janny und Rob.

»Was machst du denn hier?«, entfährt es ihm. Dann merkt er, wie aufgeregt sie ist. »Was ist um Himmels willen los?«

»Du musst verschwinden. Und zwar sofort!«, sagt Janny entschlossen.

Bob dreht sich um und springt ohne zurückzuschauen in eine vorüberfahrende Straßenbahn. Hinter dem Waggon taucht der Polizist auf, der sie überall auf dem Platz gesucht hat.

»Sie wollten doch zur Apotheke?«

»Ja, ich habe mich hier nur kurz untergestellt.«

Janny löst das Rezept ein und geht mit Robbie zurück nach Hause. Bob wird jetzt nicht mehr dort auftauchen.

Der Sicherheitsdienst dreht quasi jeden Gegenstand in der Wohnung um. Sie vertreiben Janny sogar aus dem Bett und schneiden die Matratze auf. Sie nehmen zahlreiche der Bücher aus ihrer kleinen Bibliothek mit; es sind fast alles Bücher von Bob, aber auch Jannys geliebtes Exemplar des *Kleinen Johannes* von Frederik van Eeden, das sie seit ihrer Jugendzeit besitzt. Einer ihrer Freunde, ein Buchbinder, hat es für sie in schönes rotes Leder eingebunden – bei den Deutschen reicht das schon aus, damit sie misstrauisch werden. Die Bücher sind weg, und alle Küchenschränke wurden ausgeleert, aber niemand hat einen Blick in die Töpfe auf dem Regal geworfen. Als die Dämmerung hereinbricht und in der Wohnung buchstäblich nichts mehr an seinem Platz steht, abgesehen von den Töpfen mit dem Parteiarchiv, ziehen die Männer ab. Vor lauter Anspannung muss Robbie fürchterlich weinen; er brüllt und schreit, bis er Fieber bekommt. Janny legt ihn voller Sorge ins Bett. Dann klingelt es. Unten steht im Dunkeln ein junger Mann vor der Tür. In einem verschwörerischen Ton teilt er mit, er habe gehört, was passiert sei.

»Gib mir die Schlüssel«, flüstert er.

Janny antwortet, dass sie keine Ahnung hat, worüber er überhaupt spreche.

»Ich muss zu unseren Leuten Kontakt aufnehmen, kannst du mir die Adressen geben?«

»Nein«, sagt Janny, »das kann ich nicht. Komm morgen nach Noordeinde, zum Denkmal von Willem III.« Sie wirft die Tür zu.

Mit ihrem schweren Bauch rennt sie die Treppe hoch, ergreift Robbie, der vor Müdigkeit fast nicht mehr laufen kann und wie ein Wärmestrahler glüht, setzt ihn hinten aufs Fahrrad und macht sich auf zum Haus von Joop. Außer Atem überlegt sie dort mit Frits Reuter, was zu tun ist. Es ist offensichtlich, dass sie in großen Problemen stecken: Sie wurden verraten. Bobs Name steht auf einer Liste, wahrscheinlich auch diejenigen von Janny und Frits. Was weiß der Feind? Wer war der junge Mann an der

Tür? Wissen sie Bescheid über die Druckerei oder suchen sie einfach ins Blaue hinein? Bei Janny konnten sie nichts Belastendes finden, und Bob ist, soweit sie wissen, in Sicherheit. Mit Frits vereinbart sie, dass sie am nächsten Tag nach Noordeinde gehen wird. Frits soll aus der Entfernung beobachten, ob man den Leuten trauen kann.

Nach einer unruhigen Nacht, sowohl für Robbie als auch für Janny, bricht sie am nächsten Morgen erschlagen und nervös in Richtung Noordeinde auf. Sie weiß sofort, als sie sich nähert, was hier gespielt wird. Die Vereinbarung mit Frits lautete: »Wenn dort Moffen patrouillieren, gibst du mir ein Zeichen, dann mache ich, dass ich wegkomme.« Janny gibt das verabredete Zeichen, wird angehalten und benimmt sich, als wäre sie nicht richtig bei Verstand. Auch als man sie unter Druck setzt, schweigt sie. Robbie fängt an zu weinen. Die Deutschen haben ihre Adresse herausbekommen, weil einer ihrer Kontaktleute geredet hat, also hat sie sich eine Sache ganz fest vorgenommen: komme, was wolle, den Mund zu halten. Die Deutschen lassen sie gehen, werden Janny aber im Auge behalten. Bob versteckt sich in Zukunft bei Haakon und Mieke in der Johannes Verhulststraat in Amsterdam. Janny bleibt in der Wohnung in Den Haag, mit Robbie und ihrem dicken Bauch. Sie verbrennt alle wichtigen Papiere im Ofen.

Wenig später wird Liselotte geboren.

ACHSE DES WIDERSTANDS

Während Janny bereits seit Anfang des Krieges eine aktive Rolle im Widerstand spielt, widmen sich Lien und Eberhard vor allem ihrer Karriere als Künstler. Lien ist ein gern gesehener Gast in der Künstlergruppe an der Keizersgracht in Amsterdam. Mittlerweile ist sie schwanger, aber die Möglichkeiten für Tanzauftritte sind seit der Besatzungszeit sowieso begrenzt. Mik van Gilse wendet sich hilfesuchend an sie: Die untergetauchten Menschen benötigen schnell mehr gefälschte Personalausweise. Da Lien wegen ihrer Profession häufig unterwegs ist, kennt sie zahlreiche Leute, in vielen Städten. Mik schlägt vor, dass sie möglichst viele Freunde aufsucht und diese dazu bringt, ihre Personalausweise als verloren zu melden. Sie können im Rathaus neue beantragen – die »verlorenen« Personalausweise wandern in den Untergrund.

So fängt Lien 1941 ebenfalls mit der Arbeit für den Widerstand an. Als Erstes geht sie zu einem jungen Bildhauer, der Masken für ihre Auftritte anfertigt. Der Mann zögert, auf ihre Bitte einzugehen, bis sein Vater den Raum betritt und fragt, worüber sie sprechen. Als Lien es erzählt, bricht der Mann in Lachen aus. »Was, du hast deinen Personalausweis immer noch nicht verloren, mein Junge? Das ist eine Schande, gibt ihn ihr sofort. So, und dann gehst du zum Rathaus und beantragst einen neuen, das können sie nicht ablehnen.« Er blinzelt Lien zu und danach nimmt ihr Geschäft Fahrt auf. Lien lernt schnell; sie hat vielleicht nicht so viel Erfahrung wie Janny, aber die wichtigsten Voraussetzungen für diese Art Arbeit teilen sie: Sie haben vor niemandem Angst und begreifen, wie groß die Not ist.

Liens Karriere als Tänzerin kommt nicht voran, aber ihre Geschmeidigkeit kann zu einem wichtigeren Zweck als je zuvor eingesetzt werden. Sie zieht regelmäßig ihre Bahnen im öffentlichen Schwimmbad und ignoriert dabei die Verbotsschilder für Juden. Nach dem Schwimmen kriecht sie, im Badeanzug mit ihrem kugelrunden Bauch, unter den Zwischenwänden der Umkleiden über die nassen Fliesen und stiehlt Personalausweise aus den Hosentaschen. Als sie zu dick wird, um durch den Zwischenraum zu passen, klettert sie über die Abtrennungen. Diese sind so dünn, dass sie befürchtet, sie könnten eines Tages unter ihrem Gewicht zusammenbrechen.

Zu Beginn nimmt sie alle Personalausweise mit, die sie zwischen die Finger bekommt, aber die Arbeit wird schwieriger, als sie zielgerichtet Ausweise beschaffen muss, mit den passenden Merkmalen, zum Beispiel für eine fünfundfünzigjährige Frau mit schwarzen Haaren. Einige Juden wurden schon mit falschen Papieren erwischt, der Widerstand muss also bessere und detailgenauere Dokumente abliefern. Der niederländische Personalausweis ist eines der am schwierigsten zu fälschenden Dokumente in ganz Europa: Er enthält sowohl ein Passfoto als auch einen Fingerabdruck. Um Fälschungen zu verhindern, sind die Ausweise zudem in einem zentralen Register verzeichnet. Die Tinte ist kaum zu fälschen, und auf dem Papier kann man mittels einer chemischen Reaktion recht einfach nachweisen, dass etwas manipuliert wurde. Wenn das Passfoto entfernt wird, wird auf der Rückseite ein unsichtbares Siegel zerstört, auf dem der Fingerabdruck angebracht ist.

Lien bespricht die Situation mit Mik, der schon eine Lösung gefunden hat. Ihr Grafiker, mit dem sie immer zusammenarbeiten, hat eine raffinierte Technik entwickelt, mit der er das Passfoto vom Personalausweis entfernen kann, ohne die Rückseite, auf der sich der Fingerabdruck befindet, zu beschädigen. Das neue hauchdünne Passfoto wird dann aufgeklebt und der Stempelabdruck wieder ergänzt. Das Team ist mittlerweile so geübt, dass es schon Hunderte Ausweise gefälscht hat. Nur der Fingerabdruck stimmt nicht, aber der kann bei einer kurzen Kontrolle auf der Straße sowieso nicht überprüft werden.

Einmal bekommt Lien von Mik den Auftrag, falsche Pässe zu einer der Zuteilungsstellen in Den Haag zu bringen. Dort soll sie einen Mitarbeiter treffen, der dem Widerstand angehört; Mik beschreibt ihn ausführlich. »Denk daran: Nur wenn er dort ist, denn nur er arbeitet mit uns zusammen. Wenn jemand anderes da ist, drehst du dich auf dem Absatz um.« Der Mann soll ihr Bezugsstammkarten für den nächsten Monat mitgeben, die sie im Untergrund verteilen kann. Mit den Bezugsstammkarten können dann Bezugsscheine erworben werden.

Lien läuft mit Herzklopfen zum Büro. Drinnen erkennt sie den Mann und übergibt ihm die falschen Personalausweise. Als er sie anschaut, fürchtet sie kurz, es könne noch schiefgehen, aber der Mann verzieht keine Miene und händigt ihr die Karten aus. An diesen Moment wird sie sich ihr ganzes Leben lang erinnern. Zwei Menschen, die einander nicht kennen, aber einander vertrauen müssen, die sich beide unauffällig verhalten, während sie sich der Gefahr bewusst sind, die diese Sache mit sich bringt – um anderen, die in noch größerer Gefahr schweben, zu helfen.

In den ersten Monaten ihrer Schwangerschaft kombiniert Lien die Arbeit im Widerstand noch mit einigen Auftritten und Unterrichtsstunden. In Amsterdam nimmt sie an Musik- und Cabaret-Abenden mit jüdischen Künstlern teil, die nicht mehr arbeiten dürfen – vor jüdischem Publikum. Es ist eine prominent besetzte Truppe, die zum großen Teil aus bekannten geflüchteten Schauspielern und Kabarettisten aus Deutschland, wie etwa Max Ehrlich und Otto Wallburg, besteht. Aber auch der dänische Tenor Max Hansen gehört dazu. Er hat 1932 ein satirisches, homoerotisches Lied über Hitler geschrieben: »War'n Sie schon mal in mich verliebt?« Damit hat er den ewigen Zorn der Nazis auf sich gezogen, genauso wie die niederländische Kabarettistin Henriëtte Davids, die unter ihrem Künstlernamen Heintje Davids aus dem Musical und Kinofilm *De Jantjes* bekannt ist. Lien wird für ihre Interpretation jiddischer Lieder bewundert, man kennt sie aus großen Revuen, in denen sie schon seit Jahren spielt. Sie genießt es, mit einer so hochkarätigen Truppe auftreten zu dürfen. Zu ihrem Kummer muss sie mit den abendlichen Auftritten aufhören, als ihre Schwangerschaft voranschreitet. Max Ehrlich zieht sie damit auf: »Da haben wir endlich eine so begabte junge Künstlerin, und dann bekommt sie ein Kind!« Lien zieht sich aus der Gruppe zurück, eine Enttäuschung, die sich rasch als schicksalhafte Entscheidung erweisen soll. Die ganze Gruppe, mit Ausnahme von Heintje Davids und Max Hansen, wird arretiert und in das Durchgangslager Westerbork gebracht. Sie alle finden ihr Ende in Auschwitz, keiner von ihnen wird zurückkehren.

Am 8. August 1941 setzen die Wehen ein. Eberhard ist nicht zu Hause, er hat einen Auftritt. Lien bugsiert ihren Kugelbauch über die Querstange des Fahrrads und fährt zum Krankenhaus. Die Freundin Joop Moes betreut die Entbindung, und als Eberhard in der Pause seines Symphoniekonzerts anruft, um sich nach dem Stand der Dinge zu erkundigen, kann Joop ihm voller Stolz mitteilen, dass er gerade Vater geworden sei.

Am 12. August schreibt er an einen Freund in New York: »Es ist eine Tochter, Kathinka Anita, sie wiegt sieben Pfund, hat dunkles Haar, zarte Augenbrauen, dunkelblaue Augen, die Nase ihrer Mutter und den Mund ihres Vaters. Zum Glück ist alles gut verlaufen, und Lien wird von allen unseren Bekannten und den vermögenden Schülern mit Blumen, Obst und Pralinen (richtig gute!) verwöhnt.«

Das ist der letzte Brief, den er seinem Freund schreiben kann. Der Postverkehr übers Meer wird eingestellt, und als Japan am 7. Dezember 1941 den amerikanischen Marinestützpunkt Pearl Harbor angreift und die Vereinigten Staaten unmittelbar in den Krieg involviert werden, sind auch alle anderen Verbindungen zum Rest der Welt unterbrochen.

Für Janny ist es ein glücklicher Zufall, dass ihre Schwester und sie beinah gleichzeitig Töchter bekommen haben, so können sie einander gut unterstützen. Obwohl sie zunächst ihre Besorgtheit über Liens neue Widerstandsaktivitäten geäußert hat, ist sie jetzt dankbar für die Zusammenarbeit. Bob versteckt sich noch immer in Amsterdam bei Haakon und Mieke Stotijn. Janny betreibt also alleine aus ihrer Wohnung die Druckerei – den kleinen

Robbie an der Hand und das Baby Liselotte auf einer Hüfte ruhend. Einen Teil der illegalen Zeitungsstapel lagert sie mittlerweile bei Lien, im Inneren des Bechstein-Flügels von Eberhard; etwas, worüber die Schwestern gemeinsam kichern. Die Besitzerin dieser führenden Marke für Konzertflügel, Helene Bechstein, ist eine bekennende Freundin und Mäzenin von Hitler, den sie als einen Sohn betrachtet und sogar liebevoll »mein Wölfchen« nennt. Wenn die Dame wüsste, wofür ihre Instrumente noch alles taugen …

Janny ist stolz auf Lien, die mit der gerade geborenen Kathinka im Kinderwagen die ganze Stadt abläuft, die Auflage unter dem Baby prall gefüllt mit Stapeln illegaler Zeitungen, die Janny druckt: *Signaal, De Waarheid, De Vrije Katheder*. Lien verabredet sich am liebsten mit einer Freundin und deren Baby bei der Mütterberatungsstelle. Dort reden sie über die Fortschritte ihrer Kinder, nehmen die Zwerge aus den Wagen und tauschen die dicken Wolldecken aus, gefüllt mit ganzen Packen von Flugblättern und Zeitungen, die im Anschluss verteilt werden müssen. Nach der Untersuchung werden die Babys wieder auf die Schmugglerware gelegt und man trennt sich. Aber die Arbeit ist riskant, und sie verlieren immer mehr Freunde. Auch Liens Freundin von der Beratungsstelle wird erwischt: Sie und ihr Kind werden deportiert und kommen in Auschwitz um.

Zwar muss Janny jetzt ohne Bob zurechtkommen, aber sie sieht ihre Familie zum Glück oft. Ihr Vater und ihr Bruder Japie besuchen sie häufig und verbringen dann zusammen mit Lien, Eberhard und der kleinen Kathinka den Tag in der Wohnung in der Bazarlaan.

Ihr Bruder Jaap ist Jannys Augapfel. Er ist fünf Jahre jünger als sie und äußerst geschickt. Joseph erwartete bei der Geburt von Janny bereits einen Sohn, die Hebamme rief nämlich, dass sie den Kopf eines Jungens sehe. Als der Kopf dann doch zu einem Mädchen gehörte, war er so böse, dass er seiner Frau einen Klaps auf den Kopf gab. Natürlich war er rasch überglücklich mit seiner Tochter.

Es ist unglaublich, wie sehr Jaap seinen Schwestern ähnelt. Hohe Jochbeine, volle Lippen und schwarze buschige Augenbrauen. Viele meinen, und das ist nicht verwunderlich, er habe indonesische Wurzeln. Das gilt übrigens für alle drei. Aber während die Mädchen runde Gesichter besitzen, ist das von Jaap länglich – und mit seinem Krankenkassengestell aus Metall sieht er aus wie ein Erfinder. Der Junge besitzt die Fantasie seines Vaters und die Arbeitsmoral seiner Mutter. Solange sie zurückdenken können, erfindet und zeichnet er die wundersamsten Schöpfungen, aber er setzt seine Erfindungen tatsächlich auch in die Realität um – mit den eigenen Händen. So ist er laut Janny der Erfinder des Fahrradradios. Wochenlang war er in seinem Zimmer verschwunden, und eines Tages hatte er ein echtes Radio gebaut. Das Ding knarzte und knisterte, aber es kamen doch zuverlässig Stimmen heraus. Sie klangen zwar verzerrt und nasal, aber man konnte sie verstehen: Und wenn er einen englischen Sender erwischte, mussten sie alle zuhören. *Daventry calling!* Aus einem Brett, ein paar Hülsen und einem Kristall fertigte Japie dann ein Radio, das er vorn an seinem Fahrrad anbrachte. Der Schalter war am Lenkrad befestigt, die Antenne bestand aus einem dünnen Kupferdraht; der Dynamo lieferte den Strom. So fuhr er singend zur Schule, begleitet von der Musik aus seinem Lenkrad.

Während seine älteren Schwestern bereits Ehemänner und eigene Kinder haben, wohnt der zwanzigjährige Jaap noch bei seinen Eltern in Amsterdam. Aus Geldmangel hat er die weiterführende Schule abgebrochen; es waren Jahre der Krise, und sein Vater konnte wegen der schlechten Augen schon eine ganze Weile nicht mehr arbeiten. Jaap fing an, auf einer Abendschule Handelskorrespondenz zu erlernen, aber Ende August 1941 wurde alle jüdischen Schüler von der Schule entfernt. Einige Jahre zuvor hatte er gegenüber dem elterlichen Haus einen bewachten Fahrradschuppen eingerichtet, um etwas Geld dazuzuverdienen. Ganz im Geiste seiner Schwestern richtet er dort ein illegales Logistikzentrum ein. Mit dem Fahrradschuppen als Deckmantel nimmt er Post, Pakete und Aufträge des Widerstands in Empfang und leitet sie ins ganze Land weiter.

Während die Juden immer weiter isoliert werden und sich der Rest der Bevölkerung zurückzieht und Scheuklappen anlegt, umspannt das Untergrundnetzwerk der weitverzweigten Familie Brilleslijper einen immer größeren Teil der Niederlande. Indem sie das eigene Leben aufs Spiel setzen, lassen sie zwischen Amsterdam und Den Haag eine Achse des Widerstands entstehen – beziehungsweise aus der Perspektive der Besatzer eine Achse des Bösen.

DIE HUNGERKUR

Obwohl sie sich darüber lustig machen, dass weder die jüdischen Schwestern, noch der deutsche Deserteur, sondern ausgerechnet der *Kaaskopp* Bob als Erster untertauchen musste, weiß jeder von ihnen, dass man selbst als Nächstes an der Reihe sein kann. Diese dunkle Ahnung bewahrheitet sich rasch, als Eberhard zum Militärdienst einberufen wird. Kaum zwei Wochen lang haben Lien und er die Zeit mit ihrer Tochter Kathinka genießen können, als ein Brief zugestellt wird, der ihm befiehlt, sich vier Wochen später bei einem Büro der deutschen Armee in Den Haag zu melden. Wenn er in diesem Jahr die Musterung besteht, gehört er ab dem Januar 1942 zur Wehrmacht. An diesem Abend wollen Eberhard und Lien über den Brief sprechen und diskutieren, was ihnen für Möglichkeiten bleiben. Sie bitten den Klarinettisten Jolle Huckriede, der im Nachbarzimmer wohnt, die weinende Kathinka mit seiner Musik in den Schlaf zu wiegen. Jolle hilft gerne dabei, es ist in seinem eigenen Interesse, dass das Kind endlich zu weinen aufhört. In der Hausgemeinschaft freuen sich alle über das neue kleine Leben, allerdings hat das Kind das Temperament seiner Mutter geerbt. Ein einziges Mal ist Kathinka in den ersten Wochen ihres Lebens tatsächlich für einige Stunden still gewesen – und zwar als Lientje, bevor sie dem Baby die Brust gegeben hat, zur Feier des Neuankömmlings eine Flasche Sekt ausgetrunken hatte.

Sobald Kathinka eingeschlafen ist, geht Jolle wieder, und Lien und Eberhard können einen Plan ausarbeiten. Muss Eberhard sich verstecken? Aber wo? Oder soll er sich einfach melden und abwarten, ob er überhaupt die Musterung besteht? Wenn er durchfällt, kann er danach vielleicht einfach wieder nach Hause. Sie finden keinen Ausweg, und zum ersten Mal seit langer Zeit lässt sie ihre gute Laune im Stich. Falls Eberhard an die Front müsste, könnte das das Ende bedeuten – was vielleicht noch zu rechtfertigen wäre, wenn es denn sein Kampf wäre. Nicht aber der des Feindes.

»Geh zu Rhijn«, sagt Lien schließlich, »der hat bestimmt eine Idee, wie wir das richtig anpacken.«

Rhijn ist niemand anderes als ihr guter Freund Rhijnvis Feith, den sie über Janny und Bob kennengelernt haben. Er ist seit den ersten Anfängen ein Fixpunkt im niederländischen Widerstand. Er stammt aus der steinreichen Familie Feith und arbeitet als Nervenarzt in Den Haag; ein Mann, der für sein ganzes Leben von der Kinderlähmung gezeichnet ist: krumm, bucklig, mit einem riesigen Kopf auf schmalen Schultern, aber überall bekannt für sein untrügliches moralisches Gewissen. Rhijn ist auch derjenige, der zusammen mit Gerrit Kastein den Solidaritätsfonds eingerichtet hat, in dem Geld für Widerstandsaktionen gesammelt und dort verteilt wird, wo es gebraucht wird. Es wundert daher nicht, dass Lien ihren Mann zu ihm schickt:

Rhijn hat schon vielen Leuten in Notsituationen geholfen. So benutzt er nicht nur seine Praxis als Anlaufstelle für die Mitglieder des Widerstands, die er ganz einfach als Patienten einträgt, er stand auch Janny vor einigen Wochen ohne Zögern zur Seite, als Bob plötzlich untertauchen musste.

Am Morgen nach der Hausdurchsuchung, die sie nervlich sehr belastet hat, läuft Rhijn von seiner Praxis den ganzen Weg bis in die Bazarlaan, mit Kaffee in der einen Hand und einem Päckchen Zigaretten in der anderen. Er steigt die Treppe zur Wohnung hoch und sagt zur hochschwangeren Janny: »So, jetzt bin ich da. Nun machst du erst mal frischen Kaffee, und dann besprechen wir, was zu tun ist.« Während Rhijn raucht und Janny den heißen Kaffee schlürft, fragt er sie unverblümt, wovon sie nun dächte zu leben, jetzt wo Bob weg sei, mit einem kleinen Kind und bald auch noch einem Baby. Sie kann ihm keine Antwort geben, hat selbst noch gar nicht darüber nachgedacht, aber wenn Bob nicht mehr zur Arbeit gehen konnte, bekam er natürlich auch keinen Lohn mehr.

»Wie viel hat dein Bob verdient?«, fragt Rhijn.

Das weiß Janny nicht genau, aber sie rechnet ihm die ungefähren Ausgaben vor. Daraufhin erkundigt er sich nach der Kontonummer; ob sie selbst Zugriff auf das Konto habe, fragt er noch. Dann bricht er wieder auf. Wenige Tage später erhält Janny den üblichen Lohn von Bob aufs Konto, allerdings nicht von dessen Büro, sondern von einem gewissen P. G. Jonker – was nichts anderes als ein Pseudonym des hochwohlgeborenen *Jonkheer*, also Junkers, Rhijnvis Feith ist. Bis Bob wieder selbst Geld verdienen kann, bekommt sie einen Betrag in Höhe seines Gehalts von Rhijn, und jeden Morgen besucht er sie kurz. Dann trinken sie einen Kaffee, und er raucht exakt zwei Zigaretten, bevor er wieder in seiner Praxis an die Arbeit geht.

Im Herbst 1941 klopft Eberhard also bei Rhijn an die Tür. Es ist lebenswichtig, dass er bei der Musterung durchfällt. Rhijn kommt gleich zum Wesentlichen.

»Wie viel wiegst du?«

»Siebenundsechzig Kilo in etwa, bei einem Meter achtzig.«

»Das wird dann eine Hungerkur. Ich will, dass du auf fünfzig, maximal zweiundfünfzig Kilo kommst, damit du ein derart jämmerliches Bild abgibst, dass dich niemand mehr haben will. Dann müssen wir bloß noch eine Krankheit für dich erfinden.«

»Ich kann mich daran erinnern, dass mein drei Jahre älterer Bruder unter einer Nierenerkrankung litt, und der wurde damals bei der Musterung vom Wehrdienst befreit.«

»Gut«, sagt Rhijn, »ich werde dir zehn Tage vor dem Termin eine Rhabarbermedizin geben, damit kannst du die Anzeichen einer Niereninfektion in einem frühen Stadium im Urin vortäuschen. Ich warne dich: Das Zeug schmeckt widerlich – aber das wirst du schon überleben.«

Eberhard stimmt dem Plan sofort zu, und Rhijn verordnet ihm eine strenge Diät; er erzählt ihm, wie er sich selbst in möglichst kurzer Zeit von einem fitten, gut aussehenden jungen Mann in ein armseliges Bündel aus Haut und Knochen verwandeln kann.

»Du machst Folgendes: Du arbeitest bis nachts um drei, dann trinkst du mehrere Tassen starken Kaffee, schläfst ein oder zwei Stunden – länger nicht, dann steigst du aufs Fahrrad und legst, so schnell wie es geht, zehn, besser zwanzig, Kilometer in der Stadt zurück. Zweimal in der Woche kommst du bei mir zur Kontrolle vorbei. Ab heute bist du mein Patient.«

Eberhard fängt gleich an zu trainieren. Am schwersten fällt ihm das frühe Aufstehen: Gegen fünf, im Dunkeln, wenn das ganze Haus noch im tiefen Schlaf liegt, schleppt er seinen hungrigen Körper nach draußen und dreht auf dem Fahrrad seine Runden durch Den Haag. Mit knurrendem Magen und Kaugummibeinen rast er wie ein Radrennfahrer über den Straßenbelag bis die Sonne hervorschaut. Dann kehrt er zurück zu Lien und Kathinka, die warm im Bett liegen. Er ist erschöpft, verschwitzt, sieht Sternchen und bricht beinahe zusammen, aber er hat ein festes Ziel vor Augen: nicht zur Wehrmacht einberufen zu werden, nicht fort von seiner Frau und seiner gerade erst auf die Welt gekommenen Tochter zu müssen.

Während Eberhard im raschen Tempo abmagert, sickern Nachrichten über Hitlers Offensive in der Sowjetunion durch. Dort haben die deutschen Truppen mit dem umfangreichsten militärischen Feldzug der Geschichte angefangen: das Unternehmen Barbarossa. Hitlers Endziel liegt im Osten. Dort, wo es genug *Lebensraum* gibt, um seine Pläne mit dem deutschen Volk zu realisieren. In *Mein Kampf* hat er keinen Zweifel über seine Geringschätzung der slawischen Völker gelassen, jene *Untermenschen*, und ihre verwerfliche Ideologie, den Kommunismus. Ohne zuvor eine Kriegserklärung abzugeben, fällt die Wehrmacht am 22. Juni 1941 in der Sowjetunion ein, mit vier Millionen Soldaten, sechshunderttausend Pferden und zweitausend Flugzeugen. Eberhard, und infolgedessen auch Lientje, waren vom ersten Tag der Besatzung an optimistisch gewesen: Dieser Krieg wird nicht lange dauern. Aber mit der Eröffnung der Ostfront und den Berichten, dass die deutschen Truppen die Sowjets mit ihrem Blitzkrieg überrumpelt haben, zeigen sich die ersten Risse in ihrem zuvor durchaus heiteren Zukunftsbild.

Nach einigen Wochen meldet sich ein Schatten des früheren Eberhards an einem trüben Herbsttag bei der Kommission in Den Haag. Zwischen seinen Oberschenkeln ist eine Höhlung entstanden, die Haut spannt schmerzhaft über den Knochen, und es scheint, als würde er permanent die eigenen Wangen einsaugen. Gelbliche Augenringe und glänzender Schweiß auf seiner Stirn verleihen ihm ein kränkliches Äußeres. Eine Reihe wohlgenährter Männer in gut sitzenden Uniformen nimmt sich seiner missbilligend an, er muss sich bis auf die Unterhose ausziehen. Eberhard wird gemessen und gewogen.

»Einundfünfzig Kilo«, ruft jemand.

»Etwas wenig, fehlt Ihnen sonst noch etwas?«, fragt ein anderer.

»Ja, ich bin kurzsichtig«, antwortet Eberhard.

»Das ist irrelevant!«

»Ich habe krumme Beine und bin nicht gut zu Fuß.«

»Dann landen Sie wohl nicht bei der Infanterie, aber wir brauchen auch Soldaten für das Luftabwehrgeschütz.«

Eberhard wird unsicher. Er fühlt sich seit Tagen miserabel, aber aus den entsetzten Reaktionen seiner Mitbewohner über seine Erscheinung hatte er die Hoffnung geschöpft, dass der Plan funktionieren würde, wenn er nur durchhalten würde. Während die versammelten Herren ungerührt zuschauen, wird ihm klar, dass jeder, der zumindest über ein schlagendes Herz verfügt, bei dieser Musterung akzeptiert werden wird: Sie brauchen ganz einfach Kanonenfutter.

»Als Kind hatte ich dreimal eine heftige Ohrentzündung, deshalb …«, versucht es Eberhard.

»Sie sind doch Musiker, dann werden Sie doch ein gutes Gehör haben?«

»Und ich hatte auf jeden Fall zweimal eine schwere Nierenentzündung.« Sein Protest wird schwächer, er weiß, dass all seine Aufopferung für nichts und wieder nichts war.

»Bedingt k.v.!«, schnauzt eine Uniform in Richtung des Mannes, der die Formulare ausfüllt.

»Sie hören von uns.«

Sie wenden sich ab, die Musterung ist vorbei. Die Männer vor und hinter ihm werden für tauglich erklärt und erhalten an Ort und Stelle eine Einberufung. Für Eberhard gibt es einen Hoffnungsschimmer: bedingt *kriegsverwendungsfähig*. Bedingt. Sein

Schicksal hängt an einem seidenen Faden. Ihnen bleibt nichts übrig, als wieder einmal abzuwarten.

In den folgenden Wochen verschlingt Eberhard alles, was Lien ihm auftischt, damit er wieder an Gewicht zulegt. Jeden Tag kontrolliert er mindestens zehn Mal den Briefkasten. Sie besprechen die möglichen Szenarien, falls die Einberufung eintreffen sollte. Soll er die verhasste Uniform anziehen und für den Feind kämpfen, in der Hoffnung, irgendwann wieder lebendig zu Lien und Kathinka zurückzukehren? Oder soll er in die Illegalität abtauchen, wie schon so viele Menschen, denen er und die Schwestern geholfen haben? Vielleicht hätten sie besser darauf vorbereitet sein müssen, doch schweren Herzens fällen sie eine Entscheidung: Wenn die Einberufung eintrifft, wird Eberhard untertauchen.

Am Tag nach Nikolaus liegt der Brief, der aus Eberhard auch offiziell einen Deserteur machen wird, zu einem Staatsfeind erster Klasse, tatsächlich im Kasten. Hitler hat sich eindeutig über Landesverräter beziehungsweise Fahnenflüchtige geäußert: An der Front kann man sterben, als Deserteur muss man sterben. In der Einberufung steht, dass er sich am 15. Januar 1942 bei einem Regiment in Wolfenbüttel melden muss. Er soll Bürotätigkeiten für die NSDAP verrichten. Im Umschlag liegt auch eine Zugfahrkarte, nur Hinfahrt. Er hält die Karte in der Hand und weiß, dass er nicht dorthin fahren wird, erst recht nicht nach den jüngsten Berichten von der Ostfront.

Über die Kanäle des Widerstands hat er Informationen zum Blitzkrieg erhalten: Die Sowjets haben in der ersten Phase des Unternehmens Barbarossa bereits fast achthunderttausend Soldaten verloren, aber der Krieg, der überraschend wie ein Blitzeinschlag begonnen hat und die Russen an den Rand des Zusammenbruchs brachte, ist zu einem zähen, eiskalten Todesmarsch geworden. Nach einer Reihe deutscher Erfolge in den ersten Monaten ist die Kriegsmaschinerie ins Stocken geraten.

Die Infanterie kann mit den vorpreschenden Panzerdivisionen nicht Schritt halten, auch die Versorgung der Soldaten an der Front kommt nicht nach, und Hitler trifft unverständliche strategische Entscheidungen. Millionen Soldaten schleppen sich über Steppe und Tundra, dabei hat der gnadenlose russische Winter noch nicht einmal begonnen. Am Tag seiner Einberufung zeigt das Thermometer für Moskau 29 Grad unter null. Gerade versucht die deutsche Armee um das Nikolausfest eine aufreibende Aufholjagd. Soldaten verlieren Gliedmaßen, Augenlider, Haare, Nasen und Ohren an die bittere Kälte – aber sie werden weitergetrieben. Die Zombie-Armee zieht voran und hinterlässt eine Spur aus Vogelscheuchen auf der russischen Steppe: Einige Soldaten der Roten Armee, die selbst schwer gelitten haben unter den »blonden Monstern« der Nazitruppen, machen sich einen makabren Spaß daraus, die toten Körper in den merkwürdigsten Positionen im Schnee aufzustellen, wie grauenvolle Skulpturen bei einem Kriegstanz. Die riesige Fläche der Sowjetunion, kombiniert mit einem beständigen Zustrom von Soldaten, der die Truppenstärke Hitlers in den Schatten stellt, bilden einen lebendigen Puffer, an dem sich das deutsche Heer aufreibt. Stalin verfügt über sechs Millionen Soldaten, dazu kommt eine aktive Reserve von noch einmal vierzehn Millionen Kämpfern – Kanonenfutter, das den Schnee allmählich rot färbt.

~

Im Januar 1942 hat Janny Bob bereits ein halbes Jahr nicht gesehen – und Bob kennt seine Tochter Liselotte noch gar nicht. Er versteckt sich noch immer bei Haakon und Mieke Stotijn in Amsterdam. Janny vermisst ihn fürchterlich. Ihre Schwägerin Aleid hat eine Idee, wie sie einander zumindest kurz treffen könnten. Aleids Mann Jan Hemelrijk kommt aus einer angesehenen Familie, die vor allem in Nordholland gute Kontakte hat.

Sein jüdischer Vater Jaap Hemelrijk war Rektor des Murmellius-Gymnasiums in Alkmaar und Stadtrat in Bergen, bis er im Zuge der deutschen Verordnungen auf die Straße gesetzt wurde. Janny bewundert ihn, sie nennt ihn liebevoll »Opa Hemelrijk«. Obwohl auch er, wie alle anderen Juden, unter den Unterdrückungsmaßnahmen leidet, strahlt er eine gewisse Unerschütterlichkeit aus, die Janny bei ihren eigenen Aktivitäten Mut macht. Jan Hemelrijk wohnt mit Aleid in Bergen, sie wird ihren Mann und den Schwiegervater fragen, ob jemand aus der Familie vielleicht ein Ferienhäuschen in der Gegend kennt, in dem Janny, Bob und die Kleinen heimlich ein paar Tage miteinander verbringen könnten. Aber es kommt anders.

Janny hört von ihrer Schwester, dass Eberhard nun doch einberufen wurde, und versucht, sie zu trösten. Lien steht Todesängste aus, die Deutschen könnten Eberhard abholen und zur Wehrmacht überstellen, oder er wird als Deserteur aufgegriffen, falls er sich der Einberufung widersetzt – sie wissen, was das bedeuten würde. Janny hat eine Idee und bespricht diese mit ihrem guten Freund Rhijn: Vernünftig wäre es, wenn zuerst Eberhard nach Bergen gehen würde. Für sie und Bob würde sich schon eine andere Gelegenheit für ein Treffen ergeben – Eberhard in Sicherheit zu bringen, sei zunächst wichtiger.

Rhijn ist derselben Meinung. Aber die Zeit drängt langsam, Eberhard soll sich am 15. Januar in Wolfenbüttel melden, und die Bewegungsfreiheit der Niederländer wird immer weiter eingeschränkt. Juden dürfen schon seit einer Weile nicht mehr umziehen, und die Deutschen bereiten eine Zwangsumsiedlung vor, die sie euphemistisch »Evakuation« nennen – eine Bezeichnung, die von der niederländischen Bevölkerung sehr schnell übernommen wird und die auch in den Zeitungen benutzt wird. Bei dieser Evakuation müssen Juden aus allen Dörfern und Städten in den Niederlanden Haus und Herd verlassen und werden nach Amsterdam umgesiedelt – wobei sie ihren Besitz zurücklassen.

Der Plan ist es, alle Juden in einem von vier sogenannten Judenvierteln zu konzentrieren: das Transvaal-Viertel, das Rivieren-Viertel, der Jodenhoek und Asterdorp. Rhijn und Janny vereinbaren, dass Janny noch einmal Kontakt mit Jan Hemelrijk aufnimmt, um ihn um Hilfe zu bitten. Aus Sicherheitsgründen sagen sie Lien nichts davon. Die Befragungsmethoden der Gestapo sind berüchtigt, und was Lien nicht weiß, kann auch nicht aus ihr herausgeprügelt werden. Und so geschieht es auch: Janny berät sich mit Jan, und sie beschließen, es sei für Eberhard am sichersten, wenn er sich bei Jan und Aleid versteckt, in der Karel de Grotelaan in Bergen. Niemand, außer Rhijn, soll davon erfahren.

Eberhard bereitet seinen baldigen Aufbruch vor, offiziell um sich dem ihm zugewiesenen Regiment anzuschließen. Auch seine Mitbewohner dürfen nichts von seinen tatsächlichen Plänen wissen. Er nimmt Abschied von seinen Klavierschülern, verpackt die Musikbücher in einer Kiste, die Jolle Huckriede im Nachbarzimmer für ihn aufbewahren wird, und schreibt seinen Eltern in einem kurzen Brief, dass sie in nächster Zeit wenig von ihm hören werden und dass sie sich keine Sorgen machen sollen. Er packt nur das Allerwichtigste ein und füllt den Koffer ansonsten mit Büchern: Um sich die Isolation und Einsamkeit, die ihn erwarten, ein wenig zu verschönern, will er möglichst viel lesen und lernen.

Sie feiern in bedrückter Stimmung zusammen Silvester in Amsterdam, bei den Eltern Brilleslijper und Jaap. Janny ist mit den Kindern gekommen, und in dieser Runde trauen sie sich, ihre Wünsche für das kommende Jahr zu formulieren. Augenzwinkernd fassen sie sich nach einem Gebet an den Händen, einmal um den Tisch herum, und versuchen ihre Ängste mit einem Fluch und einem Zauberspruch zu bannen. Vater Brilleslijper fängt an: »Wir wünschen uns, dass die Sowjetunion siegt und England und Amerika beschließen, eine zweite Front in Westeuropa zu eröffnen. Des Weiteren wünschen wir den Faschisten den raschen Untergang und Hitler persönlich den Tod.« Beim letzten Punkt zieht Fietje eine Augenbraue hoch, obwohl auch sie den Wunsch nicht leugnen kann. »Lasst uns schließlich selbst ausreichend Mut und Kraft haben, diesen Krieg bis zu seinem Ende zu überdauern, und lasst uns unsere Schwermut mit optimistischen Zukunftsträumen bekämpfen.« Sie heben die Gläser und läuten das neue Jahr mit diesem bittersüßen Toast ein.

Am 14. Januar 1942 klebt Eberhard seine neue Adresse in Wolfenbüttel für alle sichtbar auf die Tafel im Flur neben dem Telefon, küsst Lien und die kleine Kathinka zum Abschied und nimmt den Zug nach Amsterdam. Im gleichen Augenblick fährt ein unbekannter junger Mann aus dem Widerstand mit der Zugfahrkarte von Eberhard über die Grenze, sodass alles darauf hindeutet, er wäre wirklich unterwegs nach Wolfenbüttel. Rhijn und Jan Hemelrijk haben sich darum gekümmert.

In Amsterdam lässt sich Eberhard im Jodenhoek den Kopf rasieren – er weiß schließlich nicht, wann er wieder zu einem Frisör gehen kann. Am Nachmittag meldet er sich bei einer Künstlerpension an der Prinsengracht; die Adresse hat er von Rhijn bekommen. Er soll dort übernachten und am nächsten Morgen nach Bergen fahren. Aber ob es nun an seinem frisch rasierten Schädel oder am schweren Koffer liegt, irgendwie weiß die Pensionswirtin, dass der neue Gast auf der Flucht ist, und bevor Eberhard richtig angekommen ist, wird er schon wieder hinaus in die Winterkälte geschickt. Für Eberhard, der unmittelbar erlebt hat, wie man auf seine jüdische Frau immer häufiger herabgesehen hat, der aber selbst immer als respektierter Bürger behandelt wurde, ist das die erste Bekanntschaft mit seinem neuen Status als Paria.

Im Dämmerlicht läuft Eberhard von der Prinsengracht zum Hauptbahnhof, wo er unauffällig im Berufsverkehr untertaucht.

Mit dem Zug fährt er nach Alkmaar, dort steigt er in die Dampfstraßenbahn Bello nach Bergen um. Dann geht er, getreu den Anweisungen von Rhijn, zum Haus von Jan und Aleid Hemelrijk. Rhijn hat ihn auch mit einem falschen Personalausweis ausgestattet. Der Mann auf dem Foto ist in etwa gleich alt, ebenfalls Pianist und trägt einen wohlklingenden holländischen Namen. Als Eberhard, mittlerweile im Dunkeln, aber genau pünktlich vor dem Abendessen, bei Jan und Aleid in Bergen eintrifft, ist aus ihm ein gewisser Jean-Jacques Bos geworden.

DIE GEISELNAHME

Frühjahr 1942. Schwaches Sonnenlicht fällt auf die Steine der Nieuwe Achtergracht im Zentrum Amsterdams. Wenn Jaap am Morgen das elterliche Haus verlässt und zu seinem Fahrradschuppen geht, denkt er nicht daran, dass er sich mitten im Judenviertel aufhält, in einer Zeit, in der das nicht unbedingt anzuraten ist. Die Besatzungsmacht, die Razzien, die Tatsache, dass er und seine Freunde nirgends in der Stadt mehr willkommen sind – in diesem wunderbaren Morgenlicht ist das alles weit weg, und die Welt ist kurz so, wie sie einmal war. Auf einer Seite befindet sich die Rückfront des Theaters Carré, auf der anderen die Weesperstraat, wo er seinen Fahrradschuppen hat. Er liebt diese Straße, ihr Gedränge, die zahlreichen Geschäfte, die Menschenströme und dazwischen die klingelnde Straßenbahn Nummer 8. Er kennt jeden in seinem Viertel von früher:

Bis vor ein paar Jahren führten sie dort noch selbst ein Delikatessengeschäft, direkt gegenüber arbeitete Onkel Meijer Waterman in seiner Zigarrenmanufaktur. In dem großen Eckhaus an der Weesperstraat 74 besaß die Familie ein Zigarrengeschäft. Jaap beobachtete gerne, wie der geschickte Meijer die Zigarren rollte, eine knifflige Aufgabe. Neben Waterman befand sich ein Gebrauchtwarenladen, daneben ein Kupferschmied. Dort wohnten drei Familien im Haus: die Familie Werker vom Kupferschmied, darüber die Familie Elzas und im Keller, unter den Werkers, die Familie Korper. Großmutter Korper betrieb ein Gemüsegeschäft im Keller. Dort lebten auch zwei Jungen und ein Mädchen, mit schönem rotbraunen Kraushaar, heller Haut und Sommersprossen. Die Eltern mussten dort auch noch gewohnt haben. Die Kellertreppe stand vom frühen Morgen an voll von Gemüsekisten und einigen großen Kartoffelwannen, aber sie sahen erstaunlicherweise nie, wie jemand der Familie über all das hinein- oder hinausstieg. Gegenüber der Korpers lebte ein Mann, der nur Hinkebein genannt wurde: Er hatte von seinem Knie abwärts ein Holzbein, konnte aber ausgezeichnet damit laufen. Für einen halben oder ganzen Cent verkaufte er Lieder – aber nachdem er gesungen hatte, wollte in der Regel niemand mehr bezahlen. Dann gab es noch den Mann auf dem Karren, den »unglücklichen Maurer«, den Vater Brilleslijper immer nur den »unmöglichen Gauner« nannte. Seine Frau zog ihn wie einen nassen Spüllappen auf einem Handkarren durch die Straßen, während er aus voller Kehle schrie: »Unglücklicher Maurer, mit gebrochenem Rückgrat! Vom zwölften Lebensjahr bis zum sechsundzwanzigsten hart gearbeitet, dann vom Dach gefallen und von den Menschen im Stich gelassen!« Ein herzzerreißender Anblick, auch wenn man ihn schon hunderte Male gesehen hatte. Dann ging seine Frau mit einer Mütze rund und schob im Anschluss ihren Mann samt Handkarre in die Kneipe von Hovingh. Die Gastwirtschaft befand sich in einem prachtvollen Gebäude mit einer Holzfassade. Spät am Abend konnten die Bewohner des Viertels dann beobachten, wie der unmögliche Gauner auf der Karre lallend nach Hause rollte, in Schlangenlinien vorangeschoben von seiner ebenfalls betrunkenen Frau. Ihnen hinterher lief eine grölende Horde Kinder, die längst ins Bett gehörte.

Während Jaap die Tür hinter sich zuzieht und zum Fahrradschuppen spaziert, kommt ein bekannter Polizist aus dem Viertel auf ihn zu. Es ist jemand vom Revier am Jonas Daniël Meijerplein, den er schon sein ganzes Leben lang kennt. Jaap will ihn grüßen, aber der Mann blickt stier geradeaus. Im Vorübergehen zischt ihm der Polizist etwas zu.

»Sie haben Henk erwischt. Mach, dass du fortkommst.«

Für einige Sekunden ist Jaap wie gelähmt, als hätte man ihn auf dem Kopfsteinpflaster festgenagelt, während er versucht zu begreifen, was der Polizist gerade zu ihm gesagt hat. Henk ist sein Kompagnon. Mit ihm unterhält er den Fahrradschuppen und koordiniert die illegalen Kontakte. Dann reißt er sich zusammen, knöpft seine Jacke zu und geht geradewegs zur Straßenbahn Richtung Hauptbahnhof; dort nimmt er einen Zug nach Den Haag. Wenige Stunden später klingelt er bei Janny, die ihn, ohne etwas zu fragen, ins Haus zieht und mit nach oben nimmt. Am nächsten Morgen erfahren sie, dass die Deutschen nach diesem entgangenen Fang als Repressalie ihren kranken, halb blinden Vater auf die Straße gezerrt und inhaftiert haben. Sie dachten, sie seien so vorsichtig gewesen – das ausgeklügelte Netzwerk aus Kontaktpersonen, die Codewörter und Warnsysteme, die sie selbst und die illegalen Unternehmungen schützen sollten –, aber darauf waren sie nicht vorbereitet. Jaap und Janny wissen nicht weiter, was ihrer Brilleslijper-Natur so gar nicht entspricht. Die Vorstellung, dass ihr Vater in einer Zelle sitzt, ist unerträglich. Aber Janny fasst sich rasch wieder und überlegt, wer von ihren Verbindungsleuten die richtige Person ist, die Sache im ersten Anlauf gleich richtig anzugehen. Sie wendet sich an Benno Stokvis, einen bekannten Amsterdamer Anwalt, der, wie sie weiß, gute Kontakte zu den Deutschen unterhält. Stokvis arbeitet unkonventionell und verfügt über eigene Wege. Er hat schon häufiger in Fällen verhafteter Juden vermitteln können.

Janny bittet ihn inständig, ihren Vater aus dem Gefängnis freizubekommen; er solle alles tun, was hierzu nötig sei. Er hofiert die richtigen Leute, Geld spielt auch eine Rolle, und es gelingt ihm tatsächlich: Nach ein paar Tagen öffnet sich die Zellentür für Joseph Brilleslijper, der seine Fietje gar nicht fest genug an sich drücken kann. Janny ist inzwischen auch in Amsterdam – Jaap bleibt in Den Haag bei Rob und Liselotte.

In der Abgeschlossenheit des Hauses an der Nieuwe Achtergracht bedankt sich Janny bei Benno Stokvis für seine Hilfe und bespricht ihre Sorgen mit ihm. Die Deutschen waren bereits hinter Bob her, sie haben auch in der Hausgemeinschaft von Lien in den vergangenen Wochen mehrmals angerufen, um sich nach dem Verbleib von Eberhard zu erkundigen. Jetzt haben sie auch ihren kleinen Bruder Jaap im Visier. Allmählich schließt sich das Netz um sie. Eigentlich ist es ein Wunder, dass die Schwestern noch nicht erwischt worden sind. Stokvis hat einen dringenden Rat für Janny.

»Mach, dass du wegkommst. Nimm deine Eltern mit, schließ die Türe hinter dir ab und komm nie wieder hierhin zurück. Es wird noch viel schlimmer werden, als wir beide uns überhaupt vorstellen können.«

Janny zweifelt keinen Augenblick an der Wahrheit seiner Worte. Ohne irgendeinen Widerspruch zu akzeptieren, befiehlt sie ihrer Mutter, nur das Allerwichtigste einzupacken, greift nach dem Arm ihres Vaters und nimmt ihn mit nach Den Haag, wo Jaap und die Kleinen schon auf sie warten.

Vater, Mutter und Jaap ziehen bei Janny ein, keiner der drei wird je wieder dauerhaft ins geliebte Amsterdam zurückkehren.

~

Während die Familie sich notdürftig einrichtet, bereiten die Nazis die nächste Phase ihrer Bevölkerungspolitik vor. Die meisten registrierten Juden der Niederlande wurden mittlerweile in und um

Amsterdam angesiedelt. Der Reichskommissar Arthur Seyß-Inquart hat die Organisation der beabsichtigten Deportationen fast abgeschlossen. Gruppen arbeitsloser und ausländischer Juden werden schon ins Durchgangslager Westerbork verbracht, das ursprünglich 1938 für die Aufnahme von Flüchtlingen aus den Nachbarländern eingerichtet wurde. Die Deutschen haben die Funktion des Lagers geändert, jetzt ist es eine Durchgangsstation zu den Konzentrationslagern.

In der Nähe des polnischen Orts Oświęcim, etwa tausendeinhundert Kilometer östlich von Westerbork, wurde 1941 auf einem ehemaligen Kasernengelände ein Lager errichtet, das den riesigen Zustrom polnischer Gefangener auffangen sollte. Der deutsche Name für Oświęcim ist Auschwitz. Auf dem Gelände können in gemauerten Baracken zwischen fünfzehntausend und zwanzigtausend Menschen gefangen gehalten werden. Das reicht immer noch nicht. Hitler befiehlt den Bau eines neuen, viel größeren Lagers, und im März 1941 wird wenige Kilometer vom Basislager Auschwitz I eine Fläche von hundertfünfundsiebzig Hektar erschlossen. Dort entsteht Auschwitz II, auch Auschwitz-Birkenau genannt. Im Verlauf des Krieges werden noch etwa vierzig kleinere Nebenlager rund um Auschwitz errichtet, in denen die Gefangenen Zwangsarbeit verrichten müssen, von Fabrik- bis Landarbeit.

Der nächste Schritt hin zur »Endlösung« ist die geheime Wannseekonferenz am 20. Januar 1942. In der Villa Marlier, einem Landhaus am Wannsee im Südwesten Berlins, treffen sich auf Einladung von SS-Obergruppenführer Reinhard Heydrich fünfzehn hochrangige Nazifunktionäre zu einer Sitzung, die kaum zwei Stunden dauern wird. Die Ergebnisse dieses Tages werden in einem fünfzehnseitigen Protokoll zusammengefasst. Teil dieser Aufzeichnungen ist eine Inventarisierung, die auch ein Blatt umfasst, in der die Größe der jüdischen Bevölkerung per Land aufgelistet wird, wie in einem Kassenbuch. Die Gesamtzahl beträgt unterm Strich elf Millionen Menschen. Für die Niederlande werden hundertsechzigtausendachthundert Menschen verzeichnet. Verschiedene Vorschläge werden bei dem Treffen angesprochen, von Inhaftierung bis zur Massensterilisation. Wie die große Säuberungsaktion, die elf Millionen Juden betrifft, organisiert werden soll, wird genau festgehalten: »Im Zuge der praktischen Durchführung der Endlösung wird Europa vom Westen nach Osten durchgekämmt. Das Reichsgebiet einschließlich Protektorat Böhmen und Mähren wird, allein schon aus Gründen der Wohnungsfrage und sonstigen sozialpolitischen Notwendigkeiten, vorweggenommen werden müssen. Die evakuierten Juden werden zunächst Zug um Zug in sogenannte Durchgangsghettos verbracht, um von dort aus weiter nach dem Osten transportiert zu werden.«

Die Deutschen ordnen an, dass die Niederländische Eisenbahn (NS) eine Gleisstrecke zum Lagergelände Westerbork anlegt, damit Züge das Lager direkt anfahren können, was die Logistik erheblich vereinfacht. Der Bürgermeister des nächstgelegenen Dorfes Beilen in der Region Drenthe protestiert zwar noch kurz gegen den Bau der Strecke quer durch seine bäuerlich geprägte Landschaft, insbesondere wegen der möglichen Vernichtung der landschaftlichen Schönheit, aber der Protest wird ignoriert. Es gehe schließlich nur um ein zeitweiliges Streckenprojekt, heißt es in einer Antwort, »das wieder entfernt wird, sobald das Lager seinen Zweck erfüllt hat«.

Mit hundert Gefangenen wird eine Abzweigung vom Bahnhof Hooghalen zum Lager Westerbork gebaut. Viel schneller wird diese Erweiterung den Transport nicht machen, denn am Bahnhof Hooghalen müssen die Viehwaggons mit Tausenden Menschen oft lange warten, bevor sie die Haupttrasse befahren dürfen – Güterwaggons mit Lieferungen für die Deutschen haben Vorfahrt. Anlieger und lokale Beamte berichten von eindringlichem Heulen und Jammern, das zwischen den Latten der

Waggons hervordringe, von Babys, Kranken, Alten, Behinderten, aber auch von gebärenden Frauen. Die Kosten für den Bau der Gleisanlagen, für die Erstellung des Fahrplans bis an die deutsche Grenze und schließlich auch für jeden einzelnen Transport von Juden in die Konzentrationslager im Osten, werden von der NS bei der Besatzungsmacht in Rechnung gestellt; bezahlt wird sie mit Geld, das sie den Juden geraubt hat.

In Auschwitz I, dem Basislager, experimentiert man mittlerweile mit dem Giftgas Zyklon B. In einem der Krematorien werden tausend Häftlinge, vor allem Kriegsgefangene aus der Sowjetunion und Kranke, als Versuchskaninchen missbraucht. Das Gift wird aus einer Büchse in Form kleiner Kügelchen im Raum verteilt, der dann luftdicht abgeschlossen wird. Sobald die Kügelchen der Luft ausgesetzt sind, lösen sie sich auf und setzen ein tödliches Gas frei: Cyanwasserstoff, also Blausäure. Es dauert Stunden, bis alle Gefangenen tot sind.

Weitere Experimente folgen in den Jahren 1941 und 1942, häufig mit Menschen aus den polnischen Ghettos und weiteren Kriegsgefangenen aus der Sowjetunion, bis die notwendige Menge des Giftgases bestimmt ist. Als 1942 die Züge aus ganz Europa losfahren, ist es nur noch ein kleiner Schritt zu einer quasi industriellen Verwendung des Gifts. Dafür wurde das zweite, viel größere Gelände neben dem Lager Auschwitz als geeignet befunden. Der dafür angestellte Architekt entwirft beim Dorf Birkenau eine kleine Stadt, gedacht für etwa hunderttausend Personen. Dies soll der Ort für die Massenvernichtung der Juden, die »Endlösung der Judenfrage« sein. Jedes einzelne Detail macht die Funktion des Lagers deutlich: Es gibt kein fließendes Wasser oder ordentliche Böden, die man sauber halten könnte – weshalb die Seuchengefahr groß ist. Statt einer Person pro Schlafplatz, wie das zu dieser Zeit in deutschen Gefängnissen üblich ist, kalkuliert man mit vier Menschen, woraus sich eine maximale Kapazität für das Lager von 129 456 Inhaftierten ergibt. In Auschwitz-Birkenau werden an der Seite des Lagers vier große Gaskammern und Krematorien gebaut, wodurch die Anzahl der Toten zweier anderer Vernichtungslager, Treblinka und Belzec, schon bald übertroffen wird.

AUF DER FLUCHT

In Den Haag blühen die Linden, und am Straßenrand sprießen Krokusse. Das berührt Janny nicht, die Erleichterung über das Anbrechen eines neuen Frühlings ist den Sorglosen vorbehalten.

In den ersten zwei Jahren der Besatzungszeit wurde die Falle aufgestellt: Nach und nach haben die Nazis die Juden vom Rest der Bevölkerung getrennt. Schritt für Schritt nahmen Diskriminierung, Unterdrückung und der Entzug von Besitz und Würde zu. Manche sind in die Falle gegangen, weil sie an ein gutes Ende glaubten. Manche wurden durch die eigenen Anführer hineingelockt, etwa durch den Jüdischen Rat. Die meisten wurden hineingetrieben – von Schlägertrupps und Polizei. Nur wenige sind der Jagd entkommen: durch Glück, Sturheit, meistens aus einer Kombination von beidem. Menschen, die nicht als Juden registriert wurden, die rechtzeitig falsche Papiere erhalten haben, die rechtzeitig untergetaucht sind, die ein Netzwerk von anderen sturen Glückspilzen um sich herum aufgebaut haben, wodurch sie nicht auf Kollaborateure oder Angsthasen hereinfallen konnten. Und jetzt mussten so viele Menschen wie möglich aus dieser Falle gerettet werden.

Über ihr Netzwerk in Amsterdam hat Janny erfahren, dass die Unterdrückung ihrer jüdischen Nachbarn rund um das elterliche Haus an der Nieuwe Achtergracht immer sichtbarer und aggressiver wird. Der Jüdische Rat, unter Leitung von Asscher und Cohen, hat den Nazis Listen mit arbeitslosen Juden ausgehändigt. Die Männer werden verhaftet und in die Arbeitslager geschickt. Der Rat hat mittlerweile auch eine Dependance in Den Haag, auf der Ecke zur Noordeinde, und Büros in der ganzen Stadt. Als wäre die Situation nicht schon schwierig genug, zieht auch Frits Reuter wieder bei Janny ein. Sein Gastgeber wurde geschnappt, und er braucht vorübergehend ein Versteck.

Die jüngste Geiselnahme des kranken Vaters schwebt über allem in der sowieso schon engen Wohnung. Sie sprechen nicht darüber. Und obwohl sie den Vater zurückhaben, wird Janny klarer als je zuvor, dass sie alle mit dem Feuer spielen. Die Deutschen haben ihren Bruder Jaap, ihren Mann Bob und ihren Schwager Eberhard im Visier, und ihre eigenen Aufgaben im Widerstand werden immer umfangreicher. Not und Hilferufe nehmen täglich zu, stündlich sogar. Bei zahlreichen jüdischen Familien ist das Gottvertrauen oder die Hoffnung darauf, von der niederländischen Führungsschicht beschützt zu werden, blanker Panik gewichen. Juden, die zuvor in gutem Glauben, möglicherweise auf Geheiß des Jüdischen Rats, ein J in ihrem Personalausweis haben eintragen lassen, begreifen nun, dass dies ihre »Evakuierung« auslösen kann.

So kann es passieren, dass verzweifelte Menschen an Jannys Tür klingeln und auf der Straße laut rufen: »Wohnt hier Frau Brandes? Können Sie bitte das J aus unseren Personalausweisen entfernen?« Vater Brilleslijper bringt das völlig aus der Fassung, und wenn wieder einmal eine ratlose Frau am helllichten Tag auf die Haustür hämmert und nach Janny ruft, verbietet er ihr, nach unten zu gehen. Mutter Brilleslijper versucht die kleine Liselotte zu beruhigen – das Mädchen scheint seit ihrer Geburt im September nicht aufhören wollen zu weinen –, und Jaap lenkt Robbie ab. Während das Gehämmere an der Haustür alle nervös macht und Janny am liebsten nach unten laufen würde, um der

Frau eine Ohrfeige zu verpassen, nimmt Joseph seine Tochter im Gang zur Seite.

»Du treibst uns alle in den Tod, Janny. Du musst damit aufhören!« Was ein Flüstern hätte sein sollen, klingt mehr wie ein Orkan in einer Windkraftanlage, beinah lauter als der Lärm der Frau unten. Janny blickt ihren Vater an, und plötzlich schießt ihr eine Erinnerung durch den Kopf; daran, wie ihre Eltern einmal eine Vorstellung im Theater Carré besuchten, *Der Kaufmann von Venedig*. Sie kamen ausgelassen zurück, und Vater pfiff eine Melodie, summte, sang noch Monate später alle Lieder – oder zumindest versuchte er es. Das alles scheint so lange her. Während unten die Frau auf der Straße noch immer ihren Namen ruft, begreift Janny, dass sie fortmüssen. Sofort.

Auch diesmal findet ihr Schwager, Jan Hemelrijk, einen Weg: Zusammen mit seinem Vater organisiert er für die Familie Brilleslijper eine leer stehende Wohnung in Bergen. Das Haus heißt Het Aafje und liegt nicht einsehbar in den Wäldern, außerhalb des Ortskerns, in Richtung Bergen aan Zee. Außerdem kann Bob sich dort wieder der Familie anschließen. In der Provinz Südholland wird er von der NSB offiziell als Kommunist gesucht, aber diese Registrierungssysteme sind noch nicht aufeinander abgestimmt. Da sie jetzt nach Nordholland umziehen, können sie das Risiko eingehen, dass die Behörden seinen Namen doch kennen. Nach zwei Jahren illegaler Arbeit wissen sie, dass es keinen systematischen Informationsaustausch zwischen den Regionen gibt. Außerdem ist Bob kein Jude und deshalb steht auch kein J in seinem Personalausweis. Würde man ihn in Bergen kontrollieren, ist die Wahrscheinlichkeit gering, dass die örtlichen NSB-Leute etwas an ihm verdächtig fänden und ihn mitnähmen.

Janny kümmert sich um die notwendigen Papiere, um offiziell mit den Kindern nach Bergen umziehen zu dürfen. Der Rest der Familie muss sich im Umzugswagen verstecken. Für Frits Reuter hat der Widerstand einen neuen Unterschlupf gefunden.

Am Tag des Umzugs wartet Janny auf der Straße, bereit für den Aufbruch. Ihre Sachen sind schon im Umzugsauto. Liselotte und Robbie sitzen vorne, und Janny schließt die Türen zum Laderaum, in dem sich ihre Eltern und Jaap verstecken. In diesem Augenblick kommt eine Nachbarin auf sie zu. Janny hat eine Abneigung gegen sie; die Frau späht immer heimlich über die halben Gardinen in ihrem Wohnzimmer herüber, und Janny vermutet, dass sie mit den Deutschen sympathisiert.

»Sie ziehen um?«, fragt die Frau, ohne zu grüßen.

»Wie Sie sehen«, entgegnet Janny.

»Mit all den Juden im Haus, das kann auf Dauer nicht gut gehen.«

Jannys Wangen fangen an zu glühen. Sie ordnet ihren Schal und setzt sich hinter das Steuer, damit hofft sie das Gespräch zu beenden.

»Ziehen Sie in ein größeres Haus?«

Janny hat die Frau zwar gehört, zieht aber die Fahrertür energisch zu, startet den Wagen und gibt ein paarmal kräftig Gas. Die Frau springt zur Seite, auf den Gehsteig, und Janny beschleunigt. Neben ihr stößt Robbie aufgeregte Freudenschreie aus. Sie streichelt ihm abwesend über den Kopf, während die Frau im Rückspiegel immer kleiner wird. Ihr Herzschlag ist lauter als das Rattern des Umzugsautos und beruhigt sich erst wieder, als sie das Haus in Bergen erreicht haben. Zum ersten Mal seit Monaten kann sie Bob wieder in die Arme schließen; sie muss ihn auch noch seiner Tochter Liselotte vorstellen.

~

Auch für Lien wird es in Den Haag gefährlich. Wegen ihrer Tanz- und Gesangsauftritte ist sie in der Stadt eine bekannte Persönlichkeit, viele ihrer Schüler leben dort oder in der näheren Umgebung. Sie ist eine auffällige Erscheinung, zudem ist ihr Personalausweis mit einem J markiert. Janny wird noch immer wütend, wenn sie daran denkt, dass ihre Schwester das damals zugelassen hat.

Noch immer rufen die Deutschen zu den merkwürdigsten Zeiten im Haus an und erkundigen sich nach Eberhard. Zum Glück verweist jeder konsequent auf die Adresse, die Eberhard auf dem Zettel neben dem Telefon zurückgelassen hat. Trotzdem ist Lien beunruhigt. Sie will Den Haag mit Kathinka verlassen, bevor man sie verhaftet, um aus ihr herauszubekommen, wo Eberhard abgeblieben ist – und auch bevor die registrierten Den Haager Juden »evakuiert« werden.

Der Freund Jolle Huckriede, der Klarinettist in ihrem Nachbarzimmer, macht einen Vorschlag: Sein Bruder Jan hat eine Beziehung mit Violette Cornelius, einer jungen Fotografin, die auch im Widerstand aktiv ist. Deren Mutter wohnt an der Prinsengracht in Amsterdam und ist bereit, Lien Obdach zu gewähren. Sie ist auch damit einverstanden, dass nicht nur Mutter und Tochter bei ihr einziehen, sondern auch Eberhard. Der hat die Wintermonate bei Jan und Aleid verbracht, die sich liebevoll um ihn gekümmert haben. Aber er hat sich die ganze Zeit über in seinem Zimmer verstecken müssen; er war einsam und angesichts seiner Machtlosigkeit zunehmend frustriert. Abgesehen von den Briefen von Lien, die Rhijn an ihn weiterleitete, hatte er keinerlei Kontakt mit der Außenwelt. Was ihn aufmunterte, war der schlimme Frost. In den Niederlanden herrschte ein außergewöhnlich kalter Winter, mit Temperaturen weit unter dem Nullpunkt. Obwohl man gar nicht genug heizen konnte und alle im Land in diesen Monaten über die Kälte schimpften, bereitete sie Eberhard Freude. Gemeinsam mit Jan verfolgte er am Radio die Nachrichten über die deutschen Truppen in der Sowjetunion, die an der winterlichen Eiseskälte zugrunde gingen, für die Hitler sein Heer nicht ausgerüstet hatte. Jeder Tag, den Eberhard in seinem Zimmer bei Jan und Aleid verbrachte, war ein Tag, an dem er nicht bei der Wehrmacht war.

Jan Hemelrijk merkte jedoch, dass es seinen Freund belastete, illegal bei ihnen zu Gast zu sein – er brachte die Familie mit seiner Gegenwart schließlich in Lebensgefahr –, und es gelang ihm, ein eigenes Häuschen für ihn in Bergen zu organisieren. Eberhard wohnt jetzt tagsüber im leer stehenden Atelier eines befreundeten Bildhauers, die Nacht darf er in einem Sommerhäuschen an der Breelaan verbringen, das nur einen Spaziergang vom Atelier entfernt liegt. Auf diese Weise verteilen sie das Risiko. Sollte Gefahr drohen, kann er zudem durch den Wald entkommen.

Eberhard kann nur bis zum 1. Mai in dem Sommerhäuschen bleiben. Er muss also bald etwas Neues finden. Schon deswegen ist die Idee, gemeinsam mit Lien in Amsterdam unterzutauchen, eine großartige Neuigkeit. Mik van Gilse organisiert alles für sie: Er stellt den Kontakt zu Frau Cornelius in Amsterdam her, informiert Eberhard über das Datum, an dem er zu seiner Familie stoßen soll, und lässt Lien wissen, wann sie mit Kathinka umziehen kann.

Im Mai ist es dann endlich so weit: Im Haus von Frau Cornelius kommt es zur Wiedervereinigung von Lien, Eberhard und Kathinka. Sie fühlen sich im Haus an der Gracht sofort zu Hause. Sie fühlen sich an die Hausgemeinschaft in Den Haar erinnert, voller kreativer und politischer Menschen. Es ist immer Besuch da, und Eberhard genießt die Gespräche, die ihm in den Wäldern von Bergen so gefehlt haben. Obwohl sich das rauschende Amsterdamer Leben der Vorkriegszeit in Terror verwandelt hat, ist unter der Oberfläche eine Parallelwelt entstanden. Eine Stadt mit Wegen und Durchgängen, die den Deutschen unbekannt sind, geheimen Cafés in dunklen Kellern, Kartenrunden unter dem First von Grachtenhäusern und Konzerten, die erst nach Einsetzen der Ausgangssperre und dem Löschen der letzten Lichter beginnen.

Zunächst finden Lien und Eberhard es wunderbar, wieder zu

dieser Gemeinschaft zu gehören, aber schnell merken sie, dass dieses Leben nicht mehr für sie bestimmt ist. Der durchschnittliche Amsterdamer kann sich noch etwas an Bewegungsfreiheit erlauben – wie sehr die Besatzung auch das tägliche Leben verändert hat. Aber Lien trägt das J im Ausweis und führt noch immer geheime Aufträge für Mik aus, sie reist regelmäßig zwischen Den Haag und Amsterdam hin und her, und Eberhard ist ein gesuchter deutscher Deserteur. Er trägt jetzt zwar einen Schnurrbart und nennt sich Jean-Jacques Bos, aber das garantiert keine Sicherheit. Es ist viel Betrieb im Haus, Menschen kommen zu Besuch, von denen sie nicht wissen, ob es gute Leute oder Verräter sind. Auch draußen auf der Straße gehen sie ein hohes Risiko ein: Es wimmelt von Polizisten, SS, WA und NSB-Leuten. Eberhard traut sich kaum hinaus, und Lien entkommt zweimal nur knapp den Deutschen.

Das erste Mal in Den Haag, wo sie an einem Treffpunkt Lebensmittelkarten von jemandem aus dem Widerstand bekommen sollte. Sie wollte nur kurz bei ihrem alten Haus in der Bankastraat vorbeigehen und noch einige Dinge abholen, aber sie war so klug, erst von einer Freundin aus dort anzurufen und sich zu vergewissern, dass es dort noch sicher war. »Guten Tag, da haben Sie leider etwas verwechselt«, entgegnete ihre frühere Mitbewohnerin Ankie förmlich, als sie die Stimme von Lien erkannte. »Wir sind nicht heute, sondern erst morgen verabredet. Auf Wiederhören!« Und dann legte sie auf. Es war offensichtlich, was los war. Ein Deutscher oder jemand von der NSB muss neben Ankie gestanden haben, auf der Suche nach Eberhard und möglicherweise auch nach Lien. Sie hielt den Hörer noch in ihrer zitternden Hand, spürte die physische Nähe des Feindes. Während sie bei ihrer Freundin auf einem Stuhl saß und versuchte, sich wieder zu fassen, verrannen die Stunden, ohne dass sie wagte, wieder aufzubrechen. Lien dachte daran, was sie zu Ankie und Jolle gesagt hatte, bevor sie mit Kathinka ausgezogen war: »Ihr könnt ruhig den Bechsteinflügel benutzen, solange wir weg sind, und wenn wir den Krieg nicht überleben, dürft ihr ihn behalten.« Sie hatte es mit einem Lachen gesagt, aber so abwegig war das Szenario nicht.

Später rief ihre Freundin noch einmal im Haus an und sprach mit Ankie, die bestätigte, dass eine Hausdurchsuchung stattgefunden hatte. Jeder blieb bei der Version, dass Eberhard wirklich den Zug nach Deutschland genommen hatte. Wo Lien derzeit lebte, wüssten sie nicht, aber sie seien alle über die Geschehnisse sehr bestürzt. Mit wackligen Knien nimmt Lien an diesem Abend den Zug zurück nach Amsterdam; die nächsten Nächte kann sie wegen des Vorfalls kaum schlafen.

Ein zweites Mal entkommt sie dem Zugriff der Deutschen, als sie gegen Mitternacht im Hauptbahnhof von Amsterdam in eine Polizeifalle gerät. Sie ist wieder auf dem Rückweg nach Den Haag und hat gefälschte Papiere für Mik dabei, aber es ist schon spät – zu spät. Sie muss rechtzeitig zurück an der Prinsengracht sein, nicht nur, weil die Sperrstunde um Mitternacht beginnt, sondern auch weil sie Kathinka längst hätte stillen müssen. Sie wartet schon seit Stunden, doch der Zug kommt nicht. Der einzige Zug, der endlich einfährt, ist nur für Angehörige der Wehrmacht und zugehörige Personen freigegeben, wie die Durchsage angekündigt. Lien sieht vor ihrem inneren Auge, wie Eberhard mit dem schreienden Kind durchs Zimmer tigert, wie andere Leute im Haus kommen, um nachzuschauen, was im Zimmer los ist – also steigt sie kurzentschlossen in den Zug.

Die Fahrt ist zäh, und im Vorüberfahren sieht sie auf einer Bahnhofsuhr, dass es schon nach Mitternacht ist – wenn sie es durch die Kontrolle am Hauptbahnhof schafft, wird sie danach mit Sicherheit auf der Straße angehalten. Lien schließt die Augen und geht alle Kniffe aus ihrer Schauspielerfahrung durch, die ihr jetzt behilflich sein könnten.

Als sie die Augen wieder öffnet, blickt sie geradewegs in das Gesicht eines Soldaten, der ein paar Plätze weiter sitzt. Er ist groß und schwer und macht auch nicht den cleversten Eindruck. Der junge Mann starrt sie an, und während sich seine Kameraden miteinander unterhalten, blinzelt sie ihm zu. Als sie in Amsterdam am Hauptbahnhof aussteigt, folgt er ihr.

»Darf ich dich ein Stück begleiten?«, fragt der Soldat.

Lien lacht schüchtern und nickt.

»Gerne, aber die Sperrstunde gilt schon, ich weiß gar nicht, wie ich nach Hause kommen soll.«

»Mach dir keine Gedanken«, antwortet der Soldat und fasst sie am Ellenbogen.

Gemeinsam nähern sie sich dem Kontrollposten. Zwischen den niederländischen Beamten stehen zwei SS-Leute, die den Bahnsteig absuchen. Der Soldat geht geradewegs auf sie zu, und auch Lien hält den Kopf aufrecht. Die SS-Leute grüßen den Soldaten, er grüßt zurück und sagt: »Diese Dame begleitet mich.« Und sie haben es geschafft. Lien wagt weder zu atmen noch zu schlucken und drückt ihre Tasche fest an ihren Körper, die gefälschten Papiere brennen sich beinah durchs Leder. Die Straßenbahnen fahren schon nicht mehr, und ohne etwas zu sagen, verlässt sie den dämmrigen Lichtkreis des Bahnhofvorplatzes und betritt die dunkel daliegende Stadt. Der junge Soldat kann mit ihrem Tempo fast nicht mithalten, und sie hört, wie er flucht, als er über einen Pflasterstein stolpert. Mittlerweile atmet Lien so schnell, dass sie Angst hat, der Soldat könne ihr Keuchen hören. Auf den Straßen ist es totenstill. Die Musik, die Beleuchtung, die Betrunkenen und die arbeitenden Mädchen, die Nachtschwärmer und die Touristengruppen, die für Staus sorgten – alles ist verschwunden. Amsterdam liegt wie verlassen da.

Lien läuft immer schneller und ignoriert die Fragen des Mannes in ihrem Schlepptau. Erst als sie am Westermarkt sind, verlangsamt sie ihren Schritt und blickt ihn schuldbewusst an.

»Ich wohne hier im Viertel. Meine Mutter macht sich bestimmt schon große Sorgen, wo ich bleibe. Ich danke dir.«

Und bevor der verblüffte junge Mann etwas sagen kann, macht sie sich davon, an der Rozengracht entlang, wo sie in einem Portal verschwindet, um zu sehen, ob der Soldat ihr folgt. Als sie nach einigen Minuten immer noch keine Schritte hört, sammelt sie sich und läuft zur Prinsengracht, direkt ins Versteck.

Sobald die Tür aufschwingt, begrüßt sie eine kreischende Kathinka und ein hilfloser Eberhard, der schon davon ausging, seine Liebste niemals wiederzusehen.

~

»Bist du jetzt vollkommen verrückt geworden?« Mik rennt zwischen den hohen Fenstern zur Gracht hin und her, den Zeigefinger wie ein Pfeil an die Stirn gedrückt. Die Sonne zieht über den Dächern der gegenüberliegenden Grachtenhäuser auf und wird vom Wasser in die Wohnung reflektiert. Der Schatten von Mik scheint Bahnen auf dem Holzboden zu ziehen. Lien hört, wie die Straßenbahn um die Ecke in der Leidsestraat beschleunigt. Sie traut sich nicht, Mik anzuschauen. So wütend hat sie ihn noch nie erlebt. Sie ist hergekommen, um die Papiere abzugeben, und hat ihm von der Katastrophe erzählt, der sie gestern Abend nur knapp entkommen ist. Nachdem sie Kathinka mitten in der Nacht gestillt hatte, schlief das Mädchen wie ein Murmeltier, aber Eberhard und sie selbst waren hellwach und lagen schweigend nebeneinander im Bett, bis der Gesang der Amseln den Sonnenaufgang ankündigte.

»Rebekka Brilleslijper, mit einem dicken J. Was für ein Wahnsinn!«

Mik steht inzwischen genau vor ihr, die Hände zornig auf die Hüfte gestützt. Sie spürt seinen Blick förmlich auf der Kopfhaut brennen. Lien hat Mik nie davon erzählt, dass sie sich als Jüdin hatte registrieren lassen. Heute Morgen hatte er sie beiläufig gefragt, was für einen Personalausweis sie selbst eigentlich habe, und wäre dann fast explodiert; genauso wie schon Janny.

»Hör zu. Du läufst jetzt ohne Umwege nach Hause und bleibst dort, bis wir das in Ordnung gebracht haben, kapiert?«

Während Lien hört, wie die schwere Tür hinter ihr zufällt, und sie die steinerne Außentreppe zur Gracht hinabgeht, wird ihr bewusst, wie ihr Leben und das ihrer Freunde in diesem Augenblick von einer Reihe kurioser Freundschaften abhängen.

Einige Tage später erhält sie einen neuen Personalausweis. Lien schaut ihn kurz an, tritt dann vor den Spiegel und bindet ihre dicken dunklen Locken zu einem Knoten zusammen, wie ihn die indonesischen Frauen tragen. Die Mutter von Kathinka heißt ab jetzt Antje Sillevis, geboren in Surabaya. Es ist Zeit, die Stadt zu verlassen.

DER ERSTE ZUG

Jan Hemelrijk gelingt es, dass auch Lien, Eberhard und Kathinka nach Bergen kommen können, in die Nähe der Familie. Jeden Tag kommen jetzt Züge mit jüdischen Familien in Amsterdam an, aus allen Ecken des Landes, wo sie aus ihren Dörfern und Häusern vertrieben worden sind, um nun in den zugewiesenen Vierteln zusammengepfercht zu werden. Amsterdam verwandelt sich langsam in ein Ghetto. Das ist eine Vorbereitung für den nächsten logistischen Schritt im Rahmen der »Endlösung«. Die städtische Wohnungsgesellschaft erhöht die Mieten für geräumte Wohnungen, in denen jüdische Familien untergebracht werden, und fordert zudem pro Wohnung noch eine Kaution von zehn Gulden – die in den meisten Fällen nie zurückgezahlt wurde.

Zum gleichen Zeitpunkt erhält die Zentralstelle für Jüdische Auswanderung, die alle Karteikästen mit den Namen der zu deportierenden Personen verwaltet, aus Den Haag einen neuen Befehl, der den Mitarbeitern des Bevölkerungsregisters zahlreiche Überstunden beschert. Der ehemalige Auftrag lautete, dass der Reichskommissar Seyß-Inquart beziehungsweise die Niederlande 1942 insgesamt fünfzehntausend Juden zu liefern hätten. Diese Zahl bereitete niemandem Sorgen, sie konnte bereits mit der Deportation der ausländischen Juden erreicht werden. Das würde unter der niederländischen Bevölkerung keine Unruhe hervorrufen, prognostizierte Seyß-Inquart. Aber da die Nazispitze erfahren hatte, dass Frankreich die beabsichtigten hunderttausend Deportationen für das laufende Jahr keinesfalls schaffen würde, wurde rasch beschlossen, den Ausfall andernorts zu kompensieren. Die Jahresquote für die Niederlande wurde auf einen Schlag von fünfzehntausend auf vierzigtausend Menschen erhöht. Am 15. Juli 1942 müssen sich die ersten viertausend Juden am Amsterdamer Hauptbahnhof melden.

Der Bürgermeister gibt den Beamten des Bevölkerungsregisters sofort die Anweisung, eine Liste mit den Namen der niederländischen Juden zu erstellen. Die zuvor erfolgte gründliche Registrierung von rund hundertsechzigtausend niederländischen Juden in Kombination mit der berüchtigten statistischen Übersichtskarte erleichtert die Arbeit enorm. In verwaltungstechnischer und organisatorischer Hinsicht wird die Überstellung von vierzigtausend Juden also niemandem den Schlaf rauben, aber sowohl die Besatzungsmacht als auch die NSB befürchtet Unruhen in der Bevölkerung, wenn jüdische Nachbarn, ehemalige Kollegen und Freunde plötzlich in großer Zahl ihre Koffer packen müssen. Die Zentralstelle hält es daher für klug, den Jüdischen Rat als Bundesgenossen einzubinden, damit alles unproblematisch und ohne große Panik abläuft.

Am Abend des 26. Junis, einem Freitagabend, also während

des Sabbats, zitiert der Leiter der Zentralstelle, Ferdinand aus der Fünten, einen der Vorsitzenden des Jüdischen Rats, David Cohen, zu sich. In sehr naher Zukunft sollen die ersten Juden zu einem vorgeschriebenen »Arbeitseinsatz unter Polizeiaufsicht« nach Deutschland geschickt werden. Cohen schreibt in seinen Lebenserinnerungen, diese Nachricht habe ihn tief erschüttert, er habe protestiert und damit gedroht zurückzutreten, aber Ferdinand aus der Fünten habe ihm versichert, die meisten Juden dürften wie gehabt in den Niederlanden bleiben und die Arbeit in Deutschland würde unter angemessenen Bedingungen stattfinden. Entweder würde der Jüdische Rat dabei helfen, die Listen zu erstellen – und könnte damit auch beschließen, wer von der Deportation verschont bliebe –, oder er würde das selbst erledigen, ohne Ansehen der Person. Der Jüdische Rat entscheidet sich für die Kooperation. Sie müssen achthundert Namen pro Tag melden.

Ab dem 5. Juli 1942 landen die ersten Aufforderungen in den Briefkästen:

Aufforderung!
Sie müssen sich wegen einer möglichen Teilnahme an einer, unter Polizeiaufsicht stehenden, Arbeitsbeschaffungsmaßnahme in Deutschland zur Personenkontrolle und gesundheitlichen Musterung ins Durchgangslager Westerbork, Bahnhof Hooghalen, begeben. Hierzu müssen Sie am [Datum] um [Uhrzeit] am Sammelpunkt [Bahnhof] vor Ort sein.

Panik entsteht. Menschen wollen untertauchen oder schmieden Pläne, »nützliches« Gepäck mitzunehmen, beispielsweise doppelte Böden in Koffer einzubauen oder Beutel mit Geld und Fotos in Kleidungsstücke einzunähen. Man versucht herauszufinden, wer aus dem Freundeskreis oder der Familie ebenfalls eine Aufforderung erhalten hat, und weshalb, oder weshalb wohl nicht.

Aus der Fünten, Cohen und Asscher treffen sich zwischenzeitlich noch einmal, weil den Vorsitzenden des Jüdischen Rats zu Ohren gekommen ist, dass mit der Zeit alle Juden weggebracht werden sollen. Aus der Fünten kann sie beruhigen: Das sei letztendlich zwar tatsächlich die Zielsetzung, aber er verspricht, der Jüdische Rat und seine Angestellten müssten sich über eine Deportation keine Gedanken machen; außerdem könnten sie ihren Leuten berichten, dass ihnen die Korrespondenz mit den Menschen in den Arbeitslagern ermöglicht würde. Der Rat stellt sofort mehr Mitarbeiter ein, damit sie alle von der Deportation freigestellt werden: Sie bekommen eine sogenannte »Sperre« von den Deutschen.

Auch Janny hat diese Nachrichten über Mik empfangen. Während ihre Mutter auf die Kleinen aufpasst, erzählt Janny ihrem Mann, Vater und Bruder, was sie weiß. Als sie hören, alle registrierten Juden in Amsterdam hätten sich zu melden, um dann in die Arbeitslager geschickt zu werden, wird es still. Was bedeutet das? Muss man sich noch mehr Sorgen machen? Es sind bereits so viele unvorstellbare Dinge geschehen, dass die Lage kaum noch realistisch eingeschätzt werden kann.

Joseph versucht, das Ganze nüchtern zu betrachten: An und für sich ist es nicht ungewöhnlich, dass die Deutschen Arbeitskräfte benötigen, zumal der Krieg sich mittlerweile über ein größeres Gebiet erstreckt und sogar Amerika betroffen ist. Und der Aufruf scheint sich nur auf jüdische Männer zwischen sechzehn und vierzig zu beziehen. Fietje stimmt ihrem Mann zu: Natürlich werden zusätzliche Hände gebraucht, um die Kriegsmaschinerie am Laufen zu halten, in den Fabriken, auf dem Land. Deswegen muss man sich bestimmt keine Sorgen machen. Aber Janny sieht angespannt aus, ihre zusammengepressten Augen ruhen auf Jaap – zweiundzwanzig, das perfekte Zielobjekt, wenn er jetzt noch in Amsterdam gewesen wäre –, und sie zerschmettert die Illusion der Eltern mit einer einzigen Bemerkung: »Jeder, der jetzt einen Aufruf erhält, landet in einem Konzentrationslager und kommt nie wieder zurück.«

Der Aufruf hat in der jüdischen Gemeinschaft tatsächlich alle Alarmglocken schrillen lassen, und zahlreiche Menschen wollen jetzt untertauchen. Als den Deutschen bewusst wird, dass dieser nächste Schritt hin zur heimlichen »Endlösung« durchaus fehlschlagen könnte, planen sie eine Razzia, genau einen Tag, bevor alle Juden, die eine Aufforderung erhalten haben, sich melden müssen. Am Dienstag, dem 14. Juli, werden innerhalb weniger Stunden zwischen sieben- und achthundert Juden willkürlich festgenommen. In einem langen Zug müssen sie nach Amsterdam-Zuid marschieren.

In der Euterpestraat und am Adama van Scheltemaplein haben sich in der ehemaligen Höheren Mädchenschule der Sicherheitsdienst und die Zentralstelle einquartiert; unter anderem warten Juden in der Sporthalle auf ihre Deportation. Im Schulblock werden verhaftete Angehörige des Widerstands gefoltert, auch die Details des Deportationssystems werden dort erarbeitet. Im Gebäude am Adama van Scheltemaplein ist auch die berüchtigte Hausratserfassungsstelle untergebracht, unter Leitung von Willem Henneicke. Diese Gruppe aus zwanzig bis dreißig Beamten – die Kolonne Henneicke – hat die Aufgabe, genaue Inventarlisten der enteigneten jüdischen Wohnungen zu erstellen, nicht angegebenen jüdischen Besitz zu ermitteln und alles in die Depots der Liro-Bank bringen zu lassen. Die jüdische Bank Lippmann, Rosenthal & Co. wurde von der Besatzungsmacht aufgelöst, und man gründete eine namensgleiche Bank, die bereits zu Kriegsbeginn als scheinbar bekannte und vertrauenswürdige Bank fungierte, bei der alle Juden ihr Eigentum abgeben mussten. Ein Teil des Hausrats landet anschließend bei deutschen Familien, aber der Ertrag soll vor allem für die Finanzierung der »Endlösung« eingesetzt werden.

Mit der Festnahme der etwa siebenhundert Juden – darunter

Kinder, Frauen mit Babys und alte Menschen –, haben die Besatzer die benötigten Geiseln, um den Jüdischen Rat wieder zur Mitarbeit zu zwingen. Asscher und Cohen haben die Wahl: Entweder sie rufen die jüdische Gemeinde auf, sich der Weisung zu fügen und sich für die Arbeitslager zu melden, oder die arretierte Gruppe wird in ein Konzentrationslager, wahrscheinlich Mauthausen, geschickt. Der Rat veröffentlicht sofort eine Sonderausgabe des *Joodsche Weekblad.*

SONDERAUSGABE
Amsterdam, 14. Juli 1942

Die Sicherheitspolizei hat uns über Folgendes informiert: Etwa 700 Juden wurden heute in Amsterdam festgenommen. Wenn die 4000 dazu angewiesenen Juden in dieser Woche nicht in die Arbeitslager nach Deutschland aufbrechen, werden die 700 Verhafteten in ein Konzentrationslager nach Deutschland verbracht werden.

Die Vorsitzenden des Jüdischen Rats für Amsterdam,
A. Asscher
Prof. Dr. D. Cohen

Am nächsten Tag melden sich neunhundertzweiundsechzig Juden am Hauptbahnhof und fährt der erste Zug von Westerbork nach Auschwitz-Birkenau. Im Zug befinden sich tausendeinhundertsiebenunddreißig Menschen, darunter auch eine Gruppe Waisenkinder. Fast alle Passagiere werden nach ihrer Ankunft ermordet.

Bis zum 13. September 1944 werden weitere sechsundneunzig Züge aus Westerbork abfahren, gefüllt mit hundertsiebentausend Menschen. Fünftausend von ihnen werden zurückkehren. In ganz Westeuropa fahren die Züge, um die »unerwünschten Elemente« aus der Gesellschaft zu entfernen – mit mehr oder weniger Erfolg. In Belgien werden dreißig Prozent der jüdischen Gemeinschaft in die Konzentrationslager deportiert, in Frankreich fünfundzwanzig Prozent. Die Niederlande schicken in sechsundzwanzig Monaten sechsundsiebzig Prozent ihrer jüdischen Bevölkerung in die Lager.

BERGEN AAN ZEE

Einen Tag später, am 16. Juli 1942, laufen Eberhard und Lien mit Kathinka im Kinderwagen und einem Koffer von der Prinsengracht zum Hauptbahnhof, steigen in den Zug und sehen die Stadt allmählich in der Ferne verschwinden. Als die Stadttore von Amsterdam sich in Gefängnistore verwandeln, entkommen Lien und Eberhard gerade noch rechtzeitig nach Bergen. Dort erwartet sie Jan Hemelrijk am Bahnsteig. Er sieht älter aus als seine fünfundzwanzig Jahre, mit seinem ernsten Gesicht und den ordentlich zurückgekämmten Haaren. Für die letzten beiden Wochen im Juli und für den August hat er die junge Familie im Haus von Bekannten unterbringen können; diese sind in die Sommerferien verreist. Ab dem 1. September steht das Sommerhäuschen wieder leer, in dem sich Eberhard im vergangenen Winter für eine Weile versteckt hat; dorthin werden sie später umziehen. Zwischen der Breelaan, wo Lien und Eberhard ab September wohnen, und dem Buerweg, wo sich Janny mit dem Rest der Familie eingerichtet hat, liegen gerade einmal zwei Kilometer bewaldete Landschaft; es ist der westliche Rand von Bergen, in Richtung von Bergen aan Zee. Beschützt von der Natur können sie einander besuchen, wann immer sie wollen.

So ist die Familie Brilleslijper im Sommer 1942 wieder zusammen, mit allen Ehepartnern und auch den Kindern – aber die

Umstände sind hart, und von einer entspannten Atmosphäre kann keine Rede sein. Ihre kleinen Häuser sind gut, und die Umgebung von Bergen ist wunderschön, aber die Orte, die für sie immer ein Zuhause waren, und die Menschen, die dort leben, haben sich in nur zwei Jahren drastisch verändert. Die Gespräche zwischen den Schwestern und dem Rest der Familie drehen sich ausschließlich darum.

Nach dem Aufruf und den Razzien kommt es zu einem Wettkampf um die »Sperren«, also um zeitliche Freistellungen, die der Jüdische Rat bei den Besatzern bewirken konnte. Lien, Eberhard und Kathinka haben es durchs Nadelöhr geschafft. Dem Rat stehen siebzehntausendfünfhundert Freistellungen zur Verfügung und in der jüdischen Gemeinde in Amsterdam entbrennt ein heftiger Streit darüber, wem diese zustehen. Es kommt zu Prügeleien, an der Tür des Jüdischen Rats an der Nieuwe Keizersgracht 58 hört man verzweifelte Stoßgebete, Leute versuchen im letzten Augenblick jemanden mit einer Freistellung zu heiraten, oder betteln um eine Anstellung beim Rat. Arbeitende und ihre Familienmitglieder erhalten vorrangig eine »Sperre«, dazu kommt eine Gruppe von ausgewählten Persönlichkeiten mit besonderem Wert für die Gemeinde – aus der Perspektive des Jüdischen Rats nota bene. Aber gut siebzehntausend Menschen stehen schließlich offiziell im Dienst des Jüdischen Rats. Letztendlich wird das ein Jahr Aufschub bedeuten.

In der Zwischenzeit läuft Jannys Arbeit im Widerstand einfach weiter – wenn auch jetzt aus Bergen. Sie ist viel unterwegs, um weiterhin gefälschte Ausweise zu besorgen und zu verteilen. Sie versucht, an Personalausweise mit bestimmten Geburtsdaten zu kommen, die an Juden in etwa dem gleichen Alter weitergegeben werden. Sie arbeitet häufig mit ihrer Freundin Trees Lemaire für die sogenannte Personalausweiszentrale (PCB) zusammen, die unter anderem von Mik van Gilse begründet wurde. Janny liefert die gestohlenen Pässe an Trees, die sie an die nächste Kontaktperson im Netzwerk weiterleitet.

~

Am Abend des ersten Geburtstags von Kathinka stecken Lien und Eberhard gemeinsam schweigend ihre Köpfe in das *Joodsche Weekblad*. Eberhard ist an diesem Tag nach Amsterdam gefahren, um etwas Leckeres zum Geburtstag zu finden. In den Geschäften in der Nähe gibt es nichts Süßes mehr. Er schaute kurz bei Frau Cornelius an der Prinsengracht vorbei. Sie berichtete von einer Razzia am Tag zuvor. Von ihr bekam er die aktuelle Sonderausgabe des *Joodsche Weekblad* vom 6. August 1942 mit auf den Weg. Er klemmt die Zeitschrift zwischen Hemd und Hose und nimmt den Zug zurück nach Bergen.

SONDERAUSGABE

Alle Juden, die einem an sie gerichteten Aufruf bezüglich Arbeitsmaßnahmen in Deutschland nicht unmittelbar Folge leisten, werden verhaftet und ins Konzentrationslager Mauthausen verbracht. Von dieser oder anderen Strafen sind Juden befreit, die sich noch nachträglich bis Samstag, dem 9. August 1942, vor fünf Uhr anmelden oder die mitteilen, dass sie bereit sind, an der Arbeitsmaßnahme teilzunehmen.

Alle Juden, die keinen Judenstern tragen, werden ins Konzentrationslager Mauthausen verbracht.

Alle Juden, die ohne Zustimmung der Behörden ihren Wohnort oder ihre Anschrift ändern – auch wenn dies nur für eine begrenzte Periode gilt –, werden ins Konzentrationslager Mauthausen verbracht.

Für einen Augenblick sind sie sehr still und versuchen, die Mitteilung zu verarbeiten. Eigentlich ist das gut, schlussfolgert Lien nachdenklich und zeigt auf den ersten Punkt der Liste: Die Deutschen geben hiermit indirekt zu, dass viele Menschen sich nicht gemeldet haben, dass die Menschen untertauchen, sobald sie den Aufruf erhalten. Eberhard runzelt die Stirn und zeigt auf den zweiten Punkt. Auch das lässt sich ermutigend interpretieren: Wenn mit Deportation gedroht werden muss, bedeutet das, dass der gelbe Stern ignoriert wird. Aber wie lange hält diese Entschlossenheit an? Jeder in den Niederlanden weiß mittlerweile, dass man in Mauthausen maximal ein halbes Jahr bleibt; in Polen wurden inzwischen zahlreiche und viel größere Konzentrationslager gebaut – aus diesen kehrt niemand zurück. Nein, darin stimmen sie überein, das alles sind nur trügerische Lichtpunkte. Eigentlich ruft der Jüdische Rat hier zu blindem Gehorsam gegenüber den Nazis auf. Eberhards Finger bleibt auf Punkt drei liegen. Das hat mit Lien zu tun, mit der ganzen Familie. Sie haben sich den Behörden entzogen, ihr Aufenthaltsort ist unbekannt. Eberhard schlägt das Wochenblatt zu, und Lien geht in die Küche. Es gibt nichts mehr zu sagen und keinen Weg zurück.

Im September 1942, zwei Monate nach dem Aufruf des Jüdischen Rats und der Abfahrt des ersten Zugs aus Westerbork, wendet sich Jan Hemelrijk mit der Bitte an Eberhard, ob er ein Kind in ein Versteck begleiten könne. Das hat Eberhard schon häufiger gemacht: Untereinander nennen sie ihn auch ironisch den »Handelsreisenden in Kinderangelegenheiten«. Der letzte Rest Gutgläubigkeit unter der jüdischen Bevölkerung ist angesichts der jüngsten Entwicklungen verschwunden, die Menschen gehen jetzt bis zum Äußersten, um ihre Kinder vor den Händen der Nazis zu retten. Mit oder ohne Eltern, Brüdern und Schwestern, bei Fremden oder Bekannten, mit oder ohne Erklärung: In den ganzen Niederlanden werden Kinder wie Ostereier versteckt, ohne dass man sie gefragt hätte. Manchmal ist ein Kind schon alt genug, um zu begreifen, was geschieht, manchmal ist genug Zeit da, um Abschied zu nehmen, aber es gibt auch Familien, in denen Vater und Mutter plötzlich deportiert worden sind und Kinder zu Hause hilflos zurückbleiben.

Ein Kindermädchen aus Groningen erinnert sich an die Anweisungen, die sie von ihrer Chefin, einer jüdischen Frau mit sieben Kindern, erhielt: »Wenn sie uns abholen, lege ich das Baby hinten in den Schrank, unter einen Stapel Decken. Beobachte das Haus gut und suche das Kind, sobald du den Eindruck hast, dass sie uns weggebracht haben!« Genau so passiert es: Die Eltern und sechs Kinder werden deportiert, und das Kindermädchen findet hinten im Schrank das Baby, unter Lagen aus Wolle, aber lebendig. Sie packt es gut ein, bindet es auf den Gepäckträger ihres Fahrrads und fährt im Gegenwind nach Norden, auf dem langen Weg in Richtung Meer. Dort schickt sie das Kind mit einem Fischkutter auf die weitere Reise, Richtung Norwegen, wo es von einem fremden norwegischen Ehepaar liebevoll aufgenommen und großgezogen wird. Das Einzige, das sie von dem Baby wissen ist sein Vor- und Nachname, die das Kindermädchen weitergegeben hat. Erst Jahrzehnte später, kurz vor ihrem Tod, stößt das ehemalige Kindermädchen, in einer Zeitung auf den Namen, den sie nie vergessen hat, und nimmt Kontakt mit dem Mann auf, um ihm von seinen Eltern zu erzählen. Endlich kann sie ihm auch die Fotoalben geben, in denen seine ganze ermordete Familie abgebildet ist. Sie hat die Alben damals aus dem Haus gerettet und all die Jahre für ihn aufbewahrt.

Der Auftrag, den Jan Hemelrijk für Eberhard hat, ist weniger kompliziert, aber nicht weniger gefährlich. Es geht um den sechzehnjährigen jüdischen Jungen Herbert Speyer, der bei seinen Eltern in Amsterdam lebt. Aufgrund der Deportationen und der Razzien in der Stadt fürchtet die Familie um sein Leben; sie wollen, dass er untertaucht, jetzt, wo es noch möglich ist.

Mit einem Hut und einem Schnurrbart als armselige Tarnung fährt Eberhard mit dem Zug nach Amsterdam und nimmt den verängstigten Teenager mit zurück in das Häuschen nach Bergen. Erst einmal soll er sich bei ihnen verstecken. Es ist ein Wunder, dass sie nicht erwischt werden. Die Kontrollen auf dem Hauptbahnhof haben seit Beginn der Aufrufe stark zugenommen, und Eberhard sieht überall die »Stillen«, also Zivile, wie man die nicht uniformierte Sicherheitspolizei im Volksmund nennt. Ausdruckslos starren sie quer durch die Menschenmenge, die über die schmalen Treppen von den Bahnsteigen nach unten unterwegs ist, zur Haupthalle und dann nach draußen. Wenn er Kinder dabeihat, sorgt er immer dafür, dass sie direkt hinter ihm gehen, versteckt hinter seiner langen Gestalt, die seit der missglückten Hungerkur vielleicht nicht mehr so beeindruckend ist, aber hierfür vollkommen ausreicht.

Im November ist Eberhard ein zweites Mal für die Familie Speyer unterwegs. Die zwölfjährige Tochter Elleke wurde irgendwo in Amsterdam versteckt und muss nun zu einer Adresse in Velsen gebracht werden. Nachdem Eberhard das Mädchen sicher in Velsen abgegeben hat, stellt sich auf dem Rückweg heraus, dass die Bello-Bahn nach Bergen nicht mehr fährt. Eberhard kennt den Weg nicht, nur die ungefähre Richtung, und läuft in die Düsternis hinein, die Sperrstunde im Nacken. Damit er zum Sommerhäuschen kommt, muss er für eine Weile einen Weg nehmen, der zwischen einem Weiher und einem Soldatenlager verläuft. Eine andere Route gibt es nicht. Es ist weit nach zehn Uhr. Niemand darf mehr draußen unterwegs sein, ein deutscher Deserteur schon gar nicht. Wie ein Spion schleicht er durch die Waldstücke und kommt schließlich sicher bei Lien an, die ihn weinend erwartet. Sie war fast schon davon überzeugt, dass die Gestapo ihn festgenommen hat.

Noch einige Male fliegt Eberhard beinah auf, als er in Amsterdam am Hauptbahnhof angehalten wird. Sobald sich die Türen des Zuges öffnen, taucht er in den Strom der Passagiere ein, über den Bahnsteig, die Treppe hinab, den Kopf gesenkt, nicht auffallen, sich nicht verstecken, aber auch keine Aufmerksamkeit auf sich ziehen. »*Ausweis bitte!*« In den folgenden Sekunden scheint alles quälend langsam abzulaufen: Der Griff zur Tasche, das Vorzeigen des Dokuments, die Habichtsaugen, die von oben nach unten wandern, ihn wieder anblicken, zurück zum Ausweis schweifen, der Versuch, zu schlucken, der Herzschlag, der in seinen Ohren dröhnt, immer schwerer, schwerfälliger, wie eine Dampflokomotive, die in Zeitlupe auf eine Betonmauer zurast, er sieht es kommen, kann nichts mehr dagegen tun. »*In Ordnung!*« Die plötzliche Erleichterung, das stockende Blut, das langsam wieder fließt, weitergehen, fast schweben, und in der Masse aufgehen, bis das Herz wieder dort schlägt, wo es hingehört. Bis ins hohe Alter wird er die Treppen des Hauptbahnhofs nicht hinabsteigen können, ohne dass ihm eine Panikattacke die Luft abschnürt, bis er wieder draußen auf dem Bahnhofsvorplatz steht, wo er einige Minuten im Schutz der Stadt zu sich kommen muss, bevor er seinen Weg fortsetzen kann.

PILZSTEAK

Jedes Mal, wenn dumpfe Knallgeräusche vom Meer herüberwehen, läuft Janny hinaus und spitzt die Ohren, in der Hoffnung, dass es so weit ist und die Alliierten genau hier an der Küste eine zweite Front eröffnen. Stalin hat darüber im Radio gesprochen. Mittlerweile ist klar, dass man Hitlers Truppen nicht mit einer Gegenoffensive vom Meer her und aus der Luft schlagen kann – die Alliierten müssten auf dem europäischen Festland eine neue Front schaffen, um eine Chance zu haben.

Das Unternehmen Barbarossa ging mit brutaler Gewalt und,

zumindest zunächst, mit großer Geschwindigkeit einher. Aber Ende 1941 hat Hitler siebenhundertfünfzigtausend Soldaten verloren, und die Moral der deutschen Truppen ist tiefer gesunken als die winterlichen Temperaturen. Der Propagandaminister Goebbels hält im Dezember eine patriotische Ansprache im deutschen Radio, in der er die Bevölkerung dazu aufruft, warme Kleidung für die Front zu schicken, denn die Menschen zu Hause hätten keine friedvolle Stunde verdient, solange noch ein Soldat an der Front ohne ausreichende Ausrüstung der Kälte ausgesetzt sei. Obwohl die deutsche Bevölkerung selbst schon seit zwei Jahren unter der Rationierung, die auch Bekleidung betrifft, leidet, werden nach diesem Appell etwa sechsundsiebzig Millionen warme Kleidungstücke gespendet – aber ein Blitzkrieg wird es nicht mehr. Erst leistet Moskau bis in den Januar 1942 unerwartet Widerstand, und auf eine lange, recht erfolgreiche neue Offensive der Deutschen im Frühjahr 1942 folgt die berüchtigte Schlacht um Stalingrad – von August 1942 bis zum Februar 1943. Dieses blutige Schlachtfeld markiert den Höhepunkt des Zweikampfs zwischen Adolf Hitler und Joseph Stalin, für den sie Millionen Menschenleben opferten.

Aber Janny weiß nicht, was an der Ostfront passiert, oder dass Hitlers Pläne, »Lebensraum« zu schaffen, sich vom Zeichenbrett nicht so einfach in die Realität umsetzen lassen. Sie weiß nur, dass immer noch keine alliierten Truppen gelandet sind und das tägliche Leben in Bergen zunehmend schwieriger wird. Robbie geht es den Umständen entsprechend gut, aber Liselotte weint noch viel, und Janny weiß nicht, was ihr eigentlich fehlt. Kathinka geht es auch nicht gut, sie ist schwach. Eine Ruhrepidemie greift um sich, darum machen sich Janny und Lien ernsthaft Sorgen um die Kleinen. Es kursiert das Gerücht, dass der Ausbruch von einem Soldatenlager in der Nähe ausging. Die Darmerkrankung verbreitet sich in den Familien in der Umgebung und trifft vor allem die Kinder. Kathinka erkrankt. Das Mädchen verliert alle Flüssigkeit, bis der ganze Babyspeck aufgebraucht ist und sie nur noch aus Haut und Knochen besteht. Als sie nur noch Blut ausscheidet, ist Lien der Verzweiflung nahe, aber Jan und Aleid sorgen dafür, dass ein befreundeter Arzt nach den Kindern sieht. Der Arzt verordnet dem Mädchen Medizin und eine Diät aus Reis mit Zimt. Jan organisiert, dass sie alles ins Haus bekommen, und rund eine Woche sitzen sie ängstlich am Bett ihres Kindes und mühen sich, dass das Mädchen endlich etwas isst. Die katholische Familie, die neben ihnen wohnt, verliert zwei ihrer elf Kinder. Als Lien und Eberhard die Hoffnung beinah aufgegeben haben, fängt Kathinka wieder an zu essen und sich ganz langsam zu erholen. Als sie endlich ein paar Löffel ganz normaler Kindernahrung zu sich nimmt, können ihre Eltern zum ersten Mal wieder lächeln.

Der Winter des Jahres 1942 ist streng. Lebensmittel sind fast nicht mehr zu bekommen. Das war schon bei milden Temperaturen und einer blühenden Natur schwierig, als das Vieh ohne Zufütterung zurechtkam, aber jetzt ist es ein großes Problem. Die Schwestern finden im Wald Pfifferlinge und zum Glück verschlingen die Kinder diese, gebraten und gewürzt, wie die Scheunendrescher. Sicherheitshalber legen sie ganze Körbe voller Pfifferlinge ein und lagern sie in Weckgläsern. Janny hat irgendwo aufgeschnappt, dass auch ein rötlicher Holzschwamm sehr nahrhaft sein soll. In den letzten Wochen des Jahres leben sie vor allem von verschiedenen Pilzen. Sie können sogar Witze darüber machen.

»Was esst denn ihr heute Abend?«, erkundigt sich Bob bei Eberhard, als er kurz vorbeischaut.

»Pilzsteak. Und ihr?«

»Pilzsteak.«

Im Dezember fallen die Temperaturen noch weiter unter den Nullpunkt. Der Temperatursturz endet erst in den nächsten Wochen bei einem Kälterekord von minus 27,4 Grad. Der Frost setzt sich in den Wänden fest, und man bekommt die Wohnungen nicht mehr warm. Jaap bittet Jan Hemelrijk, ihm eine Säge und ein Beil zu bringen. Er arbeitet jeden Tag, fällt Bäume, spaltet Holzblöcke und schleppt die Scheite hinein zu den Schwestern, die die Heizöfen ununterbrochen befeuern.

Janny und Eberhard fahren für den Widerstand noch regelmäßig nach Amsterdam und zurück. Sie hören, dass wieder Razzien durchgeführt wurden – die bislang größten. Im Oktober hat der SD mit Unterstützung der niederländischen Polizei in Amsterdam und der umliegenden Provinz bereits fünfzehntausend Juden verhaftet. Im November nehmen sie auch mehrere Hundert Juden an verschiedenen Orten in Gelderland gefangen. Sie alle werden nach Westerbork gebracht. Dort verursacht die Ankunft so vieler Menschen Panik und Chaos. Nicht nur, weil die Baracken überbelegt sind, sondern weil die Präsenz von zahllosen Frauen, Kindern und Alten auch die letzte Illusion über die sogenannten Arbeitslager zerstört.

Eine effiziente Deportation funktioniert nur, wenn Ruhe und Ordnung herrschen, und der richtige Lagerkommandant spielt bei deren Aufrechterhaltung eine wichtige Rolle. Zwei frühere Lagerkommandanten von Westerbork, Erich Deppner und Josef Dischner, waren sadistische, unbeherrschte Männer, die mit ihrem Verhalten vor allem Panik auslösten. Die Gefangenen verstanden schnell: Wenn das schon die Behandlung im ehemaligen Flüchtlingslager Westerbork ist, was steht uns dann um Himmels willen an unserem unbekannten Zielort bevor? Ein neuer Lagerdirektor muss für Ruhe sorgen, sodass die Zielvorgabe für die Deportationen erreicht wird.

Im Oktober 1942 tritt der SS-Obersturmführer Albert Konrad Gemmeker als Lagerkommandant an. Er hat die symmetrischen

Gesichtszüge eines Filmstars und die Ausstrahlung eines Schuldirektors. Zuvor wurde er im Geisellager Beekvliet im Dörfchen Sint-Michielsgestel in Brabant eingesetzt, wo die niederländische Intelligenz als lebendes Unterpfand festgehalten wird: Ihnen wird kein Haar gekrümmt, solange die Bevölkerung gehorcht.

Gemmeker stellt mit Samthandschuhen die Ordnung in Westerbork wieder her. Er zieht in die prachtvolle Kommandantenwohnung am Eingang des Lagers ein, eine gediegene Villa mit einem spitzen Dach und einem rechteckigen Anbau, in dem sich ein Wintergarten befindet. Gemmeker residiert in dem Gebäude, als wäre er ein echter Bürgermeister und Westerbork seine Stadt. Er lässt sich von jüdischem Personal bedienen. Er organisiert einen möglichst normalen Tagesablauf im Lager, mit Kabarett- und Musikaufführungen. Es gibt eine Wäscherei, eine Nähstube und einen großen Nutzgarten, damit die Bewohner sich selbst versorgen können.

So sorgfältig wie Gemmeker den Alltag im Lager koordiniert, so gründlich erstellt er auch die Deportationslisten. In Berlin wird die Anzahl pro Woche festgelegt und nach Den Haag weitergegeben; von dort erhält Gemmeker seine Befehle. Während einer wöchentlichen Sitzung werden die Transportlisten bearbeitet. Dabei verlässt sich Gemmeker größtenteils auf jüdische Verwaltungsmitarbeiter.

In den ersten Monaten verlassen die Züge montags und freitags Westerbork, ab 1943 jeden Dienstag. Für jede Baracke wird bekannt gegeben, wer seine Sachen packen muss, einige werden gemeinsam mit ihren Familienmitgliedern deportiert, manche aber auch alleine – niemand traut sich laut zu fragen, was wohl schlimmer ist. Alles geschieht in einer niedergedrückten, aber durchorganisierten Atmosphäre – sogar das Zusammenpressen der Passagiere, wenn die Waggons voll sind. Die Gesamtzahl wird bestimmt, indem man die Köpfe abzählt und die Summe auf die Außenseite malt. Dann werden die Türen hermetisch verschlossen, und der Zug ist abfahrbereit. Gemmeker organisiert ein System des Abtransports, das wie geschmiert läuft. Ende 1942 wird der vierzigtausendste Jude per Zug nach Polen deportiert, was in Berlin mit Wohlgefallen notiert wird. Gemmeker feiert es mit einem festlichen Abendessen.

Janny und Lien wissen, wie außergewöhnlich es ist, dass sie alle zusammen sind, während die meisten Familien im Land auseinandergerissen oder sogar weggebracht wurden. Durch den Widerstand haben sie genügend Bezugsscheine, und Janny hat nicht die Absicht, ihre Aktivitäten einzustellen. Sie ist weder naiv noch waghalsig, sondern sieht schlicht keine andere Möglichkeit: Wenn gekämpft werden muss, dann bleibt keine Wahl.

Die Kinder sollen ein weitgehend normales Leben führen, sofern das überhaupt möglich ist. Sie feiern sogar zusammen Nikolaus bei Janny und Bob im Haus am Buerweg. Jan Hemelrijk verkleidet sich als Heiliger Mann und Japie als Schwarzer Piet. Für kurze Zeit ist alles genauso wie früher, vor dem Krieg, wobei ihnen auffällt, dass »früher« absurderweise nur zweieinhalb Jahre her ist. Am Abend ist jeder entspannt, und sie widmen sich den Gebräuchen des Nikolausabends; wie sie sagen, wegen der Kinder. Liselotte und Kathinka sind noch zu klein, um es zu verstehen, aber als der Nikolaus Robbie auf den Schoß nimmt und mit tiefer Stimme mit ihm spricht, macht er große Augen und ist tatsächlich mucksmäuschenstill.

»Junger Mann, bist du plötzlich mit Stummheit geschlagen?«, brummt der Nikolaus.

»Nein, Onkel Jan«, stammelt das Kind, woraufhin die ganze Familie, inklusive des Nikolaus und des Schwarzen Piets in Lachen ausbricht. Robbie versteht überhaupt nichts mehr und fängt fast an zu weinen.

»Den sollten sie beim Geheimdienst einstellen«, murmelt Jan

Hemelrijk hinter seinem falschen Bart und reicht den Jungen an Janny weiter.

Als sie sich spät am Abend voneinander verabschieden, regnet es wie aus Kübeln. Der Himmel ist silbergrau und am Rand dunkel, aber in der Ferne schimmert ein Sternenhimmel, der eine trockene Nacht ankündigt. Lien und Eberhard brechen mit Kathinka auf, die unter der Regenjacke von Eberhard geschützt ist. Auch Jan und Aleid gehen nach Hause. Als er dem Nikolaus hinterherwinkt, verliert Bob seinen wertvollen Tabakbeutel im strömenden Regen. Ausgelassen suchen Janny und er danach, bis ihnen die Haare im Gesicht kleben und die Haut ihrer Knie durch den Stoff der nassen Hosen durchschimmert – vergeblich.

Tage später findet Janny das Päckchen unter den Büschen, der Tabak ist durchnässt und hat sich schon halb aufgelöst, aber das hält Bob nicht davon ab, ihn zu rauchen. In diesen Tagen ist sogar eingebildeter Genuss ein willkommenes Vergnügen.

DIE GESCHWISTER JANSEN

Die Nachricht, dass sie Bergen verlassen müssen, kommt nicht vollkommen unerwartet. Trotzdem trifft sie die Familie hart. Am 1. Februar 1943 wird auf Anordnung der Besatzungsmacht der gesamte Küstenstreifen zwischen Den Helder bis Hoek van Holland geräumt, damit der sogenannte Atlantikwall gebaut werden kann. Die Soldaten gehen von Tür zu Tür. Hitler hat den Auftrag erteilt, eine Verteidigungslinie an der Küste in Nordwesteuropa zu errichten, um eine Invasion der Alliierten zu verhindern – die Invasion, in die Janny alle Hoffnungen gesteckt hat. Eine Linie, oder eher eine Kette von Hindernissen und Befestigungen, soll es werden, auf einer Strecke von gut fünftausend Kilometern, vom nördlichen Norwegen bis nach Südfrankreich. Zu diesem Zweck müssen Tausende Bunker in den holländischen Dünen gebaut werden, aber auch Panzersperren, wie etwa hohe Betonmauern und tiefe Gräben. Neue Trassen und Wege zu den Munitionsdepots müssen angelegt werden, ebenso wie Luftabwehrstellungen und Minenfelder. Alle Dörfer auf einem Streifen von zehn Kilometern ins Landesinnere müssen vor dem 1. Februar 1943 verlassen werden. Diese Anordnung ist für die legalen Bewohner der Küstenregion bereits eine Tragödie, für die illegalen bedeutet sie hingegen, dass sie ab sofort in einer Falle sitzen.

Die Tage nach Neujahr verstreichen nur langsam. Janny versucht, sich ihre Sorgen nicht anmerken zu lassen, sodass sie nicht auf die Eltern und Kinder übergreifen, aber die Unruhe wächst nicht nur im Haus. Um sie herum brechen die Menschen auf, »gewöhnliche« Menschen, die offiziell umziehen dürfen, nicht diejenigen, denen es wie ihnen geht: Juden, die in die Enge getrieben werden, oder deutsche Deserteure, auf die die Todesstrafe wartet. Während die Umzugswagen und Autos bis unters Dach vollgepackt Bergen verlassen, marschiert täglich ein neuer Strom Soldaten ins Dorf. Sie beziehen die Holzbaracken des Lagers in ihrer Nähe. Der Lärm, den sie veranstalten, raubt Janny nachts den Schlaf. Sie liegt mit offenen Augen im Bett, ihre Hand in der von Bob, und starrt an die Zimmerdecke. Über ihren Köpfen fliegen englische Maschinen über die dunklen Dünen und nehmen das Lager in Bergen unter Beschuss. Daraufhin laufen die deutschen Soldaten nach draußen und erwidern das Feuer.

Eines Nachts gelingt es den Deutschen, ein englisches Flugzeug abzuschießen. Es stürzt brennend auf die Holzbaracken und setzt alles in Brand. Wie durch ein Wunder werden Robbie und Liselotte nicht wach, aber Janny, Bob, Jaap, Fietje und Joseph versammeln sich im Schlafanzug am Wohnzimmerfenster. Das Zimmer wird von einem Flammenmeer erleuchtet, als wäre draußen ein heller Sommertag. Erstarrt und mit zusammengekniffenen Augen stehen sie im grellen Licht hinter den Gardinen. Bob und Janny tauschen einen Blick aus: Die Soldaten sind noch näher an den Häusern von Lien und Eberhard stationiert, auch an dem von Jan und Aleid. Am nächsten Tag stellt sich zum Glück heraus, dass sie unversehrt sind, aber es besteht kein Zweifel: Jeder weitere Tag hier ist einer zu viel. Sie müssen andere Unterkünfte finden.

Sie treffen sich zu einer Krisensitzung mit Bob und Eberhard. Wen kennen sie? Wem vertrauen sie? Jan und Aleid müssen selbst umziehen, dorthin können sie nicht. Müssen sie sich trennen und die Kinder Fremden überlassen? Das ist unvorstellbar und wird sofort verworfen. Was also dann? Sie sind eine große Gruppe und wollen, müssen, zusammenbleiben, damit sie das überleben. In Bergen können sie nicht bleiben, zurück nach Den Haag ist auch keine Option, Amsterdam ist inzwischen hermetisch abgeschlossen. Außerdem wissen sie mittlerweile eines sicher: Wenn man nach Amsterdam kommt, verlässt man es nur noch im Zug nach Westerbork.

Schließlich beschließen sie, dass sich Janny und Eberhard getrennt auf den Weg machen sollen und auf gut Glück übers Land ziehen, auf der Suche nach abgelegenen Orten und leer stehenden Wohnungen. Es ist ein dürftiger Plan, aber der einzige, den sie haben.

Von Jan Hemelrijk, der ununterbrochen nach Verstecken sucht, haben sie erfahren, dass in den Städten quasi keine Familien mehr bereit sind, jemandem Unterschlupf zu gewähren – zu viele Risiken, zu wenig Platz, zu viele Nazis und NSB-Leute auf der Lauer, und auch die niederländische Polizei ist fleißig auf der Suche nach Hinweisen auf untergetauchte Juden. Das Zögern, das die nicht jüdische Bevölkerung in den ersten zwei Jahren der Besatzungszeit an den Tag legte, wenn es darum ging, sich von den jüdischen Mitbürgen zu distanzieren, ist jetzt bei den meisten endgültig in Schicksalsergebenheit umgeschlagen.

Von den Freunden im Widerstand hören sie, dass Amsterdam mittlerweile an die Verräter ohne Uniform verloren wurde: einfache Bürger, die ihre Nachbarn, ehemaligen Kollegen, sogar die eigene Familie verraten. Die Bank Lippmann, Rosenthal & Co. erlebt goldene Zeiten. Je mehr Juden deportiert werden, desto mehr Häuser stehen leer, und die Kolonne Henneicke wartet nur wie die Aasgeier darauf, den Hausrat zu inventarisieren. Die Männer der Kolonne bereisen das ganze Land und erstellen Inventarlisten der zwangsweise geräumten Häuser. Manchmal sind die Betten noch warm und stehen die Teetassen noch auf dem Tisch. Manchmal sind die Bewohner sogar noch anwesend, wenn die Verwaltungsbeamten sorgfältig ihrer Aufgabe nachkommen. Ihnen bleibt nichts anderes übrig, als zuzusehen, wie eine Inventarliste ihres Alltags erstellt wird, bis ins Detail; wie es sich für einen guten Beamten gehört, in vierfacher Ausführung. Eine Kopie der Bestandsliste geht zum Hauptbüro, der Zentralstelle, eine begleitet die Güter, eine bleibt beim Mitglied der Kolonne als Beleg für die getane Arbeit, und eine Kopie erhält die Familie. Eine Quittung als letzte Erinnerung an ihr normales Leben, bevor die Tür hinter ihnen zugeschlagen wird.

Abgelegene Landstriche, darauf müssen sie sich konzentrieren. Eberhard wagt es, mit seinem arischen Äußeren, dem falschen Ausweis und dem mittlerweile perfekten Niederländisch immer noch durchs Land zu reisen. Janny wird auf ihren kürzeren Touren für den Widerstand nach Amsterdam die nahe gelegenen Dörfer absuchen. Sie kommen zu dem Schluss, dass die waldreiche Umgebung des Gooilands, kurz 't Gooi, die meisten Chancen bietet. Jeden Morgen nimmt Eberhard den Zug nach Hilversum und unternimmt von dort aus seine Expeditionen.

Auf einer dieser Expeditionen fährt er über Hilversum nach Hollandsche Rading, ein winziges Dorf mitten im Grünen. Vom

Bahnhof geht er die Hauptstraße entlang und klingelt an jeder Tür. Angesichts der hübschen, groß gewachsenen Erscheinung, der blonden Haare, hellen Augen und seiner Eloquenz antworten ihm die Leute meist ohne zu zögern, auch wenn vielleicht ein letzter Rest Misstrauen bleibt. »Vermieten Sie vielleicht Zimmer?«, lautet seine Frage immer, gefolgt von: »Oder kennen Sie vielleicht ein leer stehendes Sommerhäuschen in der Gegend?« Er hat keinen Erfolg, arbeitet sich Tür für Tür vor, Straße für Straße, bis er am anderen Ende des Dorfes ankommt, wo nur noch Bäume stehen. Es ist Dezember, die Temperatur ist unter den Gefrierpunkt gefallen, den verzweifelten Gedanken, der durch seinen Kopf schießt – mit der ganzen Familie in Zelten im Wald kampieren –, verwirft er sofort wieder, während er versucht, seine gefühllosen Finger wieder warm zu bekommen. Doch ziehen die Wälder ihn an – vielleicht gibt es dort ja eine Jägerhütte, ein leer stehendes Häuschen? Er denkt an seine Familie in Bergen, reißt sich zusammen und läuft in den Wald hinein. Es folgt eine lange Wanderung im Baarnse Bos, ohne dass er irgendwem oder ihm irgendwas begegnet. Nach einigen Stunden zügigen Wanderns ist er durchgefroren, und der Mut hat ihn fast verlassen, da erkennt er deutlich einen sandigen Weg. Er wagt schon nicht mehr zu hoffen, dass er zu einem Haus führen könnte, aber vielleicht erreicht er auf diese Weise zumindest irgendwann den nächsten Bahnhof.

Es dämmert, und obwohl er sich vor der Enttäuschung auf den Gesichtern zu Hause fürchtet, kann er nicht länger unterwegs sein. Dann schimmert etwas zwischen den Bäumen hindurch – ein Gebäude, weißes Mauerwerk, lang gestreckte Fenster, von Rollläden verschlossen. Je näher er kommt, desto klarer erkennt er eine riesige Villa. Etwas entfernt stehen einige kleinere Häuser, und Eberhard spürt zum ersten Mal an diesem Mittag wieder das Blut durch seine Adern strömen. Er geht zu einem der beleuchteten Häuschen und klingelt. Ein Mann öffnet und blickt ihn griesgrämig an. »Guten Abend. Ich habe das große Gebäude dort im Wald gesehen«, Eberhard deutet mit dem Kopf in die Richtung der Villa, »und ich hätte gerne gewusst – es sieht ja so unbewohnt aus –, ob man dort vielleicht ein Zimmer mieten kann oder sogar …«

»Ausgeschlossen!«

Noch bevor Eberhard den Satz beenden kann, schlägt der Mann ihm die Tür vor der Nase zu.

Unverrichteter Dinge kehrt Eberhard zurück nach Bergen, wo die anderen hinter dem dunklen Fenster schon auf seine Rückkehr warten. Sie fragen erst gar nicht. Eberhards Gesicht spricht Bände. Jaap facht das Feuer an, und während sich Eberhard aufwärmt, erzählt er von seinen Erlebnissen, auch von der merkwürdigen Begegnung mit dem Mann, der seine letzte Hoffnung vertrieben hat. Lien und Jaap schauen einander kurz verstehend an und brechen dann in Lachen aus.

»Seid ihr jetzt auch noch verrückt geworden?« Eberhard starrt seine Geliebte an. »Das ist doch wirklich nicht lustig?«

»Weißt du, was das große Gebäude war?«, sagt Lien. Auch Herbert, der Junge, der bei ihnen Unterschlupf gefunden hat, kichert jetzt. Eberhard zuckt gequält mit den Schultern.

»Paleis Soestdijk – der Wohnsitz von Prinzessin Juliana!«

Es würde noch Jahre dauern, bis auch Eberhard über die Komik dieser Situation lachen konnte.

~

Während der Weihnachtsfeiertage ist die Stimmung alles andere als fröhlich, an den Feiertagen denken alle nur daran, dass das neue Jahr naht – und damit auch die Evakuierung, und eine Lösung ist noch nicht in Sicht. Sie treffen sich alle bei Janny und Bob; sogar ihr guter Freund Frits Reuter und seine Freundin Cor

Snel nehmen das Risiko in Kauf und übernachten bei ihnen. Als einer der Anführer der Amsterdamer Sektion der illegalen CPN kann Frits ihnen viel Neues berichten, aber davon wird die Stimmung nicht besser.

Am 13. Dezember hat die NSB ein großes Fest im Concertgebouw in Amsterdam ausgerichtet, anlässlich ihres elfjährigen Bestehens. In einem bis unters Dach gefüllten Saal, dekoriert mit wehenden Flaggen, NSB-Bannern und Hakenkreuzen, erklärte Reichskommissar Seyß-Inquart, dass Hitler den niederländischen Gründer der NSB, Anton Mussert, als »Führer des niederländischen Volkes« anerkannt hat. Durch ein Spalier aus gestreckten Armen schritt Mussert an seinen Platz.

Sie hören gelassen zu und essen. Janny und Lien haben Krapfen gemacht und eine Reistafel aufgetischt. Spät am Abend winkt die große Gesellschaft Lien, Eberhard – mit einer schlafenden Kathinka über der Schulter – und Herbert hinterher, die zu ihrem Haus auf der anderen Seite des Waldes aufbrechen. Sie küssen einander und wünschen sich eine gute Nacht, und dann geht jeder ins Bett, hoffend, die Nacht könnte das Wunder bringen, das sie alle so sehr brauchen.

Und das Wunder geschieht. Gerade als Janny und Eberhard ihre Vabanque-Expeditionen in die winterliche Kälte beenden wollen, da sie Vorbereitungen für die erzwungene Trennung der Familie treffen müssen, hat Jan Hemelrijk Neuigkeiten.

»Vielleicht habe ich etwas gefunden. Gerade unterhalb von Amsterdam, in den Wäldern von Naarden. Ein alleinstehendes Haus, das nur im Sommer von zwei reichen Damen benutzt wird. Es wäre groß genug für euch alle, hier habt ihr die Adresse der beiden Damen.«

Nach einer ruhelosen Nacht brechen Bob und Eberhard bei Sonnenaufgang in ihren besten Anzügen nach Amsterdam auf, mit steifen Gliedern und dem Zettel mit der Adresse als einer Art Wünschelrute. Die Geschwister Jansen wohnen in der Apollolaan, einer eleganten Straße mit gediegenen Herrenhäusern. Mit dem Schicksal ihrer Geliebten, der Kinder und der gesamten Familie Brilleslijper auf ihren Schultern klingeln sie an der Tür. Während sie ihr Bestes geben, so vertrauenswürdig und liebenswürdig zu erscheinen, wie es nur geht, berichten sie von ihrer misslichen Situation – zumindest in einer ungefährlichen Fassung. Man kann niemandem vertrauen, auch nicht Leuten, die anscheinend gute Menschen sind. Also sind Bob und Eberhard zwei ganz gewöhnliche, nicht jüdische, holländische junge Männer, die mit ihren Familien in Bergen wohnen und dort wegen des Baus des Atlantikwalls bald fortmüssen. Sie beschließen ihren Bericht mit der brennenden Frage, ob sie möglicherweise das Sommerhaus in Naarden bis Kriegsende mieten könnten.

Die Damen sind sichtlich von den beiden wohlerzogenen jungen Männern beeindruckt und willigen ein. Zwei Tage später sollen Bob und Eberhard wiederkommen und den Mietvertrag unterzeichnen. Schnell machen sie sich auf den Weg nach Hause, zur Familie, die bei Janny auf das Ergebnis der Unterredung wartet. Es sieht so aus, als wären sie gerettet, aber der Gedanke an eine mögliche Trennung von den Kindern hat ihnen wochenlang auf der Seele gelegen, und niemand hat noch die Kraft, überschwänglich auf die guten Nachrichten zu reagieren.

Sie haben einen Ort gefunden, nur um dorthinziehen zu dürfen, brauchen sie noch eine offizielle Genehmigung. Bloß Bob kann eine solche Genehmigung beantragen. Alle anderen sind Juden – Eberhard als Deserteur kommt natürlich auch nicht infrage. Bevor er untertauchen musste, arbeitete Bob beim Reichsbüro für Nahrungsmittelversorgung, und Janny sieht das als ihre einzige Chance.

Sofort fährt sie nach Den Haag, um mit den richtigen Leuten zu sprechen. Mit ihrem Charme und einer Stimme, die keinen Widerspruch duldet, sorgt sie dafür, dass Bob wieder bei der

Lebensmittelversorgung arbeiten darf: dieses Mal am Standort ’t Gooi. Sein neuer Arbeitsplatz befindet sich in Weesp, einem Dorf zwischen Amsterdam und Naarden. Bei ihren Terminen wird sie nicht ein einziges Mal auf Bobs Status als gesuchter Angehöriger des Widerstands angesprochen, also scheint Jannys Vermutung, dass er nur in Südholland auf der Fahndungsliste steht, zu stimmen. Abgesehen davon müssen sie das Risiko schlichtweg eingehen. Sie haben keine Alternative.

Mit den notwendigen Papieren in der Tasche, die sie krampfhaft an den Körper presst, macht sie sich auf die Rückfahrt in den Norden. Es ist Freitagnachmittag, und sie mischt sich unter die Pendler, die auf dem Weg ins Wochenende sind. Es sind ausschließlich Männer, abgesehen von einer einsamen Frau. Wer nicht unbedingt mit dem Zug fahren muss, lässt es lieber bleiben – und fährt ganz bestimmt nicht so spät noch am Tag. Wer keine Geschäfte mit jemandem zu erledigen hat, sucht in diesen Zeiten nicht die Nähe anderer. Janny macht sich klein und blickt hinaus. Mit der einfallenden Dämmerung verschwimmen die Weiden hinter der Scheibe, und es erscheint langsam das Spiegelbild ihres Gesichts. Das glatte Haar hat sie hinter die Ohren gelegt, die hervorstechenden Jochbeine sind wie Zeltstangen, die die Haut straff spannen, ihre Augen sind dunkel. Nur selten empfindet sie die Verantwortung für all die Menschen, die von ihr abhängig sind, als Last – aber jetzt wird sie davon geradezu überfallen. Die Machtlosigkeit in den letzten Wochen, die drohende Möglichkeit, von den Kindern getrennt zu werden, oder, noch schlimmer, mit allen gemeinsam erwischt zu werden … was dann?

Ihre Schultern fühlen sich schwer und verkrampft an. Wenn sie ausatmet, hat sie das Gefühl, sie würde durch den Sitz sinken und im Boden verschwinden, in der Erde unter dem Zug. Dann durchfährt ein heftiger Stich ihren Unterleib, hinter der Tasche mit ihrem Rettungsanker. Sie kippt nach vorn und blickt sich um, ob vielleicht jemand auf ihr merkwürdiges Verhalten aufmerksam geworden ist. Die Sitzbänke neben ihr und gegenüber sind leer, die Männer sitzen weiter vorn zusammen, Gott sei Dank. Leise atmet sie aus. Noch ein Stich, noch intensiver. Sie unterdrückt einen Aufschrei und verfällt in ein vorgetäuschtes Husten, krümmt vor Schmerz den Oberkörper über die Tasche. Während sie hustet, schließt sich eine Umklammerung um ihren Bauch und presst das Leben aus ihr heraus, bis sie keine Luft mehr bekommt. Einer der Männer schaut kurz auf und Janny versucht, sich in der Ecke am Fenster noch kleiner zu machen.

Dann breitet sich etwas Warmes zwischen ihren Beinen aus, das ist nicht einmal unangenehm in der Kälte des Zugs. Der Schmerz ist weg, und sie fühlt sich matt, ihre Füße pendeln locker im Takt der Räder mit, über das Linoleum. Die Wärme nimmt ab, ihre Oberschenkel fühlen sich schmutzig und klebrig an. Sie richtet sich ein wenig auf, dreht ihren nassen Wollrock zwei Vierteldrehungen nach vorn und starrt auf den dunklen Fleck in ihrem Schoß. Sie verdeckt den Fleck mit der Ledertasche und stützt den Kopf am Fenster ab, durch das nur noch eine schwarze Wand zu erkennen ist und hin und wieder ein paar Lichter in der Ferne. Ihr Atem beschlägt das Glas, während warme Tropfen von ihren Wangen auf die Hände fallen.

Als sie nach Hause kommt, zaubert sie mit Mühe ein Lächeln auf ihr Gesicht, winkt mit den Papieren, auf die sich Bob gierig stürzt, und zieht sich ins Schlafzimmer zurück, um sich etwas anderes anzuziehen. Alle sind erleichtert. Von der Fehlgeburt erzählt sie niemandem.

Am 30. Januar 1943, zwei Tage bevor der Küstenstreifen um Bergen evakuiert werden soll, fahren Eberhard und Bob wieder nach Amsterdam. Eberhard unterzeichnet mit seinem falschen Namen J.-J. Bos einen Mietvertrag mit Fräulein C. M. Jansen über Das Hohe Nest am Driftweg 2 in Naarden. Die Miete beträgt 112,50 Gulden pro Monat für das möblierte Haus, unter der Bedingung, dass sie pfleglich mit dem Mobiliar umgehen und auf keinen Fall das gute Geschirr benutzen.

»Vergessen Sie nicht, sich beim Bürgermeister in Naarden als neue Bewohner des Hauses anzumelden, sonst kann es passieren, dass er das Haus für die Deutschen haben will«, sagt eine der Schwestern beiläufig. Sie danken ihr für den Hinweis und tauschen einen kurzen Blick – das wäre eine Katastrophe. Sie wollen jetzt aufbrechen, die Familie abholen und aus dem Dorf fort sein, bevor die Evakuierungen anfangen, aber die Schwestern finden die Gesellschaft der beiden jungen Männer angenehm und halten sie im Eingangsbereich des stilvollen Hauses in der Apollolaan auf.

»Verraten Sie mir«, sagt die andere Schwester, während sie eine Hand auf Eberhards Unterarm legt, »Sie klingen gar nicht so, als würden Sie aus Den Haag kommen, wo sind Sie denn aufgewachsen?«

Diese Frage kennt Eberhard schon.

»Wissen Sie«, antwortet Eberhard in einem verschwörerischen Tonfall, »ich habe als Kind in der Provinz Limburg gelebt, und ich fürchte leider, das wird man noch bis zu meinem Lebensende heraushören.«

Sie lachen alle vier und verabschieden sich herzlich voneinander.

Dann die letzte Hürde. Der Bürgermeister von Naarden. Genauer gesagt, der NSB-Bürgermeister von Naarden, Marinus van Leeuwen. Während Bob sich rasch auf den Weg nach Bergen macht, um bei den letzten Vorbereitungen beim Umzug der beiden Haushalte zu helfen, besteigt Eberhard den Zug in Richtung Naarden-Bussum. Von dort eilt er zu Fuß nach Naarden, betritt die Festungsstadt über die Brücke und geht geradewegs zum Rathaus in der Marktstraat.

Das Rathaus ist ein eindrucksvolles Gebäude, es besteht eigentlich aus zwei Häusern, die nebeneinanderstehen. Das eine etwas größer, aber im gleichen Stil erbaut, mit gezähnten, spitzen Giebeln und einem offenen Türmchen mit einer Uhr und einer Wetterfahne. Im größeren, dem linken Haus, befindet sich eine stattliche, abgerundete Eingangstür, durch die Eberhard mit steifen Gliedern und trockenem Mund das Rathaus betritt. Dort führt ihn eine freundliche Dame zum Büro des Bürgermeisters, der hinter einem wuchtigen Schreibtisch arbeitet, eingerahmt von Porträts von Adolf Hitler und Anton Mussert. Als Eberhard hereinkommt, schiebt er seinen Stuhl zurück, richtet sich auf und grüßt ihn mit ausgestrecktem Arm.

»Heil Hitler!«

Eberhard denkt an Lien und Kathinka, reißt sich zusammen und erwidert zum ersten Mal in seinem Leben den Hitlergruß. Er zeigt seine Papiere. Den ordentlichen Mietvertrag, die von Janny besorgte Arbeitserlaubnis für Bob und ein Attest des Arztes aus Bergen, welches besagt, dass »Kathinka Anita Bos in ein höher gelegenes Gebiet in der Gemeinde Naarden umziehen muss, um sich von einer schweren Ruhrerkrankung zu erholen«.

Van Leeuwen blättert den Papierstapel abwesend durch. Eberhard versucht, seine Hände still zu halten. Seine Finger reiben immer wieder über die Handfläche, als wollte er die Sekunden antreiben. Dann richtet der Bürgermeister sich auf.

»Personalausweis?«

Eberhard legt seinen Ausweis auf den Namen Jean-Jacques Bos vor sowie die Papiere von Lientje, Antje Bos geborene Sillevis, und Kathinka Anita Bos.

Hinter seinem Rücken läuten die Kirchenglocken, und Eberhard atmet in ihrem Nachhall tief aus. Er muss an die schiefgelaufene Musterung nach seiner Hungerkur denken, an die Flucht nach Bergen zu Jan und Aleid, dann weiter nach Amsterdam und wieder zurück nach Bergen. Das hier darf einfach nicht schiefgehen. Wenn das hier nicht funktioniert, ist es für sie alle vorbei.

»Genehmigt.«

Van Leeuwen versieht die offiziellen Formulare mit dem notwendigen Stempel, setzt seine Unterschrift darunter, und zehn Minuten später ist Eberhard wieder draußen. Er schaut zur Kirche hinauf und nickt erleichtert. Mit wem oder mit was er da eigentlich Kontakt aufnimmt, weiß er selbst nicht so genau.

DAS HOHE NEST

»Das Haus hieß *Das Hohe Nest* und lag am Driftweg. Ein sehr großes Haus mit einem großen Grundstück und einem Waldstück, es reichte fast bis ans Wasser. Dort haben wir alle möglichen Abenteuer, die man sich nur vorstellen kann, mit unseren Untergetauchten erlebt.«

Janny Brandes-Brilleslijper

EINE VILLA IM WALD

Sie haben sich nur nach einem sicheren Ort gesehnt, um den Krieg zu überstehen. Einen Krieg, über dessen Dauer niemand mehr eine Prognose wagte. Und sich gewünscht, nicht vom Rest der Familie getrennt zu werden – vor allem nicht von den Kindern; eine Entscheidung, zu der sich so viele ihrer Freunde und Bekannten gezwungen sahen. Jeder Unterschlupf würde genügen, sei es nun ein Heuschober oder eine Fabrikhalle. Alles haben sie erwartet, nur das nicht.

Als sie in die Nähe der angegebenen Adresse kommen, ist es dunkel. Das Dorf Naarden haben sie bestimmt bereits seit fünf, vielleicht auch seit zehn Minuten hinter sich gelassen. Schon eine Weile fahren sie durch ein Waldgebiet, davor haben sie eine Heidelandschaft durchquert – laut der Wegbeschreibung müssten sie beinahe da sein. Die ganze Fahrt über sind sie totenstill, erschlagen von Anspannung und Müdigkeit, voller Angst, unterwegs angehalten zu werden. Die befestigte Straße hört auf und geht in einen Sandweg über, langsam schließt der Wald sie ein. Aus Sorge, der klapprige Umzugswagen könnte in der tiefen Karrenspur einsinken, trauen sie sich nicht weiterzufahren. Bob dreht den Zündschlüssel um, und als das letzte Licht der Scheinwerfer erlischt und das Brummen des Motors zwischen den Bäumen verstummt ist, legt sich eine zerbrechliche Stille über sie. Atemwolken in der Fahrerkabine. Bob setzt sich als Erster in Bewegung.

»Los. Irgendwo hier muss es sein.«

Janny hilft zuerst ihrer Mutter aus dem Wagen, dann nimmt sie Liselotte auf den Arm. Draußen schlägt der Regen in ihre müden Gesichter. Die Bäume knarren über ihnen im Wind, das Geräusch ihrer eigenen Schritte verschwindet in den Blätterhaufen auf dem Weg. Sie laufen eine Weile, bis der Weg vor einer hohen schwarzen Mauer abrupt zu enden scheint. Der Wald. Janny blickt kurz zu Bob, der den kleinen Robbie an der Hand hält. Das Kind ist zu erschöpft, um zu weinen. Bob zuckt mit den Schultern, und sie marschieren weiter. Jaap hat Fietje untergehakt und hält seine Mutter gut fest. Sie zittert vor Kälte. Der Rest der Gruppe ist noch unterwegs – Eberhard mit Vater, Lientje mit Kathinka. Zusammen hierherzukommen, wäre viel zu gefährlich gewesen.

Erst als sie am Rand des Waldes stehen, erkennen sie den Weg, der im rechten Winkel zu ihrem abzweigt. Er kommt von rechts, aus der offenen Heide, und verschwindet dann links im Dunkeln zwischen den Bäumen. Bob nickt, und sie lassen sich vom Wald umschließen. Sobald Janny zwischen den schwarzen Stämmen steht, fällt die Anspannung von ihr ab. Sie fühlt sich zu Hause. Rechts von dem schmalen Pfad taucht ein großer Schatten auf. Um sie herum ächzen die Zweige und wiegen sich die Bäume im Rhythmus des Windes, aber das Haus steht dort fest und unberührt, als wäre es nicht im Geringsten davon beeindruckt. Der Regen hat aufgehört, und der fahle Mond schiebt sich durch die Wolkendecke über dem Gelände, das sie hinter sich gelassen haben.

Sie stehen bewegungslos auf dem Pfad und schauen auf das Haus. Jannys Augen gleiten an der massiven Fassade in die Höhe, zu den schwarzen Buchstaben auf der weißen Tafel zwischen den Fenstern des Erdgeschosses und des ersten Stocks: *DAS HOHE NEST.*

Mitten im weitläufigen Naturschutzgebiet zwischen den Orten Huizen und Naarden wurde das Haus errichtet, ein stämmiger Kubus mit einem Reetdach. Man erkennt gleich, dass dieses Haus mit der bewohnten Welt nichts zu schaffen hat: Es ist zur Natur hin ausgerichtet und ignoriert alle Gesetze der bürgerlichen Architektur. Der Straße und dem Pfad, die sie hierhergeführt haben, wendet das Hohe Nest den Rücken zu. Der Eingang zur zentralen Diele und die Tür zur Küche liegen auf der Rückseite. Wer hineinwill, muss erst auf dem Pfad auf das Haus zulaufen und dann entlang der Gebäudeseite, also einmal um das halbe Haus, herumgehen, um zu klingeln. Die ganze Zeit über haben die Bewohner durch die zahlreichen Fenster ringsum gute Sicht auf den Besucher. Die Fenster sind gleichmäßig über die ersten beiden Stockwerke verteilt – weiß, umrahmt von ochsenblutfarbenen Läden.

Wenn man durch die Haustür hereinkommt, betritt man eine großzügige Diele, die zu drei Zimmern führt: geradeaus ein Wohn- und Esszimmer mit Ausblick auf die Vorderseite – also auf den Pfad –, auf der linken Seite die Küche und rechts ein weiteres Zimmer und eine Toilette. Unten gibt es sogar ein Telefon. Als sie ein wenig albern den Hörer ans Ohr halten, merken sie zu ihrer großen Überraschung, dass der Anschluss sogar funktioniert. Im ersten Stockwerk sind vier Schlafzimmer und ein Bad, und ganz oben, unter dem Reetdach, erstreckt sich das Dachgeschoss über die gesamte Grundfläche des Hauses. Beidseitig befinden sich mannshohe, halbrunde Fenster unter dem Dach wie im First eines Domturms, mit einem spektakulären Ausblick – auf die Wälder und die Heide rundum, aber auch auf eine Miniaturversion des Hohen Nestes hinter dem Haus: ein großer Schuppen mit Reetdach und identischen Sprossenfenstern. Drei Schornsteine überragen das Gebäude wie Stützpfähle und geben ihm ein unverwüstliches Äußeres. Es ist das perfekte Versteck.

~

In dieser Nacht schläft Janny zum ersten Mal seit Monaten wie ein Baby. Kein Beschuss über ihren Köpfen, kein Lärm aus dem Dorf, keine Angst vor Soldaten, die schon mit den Evakuierungen angefangen haben, keine Sorgen über ihr nächstes Fluchtziel; nichts als Stille, die ihren Körper schwer und träg macht, sodass sie erst erwacht, als die Wintersonne das Haus schon wieder gefunden hat. Der Platz neben ihr ist kalt; Bob ist schon nach unten gegangen und hat die Kinder mitgenommen, damit sie nicht geweckt wird.

Gestern Abend haben sie noch lautlos im Dunkeln ihre Sachen aus dem Wagen geholt und ins Haus getragen. Nachdem sie die Kinder ins Bett gebracht hatten, haben sie im Wohnzimmer angespannt auf Lien und Kathinka gewartet, anschließend auf Eberhard und Joseph. Als alle sicher eingetroffen waren, hatten sie sich hingelegt, zu müde, um noch zu reden, zu vorsichtig, als dass sie riskiert hätten, eine Lampe anzuzünden. Jetzt erst sieht sie das Haus von innen. Janny stützt sich auf den Ellenbogen und schaut sich um.

Der Raum badet im Licht, die großen Fenster an beiden Seiten des Dachgeschosses werden nur von dünnen Baumwollvorhängen verdeckt. Über ihrem Kopf thront ein meterhoher First, der von einer genialen Balkenkonstruktion gestützt wird. In der Ecke stehen ein Waschbecken aus Porzellan, ein Spiegel und ein Regal mit Handtüchern. Breite Bohlen verlaufen über die komplette Länge des Geschosses. Sie schwingt die Beine aus dem Bett und geht zum Fenster. Vorsichtig schiebt sie den Stoff ein wenig zur Seite und späht nach draußen. Niemand. Sie zieht die Gardinen vollständig auf und steht frech vor dem Fenster. Bäume, überall Bäume, soweit sie blicken kann. Kein Haus, keine Straße, kein Mensch. Ihre Mundwinkel schnellen nach oben. Stimmen wehen durch das Treppenhaus nach oben, und sie beeilt sich, nach unten zu kommen, zu den Kindern.

Jeder hat schon zu tun. Jaap ist gleich im Schuppen abgetaucht, wo er genug Arbeitsmaterialien und Werkzeug findet, um eine Werkstatt einzurichten. Mutter putzt die Fensterbänke und hat die Küchentür weit geöffnet; ein eiskalter Luftzug vertreibt den muffigen Geruch nach Holz und Feuchtigkeit – das Haus stand seit dem Ende des Sommers leer.

Janny gibt ihrer Mutter einen Kuss, zieht ihre Jacke an, läuft nach draußen und bleibt dann stehen. Vor ihr liegt ein Rasen, groß wie ein Park, mit hohen Sträuchern, Buchenhecken, imposanten Baumgruppen, stattlichen Rhododendren und kreisrunden Blumenbeeten. Erstaunt schaut sie sich um. Hie und da stehen Bänke aus Schmiedeeisen oder Holz, manche grün vor Moos und halb überwuchert, andere sauber und vor nicht allzu langer Zeit noch benutzt. Hoch über sich entdeckt sie Vogelhäuschen, die an verschiedenen Bäumen hängen, und etwas weiter weg sieht sie einen verwaisten Hühnerstall. Der Garten, der sich vor ihr erstreckt, läuft in Wellen nach unten. Jetzt erst merkt sie, dass das Haus auf einer leichten Anhöhe liegt – Das Hohe Nest. Kurz seufzt sie angesichts der Schwerfälligkeit ihres Verstands. Eine unregelmäßige Heidelandschaft und Wälder umschließen das Haus. Mitten auf dem Rasen befindet sich ein viereckiges Teehaus, mit einem spitzen Dach und großen Fenstern rundum. Da steht Lien, die drei Kinder gut eingepackt in Mützen und Schals. Janny winkt und spaziert auf sie zu. Robbie hat sie schon entdeckt, er lacht von einem Ohr zum anderen. Janny drückt ihre Lippen auf seine Stirn, streichelt Liselotte und Kathinka über die Köpfe und stellt sich Schulter an Schulter neben ihre ältere Schwester.

»Gütiger Himmel«, sagt Janny.

Mit dem Rücken zum Teehaus blicken sie auf das Hohe Nest, das von der Erde aus seiner Umgebung emporgehoben wird.

»Eine gute Sache, oder?«, sagt Lien.

Janny nickt nur zustimmend. Ihre Situation ist immer noch zu brenzlig, um ausgelassen zu sein, aber viel besser hätten sie es nicht treffen können.

Lien deutet mit ihrem Kinn vage hinters Haus.

»Das nächste Haus befindet sich erst ein paar Hundert Meter in diese Richtung.«

Janny sucht die Umgebung ab, kann aber keine Dächer oder irgendein anderes Zeichen menschlicher Präsenz ausmachen. Lien dreht sich um und zeigt auf den hinteren Teil des Gartens.

»Und wenn man da immer weiter läuft, kommt man ans Meer.«

Janny hebt die Augenbrauen und neigt den Kopf zur Seite.

»Ans Meer?«

»Wie nennt man das noch, das IJsselmeer, oder? Auf jeden Fall Wasser.«

Sie lächeln verstohlen.

Janny ruft sich in Erinnerung, wie sie am Abend hergefahren sind, und versucht sich in der Landschaft zu orientieren.

»Dort drüben liegt Huizen«, sie zeigt auf die Gegend links vom Haus, eine raue Heidelandschaft mit vereinzelten Wäldchen, »und da Naarden«, sie deutet nach rechts, wo die Bäume bis zum Horizont reichen. In diesem Augenblick erscheint der Kopf von Jaap aus dem Schuppen. Die Brille sitzt ihm auf der Nasenspitze, in seinen Augen ein entrückter Blick. Die Schwestern lachen.

»Pssst!«

Erschreckt schlägt Janny sofort die Hand vor den Mund, aber Lien beruhigt sie.

»Hier kann uns niemand hören.«

In Bergen musste man an die Nachbarn, Passanten, die in der Nähe stationierten Soldaten denken. Es gab immer einen Grund, einander zu ermahnen, still zu sein, die Kinder ins Haus zu holen, sobald eines anfing zu weinen.

Japie rennt auf sie zu, einen Haufen Krempel an seine Brust gepresst.

»Schaut, was ich alles gefunden habe!«

Er streckt ihnen die Hände entgegen und zeigt seine Schätze:

ein Zimmermannshammer, Päckchen mit Nägeln, eine Zigarrenschachtel, Seil, eine Plastikhülle, Elektrokabel mit gespaltenen Enden, ein einzelner Telefonhörer mit Spiralkabel. Für Janny ist es nutzloses Zeug, aber sie weiß, dass sie das nicht laut sagen darf. Die Augen ihres Bruders leuchten.

»Der ganze Schuppen ist voll mit solchen Sachen, ihr müsst euch das wirklich anschauen. Ich fange zuerst mit einem Radio an, und dann bastele ich etwas für die Kleinen, o.k.?« Und schon ist er wieder weg, seine Hose rutscht beim Laufen an seinem mageren Hintern herunter.

Janny und Lien besprechen, was in den nächsten Tagen getan werden muss. Janny hat einige Aufträge für Mik zu erledigen und wird tagsüber oft unterwegs sein, Bob tritt seine Stelle in Weesp an, also müssen Lien und Eberhard rasch damit anfangen, die Umgebung zu erkunden und Einkäufe für die große Gruppe zu erledigen. Während des Gesprächs kreisen sie um die Kinder wie Hirten um ihre Herde und schauen zu, wie diese mit roten Backen im Wald spielen. Das Haus verschwindet immer weiter aus dem Blickfeld, als sie den Rasen verlassen und tiefer in das Wäldchen am Park geraten, bis sie nur noch die roten Fensterläden zwischen den Bäumen glitzern sehen. Robbie greift in einen Berg aus Blättern und schmeißt Liselotte zwei volle Hände davon auf den Kopf; sie lacht laut auf. Kathinka entscheidet sich für eine Abkürzung der Prozedur und steckt den Kopf direkt in einen Blätterhaufen. Lien zieht sie schnell wieder heraus.

An diesem Mittag haben die Kleinen rosig-glühende Gesichter und sind müde vom Spielen draußen. Zum ersten Mal seit Monaten fällt jeder von den dreien ohne zu quengeln wie ein Stein ins Bett. Als die Kinder schlafen, schaut Janny kurz nach ihrem Vater. Sie findet ihn im Wohnzimmer, wo er den Ofen entfacht, um die eisige Kälte zu vertreiben, die seine Frau früher am Tag beim Großreinemachen hereingelassen hat. Es schmerzt sie, wie gebrechlich er aussieht, so anders als ihre Erinnerung an ihn als den rundlichen, lauten Kaufmann in Amsterdam. Die zehn Tage dauernde Inhaftierung bei den Deutschen hat ihn noch mehr gekostet als seine Freiheit. Dazu kam die Reise hierher, eine anstrengende Reise – eigentlich zu anstrengend. Seine Reserven sind verbraucht. Sie nimmt ihm ein Holzscheit ab und zwingt ihn, sich in den Sessel an einem der großen Seitenfenster zu setzen, von dem man eine magische Aussicht auf den Wald hat.

Vor dem Umzug ins Hohe Nest ist Eberhard schon mehrfach alleine mit einem Teil ihrer Habseligkeiten nach Naarden gefahren. Beim ersten Mal nimmt er auch Herbert mit, den er einer Kontaktperson übergibt. Er wird an einem andern Ort untertauchen, näher bei seinen Eltern.

Jedes Mal, wenn sich Eberhard mit seinem zahlreichen Gepäck dem Hauptbahnhof in Amsterdam nähert, bekommt er Schweißausbrüche, aber der Strom der Evakuierten aus den Küstenregionen ist mittlerweile so stark, dass er in der Masse verschwinden kann. Eine richtige Völkerwanderung findet statt, Männer und Frauen irren mit ihren Kindern, den Großeltern, Tieren und dem Hausrat über die Bahnsteige, manche haben ein Ziel vor Augen, andere haben noch keine neue Unterkunft in Aussicht. Die Treppen sind drückend voll, und die zentrale Bahnhofshalle quillt über, die Menschenmasse bildet Tentakel auf dem Bahnhofsvorplatz: perfekt für Eberhard, der mit seinen Taschen und Koffern nicht weiter auffällt. Er steigt um in Richtung Naarden-Bussum, von da aus muss er noch ungefähr fünf Kilometer zum Hohen Nest zu Fuß laufen, größtenteils über die Heide.

Schon bei seinem ersten Besuch in der Villa hatte er das Klavier gesehen, aber zu viel um die Ohren und vergessen, Lientje von dem Instrument zu erzählen. Ohne Gepäck geht er zurück zum Bahnhof Naarden-Bussum, fährt nach Amsterdam und Alkmaar, und schließlich mit der Dampfbahn Bello nach Bergen. Bei seiner letzten Tour als Packesel findet er dort das Sommerhäuschen leer und dunkel vor, es riecht nach Bleichmittel, die Gardinen sind zugezogen. Als hätten sie dort niemals gelebt. Lien ist mit Kathinka aufgebrochen, nachdem sie sich die detaillierten Instruktionen von Eberhard genau eingeprägt hat.

Er schließt zu, wirft den Schlüssel in den Briefkasten beim Haupthaus und geht zu Jannys Bungalow auf der anderen Seite des Wildparks, wo ihn das gleiche Bild erwartet. Das Häuschen ist blitzblank, die Stühle um den Esstisch stehen in Reih und Glied, kein Krümel liegt auf dem Teppich, als hätten dort nicht über Monate kleine Kinder gespielt. In einer dunklen Ecke des Wohnzimmers sitzt Joseph in einem Lehnstuhl und wartet auf ihn.

»Komm«, sagt Eberhard und reicht seinem Schwiegervater den Arm. Kurz sieht es so aus, als würde Joseph keinerlei Anstalten machen aufzustehen. Seit er aus Amsterdam geflüchtet ist und in Bergen Unterschlupf gefunden hat, hat er den Bungalow nicht verlassen. Eberhard greift ihm unter den Oberarm und hilft ihm auf, über die Schwelle, hin zu ihrem nächsten Versteck.

Im Zug nach Amsterdam wird Josephs Beklemmung immer offenkundiger. Er atmet schwer und blickt sich andauernd um. Übrigens ohne viel zu sehen: Nach seiner letzten missglückten Augenoperation und trotz seiner Glasbausteine kann er keinen Soldaten von einem Kohlenträger unterscheiden. Das auffällige Verhalten von Joseph macht Eberhard zunehmend nervös, aber er kann seinem Schwiegervater nichts Beruhigendes sagen, ohne sie beide dadurch zu verraten.

Als der Zug in den Hauptbahnhof von Amsterdam einfährt, hat sich der Abend über die Grachten gelegt. Die Menschenmengen haben sich aufgelöst, die Bahnsteige sind zum großen Teil verlassen. Eberhard denkt an die Polizisten in Zivil am Ende der Treppe und hofft, dass Joseph durchhält. Auf dem Bahnsteig zögert dieser kurz vor der bekannten Ankunftstafel seiner geliebten Stadt. Eberhard hält es für möglich, dass sein Schwiegervater sich losmacht und einfach nach Hause läuft, an der Gracht entlang in Richtung Weteringschans, dann um die Ecke, durch die Haustür, geradewegs in seinen eigenen vertrauten Sessel. Diesen Weg kennt er blind. Eberhard verstärkt den Griff um den Oberarm, aber das ist gar nicht nötig. Joseph dreht sich um und folgt ihm schweigend zum nächsten Zug.

Das letzte Stück ist das schwerste. Als sie den Bahnhof Naarden-Bussum verlassen, werden sie von Fisselregen begrüßt. Es regnet nicht stark, dafür aber anhaltend. Eine Feuchtigkeit, die man erst richtig merkt, wenn die Jacke plötzlich nass und schwer am Körper klebt. Sie sind beide todmüde. Joseph bewegt sich mit kleinen unsicheren Schritten. Aber Eberhard hat keine Eile – es ist der letzte Abschnitt ihrer Reise. Es macht nichts, wenn sie die ganze Nacht dafür brauchen, Hauptsache, sie kommen an.

Anfangs gehen sie an erleuchteten Wohnzimmern vorbei, Leute sitzen auf der Couch oder sind auf dem Weg in die Küche, wähnen sich unbeobachtet. Sorglose Menschen. Als sie den Ortskern von Naarden hinter sich gelassen haben, werden die Häuser langsam weniger. Die Abstände zwischen den einzelnen Lichtern wachsen. Es ist totenstill auf der Straße, nur das leise Trommeln der Tropfen auf dem Asphalt begleitet sie und wäscht ihre Fußabdrücke fort. Die Brillengläser von Joseph sind beschlagen, und Wasser rinnt von seiner Stirn über die Gläser, seine Wangen entlang, aber er richtet den Blick zu Boden und lässt sich von Eberhard führen.

Nachdem sie eine gute halbe Stunde schweigend Arm in Arm gewandert sind, hören sie hinter sich ein rhythmisches Fiepen, das immer näher herankommt. Sie bleiben stehen, und Eberhard spürt, wie ein Zittern durch den alten Körper seines Schwiegervaters fährt. Er weiß nicht, ob es an der Kälte oder der Angst liegt. Er späht ins Dunkel, fragt sich, ob er Joseph ins Unterholz ziehen soll. Dann erkennt er das Geräusch sich gleichmäßig bewegender Pedalen, die an einem Schutzblech schleifen, das leise

Surren eines Fahrradreifens auf dem nassen Straßenbelag. Eine gekrümmte Silhouette fährt im Abstand von zwei Metern an ihnen im Dunkeln vorbei, ohne sie überhaupt zu bemerken. Erleichtert setzen sie ihren Weg fort.

Eberhard weiß nicht, wie lange sie gebraucht haben, aber als sie endlich an die Tür des Hohen Nestes klopfen, erkennt er an den angespannten Gesichtern, wie sehr sie sich gesorgt haben. Sie warten alle im Wohnzimmer, bei zugezogenen Gardinen. Im Flackern des Kerzenlichts sieht er die tiefen Linien um den Mund von Fietje. Dankbar nimmt sie ihren Mann in Empfang und trocknet zärtlich dessen Gesicht mit einem Handtuch. Später wird Eberhard Lien beichten, dass es einer der angsterfülltesten Abende seines Lebens gewesen sei. Aber sie haben es geschafft. Alle zehn.

~

Die Geschichte des Hohen Nestes beginnt mit einem Lied, das 1917 von Dirk Witte geschrieben wurde. Es ist noch immer eines der bekanntesten und beliebtesten Lieder in den Niederlanden. Und jede Generation findet ihre eigene Stimme, die es neu interpretiert, »Mensch, trau dich zu leben«:

Je leeft maar heel kort, maar een enkele keer
En als je straks anders wilt kun je niet meer!
Mensch, durf te leven!
Vraag niet elk minuut van je korte bestaan
Hoe hebben m'n pa en m'n opa gedaan
Hoe doet er m'n neef en hoe doet er m'n vrind
En wie weet, hoe of dat nou de wereld weer vindt
En wat heeft het fatsoen voorgeschreven
Mensch, durf te leven!

[…]
Je kop in de hoogte, je neus in de wind
En lap aan je laars hoe een ander het vindt
Hou een hart vol van warmte en van liefde in je borst
Maar wees op je vierkante meter een vorst
Wat je zoekt kan geen ander je geven
Mensch, durf te leven!

Mensch, trau dich zu leben!

Du lebst ja nur einmal, du lebst ja nur kurz
Pass gut auf, sonst ist alles schnurz!
Mensch, trau dich zu leben!
Verplemper die Zeit nicht auf Erden
Frag nicht, was soll bloß aus mir werden?
Was machen die andern, was raten die Alten?
Was wird der Nachbar nur davon halten?
Was ziemt sich, wonach soll man streben?
Mensch, trau dich zu leben!

[…]
Den Kopf in den Wolken, vom Winde getragen
Wen kümmerts, was die anderen sagen!
Wer immer Wärme und Liebe im Herzen behält
Lebt fürstlich auf seinem Fitzelchen Welt
Was du suchst, kann kein andrer dir geben
Mensch, trau dich zu leben!

Aus dem Lied spricht Auflehnung, es lädt zur kritischen Reflexion ein und wird wundervoll von Jean-Louis Pisuisse interpretiert: Es ist ein großer Erfolg in den Niederlanden nach dem Ersten Weltkrieg.

Nicht lange nachdem das Lied erschienen ist, wagt Dirk Witte den nächsten Schritt und widmet sich ganz seiner künstlerischen Karriere. Außerdem macht er eine gute Partie und heiratet die schöne gut situierte Doralise »Jet« Looman aus Bussum. Im Jahr 1920 erteilen sie einem Architekten aus Zaandam den Auftrag, ihr Traumhaus zu errichten. An einem märchenhaften Ort bei Naarden, mitten in der unberührten Natur, auf der Grenze zwischen der Heide und den Wäldern, entsteht ein stabiles Landhaus. Große Fenster ermöglichen die freie Sicht auf die Landschaft rundum, und in der Ferne erkennt man sogar die Zuiderzee. Aus der Luft betrachtet wird das Haus zu einem Teil der Umgebung, den großen Garten umschließen Eichen, die in einen Wald übergehen, das Haus hat ein Reetdach aus gelbem Schilf, das zu Bündeln zusammengebunden wurde. Das gleiche Schilf, wie es etwas weiter am Ufer wächst.

An einem strahlenden Sommertag im Jahr 1921 posieren Dirk und Jet mit ihrer neugeborenen Tochter Doralise im Kinderwagen stolz vor ihrem neuen Haus: das Hohe Nest. Witte kann nicht ahnen, dass in weniger als zwanzig Jahren, als die Menschheit im Zweiten Weltkrieg abermals auf die Probe gestellt wird und viele Niederländer sich fragen, was ihre Rolle in diesem großen Ganzen ist, sein Schlachtruf »Mensch, trau dich zu leben« so buchstäblich in dem von ihm gebauten Haus zum Leben erweckt wird, als wäre der Geist des Liedes mit den Steinen vermauert worden.

~

Anfang Februar 1943 wird eine besondere Hausgemeinschaft im Hohen Nest gegründet: Die Familie Brilleslijper wird zur Gastfamilie, das Hohe Nest zum Unterschlupf für Untergetauchte und zu einem Zentrum des Widerstands. Die Züge fahren ab Mitte 1942 ununterbrochen ins Lager Westerbork und weiter. In den ganzen Niederlanden sind Juden, die sich nicht gemeldet haben, auf der Suche nach Orten, an denen sie sich verstecken können. Im dritten Jahr der Besatzung kommt es zu einer ungehemmten Entfesselung der Gewalt. Die Naziideologie wird auch ohne deutsche Einschüchterung im Alltag umgesetzt. Wie ein junger Polizist aus Groningen sagt: »Das ist kein Sonntag, wenn wir nicht ein paar Juden halb tot geschlagen haben.« Allerdings gibt es auch zahlreiche nicht jüdische Niederländer, die helfen. Aber das Zahlenverhältnis bleibt immer asymmetrisch. Menschen, die untertauchen, sind sich im klaren darüber, dass sie sich aus der Speisekammer ihrer Gastfamilie bedienen und sich in Räumen aufhalten, die nicht für sie gedacht sind. Untergetauchte Kinder, die in einer fremden Familie leben, spüren, dass sie keine Probleme machen dürfen: Die Gunst der Pflegeeltern ist eine Rettungsleine, die jederzeit durchtrennt werden kann.

Janny und Bob sind mit ihren beiden Kindern offiziell nach Naarden umgezogen, aber der Rest der Gruppe ist illegal dort und wird gesucht: Joseph und Fietje, weil sie Juden sind und sich schon längst in Amsterdam hätten melden müssen. Jaap, weil er Jude ist und wegen seiner Arbeit für den Widerstand im Fahrradschuppen aufgefallen ist. Eberhard, weil er ein deutscher Deserteur ist, der sich der Rassenschande schuldig gemacht hat, da er mit einer jüdischen Frau ein Kind hat. Lien, weil sie Jüdin ist und mit dem Verschwinden von Eberhard zu tun haben soll. Janny, die sich zum Glück nicht als Jüdin registrieren ließ, hat Bob geheiratet, als das noch nicht verboten war.

Obwohl die Deportationen aus den Niederlanden aufgrund der mustergültigen Verwaltung und der perfekt funktionierenden Logistik ohne Schwierigkeiten vonstattengehen, wird den Deutschen doch klar, dass eine große Zahl Juden fehlt. Etwa fünfundzwanzigtausend Menschen sind verschwunden; sie haben sich nicht gemeldet, und ihr Wohn- beziehungsweise Aufenthaltsort ist unbekannt. Um diese Menschen aufzuspüren, wird im März 1943, einen Monat nachdem die Familie Brilleslijper das Hohe

Nest bezogen hat, die Kolonne Henneicke eingeschaltet: Männer, die vom Adama van Scheltemaplein in Amsterdam aus das ganze Land bereisen, um den Hausrat deportierter Juden zu inventarisieren. Ihr neuer Auftrag baut darauf auf, ist aber lukrativer: die Jagd auf untergetauchte Juden gegen ein Kopfgeld von 7,50 Gulden.

FREIE KÜNSTLER

Im Untergrund kursiert rasch die Geschichte über einen geheimen, sicheren Ort in der Dünenlandschaft im Schatten Amsterdams, der von zwei jüdischen Schwestern geleitet wird. Sofort nachdem sie ins Hohe Nest eingezogen sind, holt Janny weitere Menschen in Not nach Naarden. Ihre Freundin Trees Lemaire, mit der sie noch immer für die illegale Personalausweiszentrale arbeitet, bittet sie, eine Bekannte aufzunehmen: Jetty Druijf mit ihrem Verlobten Simon van Krefeld, Sohn eines bekannten Kinderarztes. Vermittelt von Haakon und Mieke zieht das Mädchen Pauline van den Berg-Walvisch bei ihnen ein. Mit ihren roten Haaren, den stahlblauen Augen und dem Rotterdamer Akzent ist sie eine auffällige Erscheinung. Ihr Inkognito ist Aagje Honing, und offiziell arbeitet sie als Dienstmädchen bei ihnen im Haus. Aus Den Haag kommen Freunde von Bob und Janny nach Naarden: das ältere Ehepaar Bram und Loes Teixeira de Mattos, in Begleitung ihrer Tochter Rita und deren Mann Willi Jaeger.

Im Lauf des Februars 1943 besteht der Haushalt bereits aus einem festen Kern von siebzehn Menschen, der durch einen stetigen Zustrom von Besuchern erweitert wird, die ein Versteck suchen, manchmal nur für ein paar Tage, mitunter aber auch für Wochen oder Monate. Joseph mahnt seine Tochter zur Vorsicht, aber Janny gibt keinen Deut nach, und Joseph will sie auch nicht wirklich aufhalten, denn die Not ist groß. Es wird immer schwieriger, irgendwo einen geeigneten Ort zu finden, denn die Menschen leben in Angst. Janny ist nicht frei davon, trotzdem verweigert sie niemandem den Zugang zum Hohen Nest, auch nicht, wenn sie bisweilen mehr als zwanzig oder sogar fünfundzwanzig Menschen auf der Flucht im Haus haben.

Die meisten stammen aus den Künstlerkreisen von Lien und Eberhard sowie aus dem Widerstandsnetzwerk von Janny und Bob. Das Haus befindet sich an einem zentralen Ort im Land und ist daher der perfekte Zwischenstopp für Menschen, die irgendwo anders untertauchen wollen, und für Mitglieder des Widerstands. Hin und wieder bringen Jan und Aleid Hemelrijk Gäste mit und auch die ehemaligen Nachbarn, Leo Fuks und seine Frau Loes, die über den Brilleslijpers in Amsterdam gewohnt haben, tauchen eine Weile im Hohen Nest unter.

Leo ist Experte für Jiddisch und gibt Lien Unterricht. Sie kennen sich bereits aus dem ostjüdischen Kulturverein Sch.-Anski, der sich vor dem Krieg der jiddischen Literatur und Kunst sowie dem jiddischen Theater gewidmet hat. Leo war dort Sekretär, und Lien lernte die jiddischen Lieder kennen, auf die sie sich später spezialisierte. Vor dem Krieg trat sie unter ihrem Künstlernamen Lin Jaldati als Solosängerin in den ganzen Niederlanden auf, zumeist musikalisch begleitet von ihrem Mann Eberhard. Ihren Bühnennamen hat sie sogar aus einem hebräischen Liedtext: »Jalda, Jaldati, Jaffa Jaffati«, »Mädchen, mein Mädchen, Schöne, meine Schöne«. Aber im Zuge der Besatzung wurden die Auftrittsmöglichkeiten stark eingeschränkt, und in den letzten Monaten in Bergen machten sie überhaupt keine Musik mehr. Eberhard hatte kein Klavier, und Lien war nicht in der Stimmung, zu singen oder zu tanzen. Es wäre außerdem zu gefährlich gewesen. Aber das Hohe Nest ist wie eine Burg: Von außen macht das Haus einen schweren, trotzigen Eindruck, aber drinnen ist es hell und geräumig, und die Bewohner fühlen sich zum ersten Mal nach langer Zeit frei genug, wirklich zu leben und sich auch zu bewegen. Vorsichtig wird wieder laut gesprochen und gelacht. Eberhard nimmt das Klavier im Wohnzimmer in Beschlag und arbeitet ohne Unterbrechung mit gekrümmtem Rücken über komplexen Partituren. Lien aktiviert ihr Repertoire wieder. Auch andere Bewohner trauen sich jetzt zu musizieren: Im ersten Stock spielt Simon auf einem Schlagzeug, das sie im Schuppen gefunden haben, und Pauline, oder der Rote Puck, wie sie genannt wird, übt im Teehaus im Garten auf der Geige. Auf dem Höhepunkt des Krieges muss das Hohe Nest eine größere Geräuschkulisse produziert haben als während aller Sommeraufenthalte der Geschwister Jansen zusammengerechnet. Manchmal, wenn Janny nach einem langen Tag, an dem sie für den Widerstand unterwegs war, sich dem Hohen Nest vom Wald her nähert, wird sie schon von kakophonischen Klangfetzen begrüßt, bevor sie das Haus überhaupt sehen kann – als würden der Wald und die Tiere für sie singen, begleitet von einem rhythmischen Getrommel, das aus der Erde aufzusteigen scheint.

Da sie zumeist mit gut zwanzig Personen im Hohen Nest wohnen, ist es gar nicht so einfach, alle Münder zu stopfen. Bob spielt hierbei eine wesentliche Rolle, er verdient das Geld. Jeden Morgen bricht er mit dem Fahrrad zur Lebensmittelzuteilungsstelle in Weesp auf. Das ist ein Luxus, der nur einigen ausgewählten Niederländern zukommt, alle Fahrräder von Juden wurden schon ein Jahr zuvor beschlagnahmt, aber jetzt müssen auch nicht jüdische Bürger immer häufiger ihr Fahrrad deutschen Soldaten überlassen. Alles, was Räder besitzt, ist wertvoll: Kinderwagen, Schubkarren, selbst gebaute Lastenfahrräder und sogar Einräder. Leute versuchen zu verhindern, dass ihr Fahrzeug beschlagnahmt wird, indem sie kuriose Gefährte bauen, etwa Fahrräder mit Holzrädern oder einem Rollerreifen als Minivorderrad – darüber rümpfen die Deutschen die Nase.

Aber Bob erhält vom Bürgermeister von Naarden eine besondere Fahrradgenehmigung, die besagt, dass er dieses »als Beamter der Landwirtschaftskrisenorganisation für die Ausübung seines Amtes« brauche. Das Fahrrad ist Gold wert und erspart ihnen unendlich viel Zeit, wenn sie, sobald Bob am Nachmittag ins Hohe Nest zurückgekehrt ist, schwere Säcke mit Reis und Weizen oder Milchflaschen für die große Gruppe in den umliegenden Dörfern abholen.

Bobs Chef ist der örtliche Vertreter des Lebensmittelkommissars für Nordholland, aber er ist von der NSB, also niemand, den man einweihen könnte. Bob zweigt Tag für Tag offizielle Bezugsscheinhefte und Begleitscheine ab, mit denen sie Lebensmittel bekommen und transportieren können. Die Kontrollen sind streng, ohne Papiere kommt man mittlerweile nirgendwo mehr hin. Janny und er leiten die Dokumente dann an Mik van Gilse oder Frits Reuter weiter, die sie im ganzen Land verteilen.

Bob erhält vom Reichsbüro Nordholland hundertfünfzig Gulden Gehalt pro Monat, viel zu wenig, um davon die Miete und die Lebensmittel für alle bezahlen zu können. Manche der vorübergehenden Bewohner bringen etwas Geld mit, aber sie benötigen dringend mehr Mittel. Als Mik das nächste Mal das Hohe Nest besucht, präsentiert er eine unerwartete Lösung: Ausgerechnet die größte Bierbrauerei der Niederlande könnte den Menschen im Hohen Nest zu Hilfe kommen.

~

Mik freut sich auf seine Touren nach Naarden. Der Wald, das Haus voller Freunde, denen er vertrauen kann, eine Kommune des Widerstands in Kriegszeiten. Aber auch die Ruhe tut ihm gut. Vor allem die Ruhe. Er ist erst sechsundzwanzig, hat aber nichts anderes kennengelernt als Stress und Gefahr. Wenn er im Amsterdamer Hauptbahnhof den Zug besteigt, die Kontrollen überstanden hat, im Abteil zusammensinkt – wobei die Züge jeden Monat leerer zu werden scheinen –, spürt er, wie die Anspannung von seinen schmalen Schultern abfällt. Ein frühreifer Zwanziger mit zu viel Verantwortung, das ist er. Was das angeht, ähnelt er Janny.

Als ganz junger Mann reiste Mik nach Spanien, um als Journalist über den Spanischen Bürgerkrieg zu berichten; sein Bruder Janrik wurde Mitglied der Kommunistischen Partei. Ihr Motto war immer: »Unterschätze niemals den Gegner, sei immer wachsam.« Und ihr Widerstand schlägt Kreise; es scheint, als würden sich immer mehr Menschen anschließen, und auch sein illegaler Kunstverein mit einer eigenen Zeitschrift *De Vrije Kunstenaar* läuft gut.

Ziel des *Vrije Kunstenaar* ist es, den Widerstand gegen die Kulturkammer ins Laufen zu bringen. Mik hat die Zeitschrift gemeinsam mit seinem Vater gegründet, dem Komponisten Jan van Gilse, und seinem Freund, dem Bildhauer Gerrit van der Veen. Viele Kunstschaffende und Kreative haben sich ihnen angeschlossen – darunter führende Autoren, Maler, Musiker und Journalisten. Einige vermögende Personen, die ihnen wohlgesinnt sind, haben Geld gespendet, um die Initiative zu unterstützen, denn Künstler, die sich nicht bei der Kulturkammer anmelden, verfügen über kein Einkommen.

Aber seine Aktivitäten erregen zu viel Aufmerksamkeit. Er arbeitet gleichzeitig für den *Vrije Kunstenaar*, die Personalausweiszentrale und die Widerstandsgruppe CS-6, in der er mit seinem Freund Gerrit Kastein Sabotagemaßnahmen plant. Die Sicherheitspolizei ist ihnen schon seit einer Weile auf der Spur, aber bislang waren sie immer zu clever. Im Hohen Nest kann er kurz durchatmen.

Heute hat Mik die neueste Ausgabe des *Vrije Kunstenaar* für die Familie Brilleslijper dabei. Das Papier raschelt mit jeder Bewegung seines Gürtels. Sie haben einige Tausend gedruckt, eine riesige Auflage, die unter der Hand immer weitergereicht wird. Niemand darf ein Exemplar auf Dauer behalten, sodass möglichst viele Leute Zugang zu der Zeitschrift bekommen. »DIESES BLATT IST NICHT NUR FÜR SIE – WEITERGEBEN« haben sie darauf abdrucken lassen. Der *Vrije Kunstenaar* hat sich mittlerweile zu einer echten Widerstandszeitschrift entwickelt, unterstützt, geschrieben und gelesen von einflussreichen Künstlern und wohlhabenden Mäzenen. Dieser Gedanke erfüllt Mik kurz mit Stolz und Optimismus, aber das verfliegt wieder, wenn er an den riskanten Plan denkt, den er mit Gerrit van der Veen und anderen Freunden aus dem Widerstand gerade entwickelt.

In der Plantage Kerklaan 36 befindet sich das Amsterdamer Bevölkerungsregister. Dort lagern auch die Daten von etwa siebzigtausend Juden – die Verwaltungsmaschine, die die Nazizüge antreibt. Sie versuchen schon möglichst viele Juden mit gefälschten Personalausweisen zu versorgen, aber es reicht nicht. Seit 1940 die Ausweispflicht eingeführt wurde, und im darauffolgenden Jahr der Personalausweis, sind Juden das Opfer der Verwaltungsmacht der niederländischen Beamten. Gerrit meint, sie könnten mit nur einer einzigen Aktion all ihre Probleme lösen: Man müsste das Bevölkerungsregister in die Luft jagen. Allerdings dürfen dabei keine Menschen getötet werden. Die Idee entpuppt sich als äußerst komplexe Aufgabe. Mik schießen nachts die Gedanken durch den Kopf, aber einen perfekten Plan hat er noch nicht gefunden.

Am Bahnhof Naarden-Bussum steigt er aus, geht an der Haltestelle der Straßenbahn vorbei und begibt sich auf den langen Spaziergang zum Hohen Nest. Es ist kalt, aber er schwitzt vor Anstrengung und genießt die Weite der Natur. Der Frühling kündigt sich bereits in den schweren Knospen an, die überall an den Bäumen aufgetaucht sind.

Nach einer herzlichen Begrüßung durch Lien, Jaap, Joseph und Fietje – Janny und Bob sind unterwegs – lassen Eberhard und er den Trubel des Hauses hinter sich und nehmen einen beliebigen Waldweg in Richtung Wasser. Eberhard merkt, dass Mik etwas auf den Lippen brennt, und sobald sie sich im Schutz der Stämme befinden, beendet er die zwanglose Plauderei und legt seinen Arm um ihn.

»Sag schon, was willst du mir erzählen?«

»Ist das so offensichtlich?«

Mik lacht, schaut sich kurz um, als würden die Eichhörnchen sie belauschen, und senkt die Stimme.

»Hör zu. Der *Vrije Kunstenaar* läuft gut. Er hat sich zu einer weitverzweigten illegalen Organisation entwickelt, mit einer großen Reichweite unter Künstlern und Leuten mit Geld, die etwas unternehmen wollen, aber nicht wissen wie.«

Eberhard nickt zustimmend.

»Wir haben einen großartigen neuen Finanzier. Da kommst du nie drauf.«

Sie spazieren weiter. Eberhard steht die Neugier ins Gesicht geschrieben.

»Der große Brauereikönig, Heineken.«

Mik schaut Eberhard vielsagend an. Dieser bleibt stehen.

»Im Ernst?«

»Ja«, sagt Mik. »Der Direktor, Dirk Stikker, hat uns eine Million Gulden versprochen. Eine Million!«

Sie seufzen beide kurz, beeindruckt von der unvorstellbaren Summe. Dann gehen sie weiter, einen Hügel hinauf. Sie schnaufen, während ihre Füße im lockeren Sand Halt suchen.

»Nun ja«, murmelt Mik vor sich hin, während er in den Fußabdrücken von Eberhard mit großen Schritten nach oben steigt, »er verdient natürlich auch gut genug an diesen Bier saufenden Deutschen.«

Oben angekommen stehen sie still nebeneinander und kommen wieder zu Atem. Unter dem Hügel, hinter einem Sandstreifen und Schilf, liegt das IJsselmeer. Es ist kalt, aber windstill. Das graue Wasser bewegt sich nicht, der Himmel ist klar, ohne eine Wolke oder einen Sonnenstrahl.

Mik beendet das Schweigen.

»Ab jetzt erhalten du und Lien als illegale Künstler eine feste monatliche Zulage vom *Vrije Kunstenaar*, damit ihr ein Auskommen habt.«

Eberhards mageres Gesicht strahlt. Er hatte Mik davon erzählt, wie schwierig es für ihn sei, dass alle anderen etwas dazu beitragen, um den aus allen Nähten platzenden Haushalt im Hohen Nest mit am Laufen zu halten. Bob verdient Geld für seine Familie, die meisten anderen können etwas abgeben; nur er selbst, Lien, Jaap, Joseph und Fietje sind von jedem Geldstrom abgeschlossen. Dieser Betrag ist nicht nur für Eberhard und Lien, sondern für die ganze Familie Brilleslijper gedacht – das braucht Mik ihm nicht zu sagen.

»Das wäre also geregelt.«

Mik läuft den Hügel hinunter, die Arme wie Vogelflügel ausgebreitet. Eberhard geht ihm nach. Sie nehmen den Weg nach rechts und laufen am Wasser entlang in Richtung Huizen.

Bevor er aufbricht, gibt Mik ihm die Adresse einer Kontaktperson in Laren, bei der Eberhard jeden Monat das Geld abholen kann.

»Er wird dir auch gestohlene Lebensmittelkarten geben, die du für deine Familie benutzen kannst«, flüstert Mik ihm ins Ohr, als sie einander umarmen, »aber erzähle das keinem, in Ordnung?«

NACHBARN

Janny erhält Post von der Gemeindeverwaltung: Der Bürgermeister von Naarden möchte mit ihr sprechen, da es Unklarheiten bezüglich ihres Personalausweises gebe. Janny muss sich in dem prachtvollen Rathaus innerhalb der Festungsmauern melden. Während sie durch die Heidelandschaft und zwischen den noch kahlen, aber verheißungsvoll knospenden Bäumen in den Ort läuft, wird ihr wieder bewusst, wie nah dieser eigentlich ist. Wenn der Mann wüsste, was sich in seinen Wäldern abspielt.

Wie Eberhard ihr bereits angekündigt hatte, wird sie im Büro von Mussert, Hitler und dem Bürgermeister empfangen. Ihre Knie sind butterweich. Van Leeuwen verschwendet keine Zeit.

»Frau Brandes, da stimmt etwas nicht mit ihrem Eintrag.«

Ihre Schläfen beginnen zu pochen, vor ihren Augen tanzen Flecken, aber Janny stellt sich dumm und blickt den Mann einfältig an.

»Auf ihre Namen gibt es zwei Einträge. Das ist doch unmöglich, oder was meinen Sie?«

Janny schüttelt heftig den Kopf und fragt sich, wie das passieren konnte. Das Einzige, das ihr einfällt, ist, dass ihr Kontakt beim Standesamt in Amsterdam damals ihren echten Personalausweis nicht vernichtet hat. Das könnte erklären, warum es jetzt zwei gibt – den echten und das Exemplar, das er später ausgestellt hat, mit anderen gefälschten Daten. Jetzt ist sie geliefert. Es ist vorbei. Sie versucht zu schlucken, aber ihr Hals ist wie zugeschnürt.

»Frau Brandes«, fährt der Bürgermeister fort, »nur weil ich weiß, wer Ihr Mann ist, und weil ich ihn als Beamten sehr schätze, habe ich noch nicht – sonst hätte ich das melden müssen. Verstehen Sie mich?«

Kurz glaubt Janny den Bürgermeister falsch verstanden zu haben, und sie blickt ihn fragend an, aber dann reißt sie sich zusammen. Die Flecken vor ihren Augen verschwinden, der Pulsschlag ist wieder da, wo er hingehört.

»Natürlich. Ich habe keine Ahnung, wie das passieren konnte, aber ich kümmere mich darum, dass das in Ordnung kommt.«

»Machen Sie das.«

Ein kurzes Nicken, dann dreht sich der Bürgermeister um, das Gespräch ist beendet.

Als sie draußen ist, lehnt sich Janny mit dem Rücken an die Mauer der Kirche und versucht durchzuatmen. Sie fühlt sich ganz leicht im Kopf. Wenn sie nicht aufpasst, fängt sie gleich wild an zu kichern. Sie legt die Hand auf ihren Mund, ihr ist bewusst, wie viel Glück sie gerade hatte, und denkt nach. Wie konnte das bloß passieren?

Sie konzentriert sich auf den Wintertag vor einem Jahr, als sie mit Liselotte im Kinderwagen und Robbie an der Hand von Den Haag aus nach Amsterdam gefahren war, um ein Paket für die Partei abzuholen. Sie kannte dessen Inhalt nicht, aber es war auffallend schwer. Eingewickelt in Segeltuch hatte sie es unter der Auflage im Kinderwagen versteckt. Es landete im Gepäckwagen, und sie selbst nahm mit der Quittung und den Kindern in einem normalen Abteil Platz. Als sie in Den Haag ausgestiegen war und den Wagen abholen wollte, fehlte die Quittung. Die beängstigende Situation steht ihr noch lebhaft vor Augen: Es regnete in Strömen, ein Kind auf dem Arm, das andere an der Hand, suchte sie unter den Blicken eines Bahnbeamten panisch all ihre Taschen und die der Kinder durch. Um besser suchen zu können, zog sie hastig ihre Handschuhe aus – und aus dem Futter fiel die Quittung. Sie hätte sich selbst ohrfeigen können. Stattdessen zauberte sie ein Lächeln auf ihr Gesicht, überreichte dem Beamten den Zettel und nahm den Kinderwagen mitsamt der Schmuggelware in Empfang. Sie legte ihre Tochter in den Wagen und ging möglichst ruhig nach Hause. Als sie das Kaufhaus Bijenkorf passierte, bemerkte sie, dass ihr zwei Männer in langen Regenjacken folgten; dann eine Berührung auf ihrer Schulter.

»Den Personalausweis, bitte.«

Einer der beiden studierte ihre Papiere, der andere beäugte sie unterdessen misstrauisch von Kopf bis Fuß. Janny versuchte, sich und den beiden Männern vorzumachen, dass sie eine ganz normale Mutter wäre, die schnell mit ihren Kindern nach Hause wollte, fühlte sich aber, als würde sie jeden Moment tot umfallen.

»Brilleslijper – sind sie Jüdin?«

»Nein, meine Mutter heißt Gerritse und ist nicht jüdisch. Der Name kommt von meinem Vater. Der ist Halbjude und lebt in Batavia.«

Die Stille dauerte lange, und unterdessen regnete es weiter. Alles war ihr egal, wenn sie nur die Kinder hier wegbekäme. Liselotte fing an zu weinen, aber Janny traute sich nicht, sie aus dem Wagen zu heben; unter ihr lag schließlich das Objekt ihrer geheimen Mission.

Ein Nicken, und sie durfte weitergehen. Frits Reuter erzählte ihr später, was sich in dem schweren Paket befunden hatte: ein zerlegtes Maschinengewehr für den Widerstand.

Nach diesem Zwischenfall hatte ihr Kontakt den Personalausweis angepasst. Und offensichtlich hatte er damals vergessen, ihren echten Ausweis zu vernichten.

Zurück im Hohen Nest bekommt ihr Vater einen knallroten Kopf, als sie ihre Geschichte erzählt. Er winkt mit seinen Fingern dicht vor ihrem Gesicht hin und her.

»Das ist lebensgefährlich, was du da machst! Was, wenn der Bürgermeister sich an einem schönen Sonntag dazu entschließt, doch einmal hierherzuspazieren und sich selbst ein Bild zu machen. Oder deine Papiere beim Jüdischen Rat beantragt?«

Er rennt im Wohnzimmer auf und ab, öffnet den Mund und schließt ihn wieder, er findet nicht die richtigen Worte für seine Sorgen. Daran hat Janny überhaupt noch nicht gedacht: Wenn der echte Personalausweis nicht vernichtet wurde, liegen ihre Papiere natürlich auch in den Karteikästen des Jüdischen Rats. Sie denkt laut darüber nach, und als Joseph die Wörter »Jüdischer Rat« hört, verengen sich seine Augen zu schmalen Schlitzen.

»Diese Schufte«, murmelt er.

»Bleib ruhig«, sagt sie und legt die Hand auf seinen Arm, »mir wird schon etwas einfallen.«

Am nächsten Tag nimmt Janny den Zug nach Amsterdam und besucht Nathan Notowicz, einen staatenlosen geflüchteten Kommunisten aus Deutschland, der ursprünglich aus Polen stammt. Er gehört zu einer Widerstandsgruppe, die Juden beim Untertauchen hilft. Sein Charakter ist sanftmütig, aber er hat Fäuste aus Beton und verabscheut Kollaborateure. Janny kann vieles selbst bewerkstelligen, aber sie weiß, dass sie als Frau beim Rat nicht viel erreichen wird, und diese Mission darf nicht fehlschlagen.

Zusammen machen sie sich zum Sitz des Jüdischen Rats auf, wo sie höflich darum bitten, Jannys Daten durch einen diensthabenden Verwalter zu löschen. Dieser weigert sich. Mit einer subtilen Geste schickt Nathan Janny nach draußen. Sie wartet geduldig an der Gracht, bis er wieder herauskommt. Keine fünf Minuten später zieht Nathan entschlossen die Tür hinter sich zu und hebt mit einem schelmischen Lachen den Daumen. Sie hat keine Ahnung, womit er gedroht hat, und einen Schönheitspreis wird sein Vorgehen sicherlich nicht verdienen, dennoch: Ihre alten Papiere werden unverzüglich vernichtet.

~

Durch einen zweiten Vorfall wird sie beinahe der höchsten NSB-Autorität des Landes ausgeliefert. Ein von Juden geführtes Landhaus voller Untergetauchter, genau an diesem Ort in den Wäldern von Naarden, erinnert sowieso an ein Trojanisches Pferd: Im Gooiland wimmelt es nur so von Faschisten. Insbesondere in den Villenvierteln von Naarden und Bussum sind sie unverhältnismäßig stark vertreten: der doppelte Prozentsatz im Vergleich zum Landesdurchschnitt. In Bussum wohnen zahlreiche NSB-Leute im Villenviertel ’t Spiegel, auch die schönen Gebäude von Naarden beherbergen fanatische Faschisten. Ein großer Teil der NSB-Wähler findet sich im Mittelstand – Angestellte und Selbstständige – sowie in der Oberschicht der Gesellschaft. Obwohl die Partei sich ideologisch an die Arbeiter wendet, ist sie gerade in Arbeiterkreisen unterrepräsentiert.

Bereits vor der Besatzungszeit kann die NSB in den bessergestellten Vierteln von Amsterdam und in einer begüterten Gegend wie ’t Gooi mit großer Unterstützung rechnen: Wohlhabende, die Angst um ihren Status haben, und ihren Wohlstand nicht unbedingt teilen möchten. Hinzu kommen Antisemitismus und die Distanzierung von »fremden Elementen« – obwohl die meisten Juden schlichtweg niederländische Staatsbürger sind. Tatsache ist: Je mehr Juden in einer Gemeinde leben, desto mehr Kreuze für die NSB werden dort gemacht. Im Gooiland zwischen Hilversum und Amsterdam wohnen viele Juden, es gibt eine recht große jüdische Gemeinschaft. Ende der dreißiger Jahre vergrößerte sie sich durch die Fluchtbewegungen aus Deutschland in kurzer Zeit noch um mehrere Hundert Mitglieder.

Als man 1942 die Freiwillige Hilfspolizei (VHP) der niederländischen Nationalsozialisten gründet, wird diese bessere faschistische Nachbarschaftswache in Dutzenden Dörfern und Städten in Nordholland aktiv. Es ist kein Zufall, dass ’t Gooi auch dabei mit VHP-Gruppen in Hilversum, Bussum und Naarden überrepräsentiert ist.

Joseph hat es häufig genug wiederholt. »Mit den Menschen hier muss man vorsichtig sein, hört auf mich. Die Reichen drehen ihr Fähnchen immer nach dem Wind; sie haben zu viel zu verlieren, um sich zu wehren.«

Das Hohe Nest ist buchstäblich umzingelt von NSB-Leuten. Im Naturschutzgebiet, in dem das Haus liegt, befindet sich beispielsweise auch das Landgut Oud Bussum des steinreichen NSB-Manns Pieter van Leeuwen Boomkamp. Bis dorthin ist es nur ein kurzer Spaziergang über die Heide. Nazimarschall Hermann Göring, den man auch »den Dicken« nennt, wohnte dort 1940 für eine Weile, als er in den Niederlanden war. Außerdem sind im Abstand von nur vier Kilometern vom Hohen Nest große Kontingente deutscher Soldaten stationiert: in der Weeshuis-Kaserne in Naarden und in der Kolonel-Palm-Kaserne in Bussum. Anton Mussert hielt zu Kriegsbeginn persönlich eine Ansprache in der Nähe des Festungseingangs von Naarden, bei der sogenannten Gelben Halle, wo man die Stadt durch den stattlichen Bogen des Utrechter Tors betritt.

Aber die Bedrohung durch die NSB ist sogar noch größer. Die wilde Naturlandschaft im Schatten Amsterdams ist nicht nur der perfekte Ort für ein jüdisches Versteck, sondern wurde auch von der NSB ausgewählt, um ihren höchsten Führer zu verstecken.

Anton Mussert wusste, dass ein Krieg vor der Tür stand. Er wusste auch, der Widerstand in den Niederlanden würde nur kurz dauern. Im Vorfeld der Besetzung des Landes im Mai 1940 fürchtete er allerdings, es könne in den ersten chaotischen Tagen nach dem Einfall der Deutschen zu Auseinandersetzungen zwischen Niederländern und der NSB kommen. Bei einem Treffen mit seiner Parteispitze in Den Haag kündigt er an, dass er es für klug halte, wenigstens vier Tage von der Bildfläche zu verschwinden – länger würde der niederländische Widerstand nach seiner Einschätzung sowieso nicht durchhalten. Jeder stimmt zu, die Sicherheit des Parteiführers hat Priorität; nach der Kapitulation wird das Volk ihn dringend als den Architekten einer neuen Zukunft brauchen.

Über Wochen übernachtet Mussert bei verschiedenen NSB-Parteigenossen im ganzen Land, auf der Suche nach dem besten Versteck für die Zeit des deutschen Einmarsches. Seinen Adjutanten, den Parteigenossen Kessler, beauftragt er damit, einen geeigneten Rückzugsort ausfindig zu machen, und dieser schlägt schließlich auch das ideale Versteck vor. Tonny Kessler kommt aus einer vornehmen Familie aus Den Haag und war in jungen Jahren ein bekannter Kricketspieler und Fußballer für die Nationalmannschaft. Kessler ist klug – er ist promovierter Jurist – und finanziell unabhängig, denn seine Familie ist steinreich: Er ist die perfekte rechte Hand für den großen Führer. Kessler hat sich das Versteck, das sie im Auge haben, schon mehrmals selbst angeschaut und Gespräche mit den Besitzern des Hauses geführt, dem überzeugten NSB-Kameraden Gooijer und seiner Frau. Kessler stellt ihnen die Gretchenfrage: Seid ihr bereit, achtzig Kilo verbotene Dokumente zu verstecken? Ihre Antwort lässt keinen Zweifel aufkommen. Kessler würde die Hand dafür ins Feuer legen; diese Leute haben verstanden, dass auf ihren Schultern für ein paar Tage die Zukunft der NSB ruht. Sie ahnen bloß noch nicht, dass es um achtzig Kilo Mussert geht.

Als Anton Mussert nach der Parteiversammlung in Utrecht am 9. Mai 1940, einem schönen Sommerabend, das Hauptquartier der NSB verlässt, steigt er in einen auf ihn wartenden Pontiac Cabrio. Sein Chauffeur startet den Wagen und fährt ihn nach Bilthoven, wo er übernachtet.

In dieser Nacht, früh am 10. Mai, wird er wie viele Niederländer vom dröhnenden Kriegslärm über seinem Kopf geweckt. Er schaltet das Radio ein und wartet. Als die Geschäftsleute aus Bilthoven sich beinah auf den Weg machen, ruft er seinen Chauffeur an und fährt ohne Umwege zum Haus seines Adjutanten Kessler in Naarden. Von dort geht es weiter zum Versteck, dem abgelegenen Haus des Parteigenossen Gooijer. Sogar Musserts Frau weiß nicht, wo er seine selbst gewählte Verbannung verbringt.

Unterwegs wird der Wagen dreimal von Soldaten an Kontrollposten angehalten, aber sie können jedes Mal weiterfahren. Der Pontiac hält in Naarden, sie verabschieden den Chauffeur, und von dort aus gehen Mussert und Kessler zu Fuß weiter.

Sie marschieren eine Weile schweigend durch die ausgedehnte Heidelandschaft. Hinter ihnen liegt Naarden, vor ihnen das Dorf Huizen, sie gehen auf dem ehemaligen Verbindungsweg zwischen den beiden Dörfern, auf der Naarderstraat. Seit Straßenbahn und Autoverkehr umgeleitet wurden, ist diese Verbindung wie ausgestorben. Der Weg wird schlechter und schmaler, an der Begrenzung wachsen hohe Bäume und bilden ein Blätterdach. Sie kommen am alten Zollhaus für den Dampfzug durch 't Gooi vorbei, es wird seit 1930 nicht mehr genutzt. Der Adjutant und seine wichtige Begleitung erreichen das einfache Bauernhaus, das nur aus einem Stockwerk und dem Speicher besteht. Es liegt einsam und verborgen in der Natur neben dem verlassenen Weg. Es ist der 10. Mai, ein Freitag, die deutsche Invasion hat begonnen, und Anton Mussert hat sich in Sicherheit gebracht.

Vor dem Haus ist ein kleiner Garten mit einer Hecke, die, wenn sie blüht, das Haus abschirmt, und auf der Rückseite liegt ein wilder Garten von bestimmt hundert Metern Länge; zweihundert Meter weiter beginnt der Waldrand des Naturschutzgebiets. Um die Ecke, im Wald, steht noch ein Landhaus, aber ansonsten ist hier alles menschenleer. Auf der einen Seite des Hauses verläuft ein Fahrradweg, der in den Wald und schließlich zum IJsselmeer führt, auf der anderen Seite sind nur Felder. Außerdem wird das Haus rückseitig durch eine hohe Holzbarriere begrenzt, dort hatte man im Ersten Weltkrieg einen Schützengraben angelegt, der inzwischen überwuchert ist. Mussert ist sehr zufrieden mit dem Gelände.

Gooijer und seine Frau haben fleißig die kleine Kammer auf dem Speicher für den hohen Besuch hergerichtet. Aber Mussert fühlt sich dort nicht wohl: Im Radio hört er Berichte, dass im ganzen Land Hausdurchsuchungen bei NSB-Parteigenossen stattfinden, Hunderte sollen bereits verhaftet worden sein. Statt sich auf dem Speicher einzurichten, versteckt er sich hinten im

Garten im Schützengraben, auf einen Hinweis hin von Parteigenossin Gooijer – einer qua Herkunft deutschen Frau, die ihre Aufgabe als Schutzengel des NSB-Führers mit Stolz erfüllt. Während es in den Niederlanden drunter und drüber geht und die Polizei in den ersten Tagen nach der Invasion fanatisch hinter NSB-Mitgliedern her ist, holt sich Mussert eine tüchtige Erkältung, als er im Unterholz bäuchlings auf der kalten Erde liegt und abwartet, ob diese Ereignisse das Ende seiner Karriere oder seine Aufnahme in die Geschichtsbücher bedeuten.

Es finden tatsächlich zwei Hausdurchsuchungen durch die örtliche Polizei statt. Sie suchen Gooijer und den Bruder von Frau Gooijer, der bei ihnen wohnt, beides treue NSB-Anhänger. Bei der zweiten Hausdurchsuchung nehmen sie Gooijer mit. Sie stellen das ganze Haus und die dazugehörige Scheune auf den Kopf, lassen den Garten aber links liegen, wo der große Führer der NSB in einer Kuhle die lokalen Würmer zählt. Als Gooijer am Abend wieder freigelassen wird und seinen Besitz nach Mussert absucht, kann er ihn zu seinem Schrecken nicht finden. Im Dunkeln schleicht er durch seinen eigenen Garten, an der Holzbarriere vorbei, und zischt Musserts Namen, als würde er eine fortgelaufene Katze anlocken. Leise pfeift er das NSB-Lied »Die schwarzen Soldaten« vor sich hin, im Kopf singt er mit:

Der Kampf ist entflammt
Zwietracht muss fort
In unsren schönen Niederlanden.
Noch sind wir geknechtet.
Der neue Geist gewinnt.
Wir stehen bereit.
Wie die Einheitsfront auch zuschlägt,
Wir bleiben auf den Straßen.
Komm Kamerad,
Schreite zur Tat,

Für unser Volk, unser Land!
Denn wir sind die schwarzen Soldaten
Und kämpfen mit Anton Mussert.
[...]

Nach einer Weile erscheint das sandige Gesicht von Mussert über der Erde, und Gooijer atmet durch. Während die Niederlande am Vorabend von fünf Jahren Tod und Verderben stehen, setzt sich Mussert im Haus an den Tisch und bekommt Bratkartoffeln mit Spiegelei und Salat serviert.

Am nächsten Tag wird Mussert sechsundvierzig Jahre alt. Es scheint ihm jetzt auf dem Speicher sicher genug. Frau Gooijer bringt ihm eifrig einen Blumenstrauß und etwas zu essen. Die Niederländer widersetzen sich einen Tag länger, als er prophezeit hat, aber am Dienstagmittag, dem 14. Mai, hört er im Radio von der Kapitulation. Er zieht seinen besten Anzug an, verlässt das Haus und hisst auf dem Hauptquartier der NSB in Utrecht die Flagge. Das düstere Rot-Schwarz, in der Mitte das Dreieck mit dem goldenen Löwen, weht triumphierend über der Maliebaan.

Die Geschichte von Mussert, der sich im entscheidenden Moment versteckt, wird in antifaschistischen Kreisen sehr schnell aufgegriffen und zu einem Ziel des Spotts. Alle möglichen Verstecke kursieren, vom Planwagen bis zum Heuhaufen. In den nächsten Jahren wird das zu einem beliebten Thema bei den Karikaturisten. Das Bauernhaus entwickelt sich zu einem Wallfahrtsort für NSB-Anhänger, sie kommen zu Hunderten, um zu sehen, wo ihr »Führer« in Sicherheit weilte. Stolz setzen sie ihren Namen ins Gästebuch der Parteigenossin Gooijer, auf dem Einband ist zu lesen: IN TREUE ZUM FÜHRER. Auf dem Speicher stellt sie die Kleidung aus, die er trug: Ein Altar an dem Ort, an dem sich die Rettung des »Führers« des niederländischen Volkes abspielte.

Auch als die Familie Brilleslijper in Naarden untertaucht, ist Mussert ganz in ihrer Nähe – allerdings nicht mehr versteckt. Obwohl sein offizieller Dienstsitz in Den Haag ist, verbringt er die größten Teile des Krieges quasi um die Ecke des Hohen Nestes, im Haus seiner Geliebten.

Mussert hat eine Vorliebe für Frauen aus seiner eigenen Großfamilie. Er hat seine Tante geheiratet – eine Schwester seiner Mutter –, Rie Mussert, die viel älter ist als er, zu diesem Zeitpunkt bereits Ende sechzig. Vor ihrer Ehe 1917 mussten sie, als Verwandte dritten Grades, die Königin um Dispens ersuchen. Nicht nur sein vermeintliches Versteck wird Ziel des Spottes im Widerstand, sondern auch seine Beziehung. »Willst du die gute Rasse hegen, musst mit der Tante dich zu Bette legen«, ist ein viel gehörter Spruch.

Über eine Verwandte seiner Frau, Helena Mijnlieff-Verburg, lernt Anton Mussert zu Anfang der Besatzungszeit deren Tochter Marietje kennen. Er verliebt sich bis über beide Ohren in das junge Mädchen. Im Tausch für eine Diamantenkette leiht er der Mutter Helena im November 1942 dann auch gerne den Kaufbetrag für eine prachtvolle Villa in Naarden, in die sie mit ihrer Tochter Rietje einzieht. Das Haus Eiche und Linde wird Musserts behagliches Liebesnest in Kriegszeiten. Hier hält er sich häufig auf, und als 1943 sein eigenes Haus in Den Haag aufgrund von Verteidigungsmaßnahmen geräumt werden muss, wird Eiche und Linde zum Kummer seiner Frau zu seinem festen Aufenthaltsort.

Als Japie eines Tages die Fallen kontrolliert, die er in den Wäldern um das Hohe Nest aufgestellt hat, kehrt er nicht mit Fasanen für die Pfanne seiner Mutter zurück, sondern mit dem erschlafften Körper einer gut genährten Katze. Fietje weist ihn erschreckt an, das arme Tier rasch hinten im Garten zu begraben und hofft, dass niemand nach dem Haustier bei ihnen suchen wird.

Am Tag nach dem Katzenmord ist Janny am frühen Abend auf dem Weg zurück, den ganzen Tag war sie für den Widerstand unterwegs. Vom Bahnhof nimmt sie den Gooi-Mörder – wie man die Straßenbahn wegen einer Reihe tödlicher Unfälle nennt – und läuft von der Haltestelle die vertraute Route zum Hohen Nest. Nach einigen Minuten hört sie die Stimme einer Frau. Rasch verlässt sie den Weg und taucht im dichten Grün unter. Vornübergebeugt geht sie vorsichtig weiter. Die Stimme wird lauter und deutlicher.

»Miez, Miez, Miez, Miez!«

Keine zwanzig Meter von Janny entfernt steht eine Frau, das Gesicht dem Wald zugewandt und ruft. Dabei schüttelt sie ein Schächtelchen mit Futter hin und her.

»Miez, Miez, Miez, Miez!«

Sie klingt ratlos, als wäre sie auf der Suche nach ihrem Kind, und schaut sich verzweifelt um.

Janny drückt sich rückwärts in die stechenden Pflanzen und hält den Atem an. Sie verflucht ihren Bruder. Sie haben die Katze auf dem Gewissen, und jetzt sucht das Frauchen das Biest natürlich. Schnell zieht sie sich zurück, tiefer in den Wald, und bahnt sich einen Weg durch die Büsche und Dornenhecken nach Hause, wo sie von ihrem Erlebnis berichtet.

Jaap bricht in Lachen aus, aber Joseph wird streng; er verbietet seinem Sohn, die Fallen je wieder zu benutzen. Jaap muss hinten im Garten das Katzengrab bewachen – ein Hund hat das tote Tier bereits einmal ausgegraben –, und jemand hält vom ersten Stock aus Ausschau. Alle Bewohner werden angewiesen, ein paar Tage nicht nach draußen zu gehen und weder Musik noch Lärm zu machen, bis sie sich sicher sein können, dass die Gefahr vorüber ist.

Etwas später erfährt Janny über ihre Kontaktperson in Huizen, dass die Frau mit der vermissten Katze zu den fanatischsten NSB-Mitgliedern der Gegend gehört – sie ist quasi eine Tante von Mussert. Erst als es so aussieht, als würde diese Person bei ihnen nicht wegen der Katze vorbeischauen, können sie über die Geschichte auch lachen; allerdings nicht aus vollem Herzen.

MASKEN

Eberhard hat mehr Zeit denn je für seine Musik. Im Leben vor dem Krieg musste Geld verdient werden, aber jetzt, in einem Versteck, das sich immer mehr wie eine Zufluchtsstätte im Niemandsland anfühlt, haben vor allem er selbst und Lien die Möglichkeit, ganze Tage lang zu üben und zu spielen. Er hat sich mit seinem falschen Namen bei der Amsterdamer Musikbibliothek angemeldet und leiht dort unzählige Klavierauszüge von Opern aus. Stundenlang studiert er sie am Klavier, bis seine Fingergelenke anfangen zu knacken und die anderen Hausbewohner verrückt davon werden. Nicht, weil sie sein Spiel nicht schätzen würden, sondern weil bei den meisten der Geflüchteten beim Eintreffen im Hohen Nest die Nerven blank liegen – aufgrund der Flucht, des ständigen Misstrauens gegenüber den Mitmenschen in den zurückliegenden Jahren und der Angst, entdeckt zu werden. Erst als sie merken, dass hier an den meisten Tagen nur die Hirsche, Füchse und Dachse Zeugen ihres Treibens werden, können sie sich in die Musik versenken.

Anfangs haben Eberhard und Lien die dicken Wände des Hohen Nestes als Schallschutz genossen, doch schon bald reichen ihre musikalischen Ambitionen über sie hinaus. Die Politik der Besatzungsmacht hat das ganze Land zu einer spartanischen Existenz verurteilt, aber im Hohen Nest entsteht ein geheimes Künstlernetzwerk, das das Gooiland belebt und die Erinnerung an das rauschende und glanzvolle Vorkriegstreiben in Den Haag und Amsterdam zurückholt.

Als Eberhard eines Morgens mit Kathinka im Wald spazieren geht, erkennt er in der Ferne eine Gestalt zwischen den Bäumen; genauso schmal und gerade wie ein kahler Nadelbaum, aber mit einem hellweißen Haarbüschel. Er schiebt das Mädchen hinter sich, und sie gehen hinter einem Busch in Deckung, während sich die Person nähert.

»Karel?«

Eberhard verlässt den Schutz des Unterholzes und ruft in den Wald. Ein Vogel fliegt erschrocken auf.

»Karel Poons?«

Der Mann steht still, seine Haut ist beinahe durchsichtig, und das Haar ist offensichtlich blond gebleicht. Scharfsinnige Augen fixieren Eberhard.

»Ja?«

Eberhard geht mit großen Schritten auf ihn zu, froh und überrascht, ihn hier zu treffen, diesen Star aus dem Ballett von Yvonne Georgi, dessen Auftritte er und Lien so oft im Stadttheater bewundert haben. Lien hatte bereits berichtet, sie könne schwören, Karel in Huizen gesehen zu haben, als sie Einkäufe erledigte, aber Eberhard hatte kaum darauf geachtet. Voller Freude über ihr unerwartetes Aufeinandertreffen an diesem unwirklichen Ort erzählen sie einander von ihren Irrfahrten.

Der jüdische Balletttänzer Karel Poons wurde 1941 von den Besatzern gezwungen, sein Ensemble zu verlassen und in ein jüdisches Viertel in Amsterdam umzuziehen. Er traute dem Ganzen nicht und beschloss, vom Erdboden zu verschwinden. Mit Hilfe einer Flasche Wasserstoffperoxid bleichte Karel sich die Haare, und in Kombination mit seinen strahlend blauen Augen schien er direkt von einer friesischen Scholle abzustammen. Zumindest in seiner eigenen Vorstellung, denn sobald Janny ihn sieht, bekommt sie einen Lachanfall. Später sagt sie zu Lien, sie finde noch immer, dass er ausgesprochen jüdisch aussehen würde. Als Eberhard und Karel sich über den Weg laufen, gewährt ihm Cecile Hanedoes schon eine Weile Unterschlupf in ihrer modernen Villa in Huizen. Dort ist sogar Platz genug, um einen Tanzsaal einzurichten. Karel trainiert jeden Tag, pflegt seine Technik und entwirft Choreographien, die er für seine Gastgeberin aufführt.

Eberhard nimmt Karel mit zu Lien, und die Begegnung führt zu einem Plan: Ein Stückchen weiter, im Dorf Laren, können sie ein richtiges Tanzstudio mieten, mit einer Spiegelwand und einer Ballettstange. An zwei Tagen in der Woche trainieren Lien und Karel nun gemeinsam im Studio und bereiten Vorstellungen für die Zeit nach dem Krieg vor. Auch Eberhard und Karel werden gute Freunde. Als Erstes organisieren sie besser gefälschte Papiere für ihn – er hat einen gefälschten Personalausweis, bei dessen Anblick Eberhard die Luft wegbleibt. Außerdem benötigt er Lebensmittelkarten, um den Krieg zu überstehen.

Durch Karel weitet sich ihr Künstlernetzwerk weiter aus. Während einer ihrer Trainingsstunden im Studio erzählt Lien ihm von Bühnenprogrammen, an denen sie vor der Besatzungszeit arbeitete, um ihr Repertoire zu erweitern. Jiddische Tanzspiele, bei denen sie Eberhard auf dem Klavier begleitet hätte. Sie denkt darüber nach, Masken einzusetzen, weiß aber nicht, wie man verhindern kann, dass diese einen amateurhaften und unfreiwillig komischen Eindruck machen, denn selbst gemachte Masken aus Pappmaché können sehr dilettantisch aussehen. Karel hat eine Idee: Seine Gastgeberin Cecile hat ihm einmal eine Künstlerin aus Blaricum vorgestellt – diese ist zwar etwas eigenartig, aber sehr begabt. Sie malt, arbeitet als Bildhauerin, baut Puppen und Marionetten und während ihrer Begegnung erzählte sie, dass sie auch mit Masken experimentieren möchte. Sie heißt Grietje Kots und, was am allerwichtigsten ist, man kann ihr vertrauen.

Lien besucht sie in ihrem Waldatelier in Blaricum, wo sie arbeitet, wohnt, lebt und am liebsten ihren Garten, um den sie sich bis ins kleinste Detail kümmert, nicht verlässt. Meistens ist sie dort zu finden, ins Gespräch über das Leben vertieft mit unsichtbaren Freunden aus dem Wald, einen Vogel in der einen und ein altes Butterbrot in der anderen Hand. Das reetgedeckte wunderbare Haus, das ehemals zu einer christlich-anarchistischen Kolonie gehörte, besitzt weder eine Küche noch anderen bürgerlichen Luxus. Grietje nennt es hartnäckig »die Hütte«; sie lebt dort zufrieden mit ihren Bäumen, den Tieren und der Kunst. Als Lien ihr von den jiddischen Tanzspielen erzählt, und von den Masken, die sie gerne einbeziehen würde, ist Grietje sofort Feuer und Flamme. Sie beobachtet Lien genau, von ihren zierlichen Ballettfüßen bis zu ihrem markanten, von schwarzen Locken umsäumten Gesicht, und erste Ideen nehmen bereits in ihrem Kopf Gestalt an. Sie lädt Lien ein, das nächste Mal gemeinsam mit Eberhard zu ihr zu kommen und für sie zu spielen, damit sie mit ihrer Arbeit beginnen kann.

So treten Eberhard und Lien im erblühenden Frühling des Jahres 1943 zum ersten Mal wieder gemeinsam auf, in der »Hütte« von Grietje in Blaricum. Grietje fängt sofort mit Skizzen und Zeichnungen an. Mit feinen schwarzen Zügen fertigt sie auf festem Papier ein Porträt von Lien an, sie ähnelt darauf einem Pierrot: große Augen und ein trauriger Blick, eine kerzengerade Nase zwischen hohen Wangenknochen, das schwarze Haar straff zurückgebunden. Auf demselben Blatt, neben Liens Gesicht, zeichnet sie die Maske, die sie für Lien im Kopf hat. Immer wieder neue, dem Lied entsprechend, das sie vorträgt. Sie entwirft eine Golem-Maske, für das Lied über die jüdische Legende vom Rabbi, der aus einem ungeformten Lehmklumpen eine menschliche Gestalt zum Leben erweckt. Die Maske ist grobschlächtig und düster, ihre Augen stehen dicht beieinander und sind tief in den Schädel eingedrückt, der Unterkiefer ragt hervor, die dicken Lippen hängen nach unten – aber die Maske ist zugleich subtil ausgeformt, abstrakt und realistisch zugleich. Auch ein Profilbild von Lien zeichnet sie, mit einer kantigen Nase und einem schmerzvollen Blick; schräg im Vordergrund liegt eine bildschöne Totenmaske. Sie besitzt die charakteristische Form des Totenkopfs, allerdings ohne die leeren Augenhöhlen, an ihrer Stelle befinden sich runde, geschlossene Augenlider, als könnte der Tod sich noch jeden Moment anders entscheiden.

Lien ist glücklich mit den Masken. Zuerst hat Grietje die Entwürfe aus Zeitungen und Backpapier gemacht, einfach und leicht, mit einer Textur, weich wie die Haut eines Pfirsichs, jeder mit einem Stiel aus Birkenholz, sodass Lien die Masken vor ihr Gesicht halten kann. Später werden sie in Gips geformt. Gemeinsam mit Eberhard arbeitet Lien an ihrem Repertoire jüdischer Lieder, und schon bald organisieren sie die ersten Konzerte im Untergrund. Grietje kennt genug Künstler und Liebhaber in der Umgebung, und auch durch ihr eigenes Widerstandsnetzwerk ergeben sich Möglichkeiten.

Und so geschieht es, dass im Hohen Nest 1943 jiddische Kunst und andere Kunstformen gefeiert werden – zu einem Zeitpunkt, an dem die Nazis ihre Masken abgelegt haben und Züge voller Juden ununterbrochen aus Westerbork in den Osten fahren, in die Vernichtungslager. Es wird getanzt, gesungen, musiziert, rezitiert. Puck spielt Geige, Simon Schlagzeug, und Jaap hat für Kathinka ein eigenes kleines Klavier gebaut. Grietjes Totenmaske verwendet Lien für den jiddischen Programmpunkt *Tojter un dos mejdel*, die grobschlächtige Maske in der Golem-Vorstellung, und auch bei Grietje zu Hause, in der Hütte in der ehemaligen Kolonie in Blaricum, veranstalten Eberhard und Lien eine Reihe Hauskonzerte. Der Ertrag der Abende fließt jedes Mal in den *Vrije Kunstenaar*. Von Mik erfahren sie, dass ähnliche private Konzerte an anderen Orten im Land stattfinden; alle spenden die Einnahmen der Zeitung, damit die Widerstandsaktivitäten ausgeweitet werden können und sich deren Auflage erhöht.

Lien und Eberhard sind vorsichtig und sorgen dafür, dass die Zuschauer nicht alle gleichzeitig im Hohen Nest eintreffen und zeitversetzt wieder von dort aufbrechen. Durchgehend hält jemand vom Haus aus die Umgebung im Blick. Während sie drinnen ungehemmt musizieren und sich das Publikum für eine Weile entspannen kann, bildet eine Postenkette einen Ring um das Haus. Sie achten auf jedes Geräusch und auf plötzlich aufleuchtende Lichter im Dunkeln. Nach dem Konzert verschwinden die Besucher wieder geräuschlos in der Nacht – ohne dass jemand von der NSB, ein deutscher Soldat oder ein übereifriger Nachbar ihre Anwesenheit überhaupt bemerkt hätte.

BUNDESGENOSSEN

Die Tage werden langsam länger, und die Kälte zieht aus dem Boden. Rund um das Haus erwachen Wald und Heide zu neuem Leben, und Janny genießt den Wechsel der Jahreszeiten, den sie noch nie so unmittelbar vor ihrer Nase miterlebt hat. Sie hat das Hohe Nest bislang nur in den mageren Wintermonaten gesehen, und das Haus ist zu groß, als dass man es richtig warm bekommen könnte, der ständige Geruch des Kaminfeuers und der Feuchtigkeit hat sich in ihrer Kleidung eingenistet. Aber jetzt wandelt sich die Umgebung, und verwundert sieht Janny, wie sich auch das Hohe Nest verändert. Das Eis im IJsselmeer fängt an zu tauen, und das monotone Dunkelgrau weicht einem strahlenden Blau. Die Zweige, die rund um das Haus wie Klauen nach dem Himmel griffen, entspannen sich jetzt, und die Knospen sprießen. Das Reetdach wird heller, wirft den dunklen Schatten des Waldes ab und färbt sich allmählich moosgrün und ockergelb; die Läden, die in der dunklen Jahreszeit stumpf und schwer schienen, glänzen plötzlich, als ob sie frisch gestrichen wären, die blutrote Farbe glitzert eindrucksvoll in der aufsteigenden Sonne.

Kurz bevor die ersten Strahlen die großen Fenster im Dachgeschoss und die oberste Etage erreichen, ist Janny meistens schon vom Gezwitscher aufgewacht, das wie ein morgendliches Konzert in aller Frühe rings um das Haus herum losbricht. Von allen Seiten singen die Vögel; das ausgiebige Trällern und Tschilpen der balzenden Männchen muntert sie auf, und oft liegt sie morgens noch still im Bett und lauscht, neben sich das beruhigende Ein- und Ausatmen von Bob und den Kindern.

Beim Frühstück reden sie über die merkwürdigen Geräusche, die sie in der Nacht gehört haben. Sie sind paranoid genug, darüber zu spekulieren, ob die Deutschen sie nachts umzingelt und sich dabei mit Tiergeräuschen verständigt haben. Zum Glück gibt es immer jemanden, der weiß, dass die kreischenden Laute, die sie wachhielten, von einem Fuchs stammen, und das tiefe gurrende Geräusch zu einer paarungsfreudigen männlichen Eule gehört, die zur Antwort nur einen scharfen Ton von einem Weibchen erhielt, das an seinem Werben noch nicht interessiert war.

Die Familie Brilleslijper hat eine Art Routine entwickelt, was die Organisation des geheimen Haushalts betrifft. Es gibt Hausregeln, feste Schlafplätze, einen Abwaschplan und Küchendienste. Jaap hat ein Radio zusammengebastelt, um das sie sich abends alle scharen und auf die Nachrichten aus London warten. Wie lange dauert es noch? Wann kommen die Alliierten und zwingen Hitler in die Knie? Jaap darf gemeinsam mit seinem Vater Joseph immer ganz vorne sitzen, wenn sie das Radio einschalten. Alle sind verrückt nach diesem schüchternen Jungen, seinen Erfindungen und seinen geschickten Händen. Für Kathinka und Liselotte hat er ein prächtiges Puppenhaus gebaut, mit mehreren Stockwerken und zahlreichen Zimmern, Betten, Gardinen und sogar einer richtigen Beleuchtung aus Fahrradlämpchen. Wenn etwas kaputt ist, muss man nur zu ihm in den Schuppen, dort arbeitet er an seiner Werkbank, die Brille auf der Nasenspitze.

Wegen der bedrohlichen Neuigkeiten, die Janny von ihren Besuchen in Amsterdam mitbringt – über die fanatische Suche nach Untergetauchten und die anhaltende Bereitschaft der Bürger, Juden zu denunzieren –, fängt Jaap überall im Haus mit dem Bau von Verstecken an. Unter und über den Einbauschränken, die sich im ganzen Haus befinden, richtet er Schlupfwinkel ein, die gerade groß genug für eine oder zwei Personen sind. An manchen Stellen im Haus gibt es unter den Böden Hohlräume, die er nutzt, oder, wie im Dachgeschoss, geschützte Nischen zwischen den Zimmerwänden und dem Dach. In jedem Zimmer legt er so einen Kriechraum oder Kasten an, mit einer Luke, die er unter einem Teppich oder einem Möbelstück verbirgt.

Außerdem erfindet und konstruiert er ein geniales Warnsystem. In allen Zimmern montiert er Lämpchen, die über ein Kabel mit einem kleinen Alarmknopf verbunden sind, der an der Innenseite der Haustür auf Augenhöhe angebracht ist. Wenn jemand diesen Knopf drückt, gehen in allen Zimmern die Lämpchen an, was den Bewohnern signalisiert, dass Gefahr droht und sie rasch in den verabredeten Verstecken verschwinden müssen. Jaap hat ihnen erklärt, wie sie sich verstecken müssen, sogar mit welchem Fuß sie zuerst in den engen Hohlraum steigen sollen und wie sie die Luke verschließen. Sie haben das wieder und wieder trainiert, wie bei einer Feuerübung; innerhalb von dreißig Sekunden kann jede Spur ihrer Anwesenheit ausgelöscht werden.

Vor das rechte Fenster im ersten Stock, direkt über der Tafel mit dem Namen des Hauses, stellen sie eine große chinesische Vase. Wenn diese Vase am Fenster steht, ist alles sicher. Ist sie weg, signalisiert das allen Kurieren des Widerstands und den Bewohnern des Hauses akute Gefahr; dann kommt man dem Hohen Nest besser nicht zu nahe.

Die ständige Bedrohung wirkt sich auf jeden anders aus, manchmal führen die unterschwelligen Spannungen auch zu Konflikten. Die jungen Mädchen Jetty und Puck teilen sich das

Dienstbotenzimmer im ersten Stock, und es passiert regelmäßig, dass einer der untergetauchten jungen Männer ein Auge auf sie wirft, obwohl Jetty mit Simon verlobt ist. Eines Morgens kommt der Milchmann von der Haustür – sie haben zwei Lieferanten, die jeweils von der Existenz des anderen nichts wissen, sodass sie unauffällig große Mengen anliefern lassen können. Es gibt also einen Milchmann für die Haustür und einen anderen für die hintere Tür. Genau in dem Augenblick, als der Lieferant seine Milchflaschen bei der Haustür abstellen will, bricht auf der Terrasse ein lauter Streit los. Zwei junge Männer, die sich beide in dasselbe Mädchen verliebt haben, kämpfen miteinander, ein dritter versucht sie zu beruhigen. Alle drei verstecken sich im Hohen Nest. Der Milchmann betrachtet das Schauspiel mit offenem Mund, während der dritte breitbeinig versucht, die Streithähne auf Abstand zu halten und damit die brenzlige Situation zu beenden.

»Beachten Sie die gar nicht, das ist bei denen so eine Art Morgengymnastik.« Und er gibt einem der beiden einen Schubs.

Der bestürzte Milchmann lässt sich nie wieder blicken.

Als sie den Vorfall abends beim Essen besprechen, müssen die meisten laut darüber lachen. Aber Janny verzieht keine Miene und redet den jungen Leuten ins Gewissen. Das Hohe Nest gewährt ihnen vielleicht eine scheinbare Freiheit, aber wenn sie entdeckt werden, sind die Konsequenzen kaum vorstellbar.

~

Als in diesem Jahr der Frühjahrsputz beginnt, sind nahezu alle Dörfer in den umliegenden Regionen für judenfrei erklärt worden. Die jüdischen Bürger wurden zum Umzug nach Amsterdam gezwungen und von dort nach Westerbork verbracht. Die jüdischen Bewohner von verschiedenen Einrichtungen, wie etwa der S. A. Rudelsheimstiftung für geistig behinderte Kinder, wurden deportiert. Während sich das Netz um das Hohe Nest langsam schließt, finden sie ganz in der Nähe unerwartet einen Bundesgenossen.

Je mehr Monate ins Land gehen, und je mehr Gäste im Hohen Nest ankommen, desto schwieriger wird es für Janny und Lien, alle Münder zu füttern ohne aufzufallen. Fast jeden Tag brechen sie getrennt voneinander mit dem Fahrrad auf, um ihre Anlaufpunkte in den umliegenden Dörfern und Städten abzuklappern: Laren, Blaricum, Huizen, Naarden, Bussum. Manche Geschäfte und Bauernhöfe liegen ganz in der Nähe, nur einen Kilometer entfernt, zu anderen müssen sie mehr als zehn Kilometer weit fahren. Wie Packesel absolvieren sie ihre Touren und erledigen in jedem Laden Besorgungen, die für eine Familie ausreichen, damit sie nicht auffallen. Sie kennen die Wege durch 't Gooi mittlerweile im Schlaf. Über das Lenkrad gebeugt sind sie unterwegs, bei Wind und Wetter fahren sie über die Heide – mit lang gestreckten Zehen, damit sie überhaupt an die Pedale kommen. Bei einem Großhändler in Blaricum kaufen sie Joghurt, in zwei oder drei verschiedenen Geschäften Gemüse und Kartoffeln, Fleisch ist kaum noch zu bekommen, und die Milch wird angeliefert. Seife und Waschmittel erwerben sie in der Drogerie Bochove in Huizen, nur ein paar Minuten vom Hohen Nest entfernt. Lien fährt eines Tages dorthin, um Toilettenbedarf einzukaufen. Sie ist die einzige Kundin im Laden und arbeitet ihren Einkaufszettel ab.

»Bei euch sind Leute untergetaucht, oder?«

Es ist eine weiche Stimme, aber Lien schreckt hoch, als hätte jemand neben ihr auf einen Gong geschlagen. Ihre Hände bleiben mitten in der Bewegung stehen, gerade wollte sie etwas aus einem Regal nehmen, sie versucht zu schlucken. Dann dreht sie sich vorsichtig um und blickt in das freundliche Gesicht von Bert Bochove. Sein Kopf hat die Form eines umgedrehten Eis; eine breite, hohe Stirn, die sich bis zu einem schmalen Kinn verjüngt. Er lacht sie an, ohne jegliche Ironie.

»Sie kaufen immer so viel Toilettenpapier.«

Er zeigt auf den Einkaufskorb, und Lien spürt, wie ihr das Blut ins Gesicht schießt. Sie ist kurz davor, alles sofort fallen zu lassen und nach draußen zu rennen. Der Mann erkennt die Angst in ihren Augen und versucht sie zu beruhigen. Er legt ihr die Hand auf den Arm, schaut sich kurz um und kommt ein Stück näher. »Machen Sie sich keine Sorgen. Wir haben hier auch welche, direkt über uns.«

Ab diesem Tag sind sie Freunde und Widerstandskumpanen, zu einem Zeitpunkt, als die Not noch größer wird.

Bert Bochove befand sich kurz vor der Besatzungszeit noch weit entfernt von Huizen. Er betrieb in Finnland eine Mühle, aber 1939 bat ihn seine Familie, zurückzukehren und in seinem Geburtsort Woubrugge gemeinsam mit seinen Brüdern das Familienunternehmen zu übernehmen. Das macht er auch – aber nur kurz. Schon bald weiß er, dass er ein eigenes Geschäft will, er muss frei und selbstständig sein. Seine Verlobte Annie arbeitet als Apothekerin in Amsterdam. Ein Jahr nach dem Einmarsch der Nazis, im Mai 1941, heiraten sie und ziehen nach Huizen, ins Haus De Zonnehoek. Im Erdgeschoss eröffnen sie eine Drogerie, oben verfügen sie über eine großzügige Wohnung.

Die Drogerie Bochove macht sich schnell einen Namen. In dieser Zeit des Mangels werden Luxusprodukte wie Seife oder Waschmittel rationiert. Jeder Familie stehen ungefähr ein halbes Pfund Seife pro Monat zu. Viel zu wenig für ein ehemaliges Fischerdorf wie Huizen, das seit dem Bau des Abschlussdeichs 1932 zwar keinen direkten Zugang zur Nordsee mehr hat, wodurch auch die Flotte der Plattbodenschiffe verschwand, aber die Einwohner besitzen immer noch ihre bodenständige Handwerkermentalität. Die Schwielen auf den Händen der Frauen lassen eine besondere Vorliebe fürs Bohnern erkennen. Bert Bochove hat das rasch begriffen: »In einem Dorf wie Huizen halten die

Frauen ihre Küche nicht nur einfach so sauber; sie schrubben und wachsen ihre Arbeitsflächen, sorgen dafür, dass alles glänzt und makellos ist und halten dann jeden auf Abstand, damit es auch so bleibt.«

Als sich Bert 1941 in Huizen niederlässt, trifft er eine geschäftliche Vereinbarung, die ihn sofort in der abgeschlossenen Dorfgemeinschaft beliebt macht. Sein Jugendfreund aus Woubrugge, Jaap van Rijn, besitzt eine Farbfabrik, deren Lagerbestände von den Deutschen beschlagnahmt werden. Aber kurz vor deren Eintreffen war er so mutig, einige Fässer mit Tausenden Litern Leinöl im Garten zu vergraben. Und damit hat er etwas vor, das den Laden von Bert und Annie betrifft. Jaap stellt hoch konzentrierte steinharte Seifenstücke zu je zwanzig Pfund her und liefert sie Bert. Dieser verarbeitet sie weiter zu etwa hundertzwanzig Pfund weicher Seife, die er in kleine Stücke bricht und verkauft. Die Rede vom Seifenkönig Bochove verbreitet sich schnell, und aus dem ganzen Gooiland kommen Kunden, um bei ihm einzukaufen. Typisch für das Ehepaar Bochove ist, dass sie keinen Cent mehr für die Seife haben wollen, als sie vor dem Krieg gekostet hat – das ist außergewöhnlich für diese Zeit, und die Arbeiter im Dorf schließen sie in ihre Herzen.

Das Geschäft läuft gut, bis Bert eines Tages wegen einer neueren Lieferung zum Haus seines Freundes Jaap fährt und dort nur dessen Frau antrifft. Der Buchhalter der Farbfabrik hat ihn verraten und den unterschlagenen Vorrat den Deutschen gemeldet. An diesem Morgen wurde Jaap von der Polizei angerufen und aufgefordert, sich zu einem Verhör einzufinden. Er hat seine Jacke angezogen, ist aufs Fahrrad gestiegen und hat seiner Frau gesagt, sie müsse sich keine Sorgen machen: Der Tag, an dem er sich von den Deutschen Angst einjagen lassen würde, sei noch nicht gekommen.

Bert erschrickt angesichts der Neuigkeiten, lässt sich aber nicht verunsichern. Jaap ist immer ein stolzer Mann gewesen, der sich seit dem ersten Tag der Besatzungszeit nicht davor gescheut hat, jedem vorübergehenden NSB-Mann lauthals und mit erhobenem Zeigefinger mit den Konsequenzen seines unheilvollen Verhaltens zu drohen. Aber Jaaps Frau ist verängstigt und in Panik. Bei ihnen im Haus ist ein Ehepaar untergetaucht, sie sind im Widerstand aktiv und werden gesucht. Sie befürchtet, dass die Deutschen, nachdem sie ihren Mann verhört haben, das Haus durchsuchen werden, und fragt Bert, ob der das Ehepaar mitnehmen könne.

Bert ist sofort einverstanden und nimmt das Paar mit nach Huizen. Es sind die ersten Menschen, die in der Wohnung von Bert und Annie im De Zonnehoek versteckt werden – es werden noch viele folgen.

Jaap van Rijn ist nie wieder nach Hause gekommen.

Bert und Annie Bochove werden zu treuen Bundesgenossen der Brilleslijpers im Hohen Nest. Janny versorgt sie mit Informationen aus dem Widerstand, häufig aus Amsterdam, und Bert hat im Gegenzug Informationen aus dem Dorf. Sie tauschen sogar ihre untergetauchten Gäste aus, beispielsweise das Ehepaar Pam und Hennie Juliard, als sie 1944 hochschwanger ist. Dass Bert und Annie in die Gemeinschaft dieses ehemaligen Fischerdorfes aufgenommen wurden, ist nicht nur etwas ganz Besonderes, sondern auch von hohem Wert. Naarden und Bussum sind wahre Minenfelder, hier wohnen Deutsche und wohlhabende NSB-Sympathisanten, inklusive einer großen Zahl aus der Elite, die sich aus Angst oder Ehrgeiz von den Nazis vor deren Karren haben spannen lassen; ganz anders die Bevölkerung von Huizen, die den Faschisten misstraut, wie sie im Grunde jeder Veränderung misstraut. Dieser erstaunliche Mentalitätsbruch in ’t Gooi wundert Bert nicht sonderlich. Die Tatsache, dass in Huizen zahlreiche Menschen Juden helfen, erklärt er mit der dickköpfigen Natur der Einwohner des ehemaligen Fischerdorfes –

Mittelständler, die es gewohnt sind, alleine über die Runden zu kommen.

In Amsterdam hat die Verfolgung der Juden unvorstellbare Ausmaße angenommen. Straßen werden in aller Frühe abgeriegelt, und eine große Anzahl von Polizisten durchkämmt die Häuser auf der Suche nach Geflüchteten. Die Razzien breiten sich von Amsterdam schnell auf kleinere Städte und Dörfer aus, auch im Gooiland. Die Informationen, die sie von Bert Bochove bekommen, werden plötzlich überlebenswichtig.

In der ersten Zeit ihres Aufenthalts war es nachts im Hohen Nest so still, dass Janny manchmal erschrocken aufwachte. Für den Bruchteil einer Sekunde dachte sie dann, sie habe aufgehört zu existieren, sei vom Erdboden verschwunden, versunken in einem bodenlosen Loch, in dem niemand sie mehr hörte, auch Bob und die Kleinen nicht. Vorsichtig suchte sie dann mit der Hand neben sich nach Bobs Wärme und wartete ab. Nach ein paar Minuten rief irgendwann die Eule im Garten, oder sie hörte die scharfen Laute der Füchse, die manchmal aus dem Wald neugierig bis zur Haustür kamen, wie Eberhard und Lien einmal gesehen hatten, als sie mitten in der Nacht von einem Hauskonzert bei Grietje zurückkamen. Dann dachte sie an Amsterdam, an ihr Schlafzimmer, an Lien neben sich im Bett, an die Betriebsamkeit der Stadt, die sie abends wie eine summende Mutter in den Schlaf wiegte, während ihre eigene Mutter unten noch den ganzen Abend im Laden arbeitete. Die Grachten, der Markt, das Theater Carré, die schneller werdende Straßenbahn. Würde sie jemals wieder dazugehören? Und Vater, Mutter, Japie? Würden sie irgendwann wieder in der Stadt leben können? Gab es überhaupt einen Platz für sie auf dieser Welt? Was war das doch für ein merkwürdiger Mechanismus: Man musste etwas nur oft genug hören – selbst etwas derart Absurdes, dass die eigene Existenz unerwünscht sei –, und schon besetzte es hartnäckig einen Platz im Kopf.

Wenn man alleine wach lag, die warmen schlafenden Körper um sich herum in diesem großen Haus, und wenn sich der Geruch des brennenden Holzes langsam mit der frischen Luft vermischte, überlegte sie manchmal, ob sie nur phantasierte: den Krieg, die Unterdrückung, die Gewalt. Aber sobald die Razzien im Gooiland anfangen, kann es diesbezüglich keinen Zweifel mehr geben – auch nicht nachts.

Das Ehepaar Bochove hält sie auf dem Laufenden. Bert pflegt gute Kontakte zur Polizei in Huizen. Wenn eine Razzia ansteht, erfährt die örtliche Polizei davon einen Tag im voraus, da sie sich daran beteiligen muss. Sobald Bert das hört, ruft er im Hohen Nest an und sagt nur: »Hängt heute Nacht keine Wäsche raus!« Dann wissen sie Bescheid und kümmern sich darum, dass alle vorbereitet sind und alle verdächtigen Utensilien im Haus verborgen werden. Auch die Verstecke stehen bereit. Sie können jederzeit darin verschwinden, als hätte es die Leute im Haus nie gegeben.

Meistens beginnen die Razzien um vier Uhr nachts. Wie sehr sie sich auch bemühen, wach zu bleiben, damit sie schnell reagieren können, weckt der sich nähernde Konvoi sie doch immer wieder aus dem Halbschlaf. Alle sind schläfrig und noch durcheinander – bis auf die Kinder, die einfach weiterträumen. Im restlichen Haus liegen die Menschen in proppenvollen Zimmern totenstill in ihren Betten und auf den Matratzen und halten den Atem an. Die Anspannung hat sich aufgestaut, konzentriert lauschen sie auf das Rattern der Jeeps und auf die quietschenden Reifen der Polizeiautos. Manchmal kündigt eine Sirene die Fahrzeuge schon in der Ferne an. Sie pressen die Augen zusammen, verkrampfen die Fäuste und hören genau hin. In welche Richtung fährt der Konvoi? Kommt er näher oder biegt er ab? Müssen sie den Alarm auslösen, damit sich alle in die Verstecke sputen, oder warten sie noch ein paar Augenblicke ab? Aber die Fahrzeuge schlagen nicht den Weg auf den Hügel ein. Das Hohe Nest liegt zu abgelegen.

Manchmal, wenn die Kolonne in der Nähe angehalten hat, hören sie nach einer Weile, wie Gewehrschüsse und Hundegebell die Stille zerreißen. Ein nächtliches, schrilles Staccato, dessen Echo sich über die Heide fortpflanzt. Erst wenn die Motoren wieder starten und der Lärm langsam abebbt, atmet das ganze Haus wie ein einzelner Mensch wieder aus, stehen alle langsam auf. Die Sonne verheißt einen neuen gewonnenen Tag.

Das wiederholt sich alle paar Wochen. Später erfahren sie von Bert, der es von seinen Polizeikontakten gehört hat, ob untergetauchte Geflüchtete erwischt worden sind. Im Dorf Huizen scheint es ein unsichtbares Netz aus Leuten zu geben, die im entscheidenden Moment willens sind wegzuschauen. Als Lien eines Abends anlässlich des Geburtstages von Annie Bochove ein Ständchen bringt und Bert am nächsten Morgen seinen Nachbarn auf der Straße trifft, brummelt dieser, sie müssten wirklich etwas stiller sein mit den untergetauchten Menschen im Haus. Das ist nervenaufreibend, aber jedes Mal, wenn Janny oder Lien unversehrt im Laden im Haus De Zonnehoek eintreffen, lachen sie über diese Geschichten mit Bert und Annie. »Wir brauchen auf jeden Fall wieder Unmengen Toilettenpapier!« Und mit gut gefüllten Fahrradtaschen und den letzten Neuigkeiten brechen sie wieder in Richtung des Hohen Nestes auf.

~

Der Sommer bricht an. Es ist der erste für die neuen Bewohner des Hohen Nestes, und das Schauspiel ist so atemberaubend, dass sie jeden Tag irgendwo anders auf dem Gelände sitzen und staunen, als wären sie Zuschauer eines Feuerwerks. Das Gras wird grün und dick, es fühlt sich unter den Fußsohlen wie ein Samtteppich an. Fast jeden Tag füllen sie einen großen Korb mit Picknickutensilien und lassen sich irgendwo auf dem ausgedehnten Rasen nieder. Die Rhododendren, die Feige an der Vorderseite des Hauses, die Brombeeren an der Seite, die Birnen und die Apfelbäume hinten auf der Streuobstwiese, die Rosen, die am Schuppen hinaufwachsen, die Buchenhecke, die den Garten vor wilden Tieren abschirmt – übrigens ohne großen Erfolg –, das Unkraut, das in nur einer Nacht schulterhoch emporgeschossen zu sein scheint, der Wein mit seinen weitverzweigten Ranken, die Bäume rundum, die wie Sonnenschirme aufklappen, die tiefviolette Heide in der Ferne und das Wasser des IJsselmeers, das glitzert, als bestünde es aus tausend miteinander verbundenen Spiegelstückchen; eine Vorstellung, die sich unentwegt verändert, kostenlos und nur für sie.

Morgens sitzen Joseph und Fietje an der Seite des Hauses auf einer Bank, mit einer Tasse Tee, dicht beieinander. Sie reden nicht mehr viel, aber sie versuchen sich in dem großen Haushalt nützlich zu machen. Es ähnelt ein wenig der Arbeit im Laden: Die Vorräte müssen inventarisiert werden, die Bezugsscheine, die Einkäufe, der Verbrauch, die Einteilungen für den Küchen- und Spüldienst. Seit die Temperatur zaghaft über 18 Grad gestiegen ist, setzen sie sich gemeinsam kurz hin, um die ersten Sonnenstrahlen zu erhaschen und um dem Konzert der Vögel zu lauschen. Die Steinwand sicher im Rücken, das Reetdach schützend über dem Kopf und der Muschelpfad vorn als einen knisternden Alarm, falls sich jemand nähern sollte.

Die Nachrichten aus dem Rest des Landes sind alles andere als gut. Die »Evakuierung« der Juden geht zügig vonstatten: Die Provinzen Friesland, Groningen, Drenthe, Overijssel, Gelderland, Limburg, Zeeland und Noord-Brabant wurden für »judenrein« erklärt. Andererseits verläuft der Kampf an der Ostfront zäher und langwieriger, als Hitler eingeplant hat. Die deutschen Reserven mussten eingesetzt werden und schwinden: Ab dem Sommer 1943 drängt die Rote Armee die Deutschen immer weiter zurück.

Leider hat das spürbare Auswirkungen auf die Niederlande, denn die fehlenden Hände müssen in Deutschland ersetzt werden, damit der Nachschub an Kriegsmaterialien und anderen Vorräten für den Kampf nicht abbricht. Ab dem Mai 1943 müssen sich alle Männer zwischen achtzehn und fünfunddreißig zum Arbeitseinsatz in Deutschland melden. Wer sich nicht meldet, macht sich strafbar. Später kommt es zu Razzien im großen Stil, um weitere junge Männer ins Dritte Reich zu schicken. Außer Juden tauchen jetzt auch Männer unter, die sich dem Arbeitseinsatz entziehen wollen. Überall herrschen Angst und Chaos im Land.

Das Bild, das sich in den Straßen Amsterdams bietet, ist nicht wiederzuerkennen. Nichts erinnert mehr an die Jahre zuvor. Im Gegensatz zu Rotterdam, das von den Deutschen 1940 bombardiert wurde, steht die historische Innenstadt noch, und auch das Wasser in den Grachten fließt noch unverändert vom Hauptbahnhof zum Königlichen Theater Carré, aber die Menschen, die die Stadt ausmachten, sind zum großen Teil verschwunden. Die Händler, die Arbeiter und Büroangestellten, die Schauspieler und die Musiker, die Intellektuellen und die Nachtschwärmer, der Bibliothekar, der lallende Stammgast und der stille Tierpfleger im Artis-Zoo – zusammen mit Zehntausenden anderen wurden sie aus der Stadt geholt, in Züge gepfercht und nach Westerbork verbracht, auf eine Art, die beinah so unkompliziert war, wie es sich in der Verkürzung anhört. An den Karteikästen mit den registrierten Juden in der Zentralstelle für Jüdische Auswanderung wurde ein Zaubertrick ausgeführt: Die Kästen für Amsterdam werden im Lauf des Jahres 1943 beinahe geleert.

Im Mai und Juni finden die letzten großen Razzien statt. Am 26. Mai werden die Juden aus dem Zentrum vom Bahnhof Muiderpoort aus abtransportiert. Kinder pressen ihr Lieblingsspielzeug an ihre Körper, man sieht Frauen mit schönen Hüten, Männer, die ihren besten Anzug angezogen haben, und Großmütter mit frisch aufgedrehten Haaren. Es dauert Stunden, bis der Zug eintrifft, der nach Westerbork fährt. *Storm*, das Wochenblatt der SS, berichtet darüber ausführlich in der Ausgabe vom 4. Juni:

> *Wir haben Abschied nehmen müssen, Abschied von Leuten, die seit Jahrhunderten, wie man so sagt, das Brot mit uns teilten und sich selbst die besten Stücke davon zuschanzten. Wir haben sie hinausbegleitet und ihnen ein letztes Lebwohl zugerufen, auf dem Gelände am Polderweg in Amsterdam-Ost. Sie trugen Abzeichen, sechseckige Sterne, die dort allerdings der Beweis waren, dass sie zur Reisegesellschaft nach Polen gehörten. […] Wieviel Blut durch das Jüdische bereits verunreinigt wurde, wie viele Bastarde hier auf den Straßen herumlaufen, das alles konnte man erst wirklich beim Betrachten dieser Szenen verstehen. Tote Zahlen werden hier lebendig. Die Praxis bestätigte die Wissenschaft. Aber schlimmer noch. Wir waren schon so weit, einen netten blonden Judentypus mit einem fast arischen Gesicht zu züchten. Dort spazierten sie auf und ab, diese Juden und Jüdinnen. Ein bekanntes Mädchen mit hellem Teint war dabei, platinfarben, sodass ihr kein Mensch das jüdische Blut anmerken würde. Dutzende waren dort, die ohne weiteres die Braut eines guten arischen jungen Manns hätten werden können, ohne dass der Mann auch nur einen Augenblick auf die Idee gekommen wäre, eine Jüdin zur Frau erwählt zu haben. Das war eine Gefahr und diese Gefahr war sehr groß. Es ist gut, dass hier eingegriffen wurde. So sind die Juden also verschwunden. Wir haben gesehen, wie sie in den Zügen verschwanden. Der Abschied ist uns nicht schwergefallen.*

Am Sonntag, dem 20. Juni 1943, folgt die große Razzia in Amsterdam-Süd und Amsterdam-Ost. Die letzten nicht untergetauchten Juden werden an diesem Tag nach Westerbork deportiert, insgesamt etwa fünfeinhalbtausend Menschen. Im September werden auch die Mitglieder des Jüdischen Rats abtransportiert, damit endet seine Existenz offiziell. Am 29. September schließt die Kinderkrippe gegenüber des Holländischen Theaters, am 1. Oktober wird die Kolonne Henneicke mit ihren Judenjägern aufgelöst, und am 19. November 1943, als der allerletzte Transport von Juden in Amsterdam, die sich noch versteckt hatten, stattgefunden hat, bleibt der sogenannte Umschlagplatz Plantage Middenlaan im Holländischen Theater menschenleer und verlassen zurück. Amsterdam ist »judenrein«, keine dreieinhalb Jahre, nachdem die Heeresgruppe B unter Befehl von General Fedor von Bock in den Niederlanden einmarschierte.

EIN FENSTERSTURZ

Als Mik wieder im Zug nach Naarden sitzt und sieht, wie die Stadt im Fenster allmählich kleiner wird, ist er weniger frohgemut als bei seinem letzten Besuch im Hohen Nest. In kurzer Zeit hat sich dort vieles verändert. Die Fronten sind klar, bislang veränderbare Entscheidungen sind – durch eigene Handlungen oder aber durch eine passive, abwartende Haltung – festgeschrieben und nicht mehr rückgängig zu machen. Auch innerhalb des Widerstands zeigt die erbarmungslose Wirklichkeit Spuren. Die simplen Ad-hoc-Maßnahmen aus der Anfangszeit sind einer ausgeklügelten Struktur und ambitionierten Plänen gewichen. Nicht nur die Besatzungsmacht wird immer brutaler, auch im Widerstand wird der Ruf nach Gegengewalt lauter. Bislang konzentrierte sich die Arbeit häufig auf Fälschungen, Unterschlüpfe, illegale Publikationen und Sabotageaktionen, aber die Zahl der tödlichen Anschläge auf Deutsche und Kollaborateure nimmt zu – genauso wie die Vergeltungsmaßnahmen.

Immer häufiger verlieren sie Menschen aus ihren Reihen, und die Entscheidungen, die Mik treffen muss, belasten ihn schwer. Wie weit will er gehen? Mit seinem Freund Gerrit van der Veen diskutiert er noch immer intensiv über einen möglichen Anschlag auf das Bevölkerungsregister – ein Vorhaben, das sicherlich gewaltige Auswirkungen haben würde. Auch die andere Widerstandsgruppe, mit der er im engen Kontakt steht, CS-6, führt seit Beginn der Deportationen immer mehr Anschläge durch; eine Folge davon ist die Todesliste, die Gerrit Kastein erstellt hat. Miks Neuigkeiten werden die Schwestern nur schwer verdauen können.

Vom Bahnhof Naarden-Bussum aus spaziert er durch die ockergelben Felder zum Hohen Nest, ohne einer Menschenseele zu begegnen. Hier gibt es keinen Lärm, keinen Verkehr, kein Unheil, das nicht schon aus der Ferne erkennbar wäre, aber es gelingt ihm trotzdem nicht, seine dunklen Gedanken abzuschütteln. Er biegt links in das letzte Wegstück ein, in den Wald. Den Blick starr auf die abgewetzten Spitzen seiner Stiefel gerichtet, schaut er sich nicht ein einziges Mal um. Er macht große Schritte, die Windungen des Weges kürzt er dabei ab. Er tritt scheinbar achtlos, vielleicht aber doch mit Absicht, auf Pilze und Grashalme, hinterlässt eine Spur, bis er seinen Schritt verlangsamt und aufschaut. Zwischen den Bäumen leuchten die Fensterläden des Hohen Nestes.

Janny sortiert gerade Personalausweise, und Eberhard spielt Klavier, als Mik das Haus von hinten durch die Küchentür betritt. Er grüßt kurz und bittet sie nach draußen. Sie gehen in den Garten, und er sagt ohne Umschweife: »Gerrit Kastein ist aus dem Fenster gesprungen, im Binnenhof. Er ist mit dem Kopf auf dem Pflaster aufgeschlagen, er ist tot.«

~

Hatten sie sich irgendwann eingeredet, sie wären hier in Sicherheit, in diesem Märchenschloss außerhalb der Stadt? Dass der Krieg hoch über ihren Köpfen vorüberziehen würde, wie nachts die Maschinen der Royal Air Force, die von England nach Deutschland beziehungsweise zurück zu ihren Heimatflughäfen flogen? Dass Leid und Schmerz in sicherem Abstand um sie herum kreisen würden, wie die Jeeps und Polizeiautos, die sie morgens, gegen vier, mit angehaltenem Atem ausrücken hören, wenn die Razzien beginnen? Die heulenden Sirenen lähmen sie, der Wunsch, einfach abzuhauen und auf gut Glück hinaus in die dunklen Wälder zu rennen, gibt der nüchternen Erkenntnis nach, dass ihnen nichts übrig bleibt als abzuwarten, bis die Autos vorbeigefahren sind. Und bislang haben sie das auch immer gemacht. Wie nah ihnen die Gefahr gekommen ist, hat keiner von ihnen je unterschätzt; aber die Mitteilung, dass Gerrit sich auf dem Pflaster des besetzten Parlaments zu Tode gestürzt hat, holt sie auf einen Schlag aus allen Illusionen in die Wirklichkeit zurück.

Gerrit Kastein besaß stählerne Nerven und einen ausgesprochenen Dickschädel, der ihm dieses Schicksal leider nicht erspart hat. Janny war schon seit ihrer spanischen Zeit mit ihm befreundet, damals hatten sie mit Anfang zwanzig die Antifaschisten unterstützt. Der Spanische Bürgerkrieg sollte sich im Nachhinein als eine Generalprobe für die kommenden Jahre herausstellen. Gerrit und Janny gehörten dem Komitee Hilfe für Spanien an, der niederländischen Abteilung der Internationalen Roten Hilfe. Jannys primäre Aufgabe war es, Geld für Verbandsmaterial zu sammeln, das in Spanien dringend gebraucht wurde. Gerrit nahm als Leiter des niederländischen Sanitätsdienstes am Krieg teil. Er war seit kurzem Assistent in der Neurologie in Oegstgeest und Doktorand; eine Karriereperspektive, die für die meisten Menschen ausreichen würde, die eigenen Schäfchen beizeiten ins Trockene zu bringen, bloß nicht für Gerrit. Vom katalanischen Gesundheitsministerium aus fuhr er mit dem Zug in die Pyrenäen, nah an die französische Grenze, wo Truppen der Volksfront gegen die Faschisten kämpften, und kümmerte sich dort um verletzte Zivilisten und Volksfrontsoldaten.

Drei Monate später kehrte Gerrit in die Niederlande zurück, nahm seinen Berufsalltag als Arzt wieder auf und promovierte 1937 an der Rijksuniversiteit Leiden. Aber sein politisches Feuer war damit nicht erloschen: Er saß in der Redaktion der Monatszeitschrift *Politiek & Cultuur* der CPN und hielt Vorträge über den Spanischen Bürgerkrieg. »Ein Sieg Francos wäre fatal für Westeuropa, also auch für uns«, lautete eine seiner Kernaussagen. Er schrieb Artikel und veröffentlichte 1938 ein Buch mit dem Titel *Die Rassenfrage*, eine wissenschaftliche Abhandlung über Klassengegensätze und Antisemitismus in Deutschland, die in der Schlussfolgerung mündete, dass Rassismus unvermeidlich zu Krieg führe. Auf den Beweis für seine These musste er nicht lange warten.

Als die CPN Mitte 1940 von den Deutschen verboten wird, gehen die Kommunisten in den Untergrund, um Sabotagemaßnahmen zu organisieren. Dr. Kastein, der mit seiner Frau und zwei Töchtern in Den Haag wohnt, nimmt an der Gründungsversammlung der dortigen illegalen Abteilung der Partei teil, und initiiert verschiedene Widerstandsgruppen. Innerhalb der Amsterdamer Widerstandsgruppe CS-6 entwickelt er sich zur maßgeblichen Kraft. Als 1942 die Deportation der Juden beginnt – die sich für ihren Erfolg auf die reibungslose niederländische Infrastruktur stützen kann –, gewinnt Gerrit die Überzeugung, dass der Widerstand zu rigoroseren Aktionen übergehen müsse: Niederländische Kollaborateure sollen aus dem Weg geräumt werden. Er überzeugt die Mitglieder der CS-6-Gruppe, zusammen mit ihm Mordanschläge auf Personen zu verüben, die die Besatzer allzu enthusiastisch unterstützen. Er erstellt eine Liste.

Das erste Opfer, auf das sie es abgesehen haben, ist Hendrik Seyffardt. Er stammt aus Breda: Der Zweiundsiebzigjährige ist ein pensionierter General der niederländischen Streitkräfte; ein Mann mit mehr Orden auf der Brust als Medaillen in der Vitrine eines Champions und einem Schmollmund, der einer Hofdame gut gestanden hätte. Seyffardt ist seit Juli 1941 Kommandant der faschistischen Freiwilligen-Legion Niederlande, einem nationalistischen Konstrukt. Tatsächlich kämpft sie als inkorporierter Bestandteil der Waffen-SS an der Ostfront. Seyffardt wurde gerade vom Führer des niederländischen Volkes Anton Mussert als Bevollmächtigter in dessen Schattenkabinett berufen. Man erwartet, dass er bald Kriegsminister werden wird und er dann die allgemeine Wehrpflicht ganz im Sinne der deutschen Armee durchsetzt. Für den Widerstand bildet er ein logisches Ziel.

Am 5. Februar 1943 klingelt es bei Hendrik Seyffardt auf der Van Neckstraat 36 in Den Haag an der Haustüre. Kastein wohnt nur zweihundert Meter entfernt. Ahnungslos geht Seyffardt zur Tür. Als er sie öffnet, sieht er zwei junge Männer vor sich: die ihm unbekannten Mitglieder der Widerstandsgruppe CS-6, Jan Verleun und Leo Frijda. Frijda will sicher sein, den Richtigen vor sich zu haben, und fragt den General nach dessen Namen: »Er hatte eine so schöne Stimme«, bemerkte Frijda später. Seyffardt nennt seinen Namen. Verleun schießt sofort, und die beiden machen sich davon, in der Annahme, Seyffardt wäre tot.

Seyffardt ist zwar schwer verwundet, kann aber dem SD noch erzählen, die Täter seien »zwei Studenten« gewesen. Er stirbt am nächsten Tag, und trotz seiner nachdrücklichen Bitte, seinen Tod nicht zu rächen, werden sofort Razzien unter Studenten durchgeführt. Achtzehnhundert junge Männer zwischen achtzehn und fünfundzwanzig, darunter sechshundert Studenten, werden verhaftet und ins Konzentrationslager Vught gebracht.

Verleun taucht unter, er hat die Tatwaffe noch in seinem Besitz. Gerrit Kastein hat in der Zwischenzeit das nächste Ziel bestimmt. Diesmal will er das Attentat selbst verüben, dafür muss er aber rasch eine neue Pistole beschaffen. Das gelingt ihm dank eines Kameraden aus dem Widerstand, Lucas Spoor, der ihm eine Waffe leiht – ein Schritt, der Gerrits Ende einläuten soll.

Zwei Tage später, am 7. Februar 1943, führt Gerrit den zweiten geplanten Anschlag durch, diesmal auf Hermannus Reydon. Dieser ernst zu nehmende Jurist ist ein führendes Mitglied der NSB. Vor der Besatzungszeit war er parlamentarischer Redakteur der NSB-Tageszeitung *Volk en Vaderland*. Gerade wurde er für seine Treue zum großdeutschen Gedanken belohnt: Wenige Tage vor dem Anschlag wird er zum Präsidenten der niederländischen Kulturkammer ernannt, die staatliche Organisation zur Beförderung »gesunder Kunst für den arischen Menschen«, in der alle niederländischen Künstler Mitglied werden müssen. Zudem wird er auch Generalsekretär der eigens eingerichteten NSB-Abteilung für Volksaufklärung und Künste.

Kastein klingelt am Abend beim Haus von Reydon in Voorschoten. Dessen Frau öffnet. Kaltblütig erschießt Gerrit sie, schließt die Tür und wartet drinnen in der dunklen Diele bis Reydon nach Hause kommt. Nach einer Weile hört er den Schlüssel im Schloss; die Tür öffnet sich, und Gerrit schießt sofort. Reydon wird im Hals getroffen, und Kastein macht sich davon. Reydon ist schwer verletzt und liegt noch ein halbes Jahr gelähmt im Krankenhaus, bis er schließlich stirbt.

Zwar betätigt Gerrit Kastein den Abzug, aber Reydon und dessen Frau wurden von den Deutschen bewusst in der vorgefassten Absicht geopfert, Kastein in die Falle laufen zu lassen, getreu des ungeschriebenen Mottos »ein toter Widerstandskämpfer ist wichtiger als ein lebendes NSB-Mitglied«. Kastein hat das Pech, im Kampf auf ein Gegenüber zu treffen, das ihm an Ehrgeiz in nichts nachsteht, ihn aber an Rücksichtslosigkeit noch übertrifft. SS-Sturmbannführer Joseph Schreieder ist unter

Heinrich Himmler in den Rang eines Kriminalrats aufgestiegen und in dieser Funktion für die Gegenspionage des SD in den Niederlanden verantwortlich. Stationiert ist diese Abteilung im Binnenhof. Sein Hauptziel lautet, Widerstandsgruppen auffliegen zu lassen – und dazu ist ihm jedes Mittel recht.

Der vermeintliche Freund aus dem Widerstand Lucas Spoor, der Gerrit die Pistole liefert, heißt eigentlich Anton van der Waals: Er ist ein niederländischer Spion, der für den SD Widerstandsgruppen infiltriert – ein Mann, der in die Geschichtsbücher eingehen wird als einer der größten Landesverräter, die es je gab, und das in einer Zeit, in der doch mehr als genug davon vorhanden waren. Kastein hat ihn bei einem früheren Treffen, am Tag nach dem Anschlag auf Seyffardt, gefragt, ob er ihm am 6. Februar die Pistole aushändigen könne. Gleich nach dieser Bitte ist Anton van der Waals zu seinem Vorgesetzten Schreieder geeilt. Der zögert keinen Moment: Natürlich geben sie diesem Kerl eine Waffe und natürlich wird er damit jemanden erschießen. Dann lassen sie die Leiche obduzieren und können am Kaliber der Kugeln bestätigen, dass der »neue Freund« seine Waffe auch benutzt hat. Wenn das der Fall ist, können sie davon ausgehen, dass er auch Seyffardt erschossen hat.

Am frühen Morgen des 6. Februars übergibt Anton van der Waals – inkognito als Widerstandskämpfer Lucas Spoor – Gerrit die Pistole. Auf dem Binnenhof warten Schreieder und seine Kollegen vom SD gespannt darauf, wie ihre Partie Russisch Roulette ausgehen wird. Wer wird wohl sein Leben für die Falle lassen müssen?

Lange muss Schreieder nicht auf seinen toten Körper warten. Reydon landet schwer verletzt im Krankenhaus, aber zum Glück haben sie ja die Leiche der Frau, die sie obduzieren lassen können. Mit großer Befriedigung nimmt Schreieder die Ergebnisse zur Kenntnis: Die Schüsse wurden tatsächlich mit der Pistole abgegeben, die sein Infiltrant weitergegeben hat. Dass ein Gehilfe von Mussert und dessen Frau sterben mussten, ist ärgerlich, aber, so bilanziert er: NSB-Leute gibt es genug.

Als Anton van der Waals seinem Vorgesetzten Bericht erstatten möchte, wartet eine unangenehme Überraschung auf ihn: Schreieder will Kastein nicht verhaften lassen. Im Gegenteil, er fordert sogar, dass Anton van der Waals einen engen Kontakt zu Kastein aufbaut, um so an Informationen über geplante Aktionen des Widerstands und weitere Beteiligte zu erhalten. Van der Waals ist sich mittlerweile der Kaltblütigkeit von Kastein bewusst und hält daher nichts von dieser Idee: Er mag zwar ein fleißiger Verräter sein, mutig ist er aber keineswegs. Er befürchtet, er könne letztlich selbst zum Verlierer in diesem Spiel werden. Van der Waals versucht Schreieder zu überreden, aber Schreieder verschwendet keinen Gedanken daran, die Operation zu beenden. Mehr noch: Er betrachtet es als eine hübsche Kraftprobe zwischen seinem Topspion und dem fanatischen Kommunisten Kastein. Wenn »unser Anton« dabei den kürzeren zieht, ist das eben so – das Problem Kastein ließe sich auch danach erledigen.

Am 19. Februar 1943 hat Anton van der Waals eine erneute Verabredung mit Gerrit Kastein in der Kneipe De Kroon bei den Houttuinen in Delft – und die Sorgen des Spions lösen sich unerwartet von selbst auf. Ein Überfallkommando des SD hat kurz zuvor Kastein verhaftet. Schreieder ist wütend und vermutet ein doppeltes Spiel seines feigen Mitarbeiters: Hat dieser aus Angst vor Kastein vielleicht einen Kollegen in der Führung des SD gebeten, etwas zu unternehmen? Kastein wurden mittlerweile Handschellen angelegt; bei ihm wurden zwei Revolver gefunden, die man ihm abgenommen hat. Polizisten führen ihn zu einem bereitstehenden Einsatzfahrzeug, und er wird zum Binnenhof gebracht, wo seit der Besatzung das Hauptquartier der Sicherheitspolizei (Sipo) und des SD untergebracht ist: die Aufspürung politischer Gegner und der Geheimdienst. Aber Gerrit ist nicht ohne Grund bei seinen Gegnern gefürchtet; er hat nicht vor, sich wie ein geduldiges Schaf von den Deutschen zur Schlachtbank führen zu lassen. Als er auf dem Binnenhof aussteigt, sieht er seine Chance gekommen: Mit den Händen in den Handschellen feuert er durch eine spezielle Innentasche in seiner Hose eine kleinkalibrige Pistole ab. Ein Polizist wird am Bein getroffen, ein weiterer Schuss wird zum Querschläger, bevor man ihm die Pistole entreißen kann.

Drinnen erwarten ihn bereits vier Männer zum Verhör. Nach einer Weile verlassen zwei Agenten den Raum, um Kaffee zu holen, ein dritter braucht eine Pinkelpause. Ein einzelner SD-Mann ist kein Gegner für Kastein. Er schlägt ihn nieder, zertrümmert das Fenster und springt aus der zweiten Etage. Im Alter von zweiunddreißig Jahren findet der Arzt den Tod, als er mit dem Kopf auf dem Pflaster aufschlägt – genau an der Stelle, wo eine Woche zuvor das erste Opfer seiner Liste, Generalleutnant Seyffardt, unter einem Spalier gestreckter Arme mit einem prachtvollen Trauerzug gewürdigt wurde.

~

Angesichts der Neuigkeiten sind im Hohen Nest alle am Boden zerstört. Bob kommt von seiner Arbeit auf der Zuteilungsstelle in Weesp nach Hause und findet die anderen mit starren, bleichen Gesichtern im Halbdunkel des Vorderzimmers. Janny nimmt ihren Mann zur Seite und erzählt ihm, was passiert ist. Bob und Gerrit waren gute Freunde, sie kannten sich schon aus kommunistischen Kreisen. Als Janny ihm von Gerrits Tod berichtet, auch von den grotesken Umständen der Katastrophe, verlässt ihn die Kraft, die Aktentasche rutscht ihm beinahe aus der Hand. Natürlich, sie wussten, dass Gerrit für die Partei gefährliche Aufträge ausführte, auch dass er eine zentrale Rolle bei den Attentaten auf niederländische Kollaborateure spielte, aber auf eine merkwürdige Weise haben sie ihn alle für unantastbar gehalten.

An diesem Abend ist die Atmosphäre während des Essens niedergeschlagen, man spricht in gedämpftem Tonfall: Mik soll von den aktuellen Entwicklungen berichten. Der lange Tisch ist voller Menschen, Kerzen erhellen die ernsten Gesichter. Sie sprechen über die zu erwartende zweite Front, über die Ruhrepidemie, die seit Monaten um sie herum Kinderleben kostet, und über den Fortgang bei der Errichtung von Hitlers Atlantikwall, der sie aus Bergen vertrieben hat, hierher, ins Hohe Nest in Naarden.

Sie wollen ihren Kummer voreinander verbergen, wie immer. Nach dem Essen, als die Kinder im Bett sind, erinnern sie sich an Gerrit. An die gemeinsamen Jahre von ihm und Janny während des Spanischen Bürgerkriegs, an seine Rolle im Widerstand und die Gruppierungen, die er seit Anfang der Besatzungszeit zusammengebracht hat. An seinen strategischen Verstand und sein Organisationstalent, und daran, dass er beides nie als Ausrede benutzte, um sich nicht auch selbst die Hände schmutzig zu machen. Sie spekulieren über das Motiv seines Fenstersprungs. Wie man Gerrit kannte, wollte er noch einmal cleverer sein als der Feind: Mit den Verwundungen des Sturzes hätte man ihn ins Krankenhaus gebracht, wo er vielleicht noch eine Chance gehabt hätte, zu entkommen. Nicht nur, weil es ein anderer Ort mit neuen Bedingungen gewesen wäre, sondern auch, weil er sich dort, als Arzt, zurechtgefunden hätte. Ein versehrter Körper war ihm egal, er musste nur sein Gehirn für den zukünftigen Kampf schützen. Aber er schlug so unglücklich auf dem verdammten Binnenhof auf, dass es aus und vorbei war.

Der Tod von Gerrit ist ein deutliches Indiz für die neue Phase der Besatzung: Auf beiden Seiten werden jetzt in hohem Tempo mehr Tote fallen.

Kurz bevor Mik zurück nach Amsterdam aufbricht, nimmt er Lien und Eberhard sowie Janny und Bob in der Diele zur Seite. Ernste Augen in einem jugendlichen Gesicht; der Krieg hinterlässt mehr Spuren als die verstreichende Zeit.

»Passt auf, dass ihr hier nicht zu viele Leute aufnehmt. Das kann auf die Dauer schiefgehen.«

»Mik«, reagiert Lien entrüstet, »wenn jemand in Not ist, müssen wir ihm doch helfen!«

»Ich möchte euch nur warnen: seid vorsichtig.«

Sie küssen Mik, eine letzte Umarmung, sie schauen ihm nach, während er den Weg durch den Garten nimmt, hinein in den dunklen Wald.

UNGEWÜNSCHTE BEGEGNUNGEN

Panik im Hohen Nest. Die Geschwister Jansen haben ihr Kommen angekündigt. Es ist Hochsommer, und die beiden Damen sind daran gewöhnt, die stickige Stadt gegen ihr Landhaus in der freien Natur einzutauschen. Sie sehnen sich nach einem Ausflug und, obwohl das so nicht laut gesagt wird, möchten natürlich bei dieser Gelegenheit kontrollieren, ob Haus und Garten auch ordentlich gepflegt werden.

Nachdem der Anruf die Hausbewohner alarmiert hat, haben sie noch wenige Tage, um alles auf Vordermann zu bringen. Fietje und Lien spannen alle beim Großreinemachen ein, die Männer räumen die zusätzlichen Matratzen weg, platzieren die Betten, Schränke, Tische und Stühle so, dass alles den Eindruck macht, nur zwei Familien würden mit ihren Kindern hier wohnen, nämlich die offiziellen Mieter: Janny und Bob mit Liselotte und Robbie sowie Lien und Eberhard mit der kleinen Kathinka.

Am Tag, an dem sich der Besuch angekündigt hat, werden alle illegalen Bewohner des Hauses wie Ostereier im Wald versteckt. Spezielle Zeichen werden verabredet, die signalisieren, dass die Luft wieder rein ist. Zum Glück ist es ein warmer Tag.

Der Gooi-Mörder bringt die Damen Jansen pünktlich zur

Haltestelle am Ericaweg. Als sie beim Haus eintreffen, verläuft die Begrüßung äußerst herzlich. Die Sonne scheint grell, und das Hohe Nest steht in vollem Glanz auf dem sanften Hügel, umringt von einem Blumenmeer. Lien und Janny bitten die Schwestern herein, ins Wohnzimmer, wo das Theater seinen Fortgang findet. Sie bestätigen, wie herrlich es doch sei, hier zu wohnen, wie großartig der Rhythmus der Jahreszeiten sei, die Mietzahlungen sind doch hoffentlich alle rechtzeitig eingetroffen, und möchten Sie vielleicht etwas trinken? Das möchten sie selbstverständlich – was folgt ist das einstudierte Husarenstück vom Roten Puck. Lien betätigt eine Klingel, und schon eilt das Dienstmädchen herbei, in einer gestärkten weißen Schürze, auf dem Kopf trägt sie eine Haube. Sie hält ein silbernes Tablett vor sich, mit einer Teekanne, Tassen und einer Schale mit Gebäck. Puck, die ihre auffälligen Haare zu zwei seitlichen Zöpfen zusammengebunden hat, knickst eifrig, und Janny und Lien müssen sich auf die Unterlippe beißen, um nicht lauthals loszulachen.

»Guten Tag, gnädige Frau«, begrüßt Puck den Besuch zweimal, »nehmen Sie Zucker oder Milch in Ihren Tee?«

Während Puck gekonnt den Tee einschenkt, betrachten die ganz offensichtlich beeindruckten Damen Jansen sie neugierig.

»Kommst du hier aus der Gegend, Mädchen?«

»Ja, gnädige Frau.«

»Wie heißt du denn?«

»Aagje Honing, gnädige Frau.«

Eine der Schwestern stellt ihre Tasse auf einem Beistelltisch ab und schlägt aufgeregt die Hände zusammen.

»Ach, wie schön. Wir kennen die Familie Honing aus Huizen doch! Bist du mit Tante Betsie von den Honings verwandt?«

Puck verzieht keine Miene.

»Leider nicht. Es gibt dort ja zwei Familien mit dem Namen Honing.«

Rasch lenkt Lien das Gespräch in eine andere Richtung, während Janny Puck aus dem Zimmer dirigiert.

»Nun ja«, sagt Lien leise und deutet auf ihre Schläfe, »das arme Kind ist ein wenig zurückgeblieben, aber wirklich liebenswert und so fleißig.«

Nach dem Tee möchten die Damen einen Rundgang durchs Haus machen. Offensichtlich zufrieden gehen sie durch die blitzende Küche, die frisch geputzte Diele und weiter nach oben, wo die Zimmer aussehen, als hätten dort niemals kleine Kinder gespielt – und auf gar keinen Fall Dutzende Menschen genächtigt. Wieder unten angekommen werfen sie noch einen Blick auf den antiken Schrank, in dem das teure Geschirr steht. Janny und Lien halten den Atem an: Einer der Untergetauchten hat im letzten Winter beim Aufräumen einen ganzen Stapel des Services unsanft durch die Durchreiche in die Küche geschoben, sodass es auf der anderen Seite scheppernd auf dem Holzfußboden aufschlug und in tausend Stücke zersprang. Als wäre etwas durch die Schallmauer geknallt, so fühlte sich das an. Der Lärm schien direkt durch die Wände nach draußen zu dringen und zwischen den Bäumen widerzuhallen. Als aber nach einer Weile, es fühlte sich wie eine Ewigkeit an, weder Deutsche noch Leute von der NSB an der Tür auftauchten, fingen sie alle erleichtert an zu lachen und räumten dann auf den Knien die Scherben weg. Nach diesem Missgeschick entwickelten Janny und Lien einen wahren Sport daraus, überall wohin sie kamen, Serviceteile zu erbetteln oder einfach mitgehen zu lassen. Jedes Mal, wenn sie voller Stolz wieder einen Teller aus der Handtasche fischten und zu der kunterbunten Sammlung im Schrank legten, wurde das von Jubel begleitet.

Aber jetzt spähen die Damen Jansen mit Adleraugen in den Schrank. Die restlichen Teller und Tassen des ursprünglichen Geschirrs haben sie vorn platziert, aber der größte Teil ist zu Bruch gegangen und wurde durch ein Sammelsurium von zusammengewürfeltem Porzellan ersetzt, das sich dahinter verbirgt. Wenn sie den Krieg überleben, werden sie alles und noch mehr ersetzen – aber jetzt muss diese hübsche Auslage genügen. Die beiden Schwestern drehen sich um und lächeln Janny und Lien zufrieden zu; diese lächeln mit weichen Knien zurück.

Nach einigen ermüdenden Stunden, die sie draußen miteinander in der Sonne auf einer Bank verbringen, während der Schatten Grashalm für Grashalm weiterwandert, erheben sich die Damen endlich, sortieren ihre Röcke und verabschieden sich herzlich. Vom Hügel winken Janny und Lien ihnen hinterher, lachen befreit auf und laufen dann in den Wald und erlösen ihre Mitbewohner aus ihren unbequemen Verstecken.

~

Der Sommer scheint endlos lange zu dauern. Lien und Eberhard konzentrieren sich auf die Hauskonzerte, die Entwicklung neuer Programme und verfassen Beiträge für den *Vrije Kunstenaar*. Janny und Bob arbeiten für den Untergrund. Außerdem müssen die täglichen Einkäufe für den Haushalt erledigt werden, das allein ist schon eine Tagesaufgabe. Die ständige Bedrohung wird zur normalen Routine. Sie warten weniger verzweifelt auf die Radioberichte und sprechen nur zurückhaltend über die sogenannten Fortschritte der Alliierten. Jeder versucht, sich in dieser Übergangszeit einzurichten, nur so kann man die Unsicherheit überstehen. Vor einem Jahr waren die meisten von ihnen felsenfest davon überzeugt, dass der Krieg zu diesem Zeitpunkt schon zu Ende sein müsse. Dass sie inzwischen längst wieder in ihren eigenen Häusern leben würden, zurückgekehrt wären in ihre Geschäfte und Berufe. Dass sie, wenn sie denn niemanden verloren hätten, den Faden einfach wieder aufgegriffen hätten. Aber so viele Familienmitglieder und Freunde wurden abtransportiert, ohne dass etwas von ihrem weiteren Schicksal bekannt wäre.

Um diese Schicksalsschläge zu ertragen, müssen sie aufhören zu hoffen, und den Blick auf den entfernten Horizont richten: nicht in Tagen denken, sondern in Monaten.

Zum ersten Mal in ihrem Leben sehnt sich Janny nach dem Winter, nach der Dunkelheit, der Kälte und den kurzen Tagen, wünscht ihn herbei, als wäre er eine Höhle, in der sie verschwinden könnte. Der Sommer kann für sie gar nicht schnell genug vorübergehen; die Sonne treibt die Leute aus den Häusern, und es sind mehr Menschen unterwegs, auf der Straße, in den Dörfern, im Zug. Die Farben und die Wärme ringsum machen die Bewohner des Hohen Nestes leichtsinnig, sogar unvorsichtig, während sich an der Gnadenlosigkeit des Feindes nichts geändert hat. Untereinander wiederholen sie: vertraue niemandem.

Einmal sind Eberhard und Kathinka in Richtung Huizen unterwegs. Als Vater und Tochter Bos, beide hellblond, können sie sich recht frei bewegen. Hand in Hand gehen sie über die Naarderstraat, als Eberhard eine Einheit deutscher Soldaten um die Ecke biegen sieht, die geradewegs auf sie zuhält. Ihre Knie heben und senken sich gleichmäßig, und wenn die Stiefel den Boden berühren, scheint dieser zu erbeben. Eberhard verkrampft und drückt fest die Hand seiner Tochter. Sie können nirgendwo hin. Die nächste Seitenstraße befindet sich jenseits der Soldaten, und wenn die beiden abrupt kehrtmachen, holt der Trupp sie von hinten ein. Sie müssen weitergehen. Eberhard atmet leise aus, zieht die Schultern etwas ein und versucht, Kathinka den Ernst der Situation nicht merken zu lassen. Das Mädchen hüpft gut gelaunt neben ihm her.

Die Einheit ist nur noch wenige Dutzend Meter von ihnen entfernt, an ihrer Spitze marschiert ein Offizier. Als ihre Augen sich begegnen, bleibt Eberhard stehen, als wäre er zu einer Salzsäule versteinert, er reißt dabei Kathinkas Arm nach hinten. Der Offizier ist niemand anderes als sein alter Freund Kurt Kahle. Dieser wendet den Blick ab und leitet die deutschen Soldaten an Vater und Tochter vorbei, als wären sie Luft. Aber Eberhard ist klar, dass dies das Ende ist, für ihn und jeden im Hohen Nest. Es gibt keinen Zweifel: Kurt hat ihn erkannt, und Eberhard zählt die Sekunden, bis der Offizier den Befehl gibt, ihn und Kathinka an Ort und Stelle zu verhaften. Das Mädchen redet mit ihm, zieht an seinem Arm, aber er legt eine Hand auf ihren Mund und schaut den Soldaten hinterher. Diese marschieren noch immer, und Eberhard starrt in ihre Richtung, bis das Beben unter seinen Füßen verebbt und die Männer zu schwarzen Punkten geworden sind, die sich in der violetten Heidelandschaft auflösen.

Als er sich wieder bewegen kann, läuft er mit Kathinka zurück zum Haus, um die anderen zu warnen.

Kurt Kahle gehörte einst zum Kreis der befreundeten Künstler in Amsterdam. Er ist ein Fotograf aus Berlin, der, wie viele andere Deutsche, Anfang der dreißiger Jahre vor dem aufkommenden Nationalsozialismus floh und in die Niederlande kam. Er gehörte zu den Leuten, die bei Mik an der Keizersgracht ein und aus gingen. Eberhard und Kurt teilten die Empörung über die Entwicklungen in ihrem Vaterland – zumindest: damals.

Eberhard erinnert sich an seine eigene Einberufung zur Wehrmacht, durch die er fast ein Angehöriger der deutschen Armee geworden wäre. Die Gespräche mit Lien, die Angst, die Zweifel, die fehlgeschlagene Hungerkur, die Rhijn empfohlen hatte, schließlich die wichtigste Frage seines Lebens: desertieren oder nicht? Fahnenflucht.

Kurt hat die gleiche Einberufung erhalten und musste dieselbe Entscheidung treffen. Kann Eberhard ihm übel nehmen, dass er einen anderen Weg eingeschlagen hat?

Kurt hat mit keiner Wimper gezuckt. Vielleicht hat er ihn doch nicht erkannt. Aber sie können das Risiko nicht eingehen. Eberhard bespricht die Lage zu Hause mit den anderen, und sie stimmen ihm zu: Möglicherweise ist Kurt zu den Nazis übergelaufen, und dann besteht die realistische Gefahr, dass er zurückkommt und die Umgebung der Naarderstraat absucht. Der Einzige, der darüber Auskunft geben kann, ist Mik.

Lien fährt so schnell, wie sie kann, mit dem Fahrrad nach Laren. Dort lebt einer ihrer Kontaktleute, der bald nach Amsterdam reisen wird, und sie beschreibt ihm die Situation. Dieser verspricht, die Angelegenheit mit Mik zu besprechen und ihnen so rasch wie möglich das Ergebnis mitzuteilen.

An diesem Abend berufen sie im Hohen Nest eine Dringlichkeitssitzung ein. Sie müssen damit rechnen, dass sie alle hier wegmüssen, innerhalb von einem oder zwei Tagen. Wohin? Ein oder zwei Menschen können noch bei Bochove in Huizen unterkommen oder bei anderen Adressen im Netzwerk, aber das reicht nicht für alle.

Nach einer schlaflosen Nacht erreicht sie die erlösende Antwort von Mik: Kurt Kahle gehört noch immer zu ihnen. Er war zuerst bei der Wehrmachtskommandantur am Hauptbahnhof in Amsterdam stationiert, wo er sich eigentlich um deutsche Reisende kümmern sollte, tatsächlich hat er dort aber über Monate den Widerstand unterstützt, indem er antifaschistische Flugblätter in Umlauf brachte. Anfang 1943 musste er doch noch zur Armee und wurde dem Sicherungsregiment 26 im Militärcamp Crailo in Laren zugeteilt. Aus deren Bestand leitet er jetzt Waffen und Munition an den Widerstand weiter. Die Nachricht von Mik ist eindeutig: Sie müssen sich wegen der unerwarteten Begegnung keine Sorgen machen.

~

Am 2. Oktober blickt Lien auf die Titelseite der Zeitung, die vor ihr auf dem Tisch liegt, die Buchstaben sind kaum noch zu lesen.

Sie blinzelt, aber die Texte verschwimmen, bis sie nur noch die Überschriften entziffern kann. Links: DIE LAGE AN DER OSTFRONT. Ihr Blick wandert vorsichtig nach rechts. BEKANNTMACHUNG steht etwas weiter in der Mitte, etwas über eine Anordnung, Radiogeräte abzugeben. Aber es ist die Spalte daneben, rechts unten, die ihr sofort aufgefallen ist. Sie stößt einen Seufzer aus und zwingt sich, den Text noch einmal zu lesen: »BESTRAFUNG FÜR DIE ERMORDUNG VON U.A. GENERAL SEYFFARDT UND MINISTER POSTHUMA. Wie der Höhere SS- und Polizeiführer Nordwest mitteilt, hat das Polizeistandgericht Amsterdam am 30. September 1943 folgende niederländische Staatsbürger zum Tode verurteilt«, worauf eine Liste mit neunzehn Namen folgt, von denen sie eine große Zahl kennt. Der Student der Medizin Leo Frijda aus Amsterdam. Hans Katan, der Biologie studierte, ebenfalls aus Amsterdam. Gleich dreimal der Name Boissevain. Anton Koreman, ein Gitarrist, ebenfalls ein alter Freund von ihnen. Aber zwischen diesen Namen, an Position zwölf: »Der Journalist Maarten van Gilse aus Amsterdam, geb. am 12. Juni 1916 in München. [...] Die Todesurteile wurden nach Ausschließung einer Begnadigung in den frühen Morgenstunden des 1. Oktobers 1943 vollzogen.«

Als alle nach Hause gekommen sind, ruft Lien die Familie zusammen, draußen beim Teehaus, und berichtet ihnen, was passiert ist. Schweigend stehen sie im hohen Gras. Joseph starrt auf seine Schuhe, Fietje hat die Finger auf ihre zusammengepressten Lippen gelegt. Bob scheint Janny die Hand entgegenstrecken zu wollen, verharrt dann aber und lässt seinen Arm wie leblos fallen. Langsam verschwindet die Sonne hinter den Bäumen, und ein Schatten zieht über das ockergelbe Dach des Hohen Nestes. Fietje zittert, und Joseph ergreift ihre Hand. »Komm«, sagt er und geht auf das Haus zu, den Rest der Familie im Schlepptau.

Später erfährt Janny mehr. Mik hatte sich mit seiner Freundin im Dachatelier eines befreundeten Bildhauers an der Prinsengracht versteckt, in der Nähe des Westertoren. Von dort aus koordinierte er seine Tätigkeiten für *De Vrije Kunstenaar*, für die Widerstandsgruppe CS-6 und die Ausweiszentrale; sie arbeiteten Tag und Nacht. Als das Haus von der Polizei umstellt wurde, verbarrikadierten sie eilig die Tür und versuchten so viele Dokumente wie möglich im Ofen zu verbrennen: gefälschte Ausweise, Kontaktleute und Adressen des Widerstands, sein Notizheft – alles. Die Polizei hämmerte schon gegen die Tür. Mik sprang aus dem Fenster, aufs Dach, während die Polizisten hereinstürmten und seine Freundin verhafteten. Man schoss auf Mik, er wurde getroffen und leicht verletzt geschnappt. Gefängnis, stundenlange Verhöre, aber offensichtlich hat er nichts verraten, über Wochen. Dann die Todesstrafe: eine Kugel mitten ins Herz, am 1. Oktober, in den Dünen bei Bloemendaal.

Die Novemberausgabe des *Vrije Kunstenaar* widmet ihm einen ausführlichen Nachruf, Eberhard liest den Text am Abend vor, als sie alle zusammen am Esstisch sitzen:

NACHRUF MAARTEN VAN GILSE
Mik war jung, jung an Jahren, jung, was seine Ideale betraf, seinen Glauben in die Menschen, seine Erwartungen, seine Aufrichtigkeit und seinen Tatendrang. […] Ein Kosmopolit durch Geburt und Erziehung, von Natur aus ruhelos, durchstreifte er viele Länder, verdiente seinen Unterhalt schreibend, machte sich dabei überall, wo er hinkam, Freunde, und er genoss das Leben in vollen Zügen. […] Über Miks Aufgaben im Krieg müssen wir noch Stillschweigen bewahren; wir können allerdings sagen, dass er wie ein echter Mann gekämpft hat, sein nie versiegender Mut, sein unverwüstlicher Optimismus, waren vielen eine Stütze, mit seinem Durchsetzungsvermögen erreichte er Dinge, die andere in ihrer Verwirrung und Mutlosigkeit schon aufgegeben hatten.

Viele teilten Miks Auffassung in seiner Generation, hatten dieselben Ideale und brüsteten sich bis zum 10. Mai 1940 lautstark mit ihrem Weitblick und ihrem tief greifenden Verständnis der Lage. Es waren aber nur wenige, sehr wenige, die, als die Stunde der Bewährung nahte, so wie er, die Konsequenzen – auch die äußersten – akzeptierten, die standhielten, als der Sturm entfesselt wurde, die wie er Tag für Tag ihr Leben wagten, vor keiner Gefahr oder Bewährung flohen, um ihr höchstes Gut durch Feuer und Tod zu retten, in eine bessere Zukunft.

DER FALKE

Ein Samstag im November. Jetty hat ihren Geburtstag gefeiert, und alle sind den ganzen Tag über bester Laune. Lien trägt Lieder vor, Eberhard spielt für die große Geburtstagsgesellschaft Klavier; mit ihren beschränkten Mitteln – ein wenig Teig, eingemachte Äpfel von den Obstwiesen und einer Prise Zimt – gelingt ihnen sogar so etwas wie ein Kuchen.

Gegen halb elf liegen die Kinder und einige Erwachsene im Bett, der Heizofen brennt, manche lesen, und eine kleine Gruppe der Hausbewohner lässt den Tag am Esstisch im Wohnzimmer ausklingen, als sie plötzlich ein rhythmisches Stampfen vernehmen. Es ist noch leise und entfernt, als würde ein Bohrer tief in der Erde langsam nach oben rotieren und die Erde unter dem Haus erbeben lassen. Sie ermahnen einander, still zu sein. Die Gesichter erstarren. Sie halten den Atem an und hören genau hin. Das Geräusch kommt von draußen, schwillt an, sie wissen, was das ist, und wie in Zeitlupe setzen sie sich in Bewegung. Zunächst herrscht Panik, aber der so oft eingeübte Notfallplan übernimmt das Kommando.

Die marschierenden Stiefel nähern sich jetzt schnell, halten kurz auf dem Muschelweg, dann hört man raschelnde Schritte, jetzt halten sie auf das Haus zu. Jemand drückt auf den Alarmknopf neben der Eingangstür, und die Gruppe der Hausbewohner löst sich auf, alle eilen in verschiedene Richtungen zu den jeweiligen Verstecken. Fietje, Joseph und Japie werden die Kinder aus den Betten holen und sich mit ihnen verstecken. Lien, Janny, Bob und Eberhard sammeln sich, richten sich auf und bereiten sich auf die Konfrontation vor.

»Bram ist noch auf dem Klo!« Loes Teixeira de Mattos hält Janny auf. Diese zischt ihr zu, sie müsse trotzdem nach oben verschwinden, aber dafür bleibt keine Zeit. Mit einer schroffen Kopfbewegung schickt Janny sie zu einem Versteck im Erdgeschoss, unter der fest verankerten Sitzbank neben dem Kamin.

Der Klingelzug an der Eingangstür bewegt sich hin und her, und das Geräusch der Klingel durchschneidet die Totenstille.

»Aufmachen!«

Janny und Bob räumen noch hastig ein paar herumliegende Sachen weg, die sie verraten könnten. Zu viele Gläser auf dem Tisch, eine Wasserkaraffe, zahlreiche Kippen im Aschenbecher, eine aufgeschlagene illegale Zeitung. Lien geht durch die große Diele zur Haustür, stellt sich auf die Zehenspitzen, öffnet die kleine viereckige Klappe und sagt zu den Männern draußen: »Kommen Sie bitte zur Küchentür, dann mache ich dort auf.«

Wieder ein paar gewonnene Sekunden.

Unter großem Gepolter und mit viel Getue schließt sie ungeschickt die Schlösser der Küchentür auf. Als sie einen Blick über die Schulter wirft, sieht sie, wie Janny den Daumen hebt. Lien öffnet die Tür vollständig, und vor ihr steht ein uniformierter deutscher Soldat. Das Lederkoppel leuchtet im Dunkeln auf, eine Atemwolke begleitet seine Worte.

»Entschuldigen Sie die Störung. Aber können Sie uns vielleicht sagen, wo der Pfad ist, der zum Meer führt?«

Hinter dem Mann stehen noch mehr Soldaten. Sie nicken ihr freundlich zu. Lien zwingt sich ein Lächeln ab.

»Aber natürlich«, antwortet sie.

»Wir sind mit der ganzen Gruppe vom Weg abgekommen. Vielleicht haben Sie ja auch ein Glas Wasser für uns.«

Lien sucht nach Worten und tritt dann zur Seite. Die Tür steht jetzt weit offen.

»Selbstverständlich, kommen Sie doch bitte herein.«

So stehen sie dicht beieinander in der Küche: mehr als ein Dutzend Soldaten sowie Janny, Lien und Eberhard. Sie geben dem Wortführer die Hand und stellen sich vor. Piet Bos. Antje Bos. Janny Brandes. Bob hat noch im Wohnzimmer zu tun.

Außer Wasser bieten sie den jungen Männern auch frischen Joghurt an, der noch vom Frühstück übrig ist.

»Machen Sie sich bitte nicht zu viel Arbeit«, sagt der Anführer noch, aber dann essen sie alles hungrig auf. Die Männer machen einen erschöpften und ausgekühlten Eindruck.

»Wir haben heute Abend eine Übung, und wir sollen zum Wasser«, erklärt der Wortführer zwischen zwei Löffeln.

»Dann sind Sie fast am Ziel.« Lien versucht möglichst freundlich zu klingen und zeigt in Richtung der Küchentür auf den Garten und den schwarzen Wald, hinter dem sich das Wasser befindet.

»Sie bleiben einfach auf dem Weg, laufen durch den Wald und geradewegs über die Heide, immer auf dem schmalen Pfad, dann landen Sie genau am Wasser.«

»Können Sie nicht mit uns kommen und uns den Weg in der Dunkelheit zeigen?« Während der Soldat das sagt, blickt er Eberhard an. Dieser antwortet in einwandfreiem Niederländisch.

»Nein, das geht leider nicht. Wir haben schon Sperrstunde.« Entschuldigend hebt er die Hände in Richtung des Soldaten. Dieser fängt sofort an, seine Tasche zu durchstöbern. Janny und Lien werfen sich einen erschrockenen Blick zu.

»Dann erteile ich Ihnen einfach eine Genehmigung«, sagt er aufgeweckt und legt ein Blatt Papier auf die Anrichte.

»Herr und Frau Bos sind berechtigt während der Sperrstunde ihr Haus zu verlassen«, er spricht laut mit, was er aufschreibt. Das Kratzen des Stiftes auf dem Papier vermischt sich mit den klappernden Löffeln der Soldaten.

»Jetzt noch die Unterschrift, Stempel, fertig.«

Mit einem breiten Lächeln überreicht er Eberhard das Dokument, der es zusammenfaltet und einsteckt. Sie nehmen ihre Jacken und gehen los, folgen dem Pfad in den Wald.

Als sie nach einer halben Stunde zurückkommen, haben Janny und Bob die anderen bereits wieder aus den Verstecken befreit und beruhigt. Die Bewohner mussten Todesängste ausstehen, da sie nicht wussten, was sich im Erdgeschoss abspielt, sie hörten nur die zahlreichen tiefen Stimmen im Haus. Lien und Eberhard müssen ausführlich von ihrem Ausflug berichten.

»Da liefen wir also«, erzählt Lien, noch etwas verdattert, »ein deutscher Deserteur und eine holländische Jüdin an der Spitze einer deutschen Militäreinheit mit zwanzig Soldaten, mitten in der Nacht, über die dunkle Heide in Richtung des IJsselmeers, das früher einmal die Zuiderzee gewesen ist.«

In diesem Augenblick geht die Toilettentür auf, und das Gesicht von Bram erscheint – er leidet unter Hämorrhoiden.

»Was ist denn los?«, stammelt er, und alle brechen in Lachen aus. Die Genehmigung haben sie mit einem falschen Datum noch oft benutzt.

~

Als ihr zweiter Frühling im Haus anbricht, wird Janny bewusst, wie lange sie hier schon alle zusammenleben – länger als an irgendeinem anderen Ort seit Kriegsbeginn. Sie fühlt sich im Hohen Nest zu Hause, trotz der außergewöhnlichen Umstände. Natürlich sind sie ständig gefährdet, da ist die Angst entdeckt zu werden, die sie zu einem zurückgezogenen Leben zwingt und die schwer auf ihnen lastet. Aber andererseits sind sie frei im Wald, haben die Heide, das Wasser; tagelang, manchmal wochenlang lässt sich niemand in der Umgebung des Hauses blicken, hört man kein lautes Geräusch außer der Musik, die jederzeit in einem Winkel des Hauses erklingen kann. Da ist Jaap, der regelmäßig seinen staubbedeckten Kopf aus dem Schuppen streckt und etwas Neues in den Händen hält, das er auf Bestellung der Bewohner zusammengebaut hat – manchmal handelt es sich auch um eine eigene Erfindung. Sie haben Essen, Wasser und Tabak; viel mehr brauchen sie nicht.

Wenn sie die Kleinen betrachtet, spürt sie manchmal einen stechenden Schmerz im Magen. Liselotte, Kathinka, Robbie. Die Mädchen sind jetzt zweieinhalb und Rob ist viereinhalb, hält sich aber schon für einen großen Jungen. Sie nehmen die Anspannung wahr, denn sie wachsen in einer Welt auf, in der kein Platz für sie ist. Aber wenn sie an all die anderen Kinder denkt, denen sie begegnet – untergetaucht bei nicht jüdischen Freunden oder auf Stippvisiten im Hohen Nest, auf der Durchreise –, deren Eltern deportiert oder ermordet wurden, die von ihren Geschwistern getrennt und bei Wildfremden untergebracht wurden, tröstet sie der Gedanke, dass ihre drei Kinder zumindest zusammen sind, bei ihren Eltern, den Großeltern und Onkel Jaap. Da sie mit so vielen Erwachsenen zusammenleben, sind sie ziemlich aufgeweckt. Vor einer Weile hat Lien ihre Tochter zum Einkaufen mitgenommen; in der Schlange beim Lebensmittelhändler fing Kathinka plötzlich an, ein Lied zu singen. Die anderen Kunden schauten das kleine Mädchen gerührt an, während sie auf und ab wippte und ohne falschen Ton die Melodie sang: »Hop, Marjanneke, stroop in 't kanneke, laat de poppetjes dansen. Gisteren was er de prins in 't land en nu die kale moffen« – eine Verballhornung eines Volkslieds: »Hop, Marianne, Sirup in die

Kanne, lass die Puppen tanzen. Gestern war der Prinz noch im Land, jetzt nur die kahlen Moffen.« Erschreckt legte Lien ihr die Hand auf den Mund. Die Frauen im Laden schauten einander verdutzt an und lachten dann lauthals los. Janny fand die Geschichte auch witzig, aber Lien bat Eberhard trotzdem, dem Kind solche Lieder nicht mehr beizubringen.

Es sind echte Waldkinder geworden. Sie klettern auf Äste, springen über Baumstümpfe, rennen mit weit geöffneten Armen durch das Heidegras und bauen sich Hütten hinten im Garten. An heißen Tagen laufen sie zum IJsselmeer auf die andere Seite des Waldes, im Gepäck haben sie Handtücher, Obst und Wasser. Sie dürfen nur bis zu den Waden ins Wasser, aber am Ende des Tages fühlen sich die Kinder, als hätten sie das Meer bezwungen. Rosig liegen sie abends im Bett und schlafen unter den frischen Betttüchern wie die Murmeltiere. Wenn Janny dann am nächsten Morgen nach unten kommt, wo ihre Mutter sich schon wieder um das Frühstück kümmert, das in Abteilungen gegessen wird, und all die Menschen sieht, denen sie einen Unterschlupf bieten – junge und alte, allein auf sich gestellt oder mit der kompletten Familie auf der Flucht, die unterschiedlichen Charaktere, Stimmen und Zungenschläge – dann scheint es ganz kurz so, als wären sie dort, mitten im Wald, wieder in Amsterdam. Sie isst etwas, spricht mit ihrem Vater und ihrer Mutter, zieht dann meistens Robbie und Liselotte eine Jacke an und fängt mit den Tagesaufgaben an. Manchmal benutzt sie die Straßenbahn, manchmal spaziert sie auch zum Bahnhof. Von dort nimmt sie den Zug nach Utrecht, Den Haag oder Amsterdam, je nach den präzisen Instruktionen ihrer illegalen Kontakte. Sie holt ein Päckchen ab oder übergibt Personalausweise, verteilt Flugblätter oder bringt jemandem Fahrscheine, die Bob auf seiner Arbeit entwenden konnte. Jedes Mal ist ungewiss, ob die Kontaktperson auftaucht oder ob diese verraten, verhaftet und abtransportiert wurde. Wenn sie niemanden – oder eine andere Person als vereinbart – am Treffpunkt sieht, bückt sie sich, als würde sie die Jacke ihres Kindes in Ordnung bringen, schaut dabei umher, um die Situation einzuschätzen, und macht dann, dass sie wegkommt, zurück zum Bahnhof und nach Hause. Beim Gehen denkt sie immer, dass sie verfolgt wird, muss aber ruhig bleiben. Sie darf dem Drang, loszulaufen nicht nachgeben, dem Wunsch, das Kind hinter sich herzuziehen und zu rennen, zu rennen, bis … Ja, bis was passiert? Man kann doch nicht entkommen. Wenn man sie erwischt, ist es vorbei, und bis es so weit ist, heißt es, besonnen zu bleiben und bloß nicht aufzufallen.

Jeden Tag kehrt sie nach Hause ins Hohe Nest zurück. Genau wie der Turmfalke, der hinten im Garten nistet, wo die offene Grasfläche vom dunklen Wald verschluckt wird, und der ihr jeden Abend nach Sonnenuntergang mit seinen schrillen Rufen mitteilt, dass er auch wieder da ist. Janny hat ein Auge auf ihn wie auf einen Seelenverwandten. Tagsüber jagt er, nimmt die Umgebung sorgfältig in sich auf, erreicht eine beträchtliche Geschwindigkeit mit seinen kurzen, spitzen Flügeln und den langen Schwanzfedern. Dann steht er in der Luft, bis er zuschlägt. Manchmal hat Janny Glück und sieht ihn so schweben – einer der schönsten Anblicke, die sie je gesehen hat. Ruhig und wartend auf den perfekten Moment, den er instinktiv erkennt. Schwanz und Flügel weit gespreizt, in einer geraden Linie mit Rücken und Hals, als würden Zeit und Himmel stillstehen. Der Rücken leuchtet rotbraun auf, ein grauer Kopf und ein grauer Schwanz mit einem bedrohlichen schwarzen Schlussstrich. Und dann, plötzlich, der Sturzflug in Richtung Boden, als würde er sich zu Tode stürzen, bis er wenige Sekunden später wieder unbeschwert am Himmel erscheint, mit einer Feldmaus oder einem Jungvogel.

Eines Nachts liegt Janny auf dem Bett und blickt auf die Balken unter dem Dach. Die vielen Leute im Haus und die daraus resultierende Betriebsamkeit schnüren ihr mitunter die Luft ab, aber jetzt ist es still. Zu still. Sie schließt die Augen, versucht das leise Schnarchen von Bob auszublenden und lauscht. Ihr fällt auf, dass sie den Turmfalken schon seit einer Weile nicht mehr gehört oder gesehen hat. Gestern vielleicht? Vorgestern? Sie hatte so viel zu tun, sie weiß es nicht. Aber heute Abend hat sie seinen Ruf ganz sicher nicht gehört. Sie wird unruhig, wie bei einem schlechten Vorzeichen.

Sie döst ein, lauscht aber mit einem Ohr auf die Geräusche von draußen. Bei Sonnenaufgang schleicht sie sich barfuß hinaus. Jeder im Haus liegt noch in tiefem Schlaf, zwischen den Wänden steht eine süßliche Luft. In der Morgendämmerung durchquert sie den Garten, frischer Tau auf dem Gras benetzt ihre Fußsohlen. Auf halbem Weg kommt sie am Teehaus vorbei, darin sieht sie das Puppenhaus der Kinder und das Miniaturservice. Sie läuft über die Obstwiese, weiter zum dunklen Waldrand, und verschwindet zwischen den Bäumen. Dicke Efeustränge umwuchern alte Stämme, hie und da liegen aufgehäuft trockene Herbstblätter, in denen es raschelt; durch die heißen Sommermonate haben sie sich gelb verfärbt. Zweige reißen über ihre Haut, Dornen verfangen sich in ihrem Nachthemd, aber sie geht vorsichtig weiter, den Kopf in den Nacken gelegt, die Augen auf die dichten Baumkronen über sich gerichtet.

Nach ein paar Metern stoppt sie und hält den Atem an. Hoch über ihr hockt er auf dem Rand eines alten, großen Krähennests, die Krallen um die Zweige geschlossen und die Knopfaugen starr auf sie gerichtet, als würde er jeden Moment auf sie zufliegen. Hinter ihm im Nest brütet ein Weibchen, ihr breiter Rücken ist wunderschön gefleckt.

Vorsichtig geht Janny rückwärts aus dem Wald, dreht sich um, läuft mit großen Schritten über die Wiese zum Haus und kriecht zurück ins Bett zu Bob, ein Lächeln um die Lippen. Jeder ist genau dort, wo er jetzt hingehört.

HERBSTLIED

Immer, wenn Janny nach Amsterdam kommt, ist die Stadt wieder etwas leerer geworden. Wenn sie vom Hauptbahnhof die Straßenbahn nimmt und die Stadt vorüberziehen sieht, scheint auf den ersten Blick alles unverändert. Die stattlichen Herrenhäuser an den Grachten, die Brücken und die Markisen, auf denen die Namen der ihr wohlbekannten Geschäfte stehen – alles ist noch da, bloß die Menschen sind verschwunden. Als würde sie durch eine Geisterstadt fahren und überall vage Erinnerungen sehen. Die Familie mit den drei Töchtern, die mit ihr auf der Schule waren: weg. Der Käsehändler und der Fleischer: weg. Der reiche Geschäftsmann und seine Familie aus dem Haus mit den schweren bordeauxroten Gardinen: weg. Die vielen Markthändler, die sie über ihren Vater kannte: weg. Mitunter haben Wildfremde ihren Platz eingenommen, stehen hinter denselben Gardinen. Dann sieht sie, wie eine Mutter ihrem Kind Suppe ausschöpft, das auf einem Stuhl sitzt, der ihm nicht gehört, und Janny schmeckt die Galle in ihrem Mund. Dort wohnte früher ein ehemaliger Klassenkamerad, dort ein Mädchen, das mit Lien zur Revue gehörte. Und »früher« heißt: vor einem Jahr.

Wenn sie im alten Jodenhoek etwas für den Widerstand abholen muss, spaziert sie die Amstel entlang, auch am Waterlooplein vorbei, und sieht ausgestorbene Straßen, als würde sie einen Bebauungsplan abgehen, aber keine wirkliche Stadt; das Kopfsteinpflaster ist sauber und unberührt. Nichts erinnert noch an das rauschende, umtriebige Leben, das dieses Viertel einst ausmachte und das sie mit Jaap, Lien und ihren Eltern in vollen Zügen genoss. Die Häuser machen einen verlassenen Eindruck. Die einzigen Menschen, die sie sieht, sind Polizisten. Alles Leben wurde aus dem Jodenhoek gesaugt, das Erbe von Jahrhunderten vernichtet.

Als Janny an einem Tag im Frühjahr 1944 wieder einmal ein gottverlassenes Amsterdam hinter sich lässt und zum Hohen Nest zurückkehrt, begrüßt sie schon auf dem Weg am Haus vorbei das Geplapper einiger Frauen, das aus der geöffneten Küchentür schallt. Sie entspannt sich sofort. Weiter hinten im Garten spielen die Kinder beim Teehaus mit ihrem Puppenhaus. Aus dem Inneren des Hohen Nestes erklingt Klaviermusik. Auf der Terrasse schnippen Jungs Murmeln in eine Kuhle zwischen den Steinen. Als sie näher kommt, winkt Fietje ihr durchs Küchenfenster zu. Janny streift ihre Schuhsohlen auf der Fußmatte ab, und während sie die Küche betritt, wird ihr wieder bewusst, dass dieses Haus nicht tot ist. Sie haben hier eine Art Klein-Amsterdam gegründet.

Nachts fliegen die englischen Flugzeuge über ihre Köpfe, immer häufiger, in immer größeren Verbänden. Am nächsten Tag schalten sie das Radio ein und sagen zu ihrer Mutter: Hörst du, sie schaffen es. Die Lage an der Ostfront wird immer besser, die Rote Armee gewinnt an Boden, und die Alliierten werden sicherlich bald landen. Es dauert nicht mehr lange.

In Josephs Zimmer hängt eine große Landkarte, auf der er alle Neuigkeiten über die Erfolge an der Ostfront mit Nadeln markiert. Wenn jemand am Tisch etwas Falsches über Truppenbewegungen erzählt, korrigiert er ihn und nennt Ortsnamen, die sie vor dem Krieg noch nie gehört haben: Kursk, Wjasma, Brjansk. Die Schlacht um Kursk im letzten Sommer hat Joseph genau verfolgt, und jeder Sieg über die faschistischen Truppen, wie klein oder unbedeutend er auch immer war, wurde von den Bewohnern als ein Schritt auf dem Weg zur Befreiung gefeiert. Natürlich wurden auf der Karte auch die alliierten Truppen auf Sizilien markiert, auch die Kapitulation der Deutschen und Italiener in Tunesien im Mai 1943. Aber es sind – buchstäblich – Nadelstiche im Vergleich zu den blutigen Schlachtfeldern im

Osten. Seitdem ist bereits so viel Zeit verstrichen – und es gibt immer noch keine zweite Front.

Jede Woche lassen die Brilleslijpers sich etwas einfallen, um sich selbst und den Geflüchteten neuen Mut zu machen, etwa einen musikalischen Abend oder eine Schnitzeljagd im Garten. Alles, nur damit keine Angst oder Langeweile aufkommt, oder was das Schlimmste wäre: Panik. Mit den Noten und Libretti verschiedener Opern, die Eberhard unter seinem falschen Namen in der Amsterdamer Musikbibliothek ausgeliehen hat, veranstalten sie weiterhin Vorstellungen im Hohen Nest. Eberhard studiert die Partituren ein, Lien singt, und falls nötig übernimmt Eberhard auch noch den Bass oder die Partie des Tenors. So führen sie ihre Lieblingsstücke von Mozart auf, die Opern *Le nozze di Figaro* und *Die Zauberflöte*. Aber vor allem, wenn sie *Fidelio* spielen – die einzige Oper von Beethoven, über Leonore, die verkleidet als Gefängniswärter Fidelio ihren Ehemann Florestan aus der politischen Haft rettet –, ist die Atmosphäre im Hohen Nest aufgeladen. Die Bewohner sitzen im Wohnzimmer zusammen, auf den Stühlen am Esstisch, in den bequemen Sesseln oder einfach im Schneidersitz auf dem Boden, draußen ist es dunkel, und auf dem Klavier brennen ein paar Kerzen. Lien singt vom Kampf für die Gerechtigkeit und über die Ängste von Florestan im Gefängnis. Den Höhepunkt bildet für alle der Gefangenenchor, der eine Ode an die Freiheit singt: »O welche Lust, in freier Luft / Den Atem leicht zu heben! […] Die Hoffnung flüstert sanft mir zu: / Wir werden frei, wir finden Ruh«.

Am ersten Mai kochen sie füreinander ein besonderes Essen. Der Rote Puck hat Speisekarten mit zierlichen Blumen angefertigt, und sie haben ganze sieben Gänge vorbereitet. Die Zutaten sind nicht viel aufregender als sonst auch, es gibt vor allem Kartoffeln, etwas Gemüse, Fisch und ein winziges Stückchen Fleisch für jeden, aber ihre Kreativität findet andere Wege. So gibt es einen *Salade de prolétariat*, *viande rouge*, *pouding à la révolution* und zum Nachtisch *Tarte des plongeurs* für die Untergetauchten. Mit dem großen Esstisch, beladen mit geklautem Geschirr, Gläsern, Kerzen, den Speisekarten und in Blumenform gefaltetem Toilettenpapier als Servietten sieht es in dem prachtvollen Zimmer unter den Holzbalken aus wie in einem echten Restaurant. Nach dem Abendessen spielt Eberhard Klavier, der Rest singt oder summt mit, und für eine kleine Weile vergessen sie das Chaos, das sich außerhalb der Wände des Hauses abspielt.

Sie machen sich nichts vor, wenn sie sagen, dass der Krieg wirklich fast vorbei ist; die Lage an der Ostfront entwickelt sich positiv. Mussolini hat sich ergeben, und die Alliierten stehen in Süditalien. Stalin fordert schon seit 1941 die Errichtung einer zweiten Front, damit der Druck auf den Osten nachlässt. Das kann nicht mehr lange dauern, sind sie sich sicher. Die Berichte aus den Konzentrationslagern haben mittlerweile ganz Europa erreicht, und wenn sogar die untergetauchten Menschen schon so lange wissen, was wirklich passiert, dann kann die Welt sie doch nicht mehr ihrem Schicksal überlassen. Janny und Lien hörten 1942 zum ersten Mal von Auschwitz, darüber, dass unzählige Juden vergast wurden – es gab Radioberichte über Autoabgase, später über Gaskammern. Zehntausende Juden, die aus Amsterdam nach Westerbork verbracht wurden, Zug auf Zug. Aus Westerbork fuhren dann jede Woche Güterzüge mit fünfhundert Inhaftierten nach Auschwitz. Radio London berichtete auch von Lagern in Majdanek, Treblinka und anderen polnischen Orten. Im letzten Herbst hatten sie zusammen ausgerechnet, dass innerhalb eines Jahres etwa siebzigtausend niederländische Juden deportiert worden sein mussten. Das überstieg ihre Vorstellungskraft, all die verlassenen Häuser, die leeren Schulen und Geschäfte. Die Menschen in den Zügen; eine Reise, die – so hatten sie berechnet – mindestens ein oder zwei Tage dauern musste. In Güterwaggons! Sie beruhigten einander damit, dass die meisten der Abtransportierten sicherlich in den Waffenfabriken gelandet waren. So viele Menschen in einer solch kurzen Zeit umzubringen? Das war unmöglich, an diesen Gedanken klammerten sie sich.

Und auch wenn sie nicht darüber reden, alle Bewohner des Hohen Nestes wissen, dass mit jedem Tag, an dem sie nicht gerettet werden, die Bedrohung wächst. Bert Bochove weiß, dass Häuser in der Nähe, Verstecke, verraten worden sind. Offensichtlich ist die Gegend nicht so »judenrein« wie behauptet wurde: In Naarden, Bussum, Laren, Blaricum, Huizen und Hilversum werden noch immer Wohnungen auf den Kopf gestellt und Juden nach Westerbork deportiert, alle anderen nach Vught oder Amersfoort.

Das Hohe Nest erinnert im Frühjahr 1944 an einen Schnellkochtopf, zu viele Menschen bei zu hohem Druck, die auf unterschiedlichste Weise nach Wegen suchen, die Spannung abzubauen. Jaap hat einen eigenen Plan: Er will einen Tunnel unter dem Haus anlegen, der in den Garten führen soll. In einem Zimmer im Erdgeschoss, das im hinteren Teil des Hauses liegt, wo der Garten in den Wald übergeht, sägt er eine Luke in den schweren Holzfußboden, die sich nahtlos schließen lässt und unter einem Teppich verborgen werden kann. Es ist das Zimmer von Lien, Eberhard und Kathinka; sie übernachten und frühstücken dort jeden Tag als Familie, damit sie nicht immer mit der großen Gruppe zusammen sein müssen.

Sobald die Kinder weg sind, fängt Jaap an, jeden Tag. Um schneller voranzukommen, bittet er die beiden jungen Männer, die bei ihnen untergetaucht sind, ihm zu helfen. Tag für Tag heben sie unter dem Haus einen Gang aus und schaffen den Sand in Eimern auf die Heide, einen nach dem anderen. Dort muss der Sand verteilt werden, damit er nicht auffällt. Es ist eine schwere, anstrengende Arbeit, die kaum Fortschritte macht, aber Janny weiß, dass Jaap erst aufhören wird, wenn er ihr, die Hände in die Hüften gestützt, den fertigen Tunnel zeigen kann.

~

»Janny, so geht es nicht weiter.«

Frits Reuter und sie laufen durch die Dünen, ein sanfter Wind weht über den Heidesträuchern und löst violette Wellen bis zum Horizont aus. Sie gehen ein Stückchen den Hügel hinauf, während die Hitze und der lockere Sand das Gehen schwer machen. Oben angekommen bleiben sie stehen, und Janny spürt, wie Frits sie anblickt. Er erwartet eine Antwort. Müde schüttelt sie eine Haarlocke aus ihrem Gesicht.

»Das weiß ich auch.«

Sie steigen hinab, achten auf den Sand, und sie weiß, dass er nun einen Plan von ihr hören möchte. Aber sie hat keinen Plan. So viele Menschen im Haus, die ganzen Gesichter, jedes hat eine eigene Geschichte, die Augen, die sie erwartungsvoll anschauen, wenn sie nach Hause kommt: Es ist doch fast vorbei, oder?

Wen könnte sie denn bitten fortzugehen? Sie ziehen alle vor ihrem inneren Auge vorbei: der kleine Rote Puck im Dienstmädchenkleidchen und ihre Witze. Jetty und ihr schalkhafter Blick, der allen Jungs den Kopf verdreht. Der gute alte Bram und Loes, die beiden sind immer zusammen – sie sieht den erstaunten Ausdruck von Bram nach dem Besuch der Soldaten in der Küche noch vor sich. Sie denkt an ihre gefallenen Freunde, an Gerrit, an Mik und all die anderen, deren Schicksal sie nicht kennt. Frits hat ihnen direkt nach seiner Ankunft erzählt, dass auch Janrik van Gilse nicht mehr lebt. Am 28. März, also ein halbes Jahr nachdem sein jüngerer Bruder Mik exekutiert wurde, wurde auch er von der Sicherheitspolizei erschossen. Es ist so viel passiert in der kurzen Zeit. Manchmal stellt sich Janny vor, dass sie sich alle nach dem Krieg einfach wiedersehen, irgendwo an einer Gracht Kaffee trinken und über die Zukunft reden. Am liebsten würde sie alle aufnehmen, alle Juden, die noch nicht abtransportiert wurden, alle Menschen aus dem Widerstand, die noch nicht hingerichtet wurden, und dann gemeinsam an diesem Ort mitten im Wald weiterleben.

Sie gehen in Richtung IJsselmeer, und Frits wird ungeduldig.

»Wie wirst du das Problem anpacken?«

Janny seufzt.

»Ich bin dran, Frits. Zwei Leute haben wir schon irgendwo anders unterbringen können. Für weitere höre ich mich um. Bei Bert und Annie in Huizen, bei Grietje in Blaricum, bei meiner Kontaktperson in Laren. Amsterdam ist keine Option mehr, aber weiter im Wald gibt es leer stehende Häuschen. Und vielleicht kennt die Dame von Karel Poons noch ein Versteck für eine Person, vielleicht sogar für zwei.«

Sie schaut zur Seite, Frits ist offensichtlich nicht beeindruckt.

»Das funktioniert schon«, sagt Janny. »Es muss funktionieren, ich tue mein Bestes.«

Hinter dem letzten Hügel, der sie vom Wasser trennt, ist Gelächter zu hören. Lien, Eberhard und Bob sind mit den Kindern schon dort. Frits und Janny sind kurz in Richtung des Waldes abgebogen, um sich zu unterhalten. Cor Snel, die Freundin von Frits, ist bei den anderen. Als sie oben auf dem Hügel stehen, sehen sie Cor, die Sonne glitzert in ihren blonden Haaren, und sie winkt ihnen heftig zu. »Kommt herunter«, signalisiert sie stumm mit ihrem Mund, ein schnappender Fisch. Janny lacht und läuft den Hügel hinab.

~

Als sie fast schon nicht mehr daran glauben, ist es plötzlich so weit: D-Day. Der 6. Juni 1944. Die zweite Front, die sie so lange herbeigesehnt haben. Radio London sendet mehrere Verse des Gedichts *Chanson d'automne* von Paul Verlaine, eine kryptische Botschaft, die ankündigt, dass die Invasion in den nächsten vierundzwanzig Stunden stattfindet:

Les sanglots longs
Des violons
De l'automne
Blessent mon cœur
D'une langueur
Monotone.

Und es geschieht: Die Engländer und Amerikaner landen an der Küste der Normandie. Bei fürchterlichem Wetter und Wellen, die sich an den steilen Klippen brechen, lassen die Landungsboote die Bugklappen herab, und Tausende Soldaten werfen sich in die Brandung. Hinter ihnen gibt ihnen das Geschützfeuer der Schlachtschiffe Deckung. Die vorderste Linie wurde informiert, dass Krater in den Strand gebombt würden, in denen sie Schutz finden könnten, aber Tausende Granaten verpassen aufgrund der schlechten Sicht ihr Ziel und landen im Wasser. Die jungen Männer müssen ohne weitere Deckung fünfhundert Meter Strand hinter sich bringen. Sie sind seekrank, klitschnass und müssen mit schweren Stiefeln durch den lockeren Sand, dazu kommt das Gepäck auf ihrem Rücken. Sie sind einen halben Kilometer lang lebende Zielscheiben für die deutschen Panzer. Aus der deutschen Perspektive sieht man vor lauter alliierten Schiffen das Meer nicht mehr, aber aus der Vogelperspektive färbt sich der Strand rasch rot von all dem Blut. Erst Stunden später, als das Meer und die Wellen den Strand nach und nach erobern und die Toten und Schwerverletzten verschlingen, färbt sich der Strand wieder gelblich.

Es gibt schwere Verluste, aber die Alliierten drängen die Deutschen zurück und marschieren auf Paris zu. Überall in Europa denken die Untergetauchten dasselbe: Es ist nur noch eine Frage der Zeit, bis die Befreiung Wirklichkeit wird.

Als die Nachricht von der Invasion über das Radio das Hohe Nest erreicht, scheint es, als würde sich ein zu eng geschnürtes Korsett öffnen. Zum ersten Mal seit Monaten können die Bewohner wieder frei atmen. Sie umarmen einander jubelnd, stehen einfach da wie gelähmt oder weinen. Lien packt ihre Schwester am Arm und wagt ein Freudentänzchen, aber nach ein paar Schritten befreit Janny sich aus ihrer Umarmung. Sie geht zu dem eleganten Weinschrank in der Ecke des Vorderzimmers, nimmt ein Messer vom Tisch, setzt es in der Fuge an und hebelt den Schrank auf. Er ist voller Rotweinflaschen mit alten Etiketten mit kunstvollen Buchstaben. Sie nimmt vier Flaschen heraus, stellt sie auf den Tisch und bittet Jaap, in der Küche Gläser zu holen. Joseph und Fietje schauen sich kurz an, zucken dann mit den Schultern und fangen an einzuschenken. Lautstark prosten sie sich zu – »Masseltoff!« –, atmen das Bouquet des Weines ein, bis ihnen schwindelig wird, nehmen kleine Schlucke und schmecken den Wein im Mund. Er steigt ihnen unmittelbar in den Kopf und färbt ihre Wangen, während sie den Berichten im Radio gebannt zuhören.

Während jeder trinkt und aufs Radio fixiert ist, geht Janny zum Weinschrank und legt einen Schein für die Damen Jansen hinein: Nach dem Krieg sollen sie den Bestand wieder adäquat ergänzen. Später wird es ihnen leidtun, dass sie nicht alles getrunken haben.

DIE CHINESISCHE VASE

Bob und Janny sind früh aufgestanden. Das Haus liegt noch still da, nur aus wenigen Zimmern hört man unterdrückte Geräusche. Schweigend trinken sie in der Küche einen Kaffee und essen einen Kanten Brot. Die schweren Mauern haben die Kühle der Nacht gespeichert, aber als Janny die Küchentür zum Garten hin öffnet, spürt sie die milde Luft auf ihrer Haut. Es wird wieder ein warmer Tag. Sie küssen sich. Bob bricht ins Büro auf, und sie muss heute mit einem Spezialauftrag nach Amsterdam.

Robbie begleitet sie und springt fröhlich an ihrer Hand; ein Kind bietet bei einer Kontrolle immer noch einen gewissen Schutz. Sie nehmen den Zug von Naarden-Bussum nach Amsterdam und gehen dort zuerst zum Bevölkerungsregister, wo einige Personalausweise für sie bereitliegen. Ihre Kontaktleute dort beantragen neue, echte Ausweise auf die Namen von Verstorbenen – der betreffende Sterbefall wird deshalb nicht in den Akten vermerkt. Dafür ist auch nach dem Krieg noch Zeit. Die Ausweise sind derart schwierig zu fälschen, dass sich diese Methode als die zuverlässigste herausgestellt hat. Sie versteckt die Dokumente in ihrem BH und macht sich auf den Weg zum Roelof Hartplein, dort hat sie eine Verabredung mit ihrer Freundin Trees Lemaire, die auch noch immer aktiv ist. Sie soll die Papiere übernehmen und im Untergrund verteilen.

Janny steht mit Robbie an der Hand auf dem Platz und wartet. Sie kann die einmündenden Straßen gut einsehen, aber entdeckt nirgendwo eine näher kommende Frau. Robbie wird ungeduldig, zerrt an ihrem Rock und quengelt. Janny wird langsam nervös. Trees ist sonst nie zu spät. Niemand von ihnen kommt je zu spät, das können sie sich nicht erlauben. Die Sekunden vergehen im Zeitlupentempo, aber nichts geschieht. Niemand sonst hält sich auf dem Platz auf, sie fühlt sich schutzlos. Die Sonne steigt allmählich auf den höchsten Punkt über der Stadt, und ihr Kopf fängt unter der heißen Schädeldecke an zu hämmern. Die Ausweise brennen ihr auf der Brust. Sie blickt auf die gegenüberliegende Seite, auf das beeindruckende Gebäude, das um die Ecke läuft, mit seinen zahlreichen Fenstern, die sie alle anzustarren scheinen, und geht ein paarmal auf und ab. Sie muss an damals denken, als nach der Hausdurchsuchung in Den Haag jemand die Schlüssel von der Druckerei haben wollte und sie sich vor dem Denkmal für Willem II. treffen sollten, wo bereits hinter jedem Pfeiler die Moffen lauerten.

Robbie fängt jetzt richtig an zu weinen, sein Jammern hallt über den Platz, in die Seitenstraßen. Janny würde am liebsten die Hand auf seinen Mund legen, aber stattdessen versucht sie, ihn zu beruhigen. »Gleich fahren wir wieder Zug, das ist doch schön?« Sie späht über seinen Kopf und kundschaftet die Umgebung aus. Es sind bestimmt schon zehn Minuten vergangen, das hier fühlt sich ganz und gar nicht richtig an. Sie zieht an Robbies Hand und riskiert einen Laufschritt, schnell weg von diesem Platz, in Richtung des Concertgebouw. Sie läuft, bis Robbie aufhört, zu rebellieren, und nur noch versucht, mit seinen kurzen Beinen irgendwie Schritt zu halten und nicht zu fallen. Ihre schmerzvolle Umklammerung bietet ihm gleichzeitig Halt. Janny spürt den Atem der Sicherheitspolizei schon im Nacken, eine Hand, die nach ihrer Schulter greift, um sie anzuhalten. Sie erwartet aus allen Seitenstraßen von Polizeiwagen mit heulenden Sirenen eingekesselt zu werden und läuft daher rasch weiter, ohne sich umzublicken, ihre Brust hebt sich simultan zu ihren Schritten.

Eine Straßenbahn wartet, sie steigen ein, fahren zum Hauptbahnhof.

Quer durch die Bahnhofshalle mit Robbie, der die Füße hinterherzieht und verstummt ist. Überall sind Polizisten in Zivil, das weiß sie, also versucht sie sich ganz normal zu verhalten, ruhig, sonst stoppt sie noch ein Moffe mit einer moralischen Anwandlung wegen Kindesmisshandlung. Sie hält kurz an, bückt sich und umschließt das Gesicht von Robbie mit ihren Händen. »Alles ist in Ordnung, ja?« Sie gibt ihm einen Kuss, richtet sich auf, schaut sich um und geht so beherrscht wie möglich zum Bahnsteig, wo der Zug nach Naarden bereits wartet.

Die Weiden ziehen an ihnen vorüber, Robbie lässt ein imaginäres Auto durch den Himmel fliegen, während seine Füße weit über dem Linoleum schlenkern. Ihr Herz dröhnt noch immer, die verschwitzten Ausweise auf ihrer Brust heben und senken sich. Sie konzentriert sich auf das langsame Rattern des Zuges und versucht, im gleichen Rhythmus zu atmen. Ob sie Trees erwischt haben? Und wenn sie verhört wird, wird sie dann alles gestehen? Alles erzählen, auch über das Hohe Nest? Nein, das glaubt Janny nicht. Trees würde sich eher die Zunge abbeißen. Trotzdem, es gab auch andere, die ... Etwas in ihrem Bauch blockiert die Atmung, eine geballte Faust in ihrem Unterleib. Bahnhof Weesp, sie müssen raus, sie hat noch Einkäufe zu erledigen.

Robbie hüpft an ihrer Hand, er scheint schon alles vergessen zu haben. Sie gehen zum Bauern, um einen großen Sack mit Weizen zu kaufen. In der Kaffeemühle wird daraus ihr Mehl für das Brot. Es ist noch früh am Tag, aber als sie mit zwei schweren Taschen zurück zum Bahnhof Weesp geht, spürt Janny ihre brennenden Füße. Ein paar Minuten noch mit dem Zug nach Naarden, die Abteile sind fast ausgestorben. Während der Zug fährt, beruhigt sich ihr Atem wieder. Niemand ist ihnen gefolgt, und Alternativen treten an die Stelle der ausgemalten Katastrophe. Trees hat ganz einfach nur verschlafen. Oder man hat ihr eine falsche Uhrzeit mitgeteilt. Oder einen anderen Ort. Das ist Janny auch schon passiert. Die Ausweise kann sie auch später noch weitergeben. Sie legt ihren Kopf an den Sitz und seufzt.

Am Bahnhof Naarden-Bussum will die Straßenbahn gerade abfahren. Robbie läuft vor, und Janny folgt ihm mit dem schweren Gepäck. Sie schaffen es noch in die Straßenbahn – das ist ein Glück. Manchmal spazieren sie auch nach Hause, über die Heide, aber nicht heute, mit all den Einkäufen.

Am Ericaweg steigen sie aus, von hier sind es noch zehn Minuten über die unbefestigte Straße, die im Grünen immer schmaler wird und zum Hohen Nest führt, dicht am Waldrand. Die Taschen wiegen jetzt so schwer, dass sie fast über den Boden schleifen. Alle paar Schritte muss sie anhalten. Die Sonne steht hoch, die Heide saugt das letzte Wasser tief aus der Erde, aber die Spitzen der Sträucher knistern trotzdem wie trockenes Stroh. Beinahe sind sie zu Hause. Janny spürt, wie die Anspannung des Morgens von ihr abfällt, stellt die Einkäufe wieder auf dem Boden ab und wischt sich den Schweiß von der Stirn. Robbie läuft ein Stück voraus, hält an, dreht sich um und wartet auf seine Mutter.

»Geh schon mal vor«, ruft Janny, »und frage, ob mir jemand beim Tragen helfen kann. Ich warte hier.«

Und schon ist er weg. Sie lacht, als sie sieht, wie er losrennt, als hätten sie nicht schon diesen ganzen Morgen hinter sich. Der kleine Junge saust über das letzte Wegstück und verschwindet im Wald, aus ihrem Blickfeld.

Janny sinkt auf den Weizensack und wartet in der Hitze. Es dauert lange. Zu lange. Noch fünf Minuten. Sie versteckt die Taschen hinter ein paar jungen Eichen und den Sträuchern, die zwischen den dünnen Stämmchen wachsen, fischt die Ausweise aus ihrem BH und verbirgt sie zwischen den Einkäufen. Ihre Hände zittern.

Schnell geht sie auf dem Weg weiter, dann fängt sie an zu rennen. Trockene Sandschollen verlangsamen ihr Tempo, und sie knickt um, aber sie rennt weiter. Alle Müdigkeit ist von ihr gewichen. Da ist der Waldrand. Kein Zeichen von Robbie. Der Muschelweg raschelt unter ihren Füßen, das Haus taucht zwischen den Bäumen auf, und ihr Blick schießt sofort in die Höhe, zu den Läden des rechten Fensters im ersten Stock, direkt über der Namenstafel vom Hohen Nest. Die große chinesische Vase ist fort. Die Beine sinken unter ihr weg, und ihre Hand sucht Halt, den es hier nicht gibt. Ein Gedanke schießt ihr durch den Kopf: Wenn sie sich jetzt umdreht und wegläuft, in den Wald, hat sie eine Chance.

Liselotte. Robbie.

Wie in Trance öffnet sie das Gartentor und geht über den Weg zur Hinterseite des Hauses zur Eingangstür. Der Boden unter ihren Füßen scheint zu schwanken, als würde sie über dicken Schaumgummi laufen, sie muss riesige Schritte machen, damit sie überhaupt vorankommt. Erst jetzt fällt ihr auf, wie still es hier ist. Alle Fenster und Türen sind geschlossen. Im Garten ist keine Menschenseele, keine Musik, kein Sägen aus dem Schuppen ist zu hören. Sogar das ohrenbetäubende Tschilpen der Vögel ist verstummt. Das Haus steht unversehrt auf dem Hügel, aber jegliches Leben scheint aus ihm gewichen zu sein.

Sie steht vor der tiefroten Eingangstür mit dem quadratischen Guckloch, vor dem sich ein kleines weißes Gitter befindet. Einmal noch dreht sie sich um, beobachtet den strahlend blauen Himmel. Der Turmfalke ist auch fort. Dann klingelt sie.

~

Die Tür fliegt auf, ein Mann mit stechenden Augen und ausrasierten Haaren steht breit in der Türöffnung. Es ist Eddy Moesbergen, einer der erfolgreichsten Judenjäger der Kolonne Henneicke. Diese wurde im Oktober 1943 aufgelöst, als Amsterdam für »judenrein« erklärt wurde; Moesbergen arbeitet nun bei der Amsterdamer Polizei, die dem SD zur Seite steht. Dort hat er aus eigenem Antrieb heraus für ein verdoppeltes Kopfgeld von fünfzehn Gulden pro geschnapptem Juden die Jagd fortgesetzt. Eine seiner Informantinnen ist eine Pensionsbesitzerin aus Amsterdam, die er in der Vergangenheit verhaftet hat, weil sie selbst Juden beherbergte; seit ihrer Freilassung droht Moesbergen ihr mit einem Ausflug ohne Rückfahrschein ins Konzentrationslager, falls sie keine neuen Informationen für ihn hat. Einen Tag zuvor, am 9. Juli, ist sie am Ende ihrer Kräfte und übergibt ihm einen zerknitterten Zettel, auf dem steht: *Wald, Haus Das Hohe Nest, Driftweg 2, Naarden.* Ein anonymer jüdischer Widerstandskämpfer hatte ihr den Zettel bereits im September 1943 auf einer Caféterrasse in Amsterdam zugesteckt, als Zufluchtsort für Menschen in Not, aber sie hat nie von dieser Möglichkeit Gebrauch gemacht. Moesbergen hat den Zettel in Empfang genommen und sich an diesem Morgen mit zwei Kollegen vom SD, Harm Krikke und Willem Punt, auf den Weg zur Polizeidienststelle nach Huizen gemacht. Dort hat er zwei Polizisten in Zivil mitgenommen und ist losgezogen, um einen Blick auf das Haus zu werfen. Zu seiner Bestürzung entdeckt er an der angegebenen Adresse eine ganze Gruppe untergetauchter Juden, und jetzt steht auch noch eine Jüdin da und klingelt ganz dreist.

Janny starrt Moesbergen an, aus dem Augenwinkel sieht sie hinter ihm im Gang Robbie, das Gesicht entstellt vor Angst. Bevor sie ihren Sohn rufen kann, packt der Mann sie am Arm, zieht sie brutal ins Haus und schreit: »Wer bist du?«

Janny ist so verdutzt, dass sie antwortet: »Könnten Sie erst einmal sagen, wer Sie sind?«

Der Mann holt aus und schlägt ihr mehrere Male mit der flachen Hand ins Gesicht. Robbie fängt an zu schreien: »Mama, Mama!« Janny taumelt, die Wände drehen sich, aber sie bleibt stehen. Moesbergen zerrt sie ins Wohnzimmer. Robbie hält sich an ihrem Bein fest. Die Tür geht auf, die anderen kauern auf dem Holzfußboden. Als sie Janny und Robbie sehen, scheint ihnen die Luft wegzubleiben. Die beiden also auch. Sie haben gehofft, die verschwundene Vase würde ihren Dienst tun. Alle hocken sie da. Lien und Eberhard mit Kathinka. Jaap. Der Rote Puck, auf ihrem Schoß sitzt Liselotte – *Gott sei Dank*. Jetty. Loes und Bram, er hat einen Striemen quer über den Hals. Nein, es sind nicht alle. Janny zählt schnell durch. Vier fehlen: Joseph, Fietje, Rita und Willi.

Als sie das verzerrte Gesicht ihrer jüngeren Schwester sieht, auf einer Seite rot von Schlägen, legt Lien mit einem lauten Schluchzer die Hand vor ihren Mund. Eberhard drückt sie an sich. Bram Teixeira de Mattos schaut Janny eindringlich an und schüttelt langsam den Kopf. »Es ist nicht deine Schuld«, kann sie von den Lippen ablesen, bevor ein anderer Mann ihn niederschlägt.

»Nicht sprechen!«

Auch Janny wird zu Boden geworfen, und Robbie schmiegt sich rasch an sie. Sie sitzt jetzt im Schneidersitz und nickt Liselotte und Puck beruhigend zu. Puck schaut sie mit zitternder Unterlippe und großen Augen an, die Arme steif um das kleine Mädchen geschlungen. Überall im Haus hört man schwere Schritte, auf der Treppe und in den Zimmern, während Leute vom SD und örtliche Polizisten in Zivil mit Gewalt alles auf den Kopf stellen. Die Lampen über dem Esstisch schwanken. Schweigend schauen sie auf und senken dann schnell die Augen. Sie werden von einem Mann vom SD bewacht, der Amsterdamer Ermittler Punt, und nach dem hinterhältigen Schlag auf den Kopf von Bram wollen sie ihn nicht provozieren. Hinter der Durchreiche zur Küche hören sie, wie Moesbergen mit einem Kollegen sich an ihren Vorräten gütlich tut. Die beiden rufen den Polizisten oben etwas zu, werfen jemandem etwas zu essen zu, schmatzen laut, lachen und setzen die Durchsuchung des Hauses fort. Man hört obszöne Sprüche und laute Drohungen, die mögliche weitere Untergetauchte aus ihren Verstecken aufscheuchen sollen. Janny schließt die Augen und denkt an Vater und Mutter, die unter ihrer Luke liegen ohne zu wissen, was passiert ist und wer bereits verhaftet wurde. Sie fährt sich mit den Fingerspitzen über die Wange, die allmählich anschwillt.

Während sie auf dem Boden sitzt und versucht ruhig zu bleiben, hört sie auf den Lärm der Männer und wiederholt still deren Namen wie ein Mantra:

Moesbergen
Krikke
Punt
Hiemstra
Boellaard

~

Hatten sie sich etwa eingebildet, sie wären unantastbar? Dass der Hügel des Hohen Nestes in einem Nebel läge, den weder die Behörden noch die Razzien durchdringen könnten? Nein, sie lebten nicht in einer Phantasiewelt. Ihre Wachsamkeit hatte zu keinem Zeitpunkt nachgelassen, und sie waren sich der Risiken ihrer Taten nur zu gut bewusst; vor ein paar Tagen hatten sie noch eine Übung durchgeführt, mit dem Alarmknopf und den Verstecken. Alle hatten sie gewarnt, es sei idiotisch: Juden, die einen geheimen Unterschlupf für Juden betrieben. Bert und Annie Bochove aus dem Dorf. Mik, wirklich jedes Mal, wenn sie ihn trafen. Frits und Cor, Jan und Aleid, Karel Poons, Leo Fuks und all die anderen. Aber für Janny und Lien bestand nie ein Zweifel: Nicht nur würden sie und ihre Familien überleben, sie würden auch möglichst vielen anderen helfen. Sie hatten getan, was sie tun mussten, was sie tun konnten.

Als die Zahl der Schutzsuchenden zu groß wurde und der Zustrom der Leute aus dem Widerstand ins Hohe Nest kein Ende mehr zu finden schien, mussten sie allerdings Maßnahmen ergreifen. Bewohner waren an andere Orte umgezogen, sie hatten keine Gäste mehr, die sie nicht persönlich kannten, und es gab eine Art Sicherheitsprotokoll für die Kontaktleute zum Untergrund, die zum Hohen Nest kamen. Sie hatten ein geheimes Alarmzeichen, Verstecke im Haus für jeden Bewohner, den unterirdischen Tunnel sowie ein Netzwerk von Informanten bei den Behörden. Die Vase am Fenster war ein eindeutiges Zeichen, das schon aus der Ferne sichtbar war und vor drohendem Unheil warnte. Aber gegen Verrat gab es keinen Schutz.

Lien und Eberhard waren mit Kathinka beim Frühstück in ihrem Zimmer an der Waldseite, als sie draußen plötzlich Lärm hörten. Das war kurz vor neun. Bob und Janny waren bereits aufgebrochen, und der Rest des Hauses wurde langsam wach; die meisten blieben noch eine Weile auf den Zimmern, um die Ruhe zu genießen, bevor die Geschäftigkeit des Tages beginnen würde. Starr schauten sie einander an, und draußen erkannten sie das Szenario, das ihnen schon so oft Albträume beschert hat: Fremde Männer liefen über das Gelände.

Eberhard handelte sofort. Er rollte den Teppich weg, öffnete die Luke und stellte die Kiste mit den verbotenen Drucksachen in das unterirdische Loch: illegale Zeitungen, Jiddische Lieder, Flugblätter aus dem Widerstand, Bücher über jüdische Kultur, die Lien und Leo Fuks studierten, und noch vieles mehr. Kathinka schaute sich das erstaunt an, und Lien flüsterte hastig: »Davon darfst du niemandem erzählen, Liebes!« Luke zu, den Teppich wieder ausgerollt, Tisch und Stühle darauf aufgestellt. Ein Hämmern an der Eingangstür.

»Aufmachen!«

Eberhard drückte die Hand von Lien und öffnete die Tür ihres Zimmers zur Diele. Er ging zur Eingangstür, löste den Alarm aus und hoffte, dass alle oben wach wären und so reagieren würden, wie sie es oft eingeübt hatten. Während das Hämmern und das Geschrei anhielten, öffnete er umständlich und langsam die Eingangstür. Sobald das letzte Schloss entfernt war, stürmte ein Mann herein, das Gesicht rot und wild wie bei einem Stier.

»Sicherheitsdienst!«

Ihm folgte ein zweiter Mann und hinter ihnen erkannte Eberhard drei weitere im Garten, die konzentriert die Gegend absuchten. Gerade die Tatsache, dass keiner von ihnen eine Uniform trug, machte ihm Angst; irgendwie fand er Männer in Uniform weniger bedrohlich, als wäre ihr Verhalten nur etwas Äußerliches, das sie auch wieder ablegen könnten. Die Männer sprachen Niederländisch.

»Wo habt ihr sie versteckt!«, schrie der Anführer Eberhard ins Gesicht, ein Speichelregen begleitete seine Worte. Eberhard schaute ihn erstaunt an. Lien versuchte sich klein zu machen und drückte sich mit dem Rücken an die Wand der Diele, während sie Kathinka mit dem Gesicht an sich presste.

»Wen?«

»Ins Vorderzimmer mit euch!«

Der Mann ging zurück zur Tür, krümmte sich durch die Türöffnung und gestikulierte in Richtung der draußen auf der Lauer liegenden Männer. In der Diele bekamen sie ihre Befehle.

»Punt: Du bewachst die drei hier. Hiemstra: Du kommst mit mir.«

Und weg war er, die Treppe hinauf. Hiemstra, ein zerbrechlich wirkender Mann mit kalten Augen und einer bleichen Fischhaut, rannte ihm mit großen Schritten hinterher. Der SD-Mann, der schon im Haus war, durchsuchte das Erdgeschoss.

Zu dritt saßen sie im Vorderzimmer, Eberhard, Lien und Kathinka, bewacht vom SD-Mann Punt. Angespannt warteten sie darauf, was die Männer oben vorfinden würden. Als Erste wurden Puck und Liselotte ins Zimmer gebracht, das kleine Mädchen hatte Fieber und kroch wie eine Katze auf Pucks Schoß. Die Männer machten weiter.

»Ich schwöre, dass ich hier einen jungen Mann am Fenster gesehen habe, als wir draußen standen«, hörten sie jemanden durch den Holzfußboden über ihnen sagen.

Lien hielt den Atem an – das musste Willi gewesen sein. Als er sah, wie die Alarmlichter aufleuchteten, hatte er sicherlich kurz nach draußen geschaut, neugierig, was diesmal los wäre. Sie hatten einander noch eingebläut, das auf keinen Fall zu tun. Alarm bedeutete: Ab ins Versteck, sofort!

Moesbergen kam gelegentlich nach unten, um sie anzuschreien und sie nacheinander aus dem Zimmer zu holen; draußen versuchte er sie dann mit Drohungen zum Sprechen zu bringen – aber sie hielten den Mund, und zunächst entdeckten die Männer auch niemanden sonst im Haus. Lien war froh, dass auf jeden Fall Bob, Janny und Robbie nicht zu Hause waren. Plötzlich fiel ihr das vereinbarte Zeichen ein. Die Vase auf der Fensterbank im ersten Stock musste weg! Sie wusste nicht genau, was Janny heute alles zu erledigen hatte, das erzählten sie einander mit Absicht nicht, oder wie spät sie zurückkommen würde. Vielleicht war sie bereits auf dem Weg nach Hause. Als Punt kurz das Zimmer verließ, flüsterte sie Kathinka ins Ohr: »Lauf nach oben, ins große Vorderzimmer. Ich folge dir. Sofort!«

Sie stupste das Kind an, und Kathinka lief in die Diele, die Treppe hinauf, ins Zimmer an der Vorderseite, Lien auf den Fersen. Die SD-Leute fingen an herumzuschreien, sie schrien sie an, aber auch einander, während Lien im Sinkflug auf ihre Tochter zuhielt und mit einer vorgetäuschten Ausholbewegung die Vase von der Fensterbank herunterriss. Das ohrenbetäubende Scheppern der Scherben, die auf dem Boden in alle Richtungen flogen, wurde nur von Moesbergen übertönt, der seine Männer anbrüllte. Kathinka verstand überhaupt nicht mehr, was gerade passierte, und brach in Tränen aus, Lien schloss sie schnell in die Arme.

Der Polizist Hiemstra stieß sie vor sich die Treppe hinunter und übergab sie Punt, der dumm aus der Wäsche schaute. Über den Kopf der schluchzenden Kathinka hinweg schenkte Lien Eberhard kurz einen triumphierenden Blick. Die Vase war fort.

»Das ist eure letzte Chance: Wo ist der Rest?«

Lien starrte auf das Gesicht von Moesbergen, an seinem Hals schwoll eine senkrechte Ader an, auf der Stirn eine waagerechte. Er beugte sich zu Lien.

»Ich weiß, dass sich hier Leute verstecken. Wo sind sie?«

Lien zuckte zusammen und erbleichte. Hatten sie das Haus beobachtet? Wussten sie schon die ganze Zeit, dass sie sich hier versteckten? Dann waren alle verloren. Einer ihrer Kontaktleute aus dem Widerstand musste gefasst worden sein und ausgepackt haben. Vielleicht war es auch einer der ehemaligen Bewohner. Beinahe niemand konnte die Folter aushalten, das wussten sie; die Opfer der Folter hatten keine Schuld. Aber von wem hatten sie bloß die Informationen?

»Ich habe keine Ahnung, wovon Sie sprechen«, antwortete sie ruhig.

Bei Eberhard und Puck hatte er auch keinen Erfolg, aber als Moesbergen Kathinka mit aus dem Zimmer nahm, wurde sie panisch. Nach fünf Minuten kam das Mädchen zurück ins Zimmer und sagte stolz: »Er hat mir Schokolade angeboten, aber ich habe sie nicht genommen. Ich habe nichts gesagt, nur, dass er ein böser Mann ist.« Lien drückte sie an sich.

Nach einer weiteren Stunde hörten sie ein Poltern auf der Treppe. Die Tür ging auf, und Bram und Loes Teixeira de Mattos wurden hineingestoßen, die Augen stumpf und mit herunterhängenden Schultern. Moesbergen betrachtete kurz die Gruppe, die sich vor ihm auf dem Boden angesammelt hatte, befahl Bram, wieder aufzustehen und mitzukommen. Mit Mühe richtete sich der alte Mann auf und folgte ihm in den Flur. Durch die geschlossene Tür konnten sie alles mit anhören.

»Du bist also ein Jude?«, Moesbergen schrie, als müsste er eine Menschenmenge übertönen.

»Nein, das stimmt nicht«, hörten sie Bram sagen, seine sowieso leise Stimme wurde von den dicken Mauern fast verschluckt. Loes fing an zu weinen und hielt vornübergebeugt ihr Gesicht zwischen den Händen.

»Hier haben wir also einen Juden, der gar nicht weiß, dass er ein Jude ist!«

Gelächter. Dann hörten sie Krach in der Diele, merkwürdige Geräusche, Möbelrücken oder ein kurzes Handgemenge. Die Gesichter verkrampft vor Anspannung blickten sie auf die Tür.

»Bist du jetzt noch immer kein Jude? Muss ich vielleicht einen Juden aus dir machen?«

Bei jedem Wort von Moesbergen sackte die Gruppe im Zimmer mehr zusammen. Plötzlich flog die Tür auf, und Bram stolperte herein. Er hatte die Hände an seinen Hals gepresst, die Augen waren blutunterlaufen, und er bekam kaum noch Luft. Beschwerlich setzte er sich wieder neben Loes, die sich zu ihm hinüberbeugen wollte, aber er zog sich zurück und starrte auf den Fußboden, während er mit offenem Mund einzuatmen versuchte. Danach schwiegen alle.

Noch eine Stunde später: Jaap, Jetty und Simon.

»Schaut euch das einmal an!«, rief Moesbergen wie ein Schmierenkomödiant mit einem breiten Grinsen im Gesicht, während er die drei vor sich her schubste: »Die nächsten haben wir auch schon erwischt. Ich stecke euch alle für immer ins Gefängnis.« Sie hatten den Holzfußboden aufgerissen und die Verstecke entdeckt.

Um zwei Uhr am Mittag erfolgte der Paukenschlag: Janny und Robbie. Die zerschlagene Vase hatte ihr Schicksal nicht abwenden können.

~

Nach einer ganzen Weile, die sie auf dem Boden sitzen und es so aussieht, als wären die restlichen Bewohner in ihren Verstecken erst einmal sicher, kann Janny wieder ruhig denken. Die erste Panik ist verflogen, sie ist ruhig, fast schon eiskalt. Ein paar Dinge müssen jetzt geschehen. Bob muss auf seiner Arbeitsstelle gewarnt werden. Die Bewohner, die noch nicht entdeckt wurden, müssen in ihren Verstecken bleiben. Und die Kinder müssen hier weg. Sie schaut Lien direkt an und weiß, dass sie dasselbe denkt. Der Augenblick, den sie all die Monate vor sich hergeschoben haben, ist nun doch gekommen: Sie müssen Abschied von den Kindern nehmen.

»Entschuldigen Sie«, wendet sich Janny an Punt, »meine Tochter hat hohes Fieber.« Sie zeigt auf Liselotte, die sich an Puck festklammert, zwei rote Wangen und schlaftrunkene Augen, sie sieht fast wie ein merkwürdiger Clown aus. Er zuckt mit den Schultern und sieht sie fragend an.

»Sie braucht einen Arzt. Das Gefängnis überlebt sie nicht.«

Punt wendet den Blick ab und starrt hinaus. Ihre Bitte stößt auf taube Ohren. Janny schaut Lien an und nickt ihr zu.

»Erschrick nicht«, flüstert Lien Kathinka ins Ohr und fängt dann wie ein Ferkel am Spieß an zu schreien. Kathinka hüpft von ihrer Mutter weg, die rücklings auf dem Boden wild mit den Armen um sich schlägt, ihr Kopf schießt von links nach rechts, während sie immer weiterbrüllt. Alle im Zimmer sind geschockt, auch Punt, der aussieht, als sähe er einen Geist. Er versucht, die Fassung wiederzugewinnen und scheint zum Schlag ausholen zu wollen, aber er weiß nicht, wen er eigentlich treffen soll.

»Nicht die Kinder! Nicht die Kinder!«

Lien tobt und wütet. Der plötzliche Anfall ist vorgetäuscht, aber die Verzweiflung ist echt. Sie spuckt und sabbert und rollt über den Boden. Punt muss zur Seite springen und ruft ihr zu, sich zu beruhigen, aber Lien ist mit ihrer Aufführung noch nicht zu Ende.

»Nehmt mich! Aber nicht die Kinder, bitte nicht die Kinder.«

Auch Janny schießen die Tränen in die Augen. Die anderen

schauen fassungslos zu, sie verstehen zwar, dass das Ganze eine Finte ist, spüren aber auch, um was es hier geht.

»Schluss damit, du Weibsstück! Wohin sollen die Kinder denn? Schluss jetzt!« Punt schaut auf die Tür. Offensichtlich hat er Angst, dass Moesbergen hereinkommt und abermals sieht, dass er mit einer Situation überfordert ist.

»Sie können zu unserem Hausarzt«, sagt Janny ruhig aus der Zimmerecke.

Punt dreht sich um: »Was?«

»Der Arzt ist hier ganz in der Nähe; er nimmt die Kinder bestimmt auf. Bitte. Ich kann ihn gleich anrufen.«

Lien wimmert wie ein verwundetes Tier und brabbelt weiterhin immerzu, *nicht die Kinder*. Punt befürchtet jeden Moment einen neuen Anfall. Er nickt zustimmend in Richtung von Janny, aber dann kommt Moesbergen herein. Er gibt Punt den Befehl, die ganze Gruppe, mit Ausnahme des älteren Ehepaars Teixeira de Mattos, zur Polizeidienststelle in Huizen zu bringen. Niemand weiß, warum Bram und Loes nicht mitkommen sollen – vielleicht, weil sie schlecht zu Fuß sind, vielleicht auch, weil die SD-Leute denken, aus diesen verletzlichen Menschen einfacher Informationen herauspressen zu können. Die zwei örtlichen Beamten, die dem SD den ganzen Tag über geholfen haben, Hiemstra und Boellaard, sollen Punt begleiten.

»Geht. Jetzt.«

Sie werden vor den drei Männern hergetrieben und nach draußen gejagt. Vor dem Hohen Nest müssen sie eine Reihe bilden. Mittlerweile ist klar, dass der Fund die Männer überrascht hat; sie haben im Vorfeld nichts organisiert – keinen Transport, keine Unterstützung, sie haben im Augenblick nicht einmal einen Plan.

Also läuft die Gruppe zu Fuß Richtung Huizen, aber auf dem Weg reden Lien und Janny weiter auf Punt ein: Die Kinder seien Halbjuden – bringen Sie die Kinder zum Hausarzt, und uns nehmen Sie mit. Wenn sich herausstellt, dass das nicht die Wahrheit ist, könnt ihr sie immer noch abholen. Der Doktor wohnt hier um die Ecke, wir sind schon fast da: Dort hinten wohnt er. Bitte. Punt gibt nach. Er schickt einen der Polizisten mit den restlichen Gefangenen weiter zur Dienststelle und befiehlt dem anderen mit ihm zum Hausarzt zu gehen. Sie biegen ab in Richtung des Nieuwe Bussummerweg, zum Haus von Dr. Van den Berg, und klingeln.

Der Doktor öffnet die Tür und erschrickt, als er die beiden kreidebleichen Frauen sieht: Frau Brandes und Frau Bos, die ihre drei kleinen Kinder ganz fest an sich drücken. Er hat ihnen gelegentlich geholfen, weiß auch, dass die beiden Jüdinnen sind und Menschen im Hohen Nest verstecken. Hinter ihnen stehen zwei Männer. Punt stellt sich als Mitglied des Sicherheitsdienstes vor, sein Kollege sei von der Polizei Huizen. Ob sie eintreten dürften. Bevor der Arzt antworten kann, stehen sie bereits in der Wohnung.

Danach geht alles schnell. Der Arzt und dessen Frau willigen ein, die Kinder vorübergehend aufzunehmen. Punt ordnet an, dass die Kinder jederzeit dem Zugriff durch den SD zur Verfügung stehen müssen: Die vorläufigen Ermittlungen deuten darauf hin, dass die Frauen mit Ariern verheiratet seien, dann wären die Kinder keine *Volljuden*. Wenn dies aber doch der Fall sein sollte, würden sie doch noch abgeholt und deportiert werden.

Robbie begreift plötzlich, was hier gleich passiert. Er blickt von den fremden Männern zu seiner Mutter, gräbt seine Finger tief in ihre Haut und fängt fast an zu weinen. Janny geht in die Knie und legt die Hände schützend um sein Gesicht. Sie legt ihre Nase an seine, schaut ihm direkt in die Augen und flüstert: »Hab keine Angst. Ich komme zurück, das verspreche ich dir. Papa holt euch ab, sag ihm, dass ich zu euch zurückkehren werde. Hast du verstanden?«

Sein kleiner Körper zittert, die Augen sind geweitet, aber Robbie nickt langsam, und seine Mutter gibt ihm einen letzten Kuss auf die verrotzten Lippen. Janny übergibt ihn dem Polizisten. Dann nimmt sie Liselotte in die Arme, sie glüht noch immer vor Fieber. Lien umschlingt Kathinka. Beide Mädchen sind fast drei und weinen leise, sie verstehen nicht, was geschieht, aber spüren, dass etwas Schlimmes bevorsteht.

»Sei lieb, bleib ruhig, alles wird wieder gut!«, flüstert Lien ins Haar von Kathinka. Janny drückt Liselotte ein letztes Mal an sich, und dann nimmt der Arzt die drei Kinder mit ins Wohnzimmer.

Als die Haustüre sich hinter ihnen schließt, ist es totenstill. Janny und Lien gehen den schmalen Weg zur Straße und schauen sich noch ein einziges Mal um. Die drei Kleinen stehen am Fenster, niemand winkt. Dann bekommen die beiden Frauen einen Stoß in den Rücken, und die Kinder verschwinden aus ihrem Gesichtsfeld.

DIE KUGEL

Der SD hatte tatsächlich keinen derart großen Fang erwartet; es gibt kaum noch Juden im Land. Man war von einem Juden ausgegangen, vielleicht auch zwei, aber auch ohne die Kinder sind es schon acht: Janny, Lien, Jaap, Bram, Loes, Jetty, Simon, Puck. Außerdem dieser deutsche Deserteur, ein Landesverräter. Sogar Moesbergen hat nicht oft so einen wertvollen Fang gemacht.

Bis auf Bram und Loes werden sie alle bei der Polizei in Huizen eingesperrt. Punt kehrt sofort ins Hohe Nest zurück, um seinen dortgebliebenen Kollegen Moesbergen und Krikke beim Suchen zu helfen. Sie sind sich angesichts all dieser fachmännisch angelegten Verstecke sicher, dass sich noch mehr Menschen in der Villa im Wald verstecken. Sie reißen Fußböden auf, öffnen Wände, entfernen Teppiche, rufen Obszönes, um die Untergetauchten aus ihren Verstecken aufzuscheuchen, und klopfen mit Hämmern die Wände ab. Aber es bleibt mucksmäuschenstill. Die Steine des Hohen Nestes verraten nichts. Sie drohen damit, das ganze Haus mit Gewehrsalven zu durchsieben, täuschen vor aufzugeben, ziehen die Eingangstür hinter sich zu und schleichen sich dann wieder ins Haus zurück: nichts. Das macht sie wütend. Es müssen noch mehr hier sein, sie haben die Matratzen auf den Zimmern und die Zahnbürsten bei den Waschbecken gezählt.

In der Zwischenzeit soll die achtköpfige Gruppe irgendwie zum Hauptquartier des Sicherheitsdienstes nach Amsterdam, in die Euterpestraat, zum Verhör gebracht werden, aber wie? Da nichts vorbereitet wurde, stehen weder in Naarden noch in Huizen Polizeibusse zur Verfügung. Die Leute vom SD versuchen vergeblich, telefonisch Fahrzeuge zu mieten. Sie diskutieren, ob sie die Gruppe mit dem Zug nach Amsterdam bringen könnten, aber das ist zu riskant. Schließlich beschließen sie zu warten, bis jemand vom SD mit einem Kleinbus aus Amsterdam eintrifft.

Janny hat mittlerweile die Telefonnummer von Bobs Büro auf einen Zettel gekritzelt und wartet darauf, die richtige Person zu erwischen. Aus Erfahrung weiß sie, dass es bei der Polizei in Huizen auch aufrechte Menschen gibt; Beamte, die im entscheidenden Moment ein Auge zudrücken oder sogar Informationen an Untergetauchte vor Ort oder den Widerstand weitergeben. Sie steckt den Zettel heimlich in die Hand eines der Polizisten, der schon den ganzen Tag dabei ist. »Bitte informieren: nicht nach Hause kommen!« Sie flüstert das ganz leise, fast ohne den Mund zu bewegen. Der Polizist schließt die Faust um das Papier, sagt aber nichts. Auf Gedeih und Verderb liegt das Schicksal von Bob in seiner Hand.

Erst später am Mittag trifft das Fahrzeug ein, das der SD aus Amsterdam angefordert hat, und sie verlassen die Dienststelle in Huizen. Unterwegs werden Bram und Loes beim Hohen Nest abgeholt, das Ehepaar sieht grau und schwach aus. Sie wissen nicht, was in der Zwischenzeit mit den beiden passiert ist, aber anscheinend wurden die letzten vier Bewohner in ihren Verstecken – Joseph, Fietje, Willi und Rita –, bislang weder verraten noch entdeckt.

Auf dem Weg nach Amsterdam sind sie alle still; sie haben Angst, dass sie mit ihren Worten die anderen verraten könnten. Lien und Janny können sich fast nicht in die Augen blicken, so niedergeschlagen sind sie wegen des Abschieds von den Kindern. Auch die Sorge um Vater und Mutter, unter ihrer Luke, bringt sie fast um.

Sobald sie in die Stadt hineinfahren, kommt Bewegung in die Gruppe. Für alle, abgesehen von Janny und Eberhard, ist es das erste Mal seit langer Zeit, dass sie wieder hier sind. Über die Weesperzijde fahren sie in die Stadt, dann Richtung Zuid, wo sich das Hauptquartier befindet. Die Atmosphäre ist wie gelähmt. Keine Ablenkung auf den Straßen, nur viele Soldaten, Polizisten. Sogar am Ende dieses strahlenden Sommertags, ein Zeitpunkt, an dem die Innenstadt normalerweise widerhallen würde von Trubel und Geschäftigkeit, scheint eine dunkle Wolke auf die Menschen und Häuser zu drücken. Über die Brücke und weiter über die Amstellaan, sie kreuzen die Rijnstraat, passieren das auffällige Gebäude an der Apollolaan, das sie immer den Turm der Arbeit nannten. Ein stählernes Skelett mit einem Harnisch aus Glas, der stolze Wolkenkratzer der Sozialversicherung. Vor wenigen Jahren starrten die Schwestern noch mit offenem Mund hinauf zur Gondel für die Fensterputzer – es war die allererste in den Niederlanden. Ihnen standen die Haare zu Berge, wenn sie nur daran dachten, dort oben zu arbeiten, aber der Fensterputzer hatte fröhlich heruntergewinkt. Auf dem Dach des Gebäudes sieht man jetzt Suchscheinwerfer und Luftabwehr der Wehrmacht. Im Hohen Nest konnte man die Besatzung vor allem spüren, hier ist sie überall sichtbar.

Dann: die Euterpestraat, das alte Schulgebäude. »Raus!«

Aus dem Bus über die Eingangshalle in einen dunklen Keller. Schmale, hölzerne Etagenbetten an den Wänden. Die Tür schlägt zu. Sie stehen dicht beieinander wie in einer Schlange vorm Postschalter. Es ist feucht und fast finster, an der Decke hängt eine einzelne Glühbirne. Sie tasten den kalten Boden ab und setzen sich hin, spüren die Gegenwart der anderen. Niemand spricht.

Noch am selben Abend werden sie in das moderne Gebäude an der Marnixstraat abtransportiert. Nach einer schlaflosen, angsterfüllten Nacht bringt man sie am nächsten Morgen wieder in den Keller an der Euterpestraat. Der Verhörbunker. Sie haben gemeinsam über mögliche Fluchtversuche gesprochen, aber die SS-Wachleute weichen ihnen nicht von der Seite. Nacheinander werden sie aus dem Keller geholt. SS-Sturmbannführer Willi Lages, der deutsche Anführer des SD in der Region Nordholland, ist ein versierter Folterer und war an mehreren Exekutionen beteiligt. Versprechen, Erpressung, Beleidigungen: Das ganze Repertoire kommt zur Anwendung, aber keiner verrät etwas. Man droht damit, die Kinder kommen zu lassen, damit sie ihr Schweigen brechen; Janny und Lien wissen nicht, ob sie dann noch standhalten können. Vor allem Lien hat fürchterliche Angst, sie könnten herausfinden, dass sie und Eberhard gar nicht verheiratet sind. Kathinka wäre damit offiziell ein jüdisches Kind, das reicht für die Deportation.

Als sie am Abend in die Marnixstraat zurückkehren, stellt sich heraus, dass Bram und Loes Teixeira de Mattos ins Lager Westerbork abtransportiert wurden. Janny und Lien gehen niedergeschlagen durch die Flure in Richtung des Zellenkomplexes und wollen ihren Augen nicht trauen: Dort stehen Fietje und Joseph. Alt, zerbrechlich. Eine Hand auf einem Arm, Augenkontakt, zu kurz, um die gegenseitige Ratlosigkeit und Niedergeschlagenheit aufzulösen. Joseph hat seinen Arm schützend um seine Frau gelegt, aber auch er weiß, das wird nicht reichen.

»Wir haben so lange wie möglich ausgehalten!«, flüstert Joseph entschuldigend. Er senkt die Augen. »Sie haben die anderen auch gefunden. Und auch die Papiere von Eberhard.«

Weitergehen, in die Zelle. Lien schwankt, sie sucht die Augen von Janny: Jetzt ist es also vorbei. Eberhard hatte seine deutschen Papiere, darunter seinen ursprünglichen Personalausweis, in einer Bleikiste hinter dem Haus vergraben, gleich, als sie ins Hohe Nest einzogen. Nach dem D-Day hatten sie, optimistisch, wie sie waren, die Dokumente ausgegraben, um zu kontrollieren, ob sie noch unbeschädigt waren. Aber sie waren feucht und verkrumpelt. In einem der Schlafzimmer gab es einen Kamin, den sie nicht benutzten; dort hatten sie die Papiere zum Trocknen aufgehängt. Er hatte vor, sie später besser zu verpacken und alles wieder im Garten zu vergraben. Nun wissen sie über seine wahre Identität Bescheid. Jean-Jacques Bos hatte noch eine Chance. Eberhard Rebling erwartet der Strick.

Im Hauptquartier des SD ist man erfreut über den Fang: sechzehn Untergetauchte, darunter zwei Kinder, die vorläufig in Ruhe gelassen werden. »Mischlinge« kommen nicht auf den Transport. Beim dritten Kind sieht das anders aus. Da sie die Papiere des Deutschen gefunden haben, wissen sie jetzt auch, dass er mit der Jüdin gar nicht verheiratet ist, das Kind ist also *Volljüdin*. Moesbergen befriedigt diese Nachricht, und er hat Doktor Van den Berg befohlen, das Kind umgehend persönlich beim Büro des SD am Adama van Scheltemaplein abzugeben.

Von den Erwachsenen werden alle, bis auf Janny, Lien und Eberhard, am dritten Tag ins Zuchthaus an der Weteringschans gebracht. Es ist dasselbe Zuchthaus, auf das ihr Freund Gerrit van der Veen, Miks Kompagnon beim *Vrije Kunstenaar*, vor einigen Monaten einen Anschlag verübte, in der Hoffnung, Freunde aus dem Widerstand befreien zu können. Der Anschlag auf das Amsterdamer Bevölkerungsregister im Vorjahr, im März

1943, war nur teilweise erfolgreich gewesen, aber das hielt ihn nicht davon ab, es noch einmal direkt in der Höhle des Löwen zu versuchen. Im Mai 1944 erstürmte er die Weteringschans, bekam einen Treffer in den Rücken ab, konnte aber entkommen. Einige Wochen später wurde er trotzdem erwischt und im Juni in den Dünen bei Overveen hingerichtet. Die Brilleslijpers und ihre Gruppe wissen davon noch nichts. Aber als sie im Zuchthaus sitzen, sind bereits zwei der drei Gründer des *Vrije Kunstenaar* tot: Mik van Gilse und Gerrit van der Veen. Der dritte Partner, der Vater von Mik, der Komponist Jan van Gilse, befindet sich in einem schlechten Gesundheitszustand und stirbt wenige Monate später. Das Licht des *Vrije Kunstenaar* als Galionsfigur des Widerstands der Künstler ist erloschen.

Die Nacht des 12. Juli verbringen Lien und Eberhard zu zweit in einer Zelle. Es war vermutlich ihre letzte Nacht. Schweigend halten sie einander fest, bereiten sich auf den Abschied vor, denken an Kathinka, aber sprechen ihren Namen nicht aus.

»Wenn wir überleben, dann sehen wir uns bei Mieke und Haakon in der Johannes Verhulststraat wieder, ja?«

Eberhard schaut Lien fragend an, und sie nickt zustimmend. Das sind die einzigen Worte, die noch zählen, obwohl sie eine Zukunft entwerfen, die höchst unwahrscheinlich ist. Lien weint, Eberhard wiegt sie in seinen Armen. Von Janny hat sie eine Luminal-Tablette bekommen, ein Beruhigungsmittel, das auch ein Pferd umwirft. Sie zerbricht die Tablette und gibt Eberhard eine Hälfte, damit er schlafen kann. Er muss ausgeruht sein, damit er die Verhöre morgen übersteht. Sie schlafen wie betäubt und werden am nächsten Morgen, am Donnerstag, dem 13. Juli, voneinander getrennt.

Wenig später sind alle, abgesehen von Eberhard und Janny, im Lager Westerbork: Joseph, Fietje, Lien und Jaap. Die beiden Mädchen, Puck und Jetty. Simon. Bram, Loes und Rita, ihre

Tochter, sowie deren Mann Willi. All diese Menschen werden nicht mehr benötigt.

~

Jetzt konzentriert sich der SD auf den deutschen Deserteur und die jüdische Frau aus dem Widerstand. Zusammen haben sie so ziemlich gegen alle Regeln des arischen Glaubensbekenntnisses verstoßen, und die Frage ist eigentlich nur, wer als Erstes von ihnen dran glauben muss. Die niederländischen Polizisten von der Dienststelle in der Marnixstraat sind ihnen jedoch eher gutgesinnt, scheinen ihr Schicksal sogar zu bedauern, und Janny riskiert es: Können sie sich vielleicht freikaufen? Die Polizisten sagen, dass sie tatsächlich helfen würden, aber es gäbe einfach keine Möglichkeit: Die SS ist überall, vertraut niemandem und behält auch sie genau im Auge.

Das Muster wiederholt sich: Sie schlafen in der Marnixstraat und werden im SD-Hauptquartier in der Euterpestraat verhört. Abwechselnd werden sie zur Befragung durch Sturmbannführer Willi Lages nach oben gebracht. Er ist in seinem Element, dieser groß gewachsene Mann mit dem Eierkopf, den verkniffenen Lippen und der lang gezogenen, spitzen Nase. Janny kann nicht lange in sein Gesicht blicken, so scharf sind seine Züge. Man schlägt Janny, damit Eberhard auspackt. Eberhard wird geschlagen, damit Janny auspackt. Sie schweigen, und Lages lacht sie aus.

»Dein Schicksal ist sowieso besiegelt«, sagt er höhnisch zu Eberhard. »Du bekommst die Todesstrafe wegen Fahnenflucht, Landesverrat, Sabotage und Rassenschande!«

Das letzte Wort spuckt er Eberhard voller Abscheu ins Gesicht. Ein Kind mit einer jüdischen Frau, tiefer konnte sein Landesgenosse nicht sinken.

»Morgen stehst du vorm Militärgericht, und dann bist du Geschichte.«

Ein letztes Mal sind Janny und Eberhard gleichzeitig in der Marnixstraat, sie wissen, am nächsten Tag steht ihm die Hinrichtung bevor. Janny wälzt sich die ganze Nacht hin und her, denkt fiebrig darüber nach, was sie noch unternehmen könnte, um die Kugel, die für Eberhard gedacht ist, abzulenken, aber in ihrem Kopf ist nichts als Leere. Als sie endlich einschläft, träumt sie, sie würde rücklings und mit haltsuchenden Fingern in einen tiefen Schacht stürzen, dessen Boden nicht in Sicht ist. Die Wachleute holen sie in den frühen Morgenstunden des 14. Juli aus der Zelle.

Als sie Janny hinter Eberhard zu dem bereitstehenden Polizeibus bringen, explodiert ihr Kopf beinahe vor Schmerzen. Die Morgensonne wandert am wolkenlosen Himmel empor und brennt schon jetzt zu grell auf ihrer Netzhaut. Die Türen auf der Rückseite des Fahrzeugs sind aufgeklappt, links und rechts befinden sich Holzbänke. Die Polizisten dirigieren sie hinein, ein älterer Häftling wartet bereits darin. Er starrt auf seine Schuhspitzen. Die beiden Beamten in Zivil setzen sich neben sie und verschließen die Türen, deren Fenster bleiben geöffnet, damit frische Luft hereinkommt. Eberhard, Janny und ein Beamter sind nebeneinander auf einer Bank aufgereiht, gegenüber sitzt der andere Häftling mit dem zweiten Beamten. Als der Bus anfährt, drehen alle fünf ihre Köpfe zu den Scheiben nach hinten und blicken auf die Straßen von Amsterdam, die sie hinter sich lassen. Merkwürdig, sie fahren nach Norden. Die Euterpestraat liegt doch im Süden. Haarlemmerstraat. Janny und Eberhard schauen einander kurz an. Die Spaarndammerstraat.

»Wohin fahren wir?«, fragt Janny. Sie hört ihre eigene Stimme im Fahrzeuginneren, verfremdet durch die Blechummantelung, als gehörte sie jemand anderem.

»Wir müssen kurz noch nach Noord, jemanden abholen«, antwortet einer der Beamten.

Sie fahren schweigend weiter. Schwarze Flecken tanzen vor Jannys Augen, der Schmerz hämmert unter ihren Schläfen, aber sie will die Augen nicht schließen. Sie will ihre Stadt sehen, wer weiß, wann sie wieder hierher zurückkehren kann. Ob sie überhaupt jemals zurückkehrt.

Das Fahrzeug hält an. Spaarndammerdijk. Der Polizist neben Janny steigt aus – »Ich bin gleich wieder da« – und wirft die Tür hinter sich zu. Janny blinzelt, einmal, zehnmal, damit die tanzenden Flecken verschwinden. Eberhard wendet sich ihr zu, sucht den Augenkontakt, schaut auf den Türgriff neben ihr. Soll sie ...? Dann beugt sich Janny vornüber, dicht ans Gesicht des Polizisten auf der Sitzbank auf der gegenüberliegenden Seite. Auf seinem Schoß liegt eine Waffe. Mit einer Samtstimme fängt sie an, sich mit ihm zu unterhalten. Eberhard versteht sofort, jetzt muss er handeln. Aber er erstarrt. Plötzlich wirft sich Janny in die Arme des Polizisten. »Raus!«, schreit sie. Eberhard springt in ihrem Rücken durch die Scheibe nach draußen. Jemand greift nach seinem Fußknöchel, zerrt an seiner Regenjacke, das Material reißt, Eberhard wirft sein ganzes Gewicht nach vorn, läuft über den Bürgersteig, weg vom Bus, die zerrissene Jacke weht hinter ihm her. Der Polizist hat Janny roh von sich abgeschüttelt und steht jetzt auf der Straße, schießt in die Luft – »Halt!« –, aber Eberhard ist schon zu weit weg. Überall Lärm, Leute sammeln sich um das Fahrzeug. Janny steigt aus und sieht noch, wie Eberhard in der Stadt verschwindet. Das Schlagen in ihrem Kopf ist verschwunden, sie wird so leicht wie ein Ballon, der über die Heide schwebt. Dann wird alles schwarz, und sie bricht auf dem Pflaster zusammen.

~

Bewusstlos wird Janny in die Dienststelle getragen. Immer wieder erlangt sie kurz ihr Bewusstsein zurück und wird dann wieder ohnmächtig, aber jedes Mal spürt sie das prickelnde Gefühl des Triumphs: Eberhard ist entkommen.

Zunächst wird sie von niederländischen Beamten bewacht, aber dann holen die Deutschen sie ab. Sie wird abtransportiert, zurück in die Euterpestraat. Alle sind außer sich vor Wut – auf sie, auf die Kollegen, auf den deutschen Deserteur. Und dann ist da noch SS-Sturmbannführer Willi Lages.

Sie fangen schon im Aufzug zum Keller an, sie zu verprügeln, sie schlagen und treten sie überall. Als Janny auf dem Boden zusammenbricht, stellt sich Willi Lages mit seinem ganzen Gewicht auf ihre Beine, andere schlagen durch den offenen Käfig des Aufzugs mit allem, was zur Verfügung steht. Lages hört nicht auf, er hat eine Peitsche, andere prügeln mit Fäusten und Knüppeln. Sie werfen sie in einen Verschlag, oder einen Keller, es ist ein pechschwarzes Loch, Janny sieht nichts mehr, keinen Lichtspalt, die Dunkelheit schnürt ihr die Luft ab. Sie wird ohnmächtig, dann ist sie wieder kurz wach – ist eine Minute verstrichen oder eine Stunde? Der Schmerz und die Dunkelheit. Über sich hört sie Schritte. Überall hat sie stechende Schmerzen. Sie tastet mit den Fingern die Wände ab, ruft um Hilfe und sinkt dann wieder in tiefen Schlaf. Wenn sie kurz aufwacht, hört sie in der Ferne Menschen, schreit vor Schmerz, bis ihre Stimme versagt. Niemand kommt.

In der Nacht ist alles still.

Am nächsten Tag öffnet sich die Tür. Willi Lages steht breitbeinig in der Türöffnung.

»Dich kriegen wir, du kommst vors Erschießungskommando.«

Licht dringt an seiner Silhouette vorbei auf ihre Beine, diese bilden eine blutige Masse. Janny berührt vorsichtig ihre Haut: Sie ist bedeckt mit Verletzungen, ihr Körper ist vom Kopf bis zu den Zehen eine einzige Wunde. Dann schlägt sie die Lider auf und blickt Lages direkt in die Augen. Ein kurzes Funkeln, ein Triumphgefühl, das den Schmerz verjagt. Sie ist sich sicher, dass sie jetzt gleich erschossen wird, aber zu ihrer Verwunderung legt man ihr Handschellen an und bringt sie ins Gefängnis am Amstelveenseweg.

Humpelnd und erschöpft wird Janny in eine Zelle gebracht, die Handschellen werden gelöst, und die Tür schließt sich. Eine Zelle für zwei Personen, die mit sechs Menschen belegt ist. Man nimmt sie herzlich auf, erkundigt sich, was mit ihr passiert sei. Im Trakt wird auf Gitter und Heizungsrohre geklopft und so die Nachricht vom Neuankömmling weitergegeben. Die anderen Gefangenen helfen ihr beim Säubern und Versorgen ihrer Wunden, und innerhalb weniger Stunden gelangt aus einer anderen Zelle ein Stapel frischer Wäsche zu ihr. Ein frischer Kissenbezug, was für ein Luxus. Darin steckt ein Zettel. Sie entfaltet ihn und liest: »Eberhard ist in Sicherheit, die Kinder ebenfalls. Bob.« Ein Freudenschrei entfährt ihr, die Tränen schießen ihr in die Augen, sie schlägt die Hand vor den Mund, ihre Schultern beben. Sie will nicht weinen, aber es sind Tränen der Erleichterung.

~

Sie hocken zu sechst, manchmal auch zu acht in der kleinen Zelle im Zuchthaus II am Amstelveenseweg. In den ersten Tagen befürchtet Janny, dass jeden Augenblick wieder das Gesicht von Willi Lages an der Zellentür erscheinen könnte und sie zum Erschießungskommando gebracht wird. Aber nichts passiert. Offensichtlich hat niemand ausgepackt; sie haben zwar einige Vermutungen hinsichtlich ihrer Tätigkeit für den Widerstand, aber nichts Handfestes. Aber der Verrat des Verstecks nagt an ihr. Wer wusste alles vom Hohen Nest? Im Kopf geht sie stundenlang alle Namen und Gesichter durch: die der Mitbewohner, der Leute aus dem Widerstand, der Untergetauchten, der Kontaktleute, der Händler, bei denen sie die letzten Jahre eingekauft haben, der Wanderer auf der Heide, der Polizisten, der NSB-Leute, von zufälligen Begegnungen, von alten Freunden, die verhaftet wurden.

Nachts raschelt es in ihrem Kopf, als würden Tausende Insekten mit ihren wimmelnden Beinen auf der Innenseite der

Schädelknochen entlanghuschen, sie hört die kleinen, tickenden Geräusche. Sie treibt sich selbst in den Wahnsinn, wiederholt verquollen die Namen, bis sie halb im Fieber einschläft:

Moesbergen
Krikke
Punt
Hiemstra
Boellaard

Aus Tagen werden Wochen. Janny stellt sich bohrende Fragen: Was ist mit Lien, mit Jaap, Joseph und Fietje, den anderen Mitbewohnern? Geht es Kathinka gut? Auf dem Zettel von Bob stand »die Kinder«, sind damit wirklich alle drei Kinder gemeint? Oder haben die Deutschen Kathinka abgeholt? Ihre Mitgefangenen quälen die gleichen Fragen über ihre geliebten Menschen, und die Anspannung schlägt sich auf die Stimmung in der Zelle nieder. Man liegt sich wegen Kleinigkeiten in den Haaren, manche verlieren ihre Selbstbeherrschung, andere scheinen zusammenzuschrumpfen. In der Zelle wird auch Tante Bet aus dem Jordaan-Viertel festgehalten. Sie ist empört darüber, dass man sie festgenommen hat, denn sie habe doch nur zwei jüdische Großväter. Tag ein, Tag aus verfällt sie ins Lamentieren. Aber jeden Morgen, wenn sie einen Becher Wasser bekommen, um sich zu waschen, ruft Tante Bet: »Mädels: Muschis waschen!«, und dann müssen sie doch alle lachen.

In der Zwischenzeit wird ein paar Kilometer weiter, im Zentrum von Amsterdam, eine andere Gruppe von Juden entdeckt, die, genauso wie die Bewohner des Hohen Nestes, das Kriegsende schon am Horizont aufblitzen sahen.

Am 4. August 1944 stößt der SD in einem Herrenhaus an der Prinsengracht 263 hinter einem schwenkbaren Schrank auf einen großen Unterschlupf. Acht Menschen sind dort untergetaucht. Im Gebäude befindet sich die niederländische Zentrale des deutschen Unternehmens Opekta, das Pektine liefert, wie man sie beispielsweise für Marmelade benötigt. Der jüdische Direktor, Otto Frank, ist am 6. Juli 1942 mit seiner Frau Edith und den beiden halbwüchsigen Töchtern Anne und Margot im Hinterhaus der Niederlassung untergetaucht: Dort befinden sich mehrere kleine Zimmer, die auf zwei Stockwerke verteilt sind. Wenig später stoßen ein Kollege mit Frau und Kind sowie ein weiterer Flüchtling zu ihnen. Sie schaffen es gut zwei Jahre, sich dort versteckt zu halten, aber an diesem Freitagabend im Sommer des Jahres 1944 kommt eine Gruppe des SD zum Haus an der Prinsengracht, um es zu durchsuchen. Sie werden die Gruppe entdecken.

WESTERBORK

Westerbork. Das »Judendurchgangslager«. Zum Lager gehört ein Krankenhaus mit beinah achthundert Betten, in dem bis zu hundertzwanzig Ärzte arbeiten können, eine Zahnklink, ein Kindergarten und eine Schule, ein Verwaltungszentrum und ein Lagerladen, wo man mit speziellem Lagergeld bezahlt. Das alles erweckt den Eindruck, das Lager wäre für einen dauerhaften Aufenthalt angelegt worden, aber es handelt sich um ein Durchgangslager. Niemand, der hierherkommt, soll je wieder nach Hause zurückkehren.

Es ist zynisch, dass das Lager 1939 ausgerechnet als Zentrales Flüchtlingslager Westerbork gegründet worden ist, um aus anderen Ländern geflohenen Juden eine sichere Zuflucht zu bieten. Aber nachdem die SS Westerbork im Frühjahr 1942 übernommen hat, fungiert es quasi als Eingangsportal zu den zahlreichen Konzentrationslagern jenseits der Grenze. Niederländische Bauunternehmer errichten im Lager noch einige riesige Baracken, sie sind vierundachtzig Meter lang und zehn Meter breit, sodass dort mitten im Krieg etwa vierundzwanzig zugige Holzschuppen, eher Hühnerställe, stehen, die bis in den letzten sandigen Winkel mit Menschen gefüllt sind.

Um die Deportationen ohne Aufruhr durchführen zu können, herrscht im Alltagsleben im Lager so viel Normalität wie möglich: Der jüdische Ordnungsdienst im Lager, den es schon zuvor gab, wurde von den Deutschen übernommen. Diese »Jüdische SS«, wie sie mitunter genannt wird, besteht vor allem aus jungen Männern. Sie tragen eine grüne Uniform und ein Band um den Oberarm: OD. Ein problematischer Ehrenposten, er verlängert das eigene Leben, führt aber in den Wahnsinn. Der jüdische Ordnungsdienst wird in den ersten Jahren vom niederländischen Grenzschutz unterstützt, aber dieser wurde kurz vor der Ankunft der Bewohner des Hohen Nestes durch Beamte des Amsterdamer Polizeikorps ersetzt.

Die wichtigste Aufgabe des Ordnungsdienstes betrifft Verwaltungstätigkeiten, nämlich die Erstellung der Transportlisten. Der Lagerkommandant, SS-Obersturmführer Albert Gemmeker, gibt wöchentlich die Zahl der angestrebten Deportationen durch, und auf dieser Grundlage erstellt die jüdische Verwaltung die gefürchteten Namenslisten. Gemmeker selbst muss keinen einzigen Mann, kein einziges Kind, keine einzige Frau bestimmen oder gar abführen – er lässt das die Juden selbst erledigen.

Als die ersten Züge 1942 aus Westerbork in den Osten fuhren, fanden zwei Transporte pro Woche statt, montags und freitags. Am Ende des Jahres waren 39 762 Menschen deportiert worden, von denen die meisten in Auschwitz landeten. Ab 1943 fuhr jeden Dienstag ein Transport ab. Woche für Woche, bis zum Dienstag, dem 15. Februar 1944. Das beabsichtigte Resultat zeichnete sich ab: Die jüdische Gemeinschaft schrumpfte rapide, und die Transporte aus Westerbork wurden unregelmäßiger. Ab diesem Zeitpunkt verließ etwa alle zehn Tage ein Zug das Lager, mittwochs oder freitags, sogar sonntags, wobei die Zahl der Deportierten immer weiter abnahm. Nicht mehr gut tausend, oder sogar zweitausend Menschen, wie in den vorhergehenden Monaten, sondern 809, 732, 599, 453 waren in den Zügen. Im Laufe des Jahres 1943 wurden so 50919 Menschen aus den Niederlanden abtransportiert.

Zwischen Juni 1942 und dem September 1944 werden insgesamt 107 000 Menschen – Juden, Sinti und Roma, Widerstandskämpfer, Homosexuelle, Männer, Frauen und Kinder – von der niederländischen Bahn auf dreiundneunzig Transporten aus der Mitte der Gesellschaft direkt an die deutsche Grenze gebracht, effizient und mit großem logistischen Geschick.

Jedes Mal, wenn das rhythmische Rattern verklungen und der Zug am Horizont Richtung Osten verschwunden war, hing eine gespenstische Atmosphäre über dem rechteckigen Gelände auf der Drentschen Heide. Eine bittere Mixtur aus Erleichterung und Verzweiflung. Daraufhin stieg die Anspannung im Lager stetig wieder an, bis sie in den letzten Tagen vor Bekanntgabe der Namenslisten wieder so drückend war, dass den Menschen buchstäblich schlecht davon wurde. Wenn pro Baracke bekannt gemacht wurde, wer seine Sachen packen musste, fühlte sich das fast wie eine Erleichterung an. Die Unsicherheit im Vorfeld schien mitunter noch belastender als das gefällte Urteil.

~

Das Auffliegen des Hohen Nestes, die vergangenen Wochen in Westerbork, die Sorgen um Eberhard und ihre kleine Tochter – sie weiß immer noch nicht, was mit Kathinka geschehen ist – und über das Schicksal ihrer jüngeren Schwester, die im Amsterdamer Gefängnis zurückgeblieben ist: Das alles lastet schwer auf Lien. Es kostet Fietje jeden Abend all ihre Kraft, ihre älteste Tochter aus dem Tief zu holen, nach einem langen Arbeitstag an schmutzigen Tischen, an denen sie Batterien und Akkus auseinandernehmen müssen. Weil sie in der Strafbaracke einsitzen, dürfen sie nicht außerhalb des Lagers arbeiten.

In den Strafbaracken sind die Menschen inhaftiert, die irgendwelche Verstöße begangen haben sollen, egal ob innerhalb des Lagers oder vorher. Die Insassen sind Untergetauchte, die aufgegriffen wurden, Leute, die gescheiterte Fluchtversuche hinter sich haben, Menschen, die auf verschiedene Weisen nicht davor zurückgeschreckt sind, die Regeln der Deutschen zu verletzen.

Das Lagerleben ist darauf ausgerichtet, möglichst viel Normalität vorzutäuschen, damit die Bewohner nicht auf die Idee kommen, dass Westerbork eigentlich nur das Wartezimmer der Vernichtungslager darstellt. Diese Illusion sorgt auch dafür, dass es nicht zu Aufständen kommt. Trotzdem sind die Lebensumstände erbärmlich. Im Hohen Nest war die Bedrohung auch allgegenwärtig, die Angst entdeckt oder verraten zu werden, konnte nicht ausgeblendet werden, aber die Umgebung bot Ruhe, Platz und frische Luft. Auch das Haus selbst war komfortabel. Sogar als sie dort mit mehr als zwanzig Menschen untergetaucht waren, gab es immer irgendwo einen Ort, an den man sich zurückziehen konnte: eines der Zimmer, das Teehaus, der Garten, der Wald. In Westerbork lebt man zusammengedrängt in drückend vollen Verschlägen, die im Sommer wie Kadaver aufzuquellen scheinen. Auf jedem Zentimeter hausen Menschen; der mit Schweiß und anderen Körperausdünstungen gesättigten Luft kann man nicht entkommen. Die Insassen werden buchstäblich aufeinandergestapelt, in dreistöckigen Etagenbetten, wodurch einem der Atem der anderen immer ins Gesicht weht, in welche Richtung man sich auch wälzt. Unter der Decke hängen lange Leinen mit nasser Wäsche. In Westerbork gibt es keinen Ort, an den man sich zurückziehen könnte. Jede Form der Selbstbestimmung wird den Häftlingen entzogen. Sogar wenn man den Kopf unter die Decke steckt, um einen Hauch von Abgeschiedenheit zu spüren, führt einem das Gewimmel der Flöhe und Läuse vor Augen, dass diese Zeit vorbei ist. Die einzige Frage, dank derer sie noch funktionieren, lautet: Wie lange noch?

Hinter der Umzäunung, die die Strafbaracken von den normalen Schuppen trennt, kann Lien den Rest des Lagers sehen. Manchmal erkennt sie Jetty und Simon oder andere ehemalige Mitbewohner auf der anderen Seite; diese müssen im Gegensatz zur Familie Brilleslijper keinen Overall mit einem weißen Band und einem großen S um den Oberarm tragen, an dem man die Strafgefangenen erkennen kann. Die Insassen der Strafbaracken stehen ganz oben auf der Deportationsliste. Auf der anderen Seite des Zauns gibt es sogar spezielle Familienbaracken, kleinere Gebäude, in denen Menschen mit ihren Familien leben können. Männer und Frauen leben dort zusammen, nicht getrennt wie bei ihnen. Man kann dort sogar Einkäufe im Lagerladen erledigen, und das Gerücht macht die Runde, dass die Wahrscheinlichkeit größer wäre, aus einer der normalen Baracken nach Bergen-Belsen oder Theresienstadt gebracht zu werden als nach Auschwitz. Man glaubt, dass die Überlebenschance in diesen Lagern größer wäre. Es hält sich sogar das Gerücht, man könnte aus Bergen-Belsen, das in der Provinz Hannover liegt, möglicherweise über das Rote Kreuz noch weiter in den Norden, in Richtung Schweden geschleust werden, wo Juden angeblich gegen deutsche Kriegsgefangene ausgetauscht würden. Manch wohlhabende Familie hat ein kleines Vermögen bezahlt, damit sie auf solch einer Austauschliste landet – wobei die Erfolgsaussichten ungewiss sind.

Alle Gefangenen möchten gerne arbeiten. Nicht nur, weil alles besser ist, als in diesem Niemandsland untätig die Minuten verstreichen zu lassen – bis der nächste Zug eintrifft, beziehungsweise wieder abfährt –, sondern weil alle wissen, dass diejenigen ohne Verwendung als Erste weggebracht werden. Lien hat Glück, dass ihre Mutter und sie selbst eine Beschäftigung in der Batteriedemontage gefunden haben. Geholfen hat ihnen dabei Sam Polak, der jüngere Bruder von Ben und Hans Polak, zwei guten Freunden aus Den Haag. Es ist eine schmutzige und schwere Arbeit. Mit Hammer und Meißel spalten sie zunächst die Batterien, dann schütteln sie den Kohlestab und die teerartige Substanz heraus, beides kommt in spezielle Körbe, und zuletzt müssen sie noch die Metallhülse mit einem Schraubenzieher lösen, die werfen sie in einen weiteren Korb. Nach einer Weile werden die Finger davon so schwarz, dass man nicht mehr sieht, wo die Hände enden und die Batterie anfängt. Aber das ist nicht das Schlimmste. Die Giftstoffe, die den ganzen Tag über freigesetzt werden, nisten sich in den Lungen ein. In der Werkstatt wird ununterbrochen gehustet; es ist ein trockener Husten, der sogar Rippenquetschungen verursacht. Nachts ist er aus den Baracken heraus bis in die Heide zu hören. Aber in der Werkstatt dürfen sie zumindest miteinander reden, und jeder Tag, an dem sie nicht in den Zügen in den Osten landen, ist wieder einer mehr – egal, ob die Lunge dabei in Mitleidenschaft gezogen wird.

Lien füllt ihre Tage mit Arbeit, Grübeln und Abwarten. Jeder im Lager erwartet ängstlich die neuen Transporte aus Amsterdam. Manchmal bleibt jemand mitten im Gehen plötzlich auf dem Gelände stehen und schaut mit angehaltenem Atem auf die staubige Erde unter seinen Füßen: War das ein herannahender Zug? Ein leichtes Beben, das sich fortsetzte? Sie wünschen den letzten Untergetauchten im Land, dass sie es bis zum Ende des Krieges schaffen. Hoffentlich sind sie klüger als die Deutschen. Leider scheinen diese auf Dauer aber nur besser darin zu werden, versteckte Juden aufzuspüren. Sogar mit dem Blick auf das Kriegsende und den Sieg der Alliierten verspüren niederländische Judenjäger den Drang, auf eigene Faust weiterzusuchen. Und niederländische Bürger denunzieren weiterhin Nachbarn, Freunde und Unbekannte. Obwohl man sich an die Erniedrigungen nicht gewöhnen kann, gibt es auch Optimismus im Lager. Lien erfährt von Lagerinsassen, die schon länger da sind, dass im April nur ein einziger Transport aus Westerbork in Richtung Osten abgefahren ist. Der nächste ist erst für Mai geplant, dann noch einer Anfang Juni, der folgende erst wieder Ende Juli. Leise hört man im Lager: Wir überleben das.

In der Familie Brilleslijper geht jeder auf seine eigene Weise mit der Situation und den kursierenden Geschichten um. Japie hat ein Mädchen kennengelernt, und nachdem sie ein paar Tage lang heimliche Blicke getauscht haben, traut er sich, mit ihr über die Lagerstraße zu spazieren. Hinter seinen verstaubten Brillengläsern zeigt sich zum ersten Mal seit langem wieder ein Glänzen in seinen Augen. Fietje verliert den Mut nicht, wie immer, und sie versucht ihre ältere Tochter abends in der Frauenbaracke aufzumuntern. Sie haben schon so vieles zusammen durchgemacht, außerdem sind die Kinder in Sicherheit: Jetzt dürfen sie die Hoffnung nicht verlieren. Es kann nicht mehr lange dauern. Aber Lien glaubt nicht daran, und damit steht sie nicht alleine. Joseph verbringt seine Tage in der Hitze der Baracke. Er hat zu schlechte Augen, als dass er mit den anderen Männern in der Kabelreparaturwerkstatt arbeiten könnte. Er murrt, meckert vor sich hin und schimpft: Wie verkommen und korrupt die jüdischen Aufseher doch seien, dass sie diese Arbeit übernehmen würden, nur um sich persönliche Vorteile bei der Lagerleitung zu verschaffen. Dass sein eigenes Volk ihn hier bewacht, nimmt ihm das letzte bisschen Glauben an die Menschheit.

Als Lien eines Nachmittags über das Gelände geht, müde und schmutzig von der Arbeit, kneift sie die Augen im grellen Sonnenlicht zusammen und erkennt plötzlich ihren Vater, wie er in der Männerbaracke sitzt. Ein dunkler Schatten mit gekrümmten

Schultern und einem dünnen Hals. Sie denkt an die Zeit zurück, als ihre Eltern noch in die Oper gingen, ins Carré oder ins Paleis voor Volksvlijt am Frederiksplein oder ins Flora an der Amstelstraat. Dann kamen sie spät am Abend nach Hause, und es schien, als wäre Joseph zehn Zentimeter gewachsen, das Kinn hatte er nach oben gereckt, die Brust nach vorn. Als er den *Kaufmann von Venedig* von Shakespeare gesehen hatte, war er so beeindruckt davon, dass er Shylocks Monolog auswendig lernte und regelmäßig in ihrer kleinen Wohnung deklamierte, ob es nun gerade passte oder nicht:

Und was hat er für Grund! Ich bin ein Jude. Hat nicht ein Jude Augen? Hat nicht ein Jude Hände, Gliedmaßen, Werkzeuge, Sinne, Neigungen, Leidenschaften? Mit derselben Speise genährt, mit denselben Waffen verletzt, denselben Krankheiten unterworfen, mit denselben Mitteln geheilt, gewärmt und gekältet von eben dem Winter und Sommer als ein Christ? Wenn ihr uns stecht, bluten wir nicht? Wenn ihr uns kitzelt, lachen wir nicht? Wenn ihr uns vergiftet, sterben wir nicht? Und wenn ihr uns beleidigt, sollen wir uns nicht rächen?

Während sie ihren Vater betrachtet, der nur noch ein Schatten seiner selbst ist, wird Lien klar, dass die größte Erniedrigung nicht darin liegt, dass man ihm die Menschlichkeit genommen hat, sondern in der Gewissheit, dass er das Unrecht vermutlich niemals wird vergelten können, das man seiner Familie antut.

~

Eines Tages sucht Sam Polak Lien auf und bittet sie, mit ihm zum Tor der Familienbaracken zu kommen; dort möchte jemand mit ihr sprechen. Lien erschrickt. Sie haben in den ganzen Wochen noch nichts von Janny gehört – aber keine Neuigkeiten sind gute

Neuigkeiten und jeder Tag, an dem kein Zug aus Amsterdam eintrifft, zählt. Sie hofft, dass ihre Schwester nicht in Westerbork landet, sondern bis zur Befreiung in Amsterdam bleiben kann. Nur widerwillig folgt sie Sam daher an den Zaun.

Zu ihrer Überraschung sieht sie, wie von der anderen Seite Lily herankommt, die kleine Anita an der Hand. Liens Gesicht entspannt sich, und in einem Reflex streckt sie der Freundin die Arme entgegen. Aber der Zaun steht zwischen ihnen, und Lien lässt die Hände wieder sinken. Auf zwei Meter können die beiden Frauen sich nähern, sie freuen sich, einander zu sehen, wenn auch unter diesen bedrückenden Umständen.

Zum letzten Mal sind sie einander im Zuchthaus an der Weteringschans begegnet. Das Stadtgefängnis von Amsterdam war ein Sammelbecken für aufgeflogene Untergetauchte und für die maßgeblichen Widerstandsleute. Am Morgen, als sie sich von Eberhard verabschiedete, also am 13. Juli, wurde dieser zum Verhör in die Euterpestraat abgeführt, und Lien schmiss man in eine Zelle mit fünf anderen Frauen und einem kleinen Mädchen. Das war ihr alles egal, sie hatte ihr Kind verloren, und ihr Mann würde noch am selben Tag vor dem Erschießungskommando stehen. Sobald die Zellentür mit einem schweren, metallischen Geräusch hinter ihr zuschlug und Lien sich einen Platz zwischen den anderen Frauen suchte, war dort jene eine Frau, die sich um sie kümmerte und ihr Mut zusprach – während sie sich selbst eigentlich Sorgen um ihre eigene achtjährige Tochter hätte machen müssen. Man hatte das Mädchen einfach mit ihr eingesperrt. Die Frau hieß Lily und das Kind Anita, und in den Tagen in der Zelle richteten sich die beiden Frauen aneinander auf.

Carolina, »Lily«, Biet-Gassan, war die Ehefrau von Samuel Gassan aus der berühmten Diamantschleiferdynastie. Zwei Jahre zuvor, 1942, hatten sich Lily und Samuel scheiden lassen. Er war gerade noch rechtzeitig den Besatzern entkommen und in die Schweiz geflüchtet. Lily hatte sich mit der kleinen Anita die ganze Zeit versteckt, zunächst in einem winzigen Nebenzimmer zusammen mit einer anderen Familie, in einem Haus, in dem schon eine Familie mit fünf eigenen Kindern lebte. Dort mussten sie Tag und Nacht still sein, da die Kinder nichts von den illegalen Gästen wissen durften. Nach einer Weile zogen Mutter und Tochter in eine Pension, wo sie schließlich verraten wurden.

Die Frauen machten sich gegenseitig Hoffnung, zu einem Zeitpunkt, als die eigenen Reserven schon aufgebraucht schienen. Lien unterhielt Anita, indem sie ihr die Märchen erzählte, die sie sonst immer Kathinka vor dem Einschlafen vorlas. Sie sang mit dem Mädchen Lieder, ganz leise, damit die Wachleute es nicht hören konnten. Lily wiederum tat etwas für Lien, das ihr vielleicht das Leben retten sollte. Lien erzählte ihr von Eberhard und ihrer gemeinsamen Tochter Kathinka, auch davon, dass sie zu ihrem großen Kummer wegen der Nürnberger Rassengesetze nicht hatten heiraten können. Um zu verhindern, dass Juden sich der Deportation entzogen, wurde am 25. März 1942 auch in den Niederlanden ein Verbot sogenannter gemischter Ehen eingeführt: Juden und Nichtjuden durften nicht mehr heiraten. Dadurch waren Lien und Kathinka quasi vogelfrei, im Gegensatz zu etwa Janny, die vor dem neuen Gesetz die Ehefrau von Bob geworden war. Sie wurde dadurch zur Mutter zweier sogenannter *Mischlinge*.

Lien hatte den Satz über die unmöglich gemachte Heirat noch nicht beendet, als Lily ihre Hand ergriff und sich zu ihr herüberneigte.

»Du brauchst ganz schnell eine falsche Heiratsurkunde, dann hast du vielleicht noch eine Chance. Ich kenne jemanden, der das kann.«

Lien blickte sie erstaunt an.

»Du schreibst das alles auf, und dann müssen wir sehen, wie wir diesen Brief rausschmuggeln können, zu jemandem, der dann für dich zu Nino Kotting geht, einem großartigen Anwalt hier in der Stadt, ich kenne ihn gut. Nino hat so schon zahlreichen Juden geholfen.«

Lily verfügte über etwas Geld und hatte die richtigen Kontakte zum Wachpersonal, sie wusste genau, wer von ihnen kein Nazi war. So konnte sie dafür sorgen, dass Lien ein Blatt Papier und einen Bleistift erhielt. Lien fing an zu schreiben. Sie adressierte den Brief an die Familie Stotijn, ihre engen Freunde, und versuchte die Nachricht klug und präzise in Worte zu fassen.

Meine Lieben!
Dies ist die letzte Gelegenheit, euch zu schreiben. Versucht bitte meine englische Heiratsurkunde zu besorgen und geht damit zum Anwalt Kotting.
Versucht mich freizubekommen, sorgt gut für das Kind und schickt mir ein Päckchen mit Kleidung, Essen usw. Ich habe nichts, helft mir. J ist am Avw. Versucht auch mein S wegzubekommen.

Grüße an alle, viele Küsse,
Lien

Das »J« stand für Janny, »Avw« für das Gefängnis am Amstelveenseweg, »S« als Kürzel für Strafgefangene.

Eines Morgens wurden die Frauen um vier Uhr aus ihrer Zelle geholt und zu einer bereitstehenden Straßenbahn geführt. Als Lien am Fahrer vorbeiging, schob sie unauffällig den unfrankierten Brief in seine Tasche. Vom Hauptbahnhof aus ging die Fahrt weiter, per Zug, in den Osten des Landes, immer weiter weg von der bewohnten Welt. Auf der öden Ebene von Westerbork hielt der Zug, und Lily und deren Tochter Anita wurden zu den Familienbaracken gebracht, wahrscheinlich wegen ihres Vermögens. Lien musste auf die andere Seite des Zauns, in die Strafbaracken.

Sie wusste nicht, ob ihr letzter Hilferuf einen Weg gefunden hatte oder ob sich seine Spur für immer zwischen den Papieren eines wildfremden Straßenbahnführers verlor.

Aber jetzt steht Lily ihr auf der anderen Seite des Zauns gegenüber. Lien hofft auf gute Neuigkeiten vom Anwalt.

Aber sie hat eine ganz andere Nachricht. Lily hat mit Liens alter Freundin, der Pianistin Ida Rosenheimer, gesprochen, die Lien früher auf dem Klavier begleitete, als es für Eberhard zu gefährlich wurde. Sie war eine der Ersten gewesen, die Lien vor dem Endziel der Nazis gewarnt hatte – den Gaskammern. Leider hatte Lien ihr nicht geglaubt. Lily berichtet, dass Ida mit einigen anderen Freunden in Westerbork Geld gesammelt hat, um Lien aus der Strafbaracke freizukaufen, sie also auf ihre Seite des Zauns zu bekommen. Sie soll dann auf eine bevorzugte Liste mit Insassen kommen, die nach Theresienstadt deportiert werden.

Lien hört zu, gerührt, dass ihre Freunde sogar unter diesen Umständen noch an andere denken können, schüttelt dann aber langsam den Kopf.

»Nein, ich bleibe hier. Ich werde meinen Bruder und meine Eltern nicht zurücklassen. Außerdem weiß ich nicht, ob Janny noch kommt – falls ja, landet sie mit Sicherheit auch in den Strafbaracken.«

Lily will etwas sagen, schließt den Mund aber wieder, ihr Kopf sinkt herunter. Jemand vom Ordnungsdienst kommt heran, sie müssen aufhören.

»Ich verstehe dich«, flüstert sie schließlich, kaum noch zu hören.

Lien nickt dankbar, dreht sich um und geht zu ihrer Mutter zurück.

DER LETZTE ZUG

Anfang August 1944 öffnet sich die Zellentür. Früh am Morgen steht Janny zum ersten Mal seit Wochen wieder draußen. Die Kälte der Nacht ist noch nicht vollständig abgezogen, und die frische Luft in ihren Lungen fühlt sich wunderbar an. Über Amsterdam liegt eine tiefe Ruhe, und die Sonne wärmt allmählich das Straßenpflaster. Janny blickt sich um; etwas weiter entfernt beginnt der Vondelpark, dieses Viertel kennt sie gut. Unter Bewachung wird sie mit einer Gruppe zu einer Straßenbahn geführt, die schon auf sie wartet und sie bis zum Hauptbahnhof bringt. Sie blickt durch die Scheibe nach draußen, sieht, wie Amsterdam-Zuid an ihr vorbeizieht, das Zentrum, die Grachten, die wundervolle Stadt. Kein Wort wird in der Gruppe gewechselt, alle haben Angst vor dem, was kommen wird. Nur das quietschende Metall und das Knirschen der Weichen unterbrechen die Stille. Sie prägt sich diese Bilder ein, saugt die Details auf – die Treppengiebel vor dem blauen Himmel, das Kopfsteinpflaster auf dem Gehweg, ein dümpelndes Blesshuhn auf dem Wasser.

Der Bahnhofsvorplatz, sie steigen aus, betreten den Bahnhof durch einen Seiteneingang, laufen weiter zum Bahnsteig. Ein kalter Schatten senkt sich über Janny, als sie in dem dunklen Gebäude verschwinden. Im selben Augenblick wird eine weitere Gruppe hereingeschleust, die auch zum Bahnsteig unterwegs ist. Still trotten sie im Gänsemarsch alle in dieselbe Richtung, ein befremdlicher Anblick im sonst so quirligen Hauptbahnhof. Alte und junge Leute, Männer und Frauen, Eltern mit Kindern. Janny sieht eine Familie in sportlicher Kleidung, die beiden heranwachsenden Töchter tragen Rucksäcke, als würden sie in die Ferien fahren, die Eltern blicken niedergeschlagen – alle eingeschlossen von Mauern, Bewachern, Schicksalsgefährten. Die Falle. Sie denkt an ihre Bemühungen in den vergangenen Jahren,

Menschen aus dieser Falle zu befreien. Als sie die letzten Stufen zum Bahnsteig hinaufgeht und ihr Kopf langsam über dem Treppenaufgang erscheint, sieht sie den bereitstehenden Personenzug, die Türen stehen schon offen.

~

Heiße Luft schlägt Janny ins Gesicht, als sie den Zug verlässt. Das Lager ist größer, viel größer, als sie erwartet hat. Ein Dorf auf einer abgelegenen Heidefläche. Überall sind Leute. Männer, Frauen, Kinder – wenn man blinzelt, sieht es beinahe wie ein ganz gewöhnlicher Ort aus, vielleicht wie eine Hauptstraße in einem Western. Aber die Details sind verräterisch. Alles ist eckig, aus Holz errichtet, scharf voneinander abgegrenzt. Das Gelände ist viereckig und wird von tiefen Gräben und hohen Zäunen umschlossen, die von Stacheldraht bekrönt sind; die Wachtürme auf langen Stelzen erinnern an die Häuschen von Bademeistern. Lange, aneinandergereihte Schuppen. Hölzerne Hangars, so groß, dass sie tatsächlich Flugzeuge beherbergen könnten, daneben kleinere Ausführungen desselben Bautyps. Die Erde ist staubtrocken, und Sandwolken jagen über die Landschaft, finden ihren Weg durch die Latten der Baracken; dadurch wirkt die Haut der Insassen stumpf.

Sie werden von Männern in Uniform erwartet; die Mützen haben sie tief in die Stirn gezogen, statt Augen sind nur aufleuchtende Zigaretten zu erkennen. Zu ihrer Verwunderung vernimmt Janny nirgendwo Deutsch, nur Niederländisch. Einige der Aufseher scheinen Juden zu sein, keine NSB-Leute oder Polizisten. Sie wird vom Zentrum des Lagers weggeführt, zu einem geschlossenen Teil hinter den Gleisen. Ein Gefängnis in einem Gefängnis. Die Strafbaracken.

Endlich ist Janny wieder bei ihrer Familie. Das Wiedersehen ist bewegend, aber still. Von den siebzehn Bewohnern, die den harten Kern des Hohen Nestes bildeten, sind nun zwölf in Westerbork. Vater, Mutter, Lientje, Jaap: Alle Brilleslijpers sind dort. Auch der Rote Puck ist bei ihnen. Die anderen sechs wurden in den Familienbaracken untergebracht: Jetty und Simon, die komplette Familie Teixeira de Mattos: Bram, Louise, die Tochter Rita und deren Mann Willi. Als sie die Gesichter ihrer Familie wiedersieht, bedrückt, aber unversehrt, spürt Janny, wie die Anspannung von ihr abfällt.

Die offenen Wunden auf ihren Beinen verheilen bereits, die Prellungen auf dem restlichen Körper haben sich von hellblau über tiefviolett in ein gelbliches Braun verfärbt. Aber ihr Fußknöchel wurde zerschmettert, und sie kann kaum gehen. Die anderen sehen sofort, was Lages und seine Männer ihr angetan haben, weil sie Eberhard bei der Flucht geholfen hat.

Janny berichtet ihnen die guten Neuigkeiten, dass Bob und die Kinder in Sicherheit sind – sie vertrauen darauf, dass er damit alle drei Kinder gemeint hat. Offensichtlich hat der Polizist aus Huizen Bob im Büro gewarnt. Das sind Hoffnungsfunken: Nicht nur das Wissen, dass einige von ihnen dem Zugriff der Deutschen entkommen sind, sondern auch die Erkenntnis, dass es noch immer Menschen gibt, die sich trauen, eigenständig Entscheidungen zu treffen und zu handeln.

Lien will Janny nicht glauben, dass Eberhard in Sicherheit ist. Dieses Szenario ist zu schön, um wahr zu sein. Naiver Optimismus ist ein Luxus, den sie sich schon lange nicht mehr erlaubt. Lien geht davon aus, dass er auf der Flucht erwischt wurde, kein Versteck finden konnte oder mittlerweile abermals verraten wurde – sie ist sich ganz sicher, dass die Geschichte kein gutes Ende genommen hat. Janny schafft es nicht, sie vom Gegenteil zu überzeugen.

Durch die Ankunft des neuen Transports sind alle Baracken, jenseits und diesseits des Zauns, wieder voll belegt. Man merkt sofort, wer neu im Lager ist: Große Augen in versteinerten Gesichtern, Menschen, die in sauberer Kleidung mit sorgfältig gepackten Taschen und Koffern einen Platz auf einer freien Pritsche suchen, deren Blicke nervös hin und her schießen, während sie die Baracken, das Lagergelände und den Ordnungsdienst in sich aufnehmen. Manche Neuankömmlinge waren Monate, manchmal sogar Jahre lang untergetaucht. Man erkennt sie leicht an ihren fahlen Gesichtern und an der gelblichen, beinah gummiartigen Haut. Für sie war die Zugfahrt nach Drenthe das erste Mal seit langer Zeit, dass sie aus der Beengtheit ihres Versteckes herauskamen, ja, dass sie ihre Beine richtig strecken konnten. Von den Bänken in den Personenabteilen sahen sie zum ersten Mal wieder die niederländische Landschaft. Die bittere Realität drang manchmal erst wieder zu ihnen durch, wenn der Zug langsamer wurde, der Zeitraum zwischen dem Geräusch der Räder auf den Fugen zwischen den Schienen sich immer mehr ausdehnte und die Passagiere auf beiden Seiten des Zuges beunruhigt aus den Fenstern schauten. So weit man blicken konnte, erstreckte sich eine Art Niemandsland um die Trasse, bis ein Wachturm das Lager ankündigte und der Zug in Westerbork ankam.

Auch jene Familie, die erst wenige Tage zuvor vom SD hinter einem Regal in einem stattlichen Gebäude an der Prinsengracht 263 entdeckt wurde, landet in den Strafbaracken: die Eheleute Frank mit ihren beiden Töchtern Anne und Margot. Die Mädchen und ihre Mutter Edith Frank werden gemeinsam in der Batteriedemontage eingesetzt. Auch Janny arbeitet in dieser Baracke. So kreuzen sich die Wege dieser beiden untergetauchten Familien und färben sich ihre Gesichter gleichermaßen schwarz vom Graphitstaub. Da es sich um eine einfache und stumpfsinnige Arbeit handelt, bleibt Zeit, miteinander zu reden. Während der Arbeit spricht Edith mit Lien über ihre Sorgen bezüglich der beiden Mädchen. Zwei Jahre und einen Monat haben sie sich zu acht in fünf geheimen Zimmern versteckt, im Hinterhaus eines großen Gebäudes. Im Erdgeschoss befand sich ein Lagerraum mit nichts ahnenden Mitarbeitern, tagsüber konnte also jede Bewegung, jedes Hüsteln oder jeder verschobene Gegenstand ihr Ende bedeuten. Diese ständige Selbstkontrolle hat sie alle verrückt gemacht, vor allem aber die jungen Mädchen, sie sind gerade einmal fünfzehn und achtzehn. Beinah hätten sie es geschafft, die Entdeckung kam für sie vollkommen unerwartet – genauso wie im Hohen Nest.

~

Dann geschehen zwei Dinge, die der ganzen Familie und insbesondere Lien wieder Hoffnung machen. Zunächst wird ihr ein Brief zugestellt, dem zu ihrem Erstaunen eine Kopie einer offiziellen englischen Heiratsurkunde beiliegt.

> *Eberhard Rebling und Rebekka Brilleslijper, 26 und 25 jährig, sind am 28. März 1938 in London in den Stand der Ehe getreten.*

Unterschrift, Siegel, das ganze Drum und Dran. Sie wendet das Blatt immer wieder in ihren Händen, als würde sie ihm nicht trauen, aber das steht dort wirklich so. Nicht nur der Polizist aus Huizen, sondern auch der unbekannte Mann in der Straßenbahn hat sein eigenes Leben riskiert und Wildfremden geholfen: Er hat den Brief bei Mieke und Haakon abgegeben. Das Dokument flattert zwischen ihren schmutzigen Fingern, ihre schwarzen Nägel heben sich vom sauberen Weiß ab. Sie wird sich bei diesem Mann nie bedanken können, sie kennt noch nicht einmal seinen Namen. Und wie kann sie je Lily ihren Dank ausdrücken, die ihr den Namen des Anwalts genannt hat, der dieses amtliche Kunststück zuwege gebracht hat?

Zur Unterstützung der »Endlösung der Judenfrage« hat die Besatzungsmacht eine Einrichtung gegründet, die über Zweifelsfälle entscheiden soll. Ist jemand der Meinung, er sei zu Unrecht als Jude registriert worden, dann kann er bei der *Abteilung Innere Verwaltung* eine offizielle Beschwerde einreichen. Geleitet wird diese von dem deutschen Juristen Hans Calmeyer, der Tausende Vorgänge bearbeiten muss, in denen Menschen die Neubewertung ihrer Registrierung beantragen – häufig geht es dabei um Leben und Tod. Der Anwalt Nino Kotting und sein Mitarbeiter beschaffen für ihre Klienten alle nur denkbaren falschen Papiere, überzeugt davon, dass das Recht nicht befolgt werden muss, wenn es zu Unrecht führt, und Calmeyer nimmt es mit den Dokumenten dann häufig nicht so genau. Ein merkwürdiges Spiel zweier Juristen, eines niederländischen und eines deutschen, das dazu führt, dass Tausende Menschen »entjüdischt« werden.

Lien ist überglücklich, dass sie nun dank Kotting als verheiratet in einer Mischehe gilt, damit hat sie denselben Status wie ihre Schwester Janny – sie hofft, dass sie nun nicht mehr voneinander getrennt werden. Rasch gibt sie das Dokument beim Verwaltungsbüro des Lagers ab, wo es in ihre Akte wandert.

Für Lien wird eine weitere Sendung ins Lager zugestellt, diesmal ein Paket. Sobald sie in Westerbork angekommen war, hatte sie Mieke einen Brief mit der dringenden Bitte geschickt, ihr Decken, Handtücher, Toilettenartikel und einige jiddische Lieder zu schicken. Sie kann sich nicht vorstellen, dass ihre Freundin so schnell hat reagieren können, und reißt hastig das Papier vom Karton. Neben ihr sitzt Fietje auf der Pritsche. Sie beobachtet neugierig, was wohl zum Vorschein kommen wird. Tatsächlich: Decken, andere Dinge, um die sie Mieke gebeten hat, und schließlich, ganz unten: Papierbögen mit handgeschriebenem Text und Musiknoten. Aufgeregt nimmt Lien den Stapel aus dem Karton und hält die Blätter neugierig vor sich, die Hände vollkommen ruhig, als würde sie Gold wägen. Sie liest das Gekritzel; ihr Gesichtsausdruck wird ernster, die Augen größer, als sie den jiddischen Text murmelt: »Rajsele, wer der erschter wet lachn.«

Ruckartig dreht sie den Kopf zu Fietje.

»Das ist von Eberhard!« Ihr Finger drückt sich ins Papier ein. »Eberhard hat das geschrieben! Das ist seine Handschrift, er ist in Sicherheit.«

Lien blättert durch den Stapel, auf der Suche nach weiteren Nachrichten von Eberhard. Ein jiddisches Lied liegt zwischen den Blättern, das sie gemeinsam im Hohen Nest einstudiert haben – sie kam leider nicht mehr dazu, es irgendwo vorzutragen. Sie liest laut:

Wos bistu Katinke barojges,
Wos gejstu arobgelost di nos?
Un efscher wilstu wissn majn jiches
Un fun wanen un fun wos.

Es handelt sich um die ersten Verse eines alten Spottlieds. Rasch liest sie weiter:

Si is baj di fun 't hof,
Di mame ganwet fisch in mark …

Diese Verse kennt sie nicht, die gehören nicht zum Lied. Sie schaut kurz Fietje an, aber die zuckt ratlos mit den Schultern. Lien runzelt die Stirn: Was möchte Eberhard ihr mitteilen? *Si is baj di fun 't hof.* Sie ist bei jenen vom Gerichtshof. Gericht? De la Court! Gemeint sind ihre Freunde Albert und Cilia de la Court aus Wassenaar und ihre fünf Kinder. Kathinka ist jetzt das sechste Kind im Haus. Lien presst die Zeilen an sich, schließt die Augen und atmet langsam aus.

Seit sie von Kathinka Abschied nehmen musste, hat sie sich dazu gezwungen, so wenig wie möglich an sie zu denken, aus bloßer Angst, ansonsten morgens nicht mehr aufstehen zu können. Sie konnte nicht den Hauch des Gedankens daran zulassen, ihr Töchterchen sei möglicherweise von den Nazis beim Hausarzt in Huizen abgeholt und verschleppt worden. Wenn der Gedanke doch aufkam, schüttelte sie rasch den Kopf, bohrte die Fingernägel fest ins Fleisch ihrer Handflächen, bis diese beinah bluteten, und konzentrierte sich auf das ununterbrochene Weinen und Husten um sich herum, bis der Gedanke an Kathinka verschwunden war. Aber mit der Gewissheit, dass sowohl Eberhard als auch ihre Tochter in Sicherheit sind, kehrt ihre Kraft zurück, und sie kann wieder daran glauben: Wir werden es schaffen.

~

Tatsächlich machen die Alliierten Fortschritte. Nach dem D-Day sind die alliierten Truppen weiter in Richtung Osten und Norden gezogen. Im August 1944 haben sie einige große Städte in Frankreich befreit. Die Rote Armee siegt in Rumänien, erobert Weißrussland zurück und steht im Osten von Polen. Am 25. August folgt der nächste wichtige Sieg: Charles de Gaulle zieht in Paris ein und erklärt die französische Hauptstadt für befreit.

Sobibor, ein kleines Lager an der östlichen Grenze des heutigen Polens, ein reines Vernichtungslager, wurde von den Deutschen nach einem großen Aufstand der Gefangenen im Oktober 1943 geschlossen – nachdem dort in industrieller Geschwindigkeit in eineinhalb Jahren mindestens hundertsiebzigtausend Menschen ermordet worden waren; darunter befand sich auch der Großteil der 34313 Niederländer, die dorthin deportiert worden waren.

Eine genaue Zahl der Opfer wird es nie geben, da kaum jemand der Lagerinsassen Sobibor überlebt hat.

Tag für Tag gehen Janny und Lien, genau wie Anne und Margot Frank, von der Strafbaracke zu ihrem Arbeitsplatz und zählen die Batterien mit, die sie zerlegen, hoffend, dass es die letzten zehn, zwanzig oder hundert vor der Befreiung sein werden.

Viele Geschichten machen die Runde. Jemand berichtet von der Siegesserie von Paris in Richtung Belgien, man erzählt sich, dass die britischen Truppen eigentlich schon fast in Arnheim stehen müssten. Ein anderer weiß zuverlässig, dass alle Transporte eingestellt wurden, und wieder ein anderer glaubt gehört zu haben, dass, falls doch noch ein Zug abfahren würde, dieser nicht nach Auschwitz, sondern nach Wolfenbüttel fahren würde, in ein anderes Arbeitslager. Sam Polak hat berichtet, sogar der Lagerkommandant Gemmeker würde langsam nervös, da die Alliierten schon in Limburg stünden.

Der Einzige, der sich von der optimistischen Stimmung nicht erfassen lässt, ist Joseph Brilleslijper. Weder mental noch körperlich steht es gut um ihren Vater. Er ist dünn geworden, sein Augenlicht macht ihm Probleme, und der Aufenthalt in den glühend heißen Baracken mit all den anderen Gefangenen fällt ihm schwer. Wenn er am Abend hört, wie seine Töchter von der Zukunft träumen und die Befreiung jeden Tag erwarten, kann er es nicht mehr aushalten.

»Hört doch auf mit dem Unsinn, ihr macht euch bloß Illusionen. Glaubt ihr denn wirklich, die würden uns einfach gehen lassen, wenn die Alliierten in die Nähe kommen? Dass sie sich nicht an uns rächen werden, bevor die Alliierten am Lagertor stehen?«

Er schnieft und schüttelt den Kopf, frustriert über die Naivität seiner Töchter oder über die eigene Machtlosigkeit, etwas an ihrer Situation zum Besseren wenden zu können.

Joseph ist nicht der Einzige, dessen Nerven zum Zerreißen gespannt sind. Die Spekulationen über eine möglicherweise unmittelbar bevorstehende Befreiung, halten das ganze Lager im Griff. Nachts, wenn die Gefangenen auf drei Etagen in ihren Pritschen aufgestapelt liegen und der Staub in den Baracken unter dem Sternenhimmel der Drenthschen Heide herunterschwebt, liegen die meisten hellwach auf ihrer Strohmatratze. Die Hitze, die zwischen den Holzlatten steht, lässt sie nicht einschlafen, ebenso wie der Gestank nach Schweiß, die quengelnden Kinder. Gar nicht zu reden von den Sorgen über abtransportierte Familienmitglieder und über ihr eigenes Schicksal – oder vom Grübeln darüber, wie es so weit kommen konnte, was sie getan haben, um das hier zu verdienen. Sie liegen wach, weil sie immer wieder mit den Fingern nachrechnen müssen, wie viele Tage schon vorbei sind, seit die letzten Züge am 31. Juli aus Westerbork abgefahren sind, als würden sie mit jedem Tag dem Urteil etwas weiter entkommen, bis sich irgendwann ein neuer Horizont zeigt. Einer der Züge fuhr nach Theresienstadt und nahm ihre früheren Mitbewohner aus dem Hohen Nest mit, Jetty Druijf und Simon van Kreveld, ein anderer, nach Bergen-Belsen, hatte Lily Biet-Gassan und ihr Töchterchen Anita an Bord.

Am Samstag, dem 2. September, fällt das Urteil. Tausendneunzehn Namen werden für den nächsten Transport bekannt gegeben. Außer Willi und Rita trifft es sie alle.

Brilleslijper, Joseph
Brilleslijper-Gerritse, Fijtje
Rebling-Brilleslijper, Rebekka
Brandes-Brilleslijper, Marianne
Brilleslijper, Jacob
v. d. Berg-Walvisch, Pauline
Teixeira de Mattos, Abraham

Teixeira de Mattos-Gompes, Louise
Frank, Otto
Frank-Hollander, Edith
Frank, Margot Betti
Frank, Annelies Marie

Der letzte Zug nach Auschwitz wird Westerbork am nächsten Morgen verlassen.

ENTFÜHRT

Das Hohe Nest bleibt verwaist zurück. Im Inneren des Hauses wurde alles auf den Kopf gestellt, die Möbel wurden hin- und hergeschoben, Matratzen umgedreht und die Gardinen von den Stangen gerissen. Auf der Anrichte sind ein Teller voller Krümel und ein Messer mit Butterspuren stille Zeugen der Mahlzeit eines der Polizisten.

Der Hausarzt Van den Berg ist auf die Aufnahme drei kleiner Kinder in sein Haus nicht vorbereitet und erkundigt sich beim SD, ob er zwei von ihnen einem Kollegen im Dorf übergeben darf, Dr. Schaaberg. Er garantiert, dass Kathinka bei ihm bleibt und dass er sie nicht aus den Augen lässt. Auch bittet er um die Erlaubnis, einige ihrer Kindersachen aus dem Haus zu holen. Der SD stimmt zu, und Van den Berg bringt Robbie und Liselotte zur neuen Unterkunft. Während die Frauen auf die Kinder aufpassen, gehen Van den Berg und Schaaberg zum Hohen Nest, um Kleidung und Kinderbetten mitzunehmen. Auf dem Rückweg besprechen sie, was mit den Kindern passieren soll.

»Der SD hat mich schwören lassen, dass ich auf die Kinder aufpasse, bis eindeutig geklärt ist, dass sie keine *Volljuden* sind«, sagt Van den Berg nachdenklich. »Sorge dafür, dass die beiden Kinder nicht weglaufen, sonst holt mich der SD ab!«

Schaaberg nickt schweigend: Er weiß, was auf dem Spiel steht. Vor dem Haus von Van den Berg halten sie mit dem ganzen Gepäck kurz an und ruhen aus. Drinnen wartet die kleine Kathinka erschöpft allein auf den fremden Mann. Dann hebt Schaaberg zum Zeichen des Abschieds die Hand, sortiert sein Gepäck und geht zu seinem eigenen Haus, vierhundert Meter entfernt, wo Robbie und Liselotte still auf der Wohnzimmercouch sitzen.

Jan Hemelrijk erfährt, dass das Hohe Nest verraten wurde und die Kinder vorläufig an anderen Orten untergebracht sind. Er weiß, dass jetzt jede Minute zählt. Robbie und Liselotte sind in Sicherheit, da beide Kinder *Halbjuden* sind, aber es ist nur eine Frage der Zeit, bis der SD herausfindet, dass Lien und Eberhard nicht verheiratet sind und Kathinka daher als *Volljüdin* gilt. Das würde die Deportation von Kathinka bedeuten. Hemelrijk nimmt sofort Kontakt mit Dr. Van den Berg auf und fordert ihn auf, ihm Kathinka so rasch wie möglich zu übergeben. Das verweigert der Hausarzt. Er hat dem SD sein Wort gegeben und weiß, welches Schicksal ihn erwartet, wenn er Juden dabei hilft unterzutauchen – auch wenn es sich um ein Kind handelt, das gerade einmal drei Jahre alt ist.

Jan Hemelrijk schaltet zwei Freunde der Familie Brilleslijper ein, die in der Gegend leben: zum einen Karel Poons, der blondierte Balletttänzer, mit dem Lientje während der Zeit im Hohen Nest wöchentlich trainierte, zum anderen die junge Marion van Binsbergen, Karels Nachbarin. Karel zählt zu den engen Freunden von Eberhard und dessen Familie.

Der Krieg hat Marion und Karel zufällig zusammengebracht. Karel versteckt sich im Gartenhaus der Villa von Cecile Hanedoes in Huizen, und Marion ist dort 1943 ins Nachbarhaus eingezogen. Sie ist in den Zwanzigern, kommt aus Amsterdam und hat gerade ihr Studium beendet. Als Tochter eines freisinnigen Richters und einer englischen Mutter mit einem Autoritätsproblem ist sie es seit jungen Jahren gewohnt, sich ihre eigenen Gedanken zu machen. Zum Anfang der Besatzungszeit studierte Marion Sozialarbeit in Amsterdam. Einige Begegnungen mit den Faschisten bewegten sie, sich schon bald dem Widerstand anzuschließen.

An einem schönen Frühlingstag im Jahr 1942 sah sie, wie die Nazis ein jüdisches Waisenhaus auflösten – sie kam gerade zufällig auf dem Fahrrad vorbei –, ein Schlüsselmoment. Während die Razzia in vollem Gange war, stoppte sie auf der Straße. Marion musste dabei zusehen, wie die weinenden Kinder aus dem Heim nacheinander auf einen Lastwagen geworfen wurden, buchstäblich geworfen. Babys, Kleinkinder, bis hin zu etwa achtjährigen Kindern: Wie Kartoffelsäcke wurden sie auf die Ladefläche geschleudert, an einem Arm, einem Bein, am Pferdeschwanz. Zwei unbekannte Frauen kamen heran, sahen, was geschah, und stürzten sich ohne zu zögern auf die Deutschen. Sie wurden überwältigt und zu den Kindern auf den Lastwagen gestoßen. Während Marion dort steht und alles mit ansieht, fasst sie den Entschluss, in den Widerstand zu gehen, auch wenn es sie den Hals kosten würde.

Sie lässt jüdische Babys als ihre eigenen Kinder eintragen und sucht ihnen dann Pflegefamilien. Monatelang nimmt sie einen zweijährigen Jungen in ihrem Haus auf wie den eigenen Sohn. Sie hilft einer untergetauchten hochschwangeren Frau, deren Gastfamilie kein Baby im Haus will: Gleich nach der Geburt nimmt sie das Kind von Amsterdam nach Rotterdam mit. Dort hat sie eine Familie mit vier Kindern gefunden, die das Baby adoptieren möchte. Aber ihre mutigste Rettungsaktion betrifft einen Mann namens Freddie Polak und seine drei kleinen Kinder – das jüngste ist gerade einmal zwei Wochen alt, die beiden anderen zwei beziehungsweise vier Jahre.

Erica wurde im August 1943 geboren. Die Mutter gehört dem Widerstand an und wird unmittelbar nach der Geburt verhaftet. Marion findet ein Versteck für die Familie außerhalb von Amsterdam, in Huizen, zufällig in der Nachbarschaft des Hauses, in dem Karel Poons untergetaucht ist. Marion zieht schon bald bei Freddie und den Kindern ein, um sich um sie zu kümmern, während Freddie an seiner Promotion arbeitet. Marion ist wie eine Mutter für die Kleinen. Die Nachbarn lässt sie im Glauben, dass die drei ihre eigenen, christlichen Kinder sind. Trotzdem müssen sie damit rechnen aufzufliegen. Unter einigen Bodenelementen richtet sie einen Unterschlupf ein, in dem sich Freddie und die Kinder verstecken sollen, wenn wieder einmal eine Razzia droht. Das Versteck wird von einem Teppich bedeckt. Um das Baby während dieser riskanten Aktion ruhig zu halten, geben sie ihm manchmal eine Schlaftablette.

Eines Abends geht es trotzdem schief. Vier SS-Leute dringen ins Haus ein, ein örtlicher Polizist begleitet sie, es handelt sich um einen bekannten NSB-Mann. Sie durchsuchen das Haus, finden nichts und ziehen wieder ab, aber der Polizist bleibt in der Nähe auf der Lauer, während die Dämmerung hereinbricht. Marion kennt diese Taktik und ermahnt Fred, im Versteck zu bleiben. Aber die Kinder werden so unruhig, dass sie sie irgendwann doch aus dem Unterschlupf befreien muss – dieses Mal hatte keines eine Schlaftablette bekommen. Der Polizist geht in der Zwischenzeit um das Haus herum, verschafft sich Zugang zu den Wohnräumen und steht plötzlich Auge in Auge mit den drei jüdischen Kindern. Marion muss binnen einer Sekunde eine Entscheidung treffen. Sie ergreift einen Revolver, der im Bücherregal neben ihr versteckt liegt, und erschießt den Mann.

Ein Netzwerk aus stillen Helfern tritt in Aktion. Marion gerät in Panik, ist von Angst besessen um ihre Schützlinge, falls der Mord entdeckt werden sollte, und ruft den Freund und Nachbarn Karel Poons zu Hilfe. Gemeinsam überlegen sie, was zu tun ist. Marion will die Leiche im Garten vergraben, aber Karel hat eine bessere Idee. Er ignoriert die Sperrstunde, eilt im Dunkel zum Bäcker von Huizen, dem er vertrauen kann, und bittet diesen, den toten Körper mit seinem Kleinbus abzuholen. Der Bäcker stimmt zu und liefert die Leiche beim örtlichen Begräbnisunternehmer ab. Marion fleht diesen an, ihr dabei zu helfen, den Körper verschwinden zu lassen, und so das Leben der drei Kinder zu retten. Und er macht es tatsächlich. Der erschossene Polizist wandert in den Sarg eines jüngst Verstorbenen und wird am nächsten Tag von dessen nichts ahnenden Angehörigen zum Grab begleitet.

Tage, Wochen und Monate verstreichen, in denen Marion ängstlich darauf wartet, dass jemand bei ihr auftaucht und den niederländischen Polizisten sucht, der so plötzlich vom Erdboden verschwunden ist. Familie, Kollegen oder die vier SS-Leute, die an jenem Tag bei ihm waren: Irgendjemand wird ihn doch vermissen? Niemand kommt. Anscheinend ist Marion nicht die Einzige, die erleichtert ist, dass man diesen Mann nicht länger zu fürchten braucht.

Marion und Karel – auf dieses Duo kann sich Jan Hemelrijk verlassen. Sie sollen die kleine Kathinka noch rechtzeitig retten. Er berichtet ihnen, wie er Dr. Van den Berg erfolglos gebeten hat, ihm das Kind auszuhändigen. Er hat bereits selbst versucht, Kathinka aus dem Haus zu holen. Sobald Jan Hemelrijk aber in der Wohnung war, kreischte Frau Van den Berg wie eine Alarmsirene, und ihr Mann rief daraufhin die Polizei. Jan musste schauen, dass er sich noch rasch aus dem Staub machte. Mittlerweile wird das Haus sogar von einem Beamten bewacht.

Marion und Karel erklären sich sofort bereit zu helfen. Marion argumentiert, sie müsse die Aktion alleine durchführen: Wenn Karel erwischt würde, wäre sein Schicksal als Jude besiegelt. Sie hätte zumindest noch eine theoretische Chance, mit einer Gefängnisstrafe davonzukommen. Karel will davon nichts wissen. Kathinka ist die Tochter seiner engen Freunde Lien und Eberhard, die auch die gefälschten Papiere für ihn organisiert haben, und er will auf jeden Fall dabei helfen zu verhindern, dass das Mädchen deportiert wird. Jan Hemelrijk erläutert ihnen den Plan, bereits am nächsten Morgen muss es passieren.

Gemeinsam brechen Marion und Karel am 14. Juli 1944 morgens um halb neun ins Zentrum von Huizen auf. Während Karel an der Haustür den Polizisten und den Hausherrn in ein Gespräch verwickelt, schlüpft Marion durch die Hintertür ins Haus und sucht Kathinka. Sie findet die Frau des Arztes und deren Kinder bei ihrer morgendlichen Prozedur im Badezimmer. Kathinka ist auch dort, angezogen und wohlauf. Als die Frau den Eindringling sieht, fängt sie wieder an zu schreien, aber Marion befördert sie gnadenlos mit einem Schlag rücklings in die Badewanne, greift das Mädchen unter den Armen und rennt die Treppe hinunter, zur Hintertüre hinaus, weiter zum Fahrrad; dort setzt sie das Kind in einen Korb auf dem Gepäckträger, legt einen fliegenden Start hin und tritt wie eine Wahnsinnige in die Pedale. Jammerlaute und Tumult dringen durch die offenen Fenster aus dem Haus auf die Straße, aber das Kind auf dem Gepäckträger gibt keinen Laut von sich, als würde es verstehen, was auf dem Spiel steht. Marion rast drei Kilometer geradewegs über die Heide, nach Blaricum, wo sie das Mädchen, wie zuvor vereinbart, bei zwei Mitgliedern des Widerstands abgibt. Karel ist es in der Zwischenzeit geglückt, sich während der allgemeinen Bestürzung im Hause Van den Berg unauffällig davonzustehlen. Marion fährt im normalen Tempo zurück zu sich nach Hause, und Kathinka ist erst einmal in Blaricum gut aufgehoben. Eine halbe Stunde später steht die Gestapo bei Dr. Van den Berg an der Haustür und will das Mädchen zur Deportation abholen.

Die Deutschen haben Eberhards Papiere im Hohen Nest gefunden. Willy Lages sieht, dass das Paar nicht verheiratet ist, und befiehlt seinen Leuten, Kathinka herzubringen. Bevor er das Kind ins Lager schickt, will er sie erst benutzen, um ihrem Vater die Zunge zu lockern. Als die Männer vom SD hören, dass das Mädchen gerade von einer fremden Frau auf einem Fahrrad entführt wurde, werden sie wütend. Dr. Van den Berg erfährt den Zorn der Männer am eigenen Leib, wird aber letztendlich nicht weiter belangt.

Überall in Huizen werden Plakate mit einem Foto von Kathinka aufgehängt, auf denen in dicken Buchstaben steht:

GESUCHT!
KATHINKA ANITA BOS
GEB. 8.8.1941

Kein einziger Hinweis geht ein. Das Kind bleibt verschwunden.

Robbie und Liselotte sind einige Wochen bei Dr. Schaaberg in Huizen und werden dann ihren nicht jüdischen Großeltern, dem Ehepaar Brandes, in Den Haag übergeben.

Bob wird am Tag des Zugriffs von dem örtlichen Polizisten gewarnt und geht daraufhin nach seiner Arbeit nicht zum Hohen Nest zurück, sondern fährt sofort zu Trees Lemaire nach Amsterdam. Eberhard ist nach seiner Flucht aus dem Polizeibus, die Janny dirigiert hat, bei Éva Besnyő untergetaucht, ebenfalls in Amsterdam. Die Männer treffen sich heimlich bei Éva zu Hause, wo Bob erzählt, dass er von Jan Hemelrijk erfahren hat, dass Kathinka in Sicherheit gebracht wurde. Eberhard berichtet seinerseits, wie Janny ihm das Leben gerettet hat.

Nicht lange nach dieser Rettungsaktion schleichen Karel Poons und Cecile Hanedoes, bei der er wohnt, mitten in der Nacht durch den Wald und über die Heide zum Hohen Nest, um zu kontrollieren, ob noch mehr belastende Dokumente zurückgeblieben sind. Außerdem wollen sie den persönlichen Besitz der ehemaligen Bewohner mitnehmen. Während Karel vor dem Haus Wache steht – vor lauter Anspannung kichert er dabei wie ein kleiner Junge –, klettert Cecile am Fallrohr nach oben, wirft eine Scheibe ein und durchsucht das Haus. Sie versucht alles mitzunehmen, was die inhaftierten Bewohner belasten könnte. Beispielsweise die Kiste mit Noten und Liedern von Eberhard, die unter dem Boden versteckt ist. Die Deutschen haben sie nicht entdeckt. Über Bob landen die Blätter bei Eberhard, der einen Teil davon mit einer geheimen Botschaft zu Lientje nach Westerbork schickt, in der Hoffnung, dass sie den Mut nicht verliert.

Bob, Robbie, Liselotte, Eberhard und Kathinka: Sie sind angeschlagen und im ganzen Land verstreut, aber auf wundersame Weise sind sie nach dem Angriff auf das Hohe Nest erst einmal in Sicherheit. Bob und Eberhard beten dafür, dass ihre Frauen, die übrige Familie Brilleslijper und ihre ehemaligen Mitbewohner im Lager Westerbork bleiben können, bis die nahende Befreiung Realität wird.

ÜBERLEBEN

»Wir waren mutlos, wir waren müde, wir waren durchgefroren, wir hatten tagelang nichts gegessen, wir waren ausgehungert – eigentlich wussten wir gar nicht mehr, ob wir Hunger hatten oder nicht, denn es geht vorüber, ich weiß nicht, ob du das … Zum Glück musst du das nie erleben, o Gott, mach, dass du es nie erleben musst.«

Janny Brandes-Brilleslijper

FAHRT IN DEN OSTEN

Die Namen von mehr als tausend Menschen wurden ausgerufen, und nach einem kurzen ungläubigen Moment entsteht totale Panik im Lager. Die wichtigste Frage lautet: Wohin geht dieser Transport? Das Chaos kennt keine Grenzen mehr. Manche laufen umher, um mit Leuten zu reden, die irgendwie noch Einfluss haben, auf der Suche nach Schutz oder zumindest weiteren Informationen. Andere sammeln die Familie um sich und überlegen, wie sie reagieren sollen. Soll man versuchen zusammenzubleiben? Oder in der Nacht einen Fluchtversuch wagen? Aber eine Flucht aus Westerbork ist unmöglich. Vielleicht sollten sie besser warten, bis sie im Zug sind und dann irgendwo auf der Strecke abspringen. Was sollen sie bloß mit den Kindern machen, gibt es irgendwo ein Versteck für sie? Aber wenn der Zug in ein Arbeitslager fährt – das wäre das günstigste Szenario –, sollten sie die Kinder dann nicht besser bei sich behalten und gemeinsam die Befreiung abwarten? Wieder andere der Gefangenen überlegen, Krankheiten zu simulieren und belagern die Ärzte im Lagerkrankenhaus. In Westerbork gibt es jüdische Ärzte, die einiges tun würden, um Menschen zu retten, aber für die Familie Brilleslijper ist das keine Option. Da sie im Straflager leben, haben sie nicht die Möglichkeit, sich auf dem Gelände zu bewegen, und der Kontakt zu den Ärzten wäre nur über viele Umwege zu bewerkstelligen.

Seit der Auflistung ihrer Namen steht für Fietje Brilleslijper fest: Sie müssen zusammenbleiben. Egal, ob sie nun nach Bergen-Belsen, Theresienstadt, Wolfenbüttel oder Auschwitz gebracht werden: Sie dürfen auf keinen Fall voneinander getrennt werden. Sie sitzen zu fünft dicht beieinander, geben einander Halt und besprechen, was je nach Bestimmungsort zu tun wäre. Auschwitz scheint ihnen am unwahrscheinlichsten; die Rote Armee steht bereits in Polen, sie haben gehört, Lublin sei schon befreit worden, und die Stadt liegt nur vierhundert Kilometer von Auschwitz entfernt, im südlichsten Teil des Landes. Aber Janny bleibt besonnen.

»Wir können von gar nichts ausgehen. Auch nicht davon, dass die anderen Lager besser sind. Ich höre alle sagen, dass sie nach Theresienstadt wollen, als wäre das ein Lottogewinn, aber wer weiß das schon? Wie viele Leute kennt ihr, die aus Theresienstadt zurückgekommen sind?«

Joseph legt sich auf die Pritsche, gelähmt von der eigenen Ohnmacht. Die anderen gehen nervös um die Baracken herum, ziellos und gleichzeitig verzweifelt auf der Suche nach einer Lösung, die ihr Leben retten könnte. Japie sucht die Nähe des Mädchens, das er in Westerbork kennengelernt hat. Otto Frank kommt einige Male vorbei, er durchstreift das Gelände, um irgendwo mehr zu erfahren. Er glaubt, sie würden nach Theresienstadt gebracht, wo alles ein gutes Ende finden würde.

Die Zeit ist jetzt ihr Feind. Mit jeder verstreichenden Minute nähert sich der Zug, der sie abholt.

Am Ende eines langen Tages, an dem einige Gefangene ratlos umhergestreunt sind und andere schweigend ihre Sachen zusammengepackt haben, treffen sich alle im Dämmerlicht in und vor den Baracken. Die schlimmste Augusthitze ist vorbei, und der Boden kühlt am Abend rascher ab. Familien sitzen zusammen, die Kinder auf dem Schoß, die Arme umeinander gelegt. Fietje sitzt auf ihrer Pritsche und ruft die Familie zu einem letzten Gespräch zusammen, bevor sie sich fertig machen für die Nacht, die in die Zugfahrt übergehen wird. Sie neigt sich ihnen entgegen, damit sie den Lärm übertönt, aber als sie anfängt zu sprechen, verstummen sowieso alle um sie herum.

»Lebt das kleine bisschen Leben, das wir noch haben, so gut wie es eben geht.«

Fietje schaut ihre drei Kinder eindringlich an, verleiht jedem einzelnen Wort Nachdruck, ohne dass ihr Gesichtsausdruck dabei seine Sanftmut verlieren würde. Aber die Furchen zwischen Nase und Wange haben sich tiefer eingegraben.

»Und vergesst nicht: Auch das wird vorübergehen.« Ihre Hand drückt die von Joseph. Dann wendet sie sich wieder den Mädchen zu.

»Janny, Lientje – schaut, dass ihr beieinanderbleibt! Macht euch über Vater und mich keine Gedanken, zusammen schaffen wir das schon.«

Sie schaut zu Joseph, hebt ihre Augenbrauen, und er nickt zustimmend. Dann schaut er abwechselnd von der einen zur anderen Tochter und in seinem Blick entdecken sie eine plötzliche Entschlossenheit, eine Erinnerung an jenen Mann, den sie schon seit einer ganzen Zeit vermissen.

Fietje fährt fort: »Jaap schafft das auch. Er ist jung und stark und hat genug Durchhaltevermögen für uns alle zusammen.«

Bei diesem letzten Satz versucht sie, ihr jüngstes Kind anzulächeln, das die Arme vor der Brust gekreuzt hat und an einer der Pritschen lehnt. Aber das Gesicht von Jaap bleibt hart und verschlossen, er kann seiner Mutter in diesem Moment die Situation nicht erleichtern. Natürlich kommt er irgendwie durch, aber er hat schreckliche Angst um seine Schwestern und um die Eltern.

Dann, als es keine Worte mehr zu sagen gibt, stehen sie auf und halten sich fest. Sie erwarten, dass morgen ein riesiges Chaos herrschen wird, wenn mehr als tausend Menschen gleichzeitig in den Zug gesteckt werden. Es wird keinen Moment mehr geben, miteinander zu sprechen – geschweige denn, sich voneinander zu verabschieden.

~

3. September 1944

Sonntagmorgen. Draußen ist es noch ziemlich dunkel, aber als der Ordnungsdienst schreiend in die Baracken kommt, schläft schon längst niemand mehr. Alle sind bereit für die Abfahrt, die Hosen trägt man in fünf Schichten, die Pullover doppelt, eine Puderdose wurde in einem BH versteckt, ein Lippenstift im Schuh. Fotos und Briefe von geliebten Menschen eingenäht. Von oben kommen die Leute aus den höheren Betten, Kranke und Alte bewegen sich schwerfällig fort, kleine Kinder reiben sich müde die Augen. Väter und Mütter greifen Kinder fest an den Handgelenken; deren Fingerspitzen sind schon blutleer, als sie die Baracken verlassen. Man versucht noch persönliche Dinge mitzunehmen, aber beeilt sich gleichzeitig, nach draußen zu kommen, im Nacken die erbarmungslosen Männer vom OD.

»Weitergehen!«

»Tempo!«

»Nicht zu viel mitnehmen!«

Von den Strafbaracken geht es zu den Gleisen. Sie sehen, wie sich auch von der anderen Seite des Lagers Hunderte Menschen nähern. Sogar der Lagerkommandant Albert Gemmeker ist zu dieser frühen Stunde zugegen, seine gewienerten Stiefel blitzen als Einziges in dieser Umgebung. Mit den SS-Leuten und einigen großen Hunden betrachtet er das Geschehen vom Rand aus, entspannt, aber mit einem Habichtsblick. Er macht Witze, aber was den Abtransport betrifft, ist er todernst. Janny und Lien bleiben verbissen beieinander und bei ihrer Familie. Sie probieren zwischen den zahlreichen Köpfen jene Bekannten zu finden, die angekündigt haben zu versuchen, unterwegs aus den Wagen zu springen – möglicherweise kann man sich ihnen ja anschließen. Aber dann werden Namen ausgerufen und alles verwandelt sich in ein großes Durcheinander. Menschen laufen gegen den Strom, Familienmitglieder rufen einander. Eine letzte Berührung, dann trennen sich die Wege: Janny und Lien auf die eine Seite, Joseph und Fietje auf die andere. Jaap verschwindet in der Menschenmasse, sein wie immer erstaunter Gesichtsausdruck, die Augenbrauen wie Brückenbogen geschwungen, ist das Letzte, das sie von ihm sehen.

Da steht der Zug. Er hat keine Personenwagen mit Sitzbänken, Gängen und Fenstern, wie der Zug, der Janny von Amsterdam nach Westerbork gebracht hat, sondern massive Viehwaggons aus Holz, Miniaturbaracken auf Rädern, bis unters Dach verrammelt – man kann nicht einmal Luftlöcher erkennen. Aus den Waggons dringt ein penetranter Geruch. Säuerlich, er brennt in der Nase. Die Reihe der Waggons scheint endlos. Menschen drängen sich vor dem Gleis zusammen, es wird geschoben, Menschen stolpern, aber Gemmeker und seine Leute betrachten zufrieden, wie jeder langsam, aber unausweichlich auf die Waggons aufgeteilt wird und darin verschwindet. Die Schwestern verlieren ihre Eltern aus den Augen, sie merken nur noch, dass auch das ältere Ehepaar Teixeira de Mattos mit ihnen zu einem Waggon getrieben wird. Sie hoffen, dass auch Jaap dort ist.

Dutzende Menschen pro Waggon, sechzig, siebzig, achtzig, das Gepäck wird auch noch hineingepresst, bis der fahrende Käfig voll ist und die Leute am Eingang gar nicht mehr ganz hineinpassen. Die vorderste Reihe blickt auf den Boden, einen Meter tiefer, der gleich unter ihnen hinwegrasen wird. Dann wird die Tür zugeschoben, direkt vor den Gesichtern, und das Sonnenlicht und das Lager sind verschwunden. Eine eiserne Verriegelung wird um 180 Grad gedreht und somit der Waggon verschlossen. Die Anzahl der Insassen wird mit Kreide auf die Außenwand geschrieben. Der nächste Waggon ist ihrer.

Menschen reichen einander die Hände, ziehen sich hoch, Lien und Janny halten einander am Stoff fest, sie haben Angst, im letzten Augenblick voneinander getrennt zu werden. Aber sie wurden zusammen eingeteilt, vermutlich, weil sie beide als politische Häftlinge geführt werden. Sie sind drin, zusammengequetscht zwischen fremden Körpern, jeder versucht zu drücken und zu schieben, Kinder verschwinden zwischen den Beinen ihrer Mütter, Alte versuchen vergeblich, sich irgendwo festzuhalten, erwachsene Männer werden wie Kaugummi aufeinandergedrückt, und das alles wird von den vier hölzernen Wänden zusammengehalten, die keinen Zentimeter nachgeben. Wenige dünne schief stehende Lamellen lassen oben einen Hauch Luft herein, aber man kann die Beklemmung schon spüren, obwohl die Tür noch offen steht. Eine leere Tonne und ein Eimer Wasser werden hereingereicht.

»Hände und Füße weg!«, schreit einer der Wachleute, und die vorderste Reihe versucht, sich noch ein paar Millimeter nach hinten zu drücken. Dann wird die Tür verschlossen.

Es ist stockfinster im Waggon, als wären sie bei lebendigem Leib begraben worden. Überall um sie herum hört man schweres Atmen, Weinen, Kinder, die in Panik geraten, weil sie die Hand nicht vor Augen sehen, man steht einander auf den Füßen, aus der Ecke dringt ein chronisches Husten, das bereits jetzt auf die Nerven geht. Lien hat Angst, ihr Brustkorb hebt und senkt sich schnell, und als sie ihre Position verändern möchte, merkt sie, dass ihre Füße unbeweglich zwischen anderen Füßen eingeklemmt sind. Ein hoher Ton entfährt ihrem Mund, und sie fängt laut an zu keuchen, aber Janny kneift sie kräftig in die Hand, in die Haut zwischen Daumen und Zeigefinger, sodass es schmerzt.

»Einfach stehen bleiben, nicht bewegen. Ganz ruhig bleiben«, flüstert sie ihrer Schwester beruhigend zu, bis sich Lien wieder unter Kontrolle hat und ihre Hand wegzieht.

Geschrei draußen, schwere Schritte an den Waggons, ein paar

Deutsche machen Witze. Die Geräusche verstummen langsam, und es wird immer stiller, auch drinnen. Sie stehen einfach so da, das scheint eine Ewigkeit zu dauern. Dann geht plötzlich ein Ruck durch den Waggon, wie aus einem Mund ertönt ein Aufschrei, dann fallen sie fast wie Dominosteine um, aber die Außenwände verhindern das. Der Zug nimmt Fahrt auf. Die Antriebsstangen beginnen mit ihrer mahlenden Bewegung, auch die Kinder sind jetzt still. Ein Hubbel, noch einer, immer rascher, bis die Räder in einem gleichmäßigen Rhythmus über die Fugen fahren. Während über dem Lager Westerbork die Sonne aufsteigt, verschwindet der Zug, in dem tausendneunzehn Menschen zusammengepfercht sind, nach und nach am Horizont.

Obwohl sie probieren, sich möglichst klein zu machen, scheint der Inhalt des Waggons geradezu aufzuquellen. Einigen gelingt es, sich hinzusetzen, auf ihre Taschen, den Boden, aber die meisten müssen stehen. Jeder Zentimeter, der bei der Abfahrt noch unbesetzt war, wird nun genutzt. Der wenige Sauerstoff, der durch die Ritzen hereinkommt, wird sofort von mehreren Mündern eingesogen. Und sie sind gerade erst losgefahren – vielleicht vor einer Stunde, oder zwei? Einige der Älteren weinen leise, ohne dass jemand sie trösten könnte. Mütter reden auf ihre Kinder ein: »Hör auf zu weinen«, »Wackle nicht so«, »Du kannst jetzt nicht Pipi machen«. Jemand übergibt sich. Vom Gestank wird einem übel, aber man gewöhnt sich daran.

Dann wird der Zug langsamer. Janny und Lien halten einander an den Händen, versuchen sich anzuschauen, aber es ist zu dunkel. Ruckelnd kommt der Zug zum Stillstand. Kein Laut ist im Waggon zu hören, alle halten den Atem an. Jetzt schon? Ist das ein gutes Zeichen? Von draußen hört man Lärm, jemand schreit auf Deutsch herum, Stiefelschritte stampfen auf und ab, als hätten sie Westerbork nie verlassen. Jemand macht sich an der Tür zu schaffen, quietschendes Metall und plötzlich: grelles Sonnenlicht. Sie pressen die Augenlider zusammen und reißen den Mund weit auf. Frische Luft dringt in großen Mengen herein, sie saugen sie buchstäblich ein, schlucken den Sauerstoff, als wäre es Wasser. Es ist mild für die Jahreszeit, etwa fünfzehn Grad. Es fühlt sich an, als würden die entkräfteten Muskeln und Knochen in ihrem Körper langsam wieder erstarken.

Die Erleichterung dauert nur kurz. Von der Seite kommen Wachleute heran, sie schieben Menschen vor sich her, Gesichter, die man aus dem Lager kennt. Vor ihrem geöffneten Waggon halten sie an, man schreit ihnen zu, dass sie hineinsteigen sollen. Durcheinander: Das ist nicht möglich, hier ist kein Platz, Gemurre von hinten, aber sie müssen hinein. Sie rutschen nach hinten, nur Zentimeter, eine halbe Hand breit, die Menschen ziehen sich an ausgestreckten Armen hoch, und sobald sie irgendwie drin sind, die Gesichter direkt an denen der vorn stehenden Menschen, wird die Tür hinter ihnen zugeschoben. Was ist passiert? Die Neuankömmlinge berichten.

In einem der hintersten Waggons gab es einen Fluchtversuch. Manchen ist es geglückt zu entkommen: Durch ein Loch in der Frontseite des Waggons sind einige Gefangene aus dem fahrenden Zug gesprungen. Jemand hatte ein kleines Brotmesser eingeschmuggelt, und abwechselnd haben sie mit dem stumpfen Ding am Holz herumgesägt, bis eine Einkerbung bei der Kopplung zwischen den zwei Waggons entstand. Dann der nächste Einschnitt, genauso lang, bis sie eine Luke hatten, durch die gerade so ein Mensch passte. Der Erste steckte die Beine nach draußen, suchte Halt auf den stählernen Puffern zwischen den Waggons, während die Schwellen unter ihm in schwindelerregender Geschwindigkeit vorbeischossen. Er zögerte nicht, tauchte wie ein Schwimmer in das Loch ab und verschwand unter dem fahrenden Zug. Der nächste blieb, einmal draußen, mit zitternden Beinen auf den Puffern stehen, bis ihn jemand anfauchte, er müsse jetzt springen – die anderen würden warten. Er sprang. Niemand weiß, ob ihn die Räder erwischt haben oder nicht. Dann eine

Frau. Sie steckte die Füße durch das Loch und schob sich auf ihrem Hintern durch das Loch, bis sie auf den kalten, glatten Puffern saß. Der Wind fegte am Zug entlang, die Landschaft schoss vorbei, und sie saß dort mit großen Augen. Als es schon niemand mehr erwartete, ließ sie sich fallen, rücklings unter den fahrenden Zug. So entkamen insgesamt sechs oder sieben Menschen aus dem Viehwaggon – tot oder lebendig, das konnte keiner mit Gewissheit sagen –, bevor die Deutschen etwas mitbekamen und den Zug anhielten. Man hat sie nach draußen geprügelt, der Waggon mit dem Loch wurde abgekoppelt und die restlichen Passagiere wurden auf die anderen Waggons verteilt.

Während sich die Räder wieder in Bewegung setzen, berichtet einer der Neuankömmlinge, dass der Fluchtversuch und der Zwischenstopp in der Gegend von Zwolle stattgefunden haben muss – das hatte jemand gesagt, der die Gegend gut kennt. Die Diskussionen über ihr mögliches Ziel entspinnen sich erneut. Es ging doch nach Osten? Warum sind sie dann in Richtung Zwolle gefahren? Janny hört zu und sagt nichts. Sie weiß, dass die Züge aus Westerbork erst auf die Trasse Assen-Zwolle fahren müssen, dort beginnt die eigentliche Reise nach Polen. Allerdings glaubt sie nicht, dass sie bis nach Auschwitz fahren, oder auch nur nach Wolfenbüttel. Die Rote Armee muss doch schon fast in Berlin sein? Nein, sie werden keine weite Reise machen.

In den nächsten Stunden stehen und hocken sie ineinander verkeilt in dem überfüllten Waggon, der über die Gleise rast. Zu Anfang versucht jeder, auf die Leute, mit denen er unmittelbar zusammengepfercht ist, Rücksicht zu nehmen. Wenn der Nachbar sich kurz setzen möchte, steht man selbst auf, und wenn ein Kind zwischen den Beinen durch zu seiner großen Schwester ein paar Körper weiter möchte, versucht jeder es irgendwie durchzulassen. Wenn jemand vor Atemnot fast in Ohnmacht fällt, lässt man ihn kurz unter den Stahllamellen Luft schnappen, und wenn man versehentlich jemanden stößt oder schubst, entschuldigt man sich. Aber Kultur hängt im wesentlichen von den richtigen Umständen ab, und es dauert nicht lange, bis Höflichkeiten durch den Selbsterhaltungstrieb ersetzt werden. Janny und Lien lassen einander keine Sekunde los und bilden so einen Wall gegen die zunehmende Aggressivität in dem stickigen Raum. Im Laufe des Tages können einige Menschen aus Erschöpfung nicht mehr auf den Beinen stehen und sacken zusammen, wodurch jemand anderes eingeklemmt wird und herumzuschreien beginnt. Diejenigen, die einen Platz auf dem Boden, oder besser noch, auf etwas Stroh, gefunden haben, können sich nicht bewegen, werden geschubst, oder ein Knie landet in ihrem Gesicht. Wenn das eine Kind still ist, fängt das nächste schon wieder an zu weinen. So wird die Atmosphäre immerzu feindseliger. Während sie alle zunächst quasi im selben Boot saßen, geht es den Menschen rasch so erbärmlich, dass sie nur noch ein Ziel vor Augen haben: lebendig aus diesem Käfig zu kommen, anständig oder notfalls eben rücksichtslos.

Es gibt eine Holztonne, etwa so groß wie ein Eimer, der als Abtritt dient, aber abgesehen von den Kindern benutzt ihn in den ersten Stunden niemand. Als der Abend sich senkt und der Zug keine Anstalten macht, die Geschwindigkeit zu drosseln, müssen auch die Erwachsenen nach und nach dem Druck auf ihrer Blase nachgeben. Eingeklemmt zwischen Fremden nehmen sie auf dem Eimer Platz und verabschieden sich von ihrem Rest Würde. Die Tonne läuft beinahe über, und die Luft, die zwischen ihnen steht, ist mittlerweile so gesättigt und penetrant, dass sie glauben, sie sogar auf der Zunge schmecken zu können.

In der Nacht verlieren sie das bisschen Orientierung, das ihnen noch möglich war, sie tauchen in eine schwarze Öllache ein. Es bleibt ihnen nichts übrig, als sich in ihr Schicksal zu ergeben, und allmählich wird es stiller im Waggon. Janny und Lien haben eine Methode gefunden, etwas dösen zu können. Sie stehen gerade, Rücken an Rücken, und probieren, einander so in Balance zu halten. Das Gefühl ihrer Körper, dicht aneinandergepresst wie früher im Bett zu Hause in Amsterdam, ist das Einzige, das sie – buchstäblich und metaphorisch – nicht zusammenbrechen lässt.

4. September 1944
Ein Ruck, die Räder rutschen noch ein Stückchen weiter, noch ein Ruck, der Zug kommt zum Stillstand. Die Körper rutschen mittlerweile nur noch wegen des Ruckelns des Waggons umher, nicht mehr aus eigener Kraft. Kein Lärmen, kein Weinen mehr, alle sind wie erschlagen von den letzten vierundzwanzig Stunden. Der Riegel öffnet sich, die Tür wird zur Seite geschoben. Morgensonne. Niemand reagiert, sie bleiben sitzen, liegen, stehen und starren vor sich hin, die Lider halb geschlossen.

»Raus!«

Keine Reaktion.

»Dalli, dalli! Schnell!«

Sie kommen in Bewegung, etwa zwanzig Gefangene müssen auf ein Podest laufen und die Tonnen mit Urin leeren und die Eimer wieder mit Wasser befüllen. Zurück in den Waggon, die Tür geht zu, der Riegel wird geschlossen. Es ist wieder dunkel und riecht genauso wie gestern, als wäre nichts geschehen. Der Zug fährt an, und wenige Augenblicke später dröhnt abermals das gleichmäßige Holpern der Fugen zwischen den Schienen unter ihren Füßen.

Janny hat entdeckt, dass es, außer den schrägen Luftritzen oben im Waggon, auch zwei Gitter in der Wand gibt, beide mit einer dicken Gaze davor, durch die etwas Luft hereindringt. Schritt für Schritt versuchen sie, in die Nähe dieser Gitter zu gelangen, sie dirigieren sich selbst in diese Richtung, die Gesichter zur Decke, als würden sie so schon einen Vorschuss auf die frische Luft bekommen. Die zusammengepferchten Körper sind jetzt in beständiger Bewegung: Bei den Gittern gibt es zwar mehr Sauerstoff, aber man steht auch in der Zugluft. Lien macht Janny ein paar Zentimeter Platz, Janny macht Lien ein paar Zentimeter Platz, so kommen sie in Zeitlupe voran.

Ein drittes Loch befindet sich beim Riegel. Man kann sogar nach draußen schauen, mit ein wenig Glück kommt man irgendwann an die Reihe. Als Janny endlich ihre Wange auf das Holz legen darf, atmet sie langsam aus und prägt sich jedes Bild, jede Farbe und jedes Geräusch gut in ihrem Gedächtnis ein. Der Himmel ist wolkenlos, und das helle Blau bildet einen Kontrast zu den ockergelben Kornfeldern. Jemand versucht sie wegzuschieben, aber sie gibt nicht nach. Vor ihrem Auge ist alles so sonnig, bunt und friedlich, dass sie für wenige Sekunden vergessen kann, unter welchen aussichtslosen Bedingungen ihr übriger Köper vegetiert. Dann wird sie zur Seite geschubst, und der Moment ist vorbei.

Die Schwestern wollen die Stunden mitzählen, aber ihre Gehirne können nicht mehr. Mitten im Waggon werden sie eingequetscht zwischen den anderen Menschen, jedes Gefühl für Zeit und Raum hat sich aufgelöst, auch das Gefühl für die eigenen Gliedmaßen. Sie hatten noch ein Stückchen altes Brot, aber sie sind dermaßen erschöpft, und der Gestank macht sie mittlerweile derart krank, dass sie keinen Krümel davon herunterbekommen. Menschen um sie herum liegen im Fieber, Kinder wimmern leise, die Weichen ächzen, das Metall kreischt, bis die Geräusche und die Umgebung in einer neuen, endlosen Nacht versinken.

5. September 1944

Wie aufgestapelte Sandsäcke liegen sie auf- und übereinander, ein Bein auf einer Hand, ein Kopf auf einem Fuß. Ein Brustkorb hebt und senkt sich langsam und bewegt sich dann nicht mehr. Bei jedem Gleiswechsel werden sie wie ein einziges Wesen hin und her geschüttelt, ihre Haare wischen über den schmutzigen Boden. Die Tonne wird nicht mehr benutzt, auch das Guckloch nicht. Gelegentlich schlagen die Schwestern die Augen auf und blicken sich an. So weit weg ist Wolfenbüttel nicht, sie werden doch nicht etwa …

In der dritten Nacht hält der Zug an. Die Türen werden entriegelt, Scheinwerfer leuchten aus dem schwarzen Himmel in die Waggons. Bellende Hunde, Befehle auf Deutsch, ein Schreien in der Ferne. Hände durchsuchen ihren Waggon, packen leblose Körper. Eine blecherne Stimme schallt durch die Außenluft, als wären sie in einem Sportstadion; sie übertönt alles andere.

»Alle raus, schneller, schneller!«

»Aussteigen, alle Koffer hinlegen!«

Die Schwestern schaffen es kaum auf, sie sind geblendet, die Beine und die Lider sind schwer, so schwer. Sie stolpern über einen Körper im Waggon, verlieren auf dem Bahnsteig das Gleichgewicht, aber jemand zieht sie wieder hoch; ein Mann in einem gestreiften Häftlingsanzug flüstert ihnen zu: »Ihr seid gesund. Lauft. Steigt nicht in die Wagen!« Sie verstehen nicht, was er meint, halten einander fest und laufen weiter, gefangen in den gebündelten Lichtstrahlen, in denen winzige Staubteilchen wie Schneeflocken auf- und niedertanzen. Lien schaut sich um, die neue Decke, die Mieke ihnen geschickt hat, liegt noch im Zug. Aber als sie am Zug vorbeilaufen, sehen sie, wie Taschen aus Händen gerissen werden und sich große Haufen auf dem Bahnsteig bilden. »Alles Gepäck liegen lassen, nichts mitnehmen!«, wird gerufen. Neben den Bergen aus Koffern entstehen Berge aus Körpern, die behände von den Wachleuten aus den Waggons geschleudert werden wie bei einem Kinderspiel. Aufmerksam lauern die Schäferhunde, die Leinen, mit denen sie im Zaum gehalten werden, sind straff um Hände gewickelt, die zu Uniformen gehören. Hohe Lederstiefel. Gefletschte Zähne kommen beängstigend nah. Schnell, weitergehen, von der Rampe herunter.

Es werden Reihen gebildet. Männer auf der einen Seite, Frauen und Kinder auf der anderen. Ein SS-Mann steht erhöht, seine große dunkle Gestalt hebt sich vom grellen Licht ab. Sein

Mund öffnet und schließt sich, dicke Adern quellen an seinem Hals hervor. Was sagt er? Was sollen sie tun? Janny und Lien lassen die Hand der anderen keinen Augenblick los.

»Alte und Kinder auf den Lastwagen!«

Auch Menschen über fünfzig, die nach den schweren Tagen im Waggon beinah nicht mehr auf ihren Füßen stehen können, werden aus den Reihen gezogen und zu den Wagen geschoben, genau wie die Kinder, die stumpf vor sich herschauen. Mütter rennen ihnen hinterher. Die Schwestern suchen in der Menschenmasse nach einem bekannten Gesicht. Lien hebt eine Hand, weil sie glaubt, Jaap in der Ferne entdeckt zu haben, seine welligen Augenbrauen über diesem Meer dunkler Haarschöpfe, aber sie ist sich nicht sicher, und er ist auch schon wieder weg. Janny glaubt einen Blick auf Joseph und Fietje bei einem der Lastwagen erhascht zu haben, aber sie werden schon selbst weitergetrieben.

»Dalli, dalli! Schneller!«

Sie stehen gemeinsam in einer Reihe und drücken einander die Hand, versuchen den Gestank des Waggons loszuwerden – und dann riechen sie es. Sie riechen den Geruch, den sie nie wieder vergessen werden, und jetzt wissen sie es.

In der Nacht vom 5. auf den 6. September 1944, am Ende des sogenannten *Dolle Dinsdag*, dem närrischen Dienstag, an dem in den Niederlanden überall Flaggen und Fahnen vom Speicher geholt werden, weil man jeden Augenblick mit der Befreiung der Niederlande rechnet, erreicht die Familie Brilleslijper Auschwitz.

~

Der SS-Mann schreit über die Köpfe hinweg. Ihre Reihen werden immer weiter ausgedünnt, aber noch immer sind Hunderte Menschen auf dem Bahnsteig unterwegs.

»Ruhe!«

Sie schauen hoch, versuchen zu verstehen, aber überall herrschen Lärm und Chaos.

»Ich rufe jetzt fünfzig Namen auf! Schutzhaftbefehl!«

Plötzlich wird es vollkommen still. Der Mann schaut auf das Papier und liest die Namen ab.

»Brandes, Marianne ... Rebling, Rebekka.«

Sie bleiben zusammen. Das ist das Ergebnis der gefälschten Heiratsurkunde. Die aufgerufenen Männer werden direkt abgeführt, die Frauen sammeln sich bei einem Scharführer mit einem Klemmbrett. Er kontrolliert ihre Namen noch einmal. Sie sind nur eine kleine Gruppe. Sie warten. Bei jedem Atemzug riechen sie den Brandgeruch. Über den Scheinwerfern, die den Bahnsteig beleuchten, ist der Himmel immer noch tiefschwarz. Dann müssen sie losgehen.

Wachtürme. Betonpfähle erheben sich hoch über ihnen, mit einem Knick am oberen Ende, als würden sie grüßen. Die Stacheldrahtreihen, die dazwischen aufgespannt sind, stehen unter Starkstrom. Janny und Lien blicken sich an und denken dasselbe: Das hier ist kein Arbeitslager. Gänsehaut, möglicherweise aus Übermüdung. Sie wussten nicht, dass man so müde sein kann, ohne zu sterben. Lien schafft es fast nicht mehr, die Füße anzuheben, sie fühlt sich, als würde sie über geschmolzenen Asphalt gehen. Ihre Knie schlagen aneinander, und ihre Fußknöchel geben nach, Tränen laufen ihr über die Wangen. Sie möchte aufgeben. Rasch packt Janny sie am Oberarm, stützt sie mit ihrem eigenen Gewicht und sorgt dafür, dass sie weiterläuft. Lien putzt sich den Rotz unter ihrer Nase ab und lässt sich mitschleppen.

Die alte Frau, die vor ihnen geht, bricht auch fast zusammen, und sie nehmen sie zwischen sich, einen Arm auf jeder Seite. Sie scheint aus Porzellan zu sein, so leicht und zerbrechlich ist sie. Die Frau muss weit über siebzig sein, vielleicht auch älter. »Danke«, flüstert sie. Sie versuchen zu verhindern, dass sie ohnmächtig wird, fragen sie nach ihrem Namen. »Luise Kautsky.«

Das kann man kaum hören, aber Lien und Janny kennen den Namen. »Die Witwe von Karl Kautsky?« Sie nickt, ihre Mundwinkel heben sich bei der Erinnerung ein wenig. Ihr Mann war ein berühmter tschechisch-österreichischer Politiker und ein Theoretiker der Sozialdemokratie; die Schwestern wissen, dass er kurz vor dem Krieg in Amsterdam gestorben ist. Bob und Eberhard sprachen oft über seine Arbeiten. Dieser merkwürdige Augenblick menschlicher Solidarität und die Erinnerung an ihr früheres Leben helfen allen dreien über die letzten Meter. Sie werden in ein flaches Gebäude getrieben und verlieren Luise aus den Augen.

Eine lange steinerne Halle, kalt und grau. Wohin sie auch schauen, überall stehen SS-Leute in Uniform und Gefangene in gestreifter Häftlingskleidung. Lange Tische stehen in der Halle, als ginge es hier darum, sich für einen Schwimmwettkampf einzutragen.

»Ausziehen, alle Kleider hinlegen«!

Die Stimme des SS-Manns tönt blechern, die Mitteilung hallt nach. Keine der Frauen der Gruppe macht irgendwelche Anstalten, sich auszuziehen, sie schauen einander fragend an. Es gibt hier keinen abgetrennten Raum, keinen Vorhang, überall stehen Leute.

»Dalli, dalli, schneller!«, schreit der Mann noch einmal.

»Ihr werdet desinfiziert«, ruft ihnen jemand in Häftlingskleidung zu, der etwas entfernt steht. Erschrocken schauen sich Janny und Lien an, aber die anderen Frauen haben schon angefangen, sich auszuziehen und widerstandslos folgen sie ihrem Beispiel. Sie haben nicht die Kraft, sich zu wehren, und außerdem warten die zahllosen Wachleute nur auf einen Grund zuzuschlagen. Sie ziehen die Kleidungsstücke aus, die sie so bedacht in Westerbork ausgewählt haben, damit sie möglichst gut vorbereitet wären. Westerbork. Auch dieser Name ist plötzlich ein Nachhall aus einer fernen Vergangenheit, wie eine Straße, in der man einmal als Kind gewohnt hat. Schuhe aus, die Socken, die Bluse. Ein Zögern.

BH.

Unterhose.

Sie stehen mit nackten Füßen auf dem kalten Boden, die Arme vor dem Körper verschränkt, den Blick nach unten gerichtet, sodass sie sich selbst nicht durch die Augen der anderen sehen müssen.

»Weitergehen!«

An den Tischen vorbei, schneller, SS-Männer treiben sie mit Gerten und Hunden weiter. Überall Geschrei, aber sie erschrecken sich jedes Mal von neuem, ziehen den Kopf ein und heben die Hände verteidigend in die Höhe, als würde das irgendeinen Schutz bieten. Janny ist schon weiter, und Lien beeilt sich, damit sie wieder in die Nähe ihrer Schwester gelangt. Gefangene in Häftlingskleidung warten mit Rasierapparaten, ihr Blick ist ins Nichts gerichtet. Sie werden aufgeteilt. Wo man landet, wird man rasiert, vollkommen egal, ob da ein Mann oder eine Frau sitzt. Arme hoch. Die Achselhöhlen. Beine auseinander. Das Schamhaar. Umdrehen. Die Haare werden gepackt und mit einer Bewegung geschnitten.

Weitergehen, noch nackter als kurz zuvor. Noch mehr Tische. Jemand packt ihren Arm und setzt eine Nadel an der Oberseite des linken Unterarms an. Sie spüren keinen Schmerz. An der Spitze der ritzenden Nadel erscheint langsam eine Reihe aus fünf Zahlen auf der Haut. Während der Mann mit der Nadel ihre Haut durchbohrt und Tintentropfen injiziert, schaut Janny zur Seite auf Lien, die mit ausgestrecktem Arm vor sich hin starrt, ihre Haarstoppeln stehen in alle Richtungen ab, der Unterkiefer hängt leicht herab.

88420.

Janny muss die Nummer nur einmal sehen; sie brennt sich für immer in ihr Gedächtnis ein.

Ein Duschraum. Der kümmerliche Wasserstrahl ist abwechselnd glühend heiß und eiskalt. Sie zittern, es zieht von den Wänden her. Zwischen den Körpern der anderen Frauen versuchen sie, einige Tropfen in ihren gefalteten Händen aufzufangen, schrubben mit feuchten Fingern die Haut, aber der Schmutz ist überall. Arme und Beine zucken so heftig, dass ihre Bewegungen eher Krämpfe sind. Manche der Frauen wirken wie betrunken, sie schwanken durch den Raum und werden zurückdirigiert durch Wachleute, die sie mit ihren Gerten wegjagen und auf Abstand halten.

»Schneller!«

Luise Kautsky, die alte Dame, fällt auf den Boden und bleibt auf den Steinen liegen. Eine andere Frau hilft ihr wieder hoch. Überall Gruppen von Frauen, die sich vergeblich an den Duschköpfen zusammendrängen, die Hände zu Schalen geformt. Dampf sammelt sich um ihre Köpfe und entzieht zum ersten Mal die Bewacher aus ihrem Blickfeld. Janny und Lien blicken einander an, halten sich fest, für kurz sind sie wieder zusammen, genau wie früher.

»Wir müssen das hier überstehen«, sagt Janny.

Kein Geräusch, nur Lippenlesen. Ein Entschluss. Beide nicken.

KENNST DU DEN MUSCHELMANN?

Ein Spätsommerabend in Amsterdam, ein Essen bei Vater und Mutter. Janny hat den Zug aus Den Haag genommen und geht das letzte Stück auf dem Weg ins elterliche Haus zu Fuß, durch Straßen, in denen sie jeden Pflasterstein auf dem Bürgersteig und jede Unebenheit im Straßenbelag genau kennt. Sie winkt Bekannten zu. Geschäfte werden zugesperrt, und alte Freunde machen sich auf den Weg in die Kneipe, das Wasser der Amstel schwappt gegen die Uferbefestigungen. Die Betriebsamkeit auf dem Waterlooplein geht zu Ende, und ganze Ströme von Menschen machen sich auf in Richtung des Theaters Carré. Aus dem geöffneten Fenster einer Souterrainwohnung ertönt etwas, das nach einem falschen Signalhorn klingt, ein Junge steht hinter einem Pult und übt auf einem Blasinstrument. Radler kämpfen sich die steile Magere Brug empor, manche steigen vom Fahrrad ab und schieben, lachen über ihre eigene mangelnde Kondition. Janny biegt in die versteckte Ecke der Nieuwe Achtergracht ab und betritt die Wohnung mit der Nummer 14/II. Lientje ist schon da, Vater wettert gegen ihren blödsinnigen Traum von einer Tanzkarriere, als sie sieht, dass ihre Schwester hereinkommt, verdreht sie die Augen. Sie geben sich einen Kuss. Als das zerstreute Gesicht von Japie in der Türöffnung erscheint, begrüßen sie ihn im Chor. Mutter ist in der Küche, die Töpfe dampfen, sie gibt eine Anweisung. Janny hilft ihr. Fietje bittet Joseph, ein Fenster zu öffnen. Schwüle Luft zieht herein, und die Geräusche der Amsterdamer Innenstadt bilden einen brummenden Hintergrund für die häusliche Szene.

Am Tisch. So viele Geschichten, Pläne und Träume, die es zu besprechen gilt. Das Geschäft, die Familie, Geldsorgen. Jaap denkt über eine weiterführende Ausbildung nach, die Handelsschule hat er fast abgeschlossen. Lien schiebt einen Teller mit Kartoffeln von sich weg. »Ich bin zu dick«, schmollt sie. »Du bist nicht dick, wir sind halt kleine Menschen«, entgegnet die Mutter, ohne von ihrem Teller aufzuschauen. Janny jammert über die Arbeit, sie weiß nicht, was sie will. Seit ein paar Monaten ist sie Kindermädchen bei einer vornehmen Familie, bei einem Jonkheer De Brauw in Den Haag und seinen Kindern, aber es gefällt ihr dort überhaupt nicht. Die Arbeit bei der Internationalen Roten Hilfe, die macht Sinn. Wie soll sie auf Kinder aufpassen, wenn in den umliegenden Ländern die Faschisten die Macht ergreifen? Die Welt steht in Flammen! Wie kann Vater bloß Geschäfte mit den Deutschen machen, wo doch dort dieser schreckliche Mann das Sagen hat? Sie ist noch immer böse darüber, dass Joseph eine große Lieferung Obst und Gemüse an ein Stahlwerk in Deutschland verkauft hat; das hat zu lautstarken Auseinandersetzungen in der Familie geführt und war einer der Gründe, das Haus zu verlassen und zu Lientje nach Den Haag zu ziehen. Ein weiterer Grund war, dass er ihre Arbeit bei der Roten Hilfe zu gefährlich fand. Der Vater schüttelt den Kopf, meint, seine Tochter übertreibe wieder einmal unsäglich, aber heute will er die Stimmung nicht verderben; diese Diskussionen kennen sie alle zur Genüge. Er will gar nicht wissen, was Janny wieder alles ausheckt in ihrem »Kampf gegen das Böse«, wie sie es immer nennt, und außerdem glaubt er nicht, dass es so schlimm kommen wird. Er muss ein Geschäft führen, und das ist in diesen Zeiten schon schwierig genug.

»Und ich werde ein Star!« Mitten im Gespräch wirft Lien beide Hände in die Luft und singt es heraus, bei den letzten Buchstaben tiriliert sie geradezu. Sie brechen alle in Lachen aus, und die gespannte Atmosphäre am Tisch ist verflogen. Draußen klingelt die Kupferglocke des Eismanns im Rhythmus des Kinderliedes »Sag, kennst du den Muschelmann?« – sofort schauen sie zu ihrer Mutter, drei Paar Augenbrauen heben sich fragend. Das Geräusch schwillt an, der Eismann nähert sich von der Gracht her. Fietje blickt kurz streng, aber dann lockern sich ihre Gesichtszüge. Sie nickt aufmunternd, und wie die kleinen Kinder springen sie von den Stühlen.

Aufstehen, rasch nach draußen. Sie stolpern in der Eile beinahe übereinander, sie laufen hintereinander, nebeneinander, sie überholen jemanden, wollen nicht am Rand stehen, sondern mitten in der Menge, die sich schnell bildet. Es hat angefangen zu regnen. Keine glitzernden Frühlingstropfen, von denen man nicht wirklich nass wird, sondern ein Platzregen, als würde es aus Kübeln schütten. Graue Wolken ballen sich über ihren Köpfen, der Himmel färbt sich rasch genauso dunkel wie die Erde. Janny stellt sich in die Reihe und schaut sich schnell nach Lien um; sie steht zum Glück direkt hinter ihr. Sie blickt wieder nach vorn und rückt auf. Wasser rinnt ihr über das Gesicht, Tropfen fallen von den Wimpern herab. Innerhalb weniger Minuten ist ihre Kleidung pitschnass – sie war noch vom vorigen Schauer klamm. Sie zittert unter den dünnen Fetzen, die seit Tagen nicht mehr richtig trocken werden. Ihre Holzpantinen versinken im Schlamm und laufen voll Matsch. Sie hatten sich über die Pantinen gefreut, und sie hatten sich im ersten Monat auch bewährt, aber bei diesen Bedingungen hält nichts lange. Sie versucht, sie nacheinander aus dem Morast zu ziehen, in dem sie mittlerweile bis zu den Knöcheln steckt, ganz behutsam, sodass niemand es sieht. Jede Bewegung kann eine zu viel sein. Die Kapos schreien, immer noch laufen Frauen herbei, zu spät, sie werden geschlagen, fallen vornüber in den Schlamm. Man darf nicht zu den Letzten gehören, man darf nicht außen stehen, darf nicht auffallen, durch nichts aus der Masse herausstechen. Lien und sie haben Glück, dass sie so klein sind.

Stunden verstreichen, und das Durchzählen ist noch immer nicht vorbei. Ein Fehler, noch mal, ganz von vorn, Hunderte Figuren auf einem riesigen Schachfeld. Manchmal bricht jemand zusammen, und das Muster wird unterbrochen. Janny blickt auf den Rücken der Frau vor ihr und versucht, nicht zu rebellieren, gegen das unaufhörliche Geschrei der Kapos und Aufseherinnen, gegen den Regen, den Hunger oder den kribbelnden Schmerz in ihrem schrumpfenden Körper. Als hätte man ihr Leben abgeschält, Schicht um Schicht wie bei einer Zwiebel, bis nichts mehr übrig ist als der Kern ihrer Existenz. Zuerst hatte man ihnen die Arbeit weggenommen, die Schulen, die Häuser, die Stadt. Die Nachbarn und die Freunde. Dann die Familien und die Freiheit. Schließlich die Kleidung, die Haare, das eigene Spiegelbild. Aber nicht den existenziellen Kern, darauf müssen sie sich konzentrieren, den werden sie nicht auch noch bekommen. Sie haben vor Augen, was sonst passiert, sie sehen die lebendigen Toten, die über das Gelände wanken. Die *Muselmänner*, wie man sie hier nennt. Diese haben sich selbst aufgegeben, sich ergeben, noch bevor die Nazis sie über die Klinge springen lassen. Ihr Anblick ist vielleicht ein größerer Triumph für die Faschisten als die qualmenden Schornsteine auf dem KZ-Gelände. Sie liegen oder hocken herum, stolpern über das Gelände. Männer, aber auch Frauen: erschöpft und ausgezehrt, die Nerven abgestumpft, die Sprache haben sie verloren, die Kiefer sind wie mit Eisenklammern verschlossen, die Augen leblos wie Glasmurmeln, die nichts mehr sehen. Sie werden bei der Selektion als Erste mit einer Handbewegung zur Seite geschickt, noch vor den Kranken, den Schwangeren, den Kindern und den Alten. Sie wandern in die Gaskammern, einen Weg, den sie in ihrem Kopf schon längst beschritten haben. Weder schreien noch weinen sie, sie nehmen ihre Umgebung nicht mehr bewusst wahr, oder vielleicht sind sie sich der Aussichtslosigkeit der Situation auch einfach nur allzu bewusst geworden. Deshalb werden sie von den übrigen Gefangenen auch gemieden.

Der Regen prasselt auf Jannys Kopf, die vollkommen durchnässten Kleider sind mit ihrer Haut verschmolzen. Sie zittert in ihrem hemdartigen Kleidchen. Eine Unterhose hat sie nicht, der Wind fegt durch sie hindurch. Ihre Füße sind durch die Kälte mittlerweile so gefühllos geworden, dass die Holzpantinen geradewegs an ihren Beinen angewachsen scheinen. Aber jedes Mal, wenn sie ihren inneren Kern fast verlieren, finden sie beieinander den Halt, der den meisten hier fehlt. Durch die andere vergessen sie nicht, wer sie sind, weil die andere sie daran erinnert, was sie einmal waren: zwei Schwestern aus Amsterdam.

LIEN UND DAS VEILCHEN

Im Lager sorgt ein System von Erniedrigung dafür, dass jeder gegen jeden aufgestachelt wird. Das Lagergelände von Auschwitz-Birkenau sieht auf den ersten Blick aus wie ein im Schlamm versunkenes Chaos. Aber tatsächlich handelt es sich bei diesem Konzentrationslager um eine perfektionierte Mordmaschine, die auf den Zeichenbrettern der SS bis ins Detail genau so entworfen wurde – inklusive der Gaskammern und Krematorien. Auf dem sumpfigen Terrain beim polnischen Dörfchen Brzezinka hat man sie dann verwirklicht. Schon während des Baus starben die Gefangenen scharenweise. Die Entscheidung für das sumpfige Gelände führte bei der Errichtung der Fundamente dazu, dass die Erde die Zwangsarbeiter buchstäblich verschluckte. Im Auftrag von Hitler organisierte der Reichsführer SS Heinrich Himmler dort ein mustergültiges Vernichtungslager.

Himmler brauchte nicht zu improvisieren: Er hatte schon genug Erfahrung. 1933 eröffnete er das Lager Dachau bei München, das erste Konzentrationslager der Nazis für politische Gefangene. Diesen adretten Mann mit dem eiförmigen Beamtenkopf, schmalen Lippen und einer rahmenlosen Brille zeichnete eine Loyalität zu Hitler aus, die größer war als die Liebe zur eigenen Mutter. Er war besessen von der Idee einer »reinen nordischen Rasse«. Er glaubte, es sei seine Aufgabe, »die Rasse« für immer zu reinigen. Es wundert dann auch nicht, dass seine Säuberungsstrategie bei den jüdischen Frauen begann. Diese müssten so schnell wie möglich ausgelöscht werden, da sie die nächsten Generationen der Juden auf die Welt bringen würden, die dann womöglich ihre Väter rächen wollten. Gleichzeitig sollte sich »die arische Frau« möglichst schnell vermehren. Auschwitz-Birkenau ist eine der Endstationen dieses Vorhabens, die für Janny und Lien zur Falle geworden ist.

Vom SS-Lagerkommandanten an der Spitze bis hinunter in die einzelnen Baracken verläuft eine Befehlskette. Ausgewählte Gefangene können hier ein letztes bisschen Macht ausüben. Dazu gehört auch, die eigene Position zu stärken, indem man rücksichtslos nach unten tritt, denn die Absicherung dieser Stellung ist überlebenswichtig. Sie bedeutet ein Stückchen Extrabrot, wenn die anderen verhungern, oder einen Joker, wenn die anderen in die Gaskammer geschickt werden. Indem Mitgefangene als Aufseher eingesetzt werden, spart man Geld, und indem die Opfer gegeneinander aufgehetzt werden, zerstört man die Gemeinschaft, oder was davon noch übrig ist, in den Grundfesten.

Es gibt eine Stubenälteste, den Kopf der Baracke, die auf die Blockälteste hören muss, die wiederum den Kapos unterstellt ist, die den Aufseherinnen Rechenschaft ablegen müssen. Das sind weibliche SS-Wachleute, die mit ihrem brutalen Vorgehen den Ton angeben, jede hat dabei ihre eigenen Vorlieben. Die eine schlägt stoisch ihre Gerte auf den Gefangenen kaputt, während eine andere auf den Schädel eines Mädchens eintritt, bis die Hirnmasse hervorquillt. Man geht nicht nur auf diejenigen los, die in der Hierarchie niedriger gestellt sind, auch untereinander herrscht Zwietracht. So werden die Polen gegen die Russen aufgehetzt, die Russen gegen die Ungarn und diese wieder gegen die Westeuropäer. Den Schwestern fällt auf, dass die Kapos häufig polnische Frauen sind, die wiederum französische und niederländische junge Frauen besonders verachten.

Janny und Lien sitzen zusammen mit anderen politischen Gefangenen in einem eigenen Block; die Frauen stammen aus zahlreichen Nationen: Griechenland, Frankreich, Italien, Russland und Dänemark. Alle leiden sie Hunger, sind erschöpft, vermissen Kinder oder Familie. Fiebrig suchen die beiden ununterbrochen nach Informationen über ihre Familienmitglieder, aber sie haben weder Jaap noch Joseph und Fietje bislang finden können. Auch vom Roten Puck und dem alten Ehepaar Loes und

Bram Teixeira de Mattos fehlt jede Spur, aber das hat nichts zu bedeuten: Das Lager Birkenau umfasst ein Gelände von mehr als dreihundertfünfzig Fußballfeldern, Zehntausende Häftlinge vegetieren in unzähligen Baracken. Außerdem gibt es noch das Basislager Auschwitz I und, etwas weiter entfernt, Auschwitz III. Dort befindet sich der Industriekomplex, unter anderem der deutsche Chemiekonzern IG Farben, wo Sklavenarbeiter des Dritten Reichs synthetischen Gummi produzieren müssen. Wenn sie wieder einmal nachts nicht schlafen können und eingeklemmt zwischen den anderen unruhigen Frauenkörpern auf den Holzbrettern liegen, versuchen sie sich vorzustellen, dass Vater, Mutter und Jaap dort am Fließband arbeiten. Müde und schmutzig, aber lebendig. Oder vielleicht sind sie auch in einem der vierzig kleineren Lager in der Umgebung gelandet und müssen dort auf dem Land arbeiten. Alle optimistischen Szenarien ziehen in diesen nächtlichen zähen Stunden vorbei, aber sobald sie morgens im Dunkeln auf dem Appellplatz stehen, ist das Erste, das sie sehen, der Schornstein, der sich triumphierend über dem Lager erhebt.

Als sie am ersten Morgen nach ihrer Ankunft endlich von einer Frau in gestreifter Häftlingskleidung in eine Quarantänebaracke geführt wurden, sind sie an so einem niedrigen Gebäude mit einem breiten Schornstein vorbeigekommen.

»Was ist das für eine Fabrik?«, hatte jemand aus der Gruppe gefragt.

Die Frau blickte sich nicht um, verzog keine Miene.

»Fabrik?«, sagte sie nur und wies mit ihrem Kinn auf den Schornstein.

»Das ist euer Abtransport. Alles landet im Ofen.«

Sie möchten glauben, dass der Rest der Familie irgendwo hier noch am Leben ist, aber an jedem Tag, an dem sie noch nicht befreit werden, werden die Öfen von neuem befeuert. Ohne Pause. Der Gestank, der sich wie eine Decke auf das Lagergelände gelegt hat, erinnert sie ständig daran. Wenn sie versuchen, morgens die ersten Worte zu sagen, ist ihre Stimme vom Rauch jeden Tag ein wenig heiserer.

Die Tage sind gefüllt mit sinnloser Arbeit oder endlosen Appellen. Sechs Stunden hintereinander, manchmal auch zwölf Stunden oder ganze Tage und Nächte, bis die blasse polnische Sonne abermals zum Vorschein kommt. Im ersten Monat reagieren die Härchen auf ihren Armen noch auf die Sonne, strecken sich wie Keime zur Wärmequelle, die kurz für ein wenig Licht sorgt, während sie dort auf dem Platz mit tausend Menschen, manchmal zweitausend, aufgestellt in Blöcke von je fünfundzwanzig Häftlingen, langsam verenden. Aber als der September in den Oktober übergeht, hängt ein Grabtuch am Himmel, aus dem ein Sturzregen niederprasselt, verwandelt sich der steinharte Boden rasch in eine dicke Schicht stinkenden Schlamm. Die Kleidung trocknet nicht mehr, und die Baracken werden zu feuchten Ställen, in denen sich Schimmel und Ungeziefer rasend schnell verbreiten.

~

In der Baracke stehen Pritschen mit drei Etagen, aber eigentlich sind es nur einfache Holzregale, in denen Menschen gelagert werden. Jedes davon besteht aus drei Fächern, die für je zwei Personen gedacht sind, aber aufgrund der Überbelegung des Lagers liegen dort fünf oder sechs Frauen, kreuz und quer nebeneinander. Auf jeder Pritsche werden also etwa achtzehn verängstigte Körper zusammengepfercht. Mit etwas Glück wird das Holz noch von etwas Stroh bedeckt, aber meistens gibt es nur die gefährlich ächzenden Bretter, die Ecke einer Decke und die eigene Hand als Kissen.

Die Unruhe nachts ist nicht auszuhalten. Den knochigen Hintern einer Fremden am eigenen Bauch, der permanente Husten, den Atem aus einem Mund voller Geschwüre und Aphthen im Gesicht, egal in welche Richtung man sich auch dreht. Das Jammern einer Frau, die den Gedanken an ihre verschwundenen Kinder nicht mehr loswird. Die Nase am schuppigen Schädel der Nachbarin, ein Knie bohrt sich in den Rücken, die eiternde Wunde einer anderen streift die eigene Haut. Jemand versucht deine Hand zu öffnen, in der du die letzten wertvollen Dinge beschützt. Eine Frau über dir ist krank und kann nichts einhalten, eine andere liegt im Fieber, eine dritte wird aggressiv. Aber alle Beschwernisse sind nichts im Vergleich zum Jucken. Ein Jucken, das buchstäblich unter die Haut kriecht, das durchs Blut ins Gehirn gelangt, einen verrückt macht und keinen Augenblick Ruhe gibt. Janny meint, dass hier mehr Menschen aufgrund des Juckens den Verstand verlieren würden als durch alles andere zusammen. Läuse, Flöhe, Bettwanzen und andere Biester finden ihren Weg überallhin: in die Kleidung, auf die Köpfe, die Wimpern, zwischen die Zehen, in die Achselhöhlen und die Genitalien. Dutzende, Hunderte winzige Bisse, verteilt über den ganzen Körper, in jeder Minute, jeder Sekunde, morgens, mittags, abends und in der Nacht. Wenn sie beim Appell antreten, auf der Latrine sitzen oder auf den Pritschen liegen. Die Parasiten sind winzig und so zahlreich wie eine unsichtbare Armee – die Menschen verlieren schlicht den Verstand davon. Große Hautstücke werden abgezogen, mit den Fingernägeln oder den Zähnen oder einem hervorstehenden Nagel. Andere kratzen ihren Schädel auf, sodass sich Geschwüre auf dem Kopf bilden, die sich langsam einen Weg in den Körper suchen. Man kann nichts gegen das Jucken machen. Die einzige Chance besteht darin, keinen Widerstand dagegen zu leisten, ohne sich vollständig in alles zu ergeben.

Janny hört nicht auf, ihrer Schwester wieder und wieder zu sagen, dass sie auch das hier überleben müssen. Wenn sie nur zusammenbleiben, die Nerven bewahren und aufeinander aufpassen. Nicht an die Kinder denken. Sich sauber halten. Essen, wann immer es etwas gibt. Die Haut nicht aufkratzen. Und vor allem anderen: nicht von Mengele und seinen SS-Ärzten selektiert werden.

Die drohende Selektion hängt wie ein Damoklesschwert ununterbrochen über ihren Köpfen. Diesen Augenblick fürchten alle am meisten. Die größte Selektion erfolgte schon auf der Rampe, am Bahngleis, direkt nach der Ankunft des Zuges. Schwache, Kranke, Säuglinge, Kinder unter fünfzehn: Sie gingen aus den Waggons geradewegs in die Gaskammern. Aber damit hat es nicht aufgehört. Zu nicht festgelegten Zeitpunkten, einmal im Monat, einmal in der Woche, dann wieder zwei glückliche Monate nicht, taucht der SS-Arzt Mengele auf und wählt aus. Er selektiert Häftlinge, die noch in der Lage sind zu arbeiten, oder die er für seine medizinischen Experimente interessant findet. Außerdem diejenigen, die ihm absolut nutzlos erscheinen. Mit einer Handbewegung – als würde er eine Mücke verscheuchen –, kann er Menschen in die Gaskammern schicken. Wenn man einer der ersten beiden Kategorien zugewiesen wird, besteht zumindest noch ein Rest Hoffnung.

Häufig erfolgt die Selektion direkt nach dem Zählappell. Eines Tages ist es wieder so weit: Nach dem schier endlosen Warten werden die weiblichen Gefangenen nicht wieder auf dem Gelände eingesetzt, um dort zu arbeiten, sondern plötzlich entsteht Unruhe. Wachleute, Hunde, nervöse Kapos, sie schreien noch lauter als gewöhnlich.

»Großer Appell! Antreten zur Selektion!«

»Schnell!«

Die Menschenmenge stiebt auseinander, jede eilt in den eigenen Block, um sich auszuziehen. Die Panik in der Baracke ist groß. Nackte Frauen rennen umher, halten sich fest, suchen Familie, Kinder, Freundinnen aus dem Lager. Eigentlich ist jetzt dafür keine Zeit, aber jede kontrolliert ängstlich den eigenen

Körper und den von anderen, bittet eine Nachbarin oder eine Freundin um eine Bestätigung.

»Siehst du irgendwo Flecken?«

»Diese Pickel, ist das Eitergrind?«

»Bin ich noch dünner geworden?«

»Lege deinen Arm an den Körper, da ist eine Wunde, die sie auf keinen Fall sehen dürfen.«

Jemand verreibt ein Eckchen sorgfältig verwahrter Margarine auf den Wangen, damit die stumpfe Haut wieder glänzt. Eine Frau schlägt sich selbst ins Gesicht, sodass der fahle Hautteint wieder etwas lebendiger aussieht. Eine andere zerbeißt sich die Lippen und verstreicht das Blut. Ein Stückchen Lippenstift ist Gold wert, auf jeden Fall drei Tagesrationen Brot: Ein wenig Farbe rettet einen vielleicht vor dem Malech ha Mowes, dem Engel des Todes, wie sie Mengele auf Jiddisch nennen.

Janny hat sich bereits ausgezogen und sieht Lien an, die sehr dünn geworden ist. Ihre bildschöne Schwester, der in ihrer Jugend alle Jungs hinterherliefen, mit ihrer beneidenswerten Figur und dem dunklen dichten Haarschopf, wirkt jetzt verletzlich und gebrochen; wie Stacheldraht steht das kurze Haar von ihrem Kopf ab. Verzweifelt beobachtet sie das Chaos um sich herum in der Baracke. Lien macht sich andauernd Gedanken über alles. Das zehrt ihre Energie auf. Janny hat eine dickere Haut, hat sich mehr im Griff, manchmal kann sie stoisch wie ihre Mutter sein, das verleiht ihr mehr Widerstandskraft.

Ein dunkelblauer Fleck umschließt Liens rechtes Auge; sie hat es auch ihrem aufbrausenden Charakter zu verdanken: Vorgestern hatte ein Mädchen in der Baracke die Holzpantinen unter Liens Kopf geklaut, und als Lien die Schuhe am Morgen zurückwollte, kam es zu einem Schlagabtausch. Schreiend zogen beide an einer Pantine, und bevor Lien den zweiten Schuh erhaschen konnte, schlug das Mädchen ihr damit direkt ins Gesicht. Lien sah Sternchen, aber die Pantinen hatte sie wieder.

»Lientje!« Janny packt ihre Schwester am Oberarm. »Pass jetzt auf. Wir müssen hier durch. Vater, Mutter und Japie warten irgendwo auf uns, wir dürfen nicht selektiert werden, kapierst du das?«

Lien nickt teilnahmslos, hat aber keine Energiereserven mehr, um sich auf das Kräftemessen mit Mengele vorzubereiten. Sie standen schon stundenlang beim Appell, und sie ist müde und ausgehungert. Am liebsten würde sie sich auf die Pritsche legen. Nur ganz kurz. Als Janny sie heftig schüttelt, kippt ihr Kopf willenlos hin und her, wie eine gebrochene Tulpenblüte an einem Stängel.

»Ich habe von Eberhard geträumt.«

Ihr Flüstern ist kaum zu hören, den Blick hat Lien auf den Boden gerichtet. Um sie herum laufen die Frauen schon nach draußen, und Janny schaut ihre Schwester ungeduldig an. Die schlägt plötzlich die Augen auf.

»Wenn sie rausbekommen, dass Kathinka jüdisch ist, sehe ich meine Tochter nie wieder, Janny. Und auch wenn du sagst, dass Eberhard entkommen ist …«

Ein Schluchzen entfährt ihr, und ihr Körper sackt noch weiter zusammen. Janny zieht sie grob in die Höhe und kommt Lien so nahe, dass sich ihre Nasenspitzen beinah berühren. Ihre dunklen Augen blitzen, als sie anfängt zu sprechen.

»Schluss damit! Sie sind in Sicherheit. Wir müssen uns verdammt noch mal um anderes kümmern!«

Sie schreit in der mittlerweile so gut wie leeren Baracke auf ihre Schwester ein. Janny schüttelt ihre Schwester, bis diese wütend versucht, sich von ihrem Griff zu befreien. Dann beginnt sie, Janny zu beschimpfen. Aber Janny lässt sie nicht los, bis Lien richtig wild wird und sie fast wie Kampfhähne aufeinander losgehen, so wie früher, die Wangen rot vor Aufregung. Dann geht Janny einen Schritt zurück und atmet aus.

»Na also«, sagt sie. »Und jetzt raus hier und den Kopf hoch.«

Die Hunde toben, und die SS-Leute schnauzen sie an, dass sie weiterrennen sollen. Schnell, rennen, barfüßig durch den eiskalten Matsch, ihre nackten Körper sind dem rauen Wind ausgesetzt. Sie haben eine Todesangst vor den Doggen, die mit ihren viereckigen Kiefern nach ihnen schnappen, der Schaum aus den Mäulern spritzt beim Vorbeilaufen auf ihre Haut.

Sie müssen Reihen bilden und dann nacheinander zur Selektion antreten. Mengele wartet mit seinem medizinischen Stab bereits gut gelaunt. Mit den Augen bewertet er jeden Körper. Seine Uniform ist makellos, wie immer, er hat ein symmetrisches Gesicht, die Schläfen wurden ausrasiert und verschwinden unter einer Mütze, die braunen Augen leuchten voller Erwartung, was die heutige Selektion ergeben wird. Vor allem bei Zwillingen wird er schwach, aber auf diese stößt er in »alten« Häftlingsgruppen in der Regel nicht mehr – er selektiert sie sofort bei Ankunft am Gleis. Seine Freude an der Arbeit ist einzigartig, sogar an seinen freien Tagen taucht er plötzlich zwischen den anderen Ärzten auf, in der Hoffnung auf einen besonderen Fang. Seiner wissenschaftlichen Forschung zur Rassenhygiene, mit der er sich an der Universität Frankfurt beschäftigte, kann er hier in Birkenau ohne Einschränkung nachgehen – mehr als das sogar. Keine zehn Jahre zuvor promovierte er mit Anfang zwanzig mit einer Arbeit zu »Sippenuntersuchungen bei Lippen-Kiefer-Gaumenspalte«, einer rassenmorphologischen Untersuchung, aber seine arischen Phantasien sind grenzenlos, und Birkenau versorgt ihn mit einem schier unendlichen Nachschub an Versuchskaninchen. Mengele experimentiert damit, dunkle Augen blau zu färben, und führt Versuche durch, bei denen er die Blutkreisläufe von Zwillingen aneinanderkoppelt. Die Frauen haben gehört, er nähe Zwillingskinder an den Adern aneinander, Rücken an Rücken, Handgelenk an Handgelenk. Andere erzählen, er würde den Kindern Milch und Kekse schenken. Sie wissen nicht mehr, was sie davon glauben sollen.

»Die nächste!«

Das Rechteck aus abgemagerten Frauen verschiebt sich rhythmisch, wie ein Fließband voller Menschen. Die Vorderseite wird begutachtet. Umdrehen, die Rückseite. Wieder umdrehen und auf die Handbewegung von Mengele warten. Nach links bedeutet Arbeit oder medizinische Versuche, nach rechts die Gaskammer. Das Gesicht von Mengele ist weich, keinesfalls erstarrt, wie bei vielen anderen SS-Leuten. Er läuft ausgelassen umher, nickt hin und wieder jemandem zu, seine engelsgleichen Züge sind ein Musterbeispiel für gepflegten Charme. Eine russische Gefangene berichtete, dass Mengele einmal Lastwagen voller Kinder, jünger als fünf Jahre, in eine riesige Feuergrube abkippen ließ, weil sie in diesem Alter so schwierig in die Gaskammern zu kriegen seien. Etwa zehn Laster fuhren rückwärts bis an den Rand der Grube, und die Kinder wurden nacheinander von SS-Leuten an einem Arm oder Bein in die Flammen geworfen, unter der Aufsicht von Mengele. Die Kinder, die brennend versuchten wieder herauszuklettern, wurden mit langen Stöcken zurückgestoßen.

»Die nächste!«

Ein Schritt nach vorn. Sie kommen immer näher. Lien ist gleich an der Reihe. Sie können nichts dagegen tun, sie müssen auf Mengeles Hände starren, mit denen er wie ein Polizist den Verkehr dirigiert.

Links.

Rechts.

Er geht kurz durch die Reihen, freundlich, kerzengrade, wie ein Reiter zu Pferd. Alle paar Sekunden verkündet er ein stummes Urteil.

Links.

Rechts.

Jede im Lager ist abgemagert, aber manche hat es schlimmer erwischt als andere.

Wächst da etwa ein Bauch unter dem Nabel? Nach rechts, Schwangere können wir nicht gebrauchen.

Ist das ein Ausschlag? Das wird genauer betrachtet, ein weiterer Arzt kommt hinzu, und zusammen untersuchen sie das nackte Mädchen. Ein Nicken: nach rechts.

Der Oberarm einer Frau wird abgetastet, ist da noch Fettgewebe dran, kann sie noch arbeiten? Nach links.

Jemand hat einen Buckel. Das Interesse von Mengele ist geweckt; er klopft den Buckel ab, fährt mit den Fingern am Rückgrat der Frau entlang, befühlt dann ihren Brustkorb, der wie ein Schiffswrack hervorragt, und nickt zustimmend. Zum Versuchsblock.

Du, Hände austrecken, umdrehen. Du hast Krätze: nach links, in den Krätzeblock. Grabmilben haben Hochkonjunktur im Lager. Die Parasiten graben Kanäle unter der Haut und legen darin ihre Eier ab, was einen höllischen Juckreiz verursacht, aber man stirbt nicht daran. Wenn man kuriert ist, kann man wieder arbeiten. So wurde auch Anne Frank schon in den Krätzeblock geschickt, der durch eine hohe Mauer vom Rest des Lagers abgetrennt ist. Margot hatte so getan, als würde ihr schlecht, daraufhin durfte sie mit. Janny hat die beiden seitdem nicht mehr gesehen.

Links.

Rechts.

Die restliche Frauengruppe wird allmählich kleiner. Die Menschenmenge teilt sich wie ein Meer, als Mengele durch sie hindurchgeht. Aufschließen in der Wartereihe, Janny steht etwas hinter Lien und behält sie genau im Auge. Der Arzt spaziert zwischen den Frauen hindurch, kommt immer näher, begutachtet und nickt, ist heiter und freudig bei der Sache wie immer.

Er hält vor Lien an und beginnt zu lachen. Janny stockt der Atem. Mengele hat seine Daumen lässig hinter seinen Gürtel gesteckt. Er spricht mit ihrer Schwester, Janny versucht alles mitzubekommen.

»Was hast du gemacht?« Sichtlich amüsiert, den Kopf zur

Seite geneigt, schaut er Lien an. Janny sieht, wie eine Spalte zwischen seinen Schneidezähnen glitzert. Lien reagiert nicht. Janny sieht, wie ihre Schultern und der Nacken versteifen. Warum sagt sie bloß nichts?

Mengele beugt sich ihr entgegen und zeigt mit einem Lächeln auf ihr Gesicht.

»Woher hast du denn das Veilchen?«

Lien versteht nicht. Sie zuckt mit den Schultern, schüttelt kurz den Kopf.

Ein Veilchen? Meint er die Blume? Was hat das zu bedeuten?

»Ich habe keine Blumen«, antwortet sie verzweifelt.

Dann fällt bei ihr der Groschen. Sie reißt sich zusammen. Janny sieht es an der Haltung ihres Rückens. Lien hebt ihr Kinn und sieht den Doktor unerschrocken an.

»Ach so. Ja, ich hab mich mit einem Mädchen gestritten, und sie hat mir mit einem Holzschuh aufs Auge geschlagen.«

Mengele bekommt einen Lachanfall, gibt ihr einen Klaps auf den nackten Hintern und zeigt nach links. Lien darf weiter.

Janny lockert ihre Fäuste und spürt, wie der Druck der Fingernägel auf die Haut nachlässt, in die sie sich gebohrt hatten.

Die Frau hinter Lien ist mit den Nerven fertig, als Mengele bei ihr ankommt. Die Schwestern kennen sie, sie kommt aus einer berühmten Familie von Rahmenmachern aus Amstelveen. Sie spricht kein einziges Wort Deutsch, daher fängt sie fast zu hyperventilieren an, als er auch sie anspricht. Die Mundwinkel von Mengele gehen nach unten, und er runzelt die Stirn, als er sie betrachtet.

»Und du? Was hast du gemacht?«

Verärgert blickt er auf ihren Bauch, der noch nicht so eingefallen ist wie der der anderen, und wartet auf eine Antwort. Verzweifelt blickt die Frau sich um, versteht nicht, was er von ihr will, bis Mengele auf ihren Bauch zeigt.

»Nein, nein …« Sie stottert und schüttelt heftig den Kopf.

»Ik … ich … heb … mein kleintje ist thuis, twee Jahre alt.« Sie macht auf Kniehöhe eine Gebärde mit der Hand, um die Größe ihres zweijährigen Kindes zu veranschaulichen, und schaut fragend zum Arzt, hoffend, er würde sie verstehen. Das tut er nicht.

Rechts.

»Nein!« Sie schreit auf, fleht auf Niederländisch, aber für Mengele ist das Gespräch beendet, und er will weitermachen. Die Frau fängt an zu weinen, ruft, dass es sich um ein Missverständnis handele, das Weiß ihrer Augen ist blutunterlaufen. Janny beißt sich auf die Unterlippe, kann sich fast nicht zurückhalten. Mengele macht einen Schritt zurück und schlägt die Frau fest auf den Kopf. Dann signalisiert er den Wachleuten, man solle sie wegbringen.

Wenige Sekunden später hat Mengele auch Janny passiert und durchgewunken. Die Reihen haben sich inzwischen beinah aufgelöst, und es stehen kaum noch Häftlinge auf dem Platz; sie sollte erleichtert sein, aber in ihr ist nichts als Wut über das, was gerade mit der niederländischen Frau passiert ist, und so läuft sie wutschnaubend über das Lagergelände. Dann sieht sie eine niederländische Aufseherin, eine SS-Frau. Ohne nachzudenken eilt sie auf sie zu und packt sie am Arm.

»Die Frau ist nicht schwanger, das weißt du ganz genau! Sie ist eine politische Gefangene und keine Jüdin. Wenn sie vergast wird, bist du persönlich dafür verantwortlich.«

Janny ist nicht gerade groß, aber sie streckt sich und zischt ihr die Worte direkt ins Gesicht. Dann dreht sie sich um und marschiert zurück in die Baracke. Wie durch ein Wunder wird die Frau dann tatsächlich vor den Toren der Gaskammer aus der Gruppe herausbeordert, und sie sehen einander lebendig wieder.

DIE MARSEILLAISE

Janny und Lien fürchten die Kapos – sowohl Männer als auch Frauen – am meisten. Die Kapos genießen es, ihre Mitgefangenen zu erniedrigen. Die SS rekrutiert sie zwar unter den Gefangenen, wählt dafür aber lieber Verbrecher als beispielsweise Lehrer aus. Die beiden Schwestern haben sich schon in der ersten Woche nach ihrer Ankunft darüber gewundert, warum die Blockälteste, ein anscheinend gesundes polnisch-jüdisches Mädchen namens Rosa, sie derart sadistisch behandelte – bis sie sahen, wie die Kapos mit Rosa umsprangen. Wenn sie den Block nicht im Griff hätte, würde es sie den Kopf kosten. Es dauert nicht lange, und Lien zieht den Zorn so eines Kapos auf sich.

Ruth Feldman lebt bei ihnen im Block. Die korpulente Frau war früher Oberschwester bei der Zentralen Israelitischen Krankenpflege. Sie wurde im selben Waggon wie die beiden Schwestern von Westerbork nach Auschwitz transportiert und bei der Ankunft zusammen mit ihnen aufgerufen. Gemeinsam mussten sie durch die »Sauna« – das Gebäude, in dem sie in jener Nacht tätowiert wurden.

Einmal sitzen die Schwestern gemeinsam mit Ruth auf dem »Scheißhaus«, wie die Latrinen genannt werden. Es handelt sich um ein niedriges Gebäude, mit einer langen Reihe runder Öffnungen, in die die Notdurft verrichtet werden muss. Es stinkt fürchterlich und ist schmutziger als in einem Schweinestall, aber deshalb ist es auch einer der wenigen Orte, den die SS nicht betritt. Also kann man dort kurz unbeobachtet miteinander sprechen. Ruth hat Durchfall, und sie kann die Latrine nicht verlassen, Janny und Lien sind schon fertig. Es dauert nicht lange, und ein weiblicher Kapo stürmt herein, um sie fortzujagen. Als Ruth nicht aufstehen kann, todkrank und voller Angst, sich zu beschmutzen, wird die Frau wütend. Sie stürzt sich auf Ruth und versucht sie mit Gewalt durch das Loch nach unten zu drücken, in die Grube mit den Fäkalien. Die Frauen kreischen und schreien, während Ruth verzweifelt versucht, sich aus dem Loch zu befreien. Lien zieht ohne nachzudenken ihre Holzpantine aus und schlägt diese mit voller Kraft auf den Kopf des Kapos. Das entstehende Geräusch ähnelt dem Entkorken einer Flasche. Der Kapo lässt Ruth los, und das Geschrei verstummt. Dann dreht Lien sich um und rennt um ihr Leben, den weiblichen Kapo auf den Fersen. Die fluchende Frau verliert Lien auf dem riesigen Lagergelände schnell aus den Augen, und bis Verstärkung eintrifft, ist Lien schon in der Menge untergetaucht.

Als sie viel später in die Baracke zurückkehrt, schimpft Janny gewaltig mit ihrer Schwester, bevor sie einander umarmen – sie wissen beide, wenn der Kapo sie erwischt hätte, wäre Lien zu Tode geprügelt worden. Der Vorfall rettet ihnen aber wahrscheinlich das Leben, denn als sie Ruth wieder treffen, berichtet diese: »Ich melde mich als Krankenschwester, und ihr werdet mich begleiten.«

~

Wie sehr die Nazis auch darauf abzielen, die Häftlinge jeder Individualität zu berauben: In der Baracke hält sich doch unverbrüchlich ein kleiner Rest an Menschlichkeit. So machen sie einen SS-Offizier nach, der mit hervorstehendem Piranha-Unterkiefer auf kurzen Beinen über das Gelände watschelt. Immer wenn ein Vorgesetzter vorbeikommt, nimmt er unterwürfig Haltung an. Sie tratschen über den weiblichen Kapo im plüschigen Angorapullover und dem kurzen Rock. Sie trägt Stiefel, legt aber Wert auf eine hochgesteckte Frisur. Janny träumt davon, den Angorapullover im polnischen Matsch zu versenken, bis der letzte Flaum dahin ist. Aber die meisten Gespräche in der Baracke drehen sich um Essen. Fleischklößchen, Kartoffelpüree mit reichlich Soße, Pasta alla Bolognese mit Parmesanstreuseln, französische Lammkoteletts mit Honig und Thymian aus dem Ofen. In Holzfässern gekelterter Rotwein, Kaffee aus dunkel gerösteten Bohnen, ein Glas frischer Zitronenlimonade mit klirrenden Eiswürfeln. Sie erzählen einander davon, bis das bohrende Loch in ihrem Bauch mit imaginierten Mahlzeiten gefüllt ist.

Wenn es droht, allzu gemütlich zu werden, kommt der Kapo herein und macht den Phantasien ein Ende:

»Jetzt wird nicht gefressen, jetzt wird gestorben!«

Und während der Kapo aus der Baracke marschiert, läuft eine magere Frau in einem ausgefransten Hemd breitbeinig hinter ihr her, mit der gleichen arroganten Haltung und dem hinterhältigen Blick – so haben sie doch noch ihren Spaß, auf allen drei Etagen ihrer Pritsche.

Jeder Tag ist ein einziger Kampf: Ums Essen, ums Überleben, es gibt Gerangel um gestohlene Sachen oder um die beste Position am Wasserhahn, an dem die Frauen einander manchmal die Becher für ein paar Tropfen aus den Händen schlagen, um die zerschlissene Decke, die nach der Arbeit auf der Pritsche liegt. Aus Stofffetzen knoten die Frauen Unterhosen gegen die Zugluft, die unter ihre Kittel kriecht.

Aber gleichzeitig versuchen sie, sich gegenseitig mit einem letzten Rest Kampfgeist in all dem Elend aufzumuntern. Janny bringt der Elan der italienischen Frauen zum Lachen, und sie bewundert den Einfallsreichtum der Französinnen. Mit einer Glasscherbe und einem zertretenen Kamm, der nur noch drei Zähne hat, frisieren sie sich den geschorenen Kopf und die stacheligen Augenbrauen, mit feuchter Erde zeichnen sie einen feinen Bogen über ihre Augen. Sie binden sich ein Tuch um den Hals und zwinkern dabei kokett. Das ist keine Eitelkeit, sondern *Esprit*, wie Janny übertrieben deutlich artikuliert, als sie das neue Wort ihrer Schwester erklärt.

Trotz aller Abscheulichkeit ist Liens Stimme nicht verstummt. Manchmal singt sie leise für Janny; Schlaflieder, die sie für die Kinder gesungen hat, oder jiddische Lieder aus dem gemeinsamen Repertoire mit Eberhard. Das versetzt sie zurück ins Hohe Nest, als sie zwar Angst hatten, aber nicht zugrunde gingen – außerdem waren sie da noch alle zusammen. Das scheint eine Ewigkeit her zu sein. Aber wenn Lien singt, schließt Janny die Augen und sieht sich selbst, wie sie nach einem langen Tag von der Straßenbahnstation am Ericaweg auf das Haus zuläuft, begleitet vom Turmfalken, der hoch über ihr im strahlend blauen Himmel steht. Der Wald kommt in Sicht, der Muschelpfad, die roten Fensterläden, jemand sitzt am Esstisch im Vorderzimmer und winkt ihr zu. Sie geht am Schuppen vorbei und grüßt Japie, der dort über seinen Arbeitstisch gebeugt steht. Lien ist mit den drei Kindern hinten im Garten beim Teehaus, und sie singen. Wenn sie ihre Finger ausstreckt, kann sie sie beinah berühren.

Einmal werden sie alle aus der Baracke gescheucht.

»Läusekontrolle! Alles ausziehen! Raus!«

Mehrere Hundert Frauen lassen ihre Lumpen in Bündeln auf den Boden fallen und laufen nackt in die Oktoberkälte hinaus. Es handelt sich offensichtlich nicht um einen Appell, niemand scheint sich um sie zu kümmern. Sie bilden Gruppen und stehen dicht beieinander. Ihre nackten Füße versinken im Matsch.

»Von wegen Läusekontrolle«, sagt eine Frau in der Gruppe der Schwestern, »ausziehen bedeutet Gaskammer.«

Sie zittern. Jeder kennt die Geschichte über Mengele: Bei einem Typhusausbruch ließ er tausend Sinti und Roma nackt aus ihren Baracken treiben, direkt in die Gaskammern hinein. Für seine effiziente Bekämpfung von Epidemien wurde ihm sogar ein Orden verliehen, die »Typhusmedaille«, wie sie das Ding manchmal zynisch grinsend nennen. Aber jetzt ist nicht die Zeit für Witze.

Wie Marsmännchen stehen sie schweigend auf dem kahlen Platz und warten in der polnischen Herbstluft, ausgemergelte Körper mit großen schwankenden Köpfen. Plötzlich fängt die Französin Michelle in ihrer Gruppe an zu singen. Mit einer weichen Sopranstimme stimmt sie die ersten Töne von *Chevaliers de la table ronde* an, einem bekannten französischen Trinklied über die Ritter der Tafelrunde, das eigentlich von Geige, Tamburin und Gitarre begleitet wird. Es erzählt vom Wein, von Trinkfreuden und davon, in einem Weinkeller begraben werden zu wollen, den Mund direkt unterm Fass. Der Refrain »*Oui, oui, oui; non, non, non*« wird für gewöhnlich von den Umstehenden gesungen, die mit untergehakten Armen tanzen. Verblüfft schauen sich die anderen Häftlinge um. Treffsicher singt Michelle weiter, und statt des Liedtextes formuliert sie mit funkelnden Augen einen Spottvers auf Hitler und die feigen Vichy-Kollaborateure – aus dem unbesetzten Teil Frankreichs, wo die Regierung mit den Nazis sympathisiert. Sobald sie die Melodie aufgenommen hat, stimmt Lien ein, und auch ein paar andere Frauen summen leise mit.

Nachdem die letzten Töne verklungen sind, singt Lien eine jiddische Weise, eine fröhliche Melodie mit einem lustigen Text. Immer mehr Frauen stellen sich zu ihnen, und diejenigen, die das Lied kennen, stimmen leise ein. Liens geschulte Stimme erhebt sich über die geschorenen Köpfe und beginnt über ihnen zu schweben, eint sie, während die Kapos in der Baracke alles durchsuchen. Dann wählt Lien das jiddische Partisanenlied, *Zog nit keyn mol, as du geyst dem letstn veg* – Sag nie, du gehst den letzten Weg –, und einige polnische Frauen singen erstaunt mit. Das Lied ist erst vor kurzem im polnischen Ghetto von Wilna entstanden, hat sich aber rasch unter den Juden im besetzten Europa verbreitet. Lien kennt den kompletten Text noch nicht, aber die polnischen Frauen können ihn ergänzen. Es dauert nicht lange, und alle Frauen aus der Baracke stehen in einem großen

Kreis um sie herum, nackt und schlotternd vor Kälte, die Gesichter einander zugewandt – es singen alle mit, so gut wie jede kann.

Als Lien fast fertig ist, schaut sie Michelle fragend an. Die hat ihr vor einer Weile schon den Text von *Le chant de la libération* beigebracht, der Hymne des französischen Widerstands. Michelle nickt, und zusammen stimmen sie das Kampflied an. Alle Französinnen machen mit, aber auch Frauen aus anderen Ländern kennen es von Radio London aus dem Untergrund – die BBC verwendet es als Erkennungsmelodie. Und seit die Nazis die Marseillaise verboten haben, ist *Le chant de la libération* für viele die geliebte inoffizielle Nationalhymne – in Vichy natürlich nicht.

Ami, entends-tu le vol noir des corbeaux sur nos plaines?
Ami, entends-tu les cris sourds du pays qu'on enchaîne?
Ohé, partisans, ouvriers et paysans, c'est l'alarme!
Ce soir l'ennemi connaîtra le prix du sang et des larmes.

Freund, hörst du den Flug schwarzer Raben im Zug
überm Lande?
Freund, hörst du, es klirrt eine Kette, man schirrt uns in
Bande!
Prolet, auf den Plan, und du Bauernpartisan: Auf den
Posten!
Heut nacht trägt der Feind für das Blut, das wir
geweint, alle Kosten.

Normalerweise wird das Lied von Trommelschlägen begleitet, auf die man im Takt marschieren kann. Und genau das machen sie, sie marschieren auf der Stelle; während sie leise singen, heben sie die Knie in einem gleichmäßigen Rhythmus, ihre Füße im Gleichschritt mit den gesungenen Worten. Kurz vergessen sie den Schornstein, der hinter ihnen qualmt, die Kälte, den Hunger, die Nummer auf ihrem Unterarm. Gemeinsam haben sie eine Stimme, und jeder nackte Fuß, der sich in den aufspritzenden Matsch senkt, sorgt dafür, dass ihr Puls nach oben schnellt.

Dieses Mal wird niemand in die Gaskammern geschickt. Sogar ihre Blockälteste, Rosa, die eigentlich eiskalt ist, rühren die jiddischen Lieder zu Tränen. Sie steckt Lien ein zusätzliches Stück Brot zu. Wenig später wird Michelle erschlagen und eine große Gruppe der Französinnen mitgenommen. Aber als der Lastwagen in Richtung der Gaskammern losfährt, hören sie, wie hinter der Plane aus voller Brust die Marseillaise gesungen wird:

Allons, enfants de la Patrie,
le jour de gloire est arrivé!
Contre nous de la tyrannie
L'étendard sanglant est levé.
L'étendard sanglant est levé:
Entendez-vous dans les campagnes
Mugir ces féroces soldats?
Ils viennent jusque dans vos bras
Égorger vos fils, vos compagnes!

Auf, Kinder des Vaterlands!
Der Tag des Ruhms ist da.
Gegen uns wurde der Tyrannei
blutiges Banner erhoben.
Blutiges Banner erhoben.
Hört ihr im Land
das Brüllen der grausamen Krieger?
Sie rücken uns auf den Leib,
eure Söhne, eure Frauen zu köpfen!

~

Dann wird Lien krank. Miserabel geht es ihnen allen, aber so lange sie aufstehen können und während des Appells und der Arbeit nicht zusammenbrechen, schleppen sie sich weiter durch den Nebel über dem sumpfigen Gelände, Tag für Tag. Ein paar Häftlinge versuchen beim Appell zu entkommen, aber niemand hatte bislang Erfolg. Man hängt sie vor den Augen der Mitgefangenen. Danach müssen die restlichen wieder an die Arbeit. Sie falten Plastik für Flugzeuge, zerlegen mit letzter Kraft Schuhe und schleppen Steine von einer Stelle zu einer anderen im Lager, so wie es die Kapos befehlen. Der Sinn all dieser Arbeiten ist unklar. Keine Fragen stellen, den Blick in die Ferne richten, das wiederholt Janny wie ein Mantra, auch als der Schmerz ihr aus dem zerschlagenen Knöchel bis in die Zähne fährt. Eines der Mädchen aus ihrer Gruppe hält sich nicht an diesen Rat: Sie hält nicht den Mund, beklagt sich und wird sofort bestraft. Auf einem Stein kniend muss sie einen Tag lang einen Steinbrocken über ihren Kopf halten; bei jedem Zentimeter, den sie ihre Arme senkt, knallt die Peitsche auf ihren mageren Körper.

Eines Morgens will Lien nicht mehr weitermachen. Es ist noch dunkel, und sie werden zum Appell gerufen, gegen vier oder fünf, sie dürfen auf keinen Fall zu spät kommen. Aber das ist Lien jetzt alles egal. Schon das Heben der Lider ist zu viel für sie, daran, die Beine über den Rand der Pritsche zu schwingen und den matten Körper aufzurichten, ist gar nicht zu denken. Lieber möchte sie tot sein. Sie glüht wie ein Ofen, und die Kraft verlässt ihren Körper so rasch, dass Janny schnell etwas unternehmen muss. Ein Mädchen in ihrer Baracke leidet an Scharlach, einer ansteckenden bakteriellen Infektion des Rachens, die durch Husten übertragen wird. Sie haben es erst gemerkt, als schon überall rote Flecken aufgetaucht sind – auf der Zunge, dem Gesicht, dem ganzen Körper –, vielleicht war schon die halbe Baracke infiziert. Widerwillig bringt Janny ihre Schwester in den Krankenblock und lässt sie dort besorgt zurück. Es ist das erste Mal, dass sie voneinander getrennt sind.

In den folgenden Tagen schleicht Janny wie ein Raubtier um die Krankenbaracke. Es lässt ihr keine Ruhe, sie beobachtet die Ärzte und Schwestern genau. Ihre Körpersprache, das Flüstern, die Gespräche der Leute, die aus der Baracke kommen: Hinter allem vermutet sie versteckte Hinweise. Die SS-Ärzte durchsuchen auch den Krankenblock nach den Schwächsten für die Selektion – aber wann? Lien schläft ununterbrochen, und niemand weiß, was ihr genau fehlt. Das Fieber entzieht ihrem Körper die letzte Energie. Sie hat aufgehört zu sprechen. Ein paar Dutzend Meter weiter liegt Janny nachts hellwach. Sie muss an die Worte ihrer Mutter am letzten Abend vor dem Transport aus Westerbork denken, an jenem Abend waren sie noch zu fünft: *Schaut, dass ihr beieinander bleibt!*

Am dritten Tag greift sie ein. Sie geht zum Eingang der Krankenbaracke und spricht eine tschechische Ärztin an. Die Frau hört ihr zu, nickt und geht hinein. Beim Bett von Lien bleibt sie stehen.

»Komm mit, es ist Zeit aufzustehen. Deine Schwester wartet draußen.«

Lien öffnet die Augen, seufzt und schließt sie wieder. Sie schüttelt langsam den Kopf.

»Das geht nicht. Ich bin krank.«

Die Frau hält sie an den Schultern, zieht am Stoff ihres Hemdes und gibt nicht auf.

»Komm schon, sie geht nicht weg, bevor du mitgehst.«

Die Frau bleibt an ihrem Bett, bis Lien endlich die steifen Beine aus dem Bett reckt und sich aufrichtet, sodass die Ärztin sie unter den Achseln packen kann und sie hochzieht. Beim Eingang übergibt sie Lien an Janny, die ihr dankbar zunickt. Ihre Schwester ist noch nicht gesund, aber das Fieber ist zumindest gesunken.

»Wenn du mich da nicht rausgeholt hättest, wäre ich ins Gas geschickt worden«, sagt Lien wenige Tage später zu ihrer Schwester, noch matt, aber nicht mehr krank. Sie haben gehört, dass die nächste Selektion bevorsteht. Janny zuckt mit den Schultern. Wenn sie aufhören, sich umeinander zu kümmern, ist alles vorbei.

~

Im grellen Scheinwerferlicht scheint der Mann nur aus seinen Umrissen zu bestehen, aber er ist es, da gibt es keinen Zweifel. Die Hände hinter dem Rücken, die Mundwinkel leicht angehoben und energisch wie immer steht er vor der Menschenmenge, ein Dirigent vor seinem Chor. Angespannt warten alle auf seine nächste Handbewegung. An einem langen Tisch neben ihm sitzen seine SS-Kumpanen über Formularen, den Stift im Anschlag. Eine Waage trennt die Frauen vom Tisch. Die Halle ist zum Bersten gefüllt, heute gibt es einiges zu erledigen.

Mengele nickt, und die nächste Frau macht einen Schritt nach vorn. Sie ist nackt und kahlköpfig. Ihr hervorstechender Brustkorb bildet ein Spitzdach über dem eingesunkenen Nabel, zwei Lappen erinnern noch an Brüste. Auf ihrem Rücken sind die Wirbel wie auf einer Kette aufgereiht. Genauso wie bei der Frau hinter ihr und derjenigen dahinter. Auf die Waage. Sie kann sich beinah nicht aufrecht halten, ihre Knie stoßen aneinander. Die Geste von Mengele.

Nach rechts. Erledigt.

Die nächste.

Die Frau ist eine Kopie ihrer Vorgängerin, scheint aber noch ein klein wenig mehr Spannkraft in den Gliedern zu haben. Ein winziger Unterschied.

Mengele zeigt.

Links.

Die nächste.

Die rechte Gruppe wächst rasch. Zu alt. Zu krank.

»Ich bin neunundzwanzig!«, ruft die Frau Mengele zu, »und ich habe noch nie Durchfall gehabt!«

Er verzieht keine Miene.

»Rechts!« Seine Stimme hallt durch den Raum. Teilnahmslos, als würde er in einer Sporthalle die Mannschaften einteilen.

Die nächste.

Edith Frank tritt nach vorn.

Mengele macht sofort eine Handbewegung.

Rechts.

Sie passiert die Scheinwerfer und dreht sich rasch um; jetzt kommt das Wichtigste.

»Die nächste!«

Anne und Margot treten nach vorn. Annes Körper ist bedeckt vom Schorf alter Krätzequaddeln. Sie wurde kürzlich aus der Krankenbaracke entlassen. Margot ist die ganze Zeit über bei ihr geblieben. Gemeinsam treten sie ins Scheinwerferlicht vor dem Selektionstisch. Margot stößt ihre Schwester an und die stellt sich gerade hin.

»Nach links!«

Ein Füllfederhalter kratzt über Papier. Die Mädchen verschwinden auf der anderen Seite unter der Metalllampe ins Dunkel. Edith atmet tief ein.

»Die Kinder! O Gott ... die Kinder!«, ruft sie ihnen hinterher, aber sie sind schon weg.

Es ist der 30. Oktober 1944, und die letzte Selektion in Auschwitz-Birkenau ist vorbei.

Ein Brocken Brot, ein Stückchen Wurst und einen Riegel Hartkäse. Weitergehen, zum nächsten Gleis. Dalli, dalli. Hunde, Peitschen, Geschrei. Das kennen sie alles. Im Eiltempo weiter. Es stehen Viehwaggons bereit, genau wie in Westerbork.

»Schneller! Hier rein!«

Hochklettern, hinein, ein bekannter Geruch. Das ist nicht schlimm, zumindest verlassen sie Auschwitz, oder es sieht zumindest danach aus. Noch mehr Menschen drängen herein, sie schieben sich durch. Die Schwestern drücken die Hand der anderen, auf keinen Fall loslassen. Das mittlerweile vertraute Gefühl, an Fremde gepresst zu werden. Nur die Körper sind immer knochiger. Die Tür schließt sich, im letzten Augenblick werden ein paar Töpfe mit Wasser zwischen den Beinen hineingeschoben, ein dumpfer Schlag, und der Vorhang fällt. Plötzlich ist es pechschwarz. Man blinzelt, aber es ist vollkommen egal, ob die Augen offen oder geschlossen sind. Lientje atmet neben ihr. Dünn, schwach. Sie kann ihr Gesicht im Dunkeln nicht erkennen, ist sich aber sicher, dass Lien sie ansieht.

»Wir fahren weg von hier«, flüstert Janny, und sie weiß, dass ihre Schwester jetzt nickt.

~

Fast glauben sie zurückzufahren. Zurück in der Zeit, zurück durch die Landschaft, zurück in die Niederlande. Das surrende Geräusch der Räder über den Schienen, der Rhythmus der Fugen unter den Waggons, der die Zeit überwindet. Sie zählen jeden Schlag bis sie benommen sind, bis die Minuten zu zahlreichen Stunden anwachsen. Sie wenden wieder ihre alten Tricks an, damit sie unter der Belastung nicht zusammenbrechen. Sie bleiben so dicht, wie es geht, bei den Türen und schnappen Luft an den Spalten. An den Seitenwänden steht man geschützter. Rücken an Rücken ist es möglich, etwas zu dösen. Aber es ist nicht wie bei ihrem ersten Transport. Sie sind jetzt so viel schwächer als damals. Sie haben keine Kraft mehr, um auch nur den Anschein von Zivilisation aufrecht zu halten; jeder kämpft ums eigene Überleben.

Sie halten immer wieder an, fahren dann kurze Strecken weiter, bis wieder ein Luftalarm aufheult. Erst hört es sich an wie das Geräusch eines startenden Motorrads, dann schraubt sich die Sirene langsam hoch, immer schriller, bis ein Chor von Sirenen aus allen Himmelsrichtungen ihren Herzschlag übertönt. Beschuss, lautes Knallen, Wachleute springen vom Zug herunter und suchen Deckung, während sie gelähmt vor Angst in den stehenden Waggons zurückbleiben und sich fragen, was um Himmels willen da draußen eigentlich passiert. Bomben könnten sie jeden Moment treffen, das wissen sie. Die Freude über die heranrückenden Alliierten ist verschwunden.

Ein Tag. Eine Nacht. Die ersten Menschen sterben und liegen zwischen ihren Beinen auf dem Boden. Decken werden von Körpern weggerissen. Ein Halt, die Tür öffnet sich, ein Stück Brot und Wasser, die Tür schließt sich wieder. Die Luft im Inneren ist gesättigt und schwer, sie werden kurzatmig, die Muskeln erschlaffen, der Kopf dröhnt. Die Schwestern pressen die Gesichter an die Wände, den Mund an die Ritzen, damit sie etwas Sauerstoff einatmen. Es ist so kalt, aber nicht einmal die Kälte vertreibt den Gestank. Die Räder rattern über die Gleise. Sie wissen nicht, wohin es geht, aber solange sie das Geräusch hören, wissen sie, dass sie am Leben sind.

Ein Tag. Eine Nacht. Sie dürfen kurz nach draußen. Der Horizont, die Wiesen, Bäume neben einem Graben; alles ist dunkel, grau, nass – aber es ist herrlich. Jemand sagt, sie seien in Deutschland, sie fahren also wirklich zurück. Wieder in den

Waggon, rasch, einander nicht loslassen. Sie steigen als Letzte ein, damit sie dicht an der Tür stehen, bei den Belüftungsritzen. Weiter hinten, im Waggon auf dem schmutzigen Boden: bekannte Gesichter, die Augen weit aufgerissen, der Unterkiefer erstarrt. Die Tür wird verschlossen, sie hören den Metallriegel; Dunkelheit. Die Antriebsstangen setzen sich langsam wieder in Bewegung.

Draußen ist Lärm zu hören, sie sind stehen geblieben. Quietschendes Metall von anderen Zügen in der Nähe, schrille Signalpfeifen, vor ihrer Tür werden Gespräche auf Deutsch geführt, jemand lacht. In einer dunklen Ecke des Waggons hört man heiseres Flüstern.

»Ich denke, wir sind in Ravensbrück.«

Das Frauenlager bei Berlin? Sie kennen Geschichten von Kindern, die lebendig ins Feuer geschmissen wurden, von Babys, die in leeren Zimmern allein zurückgelassen wurden. Janny und Lien zittern, sie umarmen sich, ihre Finger verkrampfen sich um die knochigen Oberarme, über die Schultern haben sie sich eine verdreckte Pferdedecke gelegt. Ein Ruck, sie rutschen etwas weg, der Zug fährt weiter.

Ein Tag. Eine Nacht. Wie verendende Fische schnappen sie nach Sauerstoff. Wer noch lebt, drückt sich gegen die Wände des Waggons und kratzt mit den Nägeln am Holz. Sie haben geglaubt, es sei nichts übrig, das man ihnen noch nehmen könnte, aber das war eine Illusion. Vater, Mutter, Jaap: Manchmal schlagen die Schwestern die Augen auf, und alle drei scheinen lebendig neben ihnen zu sitzen. Als könnte man sie anfassen. Aber als sie die Arme nach ihnen ausstrecken, fassen sie eine Fremde an, werden von ihr angeschnauzt, zurückgeschubst. Wo sind die geliebten Menschen? Sind sie noch in Auschwitz? Sie haben fiebrige Wangen und frieren am ganzen Körper, Bilder spuken in ihren Köpfen herum. Die Nächsten verloren, die ganze Familie verloren, die Frauen und Mädchen, mit denen sie in Auschwitz waren, verloren. Der Waggon schaukelt bei jeder Weiche, jemand stolpert über sie, sie drücken sie weg. Seit Stunden hat niemand mehr etwas gesagt, vielleicht hat noch nie jemand etwas gesagt, vielleicht haben sie nicht einmal eine Stimme. Niemand weiß, wer überhaupt noch bei Bewusstsein ist – und wer weggedriftet ist. Sogar der Gestank ist ihnen mittlerweile egal. In den Finger kneifen, bist du noch da? Ein schwacher Druck zurück.

Und dann halten sie an.

~

Gibt es etwas Schöneres als den Geruch der Kiefern im Herbst? Über die Härchen in der Nase wandert er direkt ins Gehirn, knistert frisch wie der Anfang eines neuen Tages. Die Betten gemacht, die Betttücher am Fußende fest eingeklemmt, die ersten Eisblumen zeigen sich schon an den Fenstern. Nach unten und durch die Küchentür nach draußen, Atemwolken, die Luft legt sich auf die Wangen wie gefrorenes Metall, ist aber weniger eisig als in den folgenden Monaten. Ein Spaziergang mit Bob, über die Heide, Hand in Hand. Welliges Gelände mit Sträuchern unter einer flaumigen Nebelschicht so weit man schauen kann, als würden sie durch Wolken in den Himmel laufen. Sie muss ihre Füße nicht anheben, alles geht von selbst. Sie schweben auf Wattebällchen. Vor ihnen schwebt auch ein Paar. Davor noch eines und noch eines. Eine unendliche Reihe vornübergebeugter Gestalten, die über die Heide schwebt und im violetten Horizont verschwindet. Eine fahle Sonne verschwimmt allmählich hinter einer dunklen Wolkendecke, und schon bald spürt sie den ersten Tropfen in ihrem Gesicht. Sie schaut hoch. Über ihnen schließt sich der Himmel, als würde ein dunkles Segeltuch über die Heide gezogen. Sie müssen zurück ins Hohe Nest, bevor das Unwetter losbricht. Janny dreht sich um, jemand läuft auf sie auf. Auch die Reihe hinter ihnen ist schier endlos. Bob zieht sie an der Hand weiter.

»Janny, komm mit!«

Lien fährt ihre Schwester an, zerrt an ihrem Arm.

Sie gehen weiter, stolpern gelegentlich über eine Wurzel, einen Stein. Sie hat kein Gefühl mehr in den Füßen, versucht die Beine höher zu heben. Hier gibt es keine schwebenden Wolken. Janny weiß jetzt wieder, wo sie sind. Bahnhof Celle, Deutschland. Dort wurden sie aus den Waggons getrieben, obwohl sie kaum noch auf den Beinen stehen konnten.

»Raus!«

Sie mussten die Leichen aus dem Waggon tragen, aber sie hatten keine Kraft mehr. Ihre Hände zogen und zerrten, ohne dass sie noch wirklich Teil ihres Körpers waren. Die Leichen blieben auf dem Bahnsteig liegen, plump und bleich, die Füße abgespreizt. Losgehen, vorangetrieben von Hunden und Wachleuten.

Sie wickeln sich noch fester in die Pferdedecken ein, aber die Kälte frisst sich in die nackten Waden. Es fängt an zu regnen. Der Wind frischt auf, aber die Waldluft ist noch immer wunderbar. Lunge, Herz, weitermarschieren.

Als sie am Anfang ihres Fußmarsches durch die Stadt liefen, strömte ihr Blut schneller durch die Adern, die Köpfe schossen empor. Die bewohnte Welt. Normale Leute. Die Wachleute und die Hunde bildeten ein Spalier zwischen den humpelnden Skeletten und der Bevölkerung. In den Durchlässen suchten sie hoffnungsvoll Gesichter, Augen, Straße für Straße, Kilometer für Kilometer. Ein Mann, eine Frau, ein Bäcker, ein Metzger, eine Gruppe Kinder, ein älteres Ehepaar. Aber wenn sie ihren Blick fanden, wurden die Augen niedergeschlagen. Menschen kamen ihnen entgegen, auf Fahrrädern und Pferdewagen, machten einen Bogen um sie und taten so, als würden sie sie nicht sehen. Fußgänger an beiden Seiten blieben am Rand stehen und starrten ihnen hinterher. Niemand sagte etwas.

Sie schleppen sich weiter, wie viele Kilometer noch? Celle haben sie schon vor Stunden durchquert. Der Waldweg, auf dem sie unterwegs sind, mündet auf eine Heidelandschaft. Nun sind sie schutzlos dem Wetter ausgesetzt. Regen peitscht ihnen ins Gesicht, läuft über ihren Hals, sammelt sich in den Mulden hinter dem Schlüsselbein. Auf der offenen Fläche nehmen die Windstöße Fahrt auf, sie scheinen Anlauf nehmen zu wollen, um sie umzustoßen, jemand bricht zusammen. Nicht stehen bleiben. Knie hoch und über den Körper steigen. Wer aus dem Takt kommt, ist verloren. Die Tropfen werden zu Hagelkörnern, der Wind schwillt an zu einem Sturm. Ein Unwetter. Die Befehle sind bei diesem Tosen kaum noch zu verstehen. Ihre Körper sind weit nach vorn gekrümmt. Stacheldraht. Das Lager.

Bergen-Belsen.

Die Schwestern schauen einander an, halten sich fest und atmen langsam aus, glitzernder Hagel rutscht aus ihren Haaren über die Augenwinkel auf die Wangen. Jemand sagte den Namen schon, als sie am Bahnhof Celle eintrafen, aber sie konnten es noch nicht glauben. Aber es stimmt. Das ist gut. Bergen-Belsen ist gut. Hier gibt es keine Gaskammern. Das ist einfach ein Lager.

Wie Tiere in einem Pferch werden sie zurückgelassen. Kein Zählappell, keine Reihen, keine Arbeit, kein Schreien. Nur ein nebliges, karges Gelände voller grauer Konturen im Regen, Zelte und Schuppen so weit man blicken kann. Janny und Lien lassen sich erschöpft auf einen etwas höher gelegenen Sandhügel fallen und kriechen eng zusammen, ziehen die durchweichten Decken bis über die Nasen. Fast scheint es, als wären sie unter der Erde gelandet, überall Rauch und Dampf, Menschen sitzen in der Hocke, jeder macht sich klein, geht gekrümmt, als könnte man an eine Höhlendecke stoßen. Ein Junge streunt erstaunt vorbei, bis auf ein gestreiftes Hemd ist er splitternackt, seine Beine ragen wie Zweige unter dem Stoff hervor. Eine Frau auf der Erde greift nach der Hand eines vorübergehenden Aufsehers und presst ihre Lippen darauf, sie lässt ihn nicht weitergehen, bis er sie mit einem Schubs gegen die Stirn fortstößt und sie rücklings in den Schlamm fällt. Jemand rührt in einem Topf über einem Feuer, eine Frau steht mit nacktem Oberkörper vornüber gebeugt, während eine andere Frau einen Eimer mit eiskaltem Wasser über ihr ausgießt. Eine Dampfwolke schießt wie eine Stichflamme empor.

Sie machen sich klein unter ihren Decken. Den Hunger spüren sie nicht mehr, die Leere liegt wie ein Zementblock in ihrem Magen, schon seit Monaten. Aber die Kälte in den Knochen, die Kälte, die aus ihrer Haut rosa Schmirgelpapier gemacht hat und ihre Kiefer verschweißt, an diese Kälte können sie sich nicht gewöhnen. Durch den Regen nähert sich eine formlose Gestalt. Zwei kahl geschorene Köpfe, erfrorenen Vögelchen gleich, schälen sich heraus. Sie blicken sich an. Ein Gefühl der Wärme. Die Kiefermuskeln lockern sich. Ein Schrei der Freude löst sich, wird vom Wind mitgerissen. Dann werfen sie die Decken ab, und die vier fliegen einander weinend in die Arme. Es sind Anne und Margot.

~

Bergen-Belsen wurde nicht als Vernichtungslager errichtet, sondern als Kriegsgefangenenlager auf einer Heidelandschaft, unter anderem für große Kontingente russischer Kriegsgefangener. Im Laufe des Krieges hat sich das Lager über ein Gelände von über dreißig Quadratkilometern ausgebreitet, unterteilt in verschiedene Unterlager. Aufgrund der schlechten Lebensumstände und zahlreicher Infektionskrankheiten starb der Großteil der Soldaten rasch. Krankheiten wie Ruhr oder Flecktyphus wurden untereinander weitergereicht und von Läusen und Milben verbreitet. Sobald jemand erkrankte, lief das Leben buchstäblich aus allen Körperöffnungen aus ihm heraus, bis schließlich nahezu alle feindlichen Uniformen im Lager verschwunden waren, ohne dass ein einziger Schuss gefallen wäre.

Erst ein Jahr vor der Ankunft der Schwestern, 1943, hat die SS die Leitung des Lagers übernommen und wird Bergen-Belsen auch ein Austauschlager für Juden. Man beabsichtigt, diese Menschen gegen deutsche Kriegsgefangene in anderen Ländern auszutauschen. Die ausgewählten Juden stehen auf der sogenannten Palästinaliste und werden im Sternlager untergebracht. Sie müssen einen gelben Stern auf der Kleidung tragen. Der tatsächliche Austausch erfolgt nur selten, aber die Menschen, die hier festgehalten werden, müssen meistens keine Zwangsarbeit verrichten und tragen auch keine Gefängniskleidung – und vor allem gibt es keine Gaskammern. Daher hat sich in Europa schnell das Gerücht verbreitet, Bergen-Belsen sei einer der besseren Orte, an den man verschleppt werden könnte.

Dieser Mythos wird innerhalb weniger Monate Lügen gestraft. Im Frühling des Jahres 1944 beschließen die Deutschen, Tausende polnische und ungarische Frauen aus den Ghettos zu holen. Außerdem werden aus anderen Konzentrationslagern alle kranken, aber nicht todkranken Juden nach Bergen-Belsen gebracht, damit sie sich hier »erholen«. Zu diesem Zweck werden neue Unterkünfte errichtet: ein Zeltlager aus großen Zirkuszelten, in die mehrere Tausend Frauen passen. In diesen Zeltbaracken hausen manchmal siebentausend Menschen. Eine medizinische Versorgung existiert nicht, genauso wenig wie sanitäre Anlagen, Wasserversorgung und Nahrung. Es fehlt an jeglicher Organisationsstruktur, um sie im Lager aufzunehmen – von einer möglichen »Erholung« kann schon gar keine Rede sein.

Im Spätsommer 1944 erheben sich diese Zelte erst seit kurzem auf der Lüneburger Heide, als sich eine logistische Katastrophe ereignet. Überfüllte Züge leeren ihre menschlichen Ladungen am Bahnhof Celle, sechzehn Kilometer entfernt, und Tag für Tag kommen im Lager Heerscharen ausgezehrter Gefangener an. Männer, Frauen, Kinder: Der Strom an Neuankömmlingen nimmt kein Ende. Die SS erteilt den Gefangenen den Auftrag, auf dem Appellplatz des Sternlagers rasch neue Baracken hochzuziehen, insbesondere für die neuen Krankentransporte, die aus Birkenau erwartet werden: etwa dreitausend Frauen. Auch der Zug mit den Schwestern soll in den Baracken untergebracht werden, aber diese werden nicht rechtzeitig fertig.

Die Zelte sind mittlerweile bis unters Dach mit Sterbenden gefüllt – manchmal tausend pro Zelt –, und als Janny, Lien, Anne und Margot Anfang November im Lager ankommen, hat sich die Zahl der Häftlinge fast verdoppelt. Die größte Welle kommt aber noch. Wegen der heranrückenden Roten Armee sollen in den nächsten Monaten immer mehr Konzentrationslager geräumt werden. Janny, Lien, Margot und Anne bilden sozusagen die Vorhut dieser umfangreichen Evakuierung; sie hatten sogar noch Glück mit den Viehwaggons. Nach dem Jahreswechsel schicken die Deutschen Hunderttausende Häftlinge – Männer, Frauen und Kinder, die kaum noch auf den Beinen stehen können – auf endlose Todesmärsche, um sie von der näher kommenden Front wegzutreiben. Wie die Dominosteine fallen sie auf dem Marsch um, aus Erschöpfung, durch die Kälte – manche werden auch an Ort und Stelle von ihren Bewachern exekutiert. Nur wenige schaffen es bis nach Bergen-Belsen.

Im Winter 1944/1945 geht Bergen-Belsen in Chaos und Krankheit unter, ein Sturz ohne Halt, den niemand kontrollieren kann. Innerhalb weniger Monate sterben auf dem Gelände Zehntausende Gefangene und häufen sich die Leichen am Rand des Lagers wie menschliche Wälle auf.

Die Zelte sind überfüllt. Die Schlafnischen auf allen drei Etagen sind voll, und in den ersten Tagen liegen sie zu viert dicht aneinander auf ein wenig Stroh auf dem Boden. Janny und Lien kümmern sich um die zehn Jahre jüngeren Schwestern Frank, achten darauf, dass sie sich jeden Tag am Wasserhahn auf dem Gelände waschen, auch wenn draußen ein eisiger Wind fegt und es Überwindung kostet, in der Kälte die Decken abzulegen und das dünne Kleidchen auszuziehen. Sauber bleiben, essen, zusammenhalten. Als sie die Mädchen auf dem Hügel entdeckten, war die Freude unbeschreiblich. Sie hatten bereits einen so weiten Weg hinter sich, aus den Niederlanden nach Polen und nach Deutschland, und sie hatten bereits so viele Menschen verloren, seit sie in Westerbork eingetroffen waren. Sie wollten natürlich voneinander wissen, wen sie während des Transports gesehen haben und in welchem Waggon sie waren. Und wo war ihre Mutter Edith?

»Selektiert«, sagte Anne nur.

Sie sind todmüde und schlafen viel, obwohl auch hier die Läuse fast mit den Decken weglaufen. Die Biester hocken überall: Es gibt Kleiderläuse, Kopfläuse und Filzläuse. Einmal starrt Janny wie hypnotisiert auf den kahl geschorenen Schädel einer Mitgefangenen, weil es so aussieht, als würde sich die Haut bewegen. Gerade als sie denkt, jetzt tatsächlich den Verstand verloren zu haben, sieht sie, wie eine Schicht Läuse über den Kopf ihrer Wirtin wimmelt, ein lebendiger Helm.

Tagsüber müssen sie in einer staubigen Baracke arbeiten und per Hand die Sohlen von alten Lederschuhen abziehen. Als Gegenleistung erhalten sie etwas wässrige Suppe und ein Stück Brot. Es ist schwere Arbeit, und ihre Nägel und Fingerspitzen verändern sich schnell zu blutigen Stümpfen, um sie herum sterben

Menschen an Blutvergiftung. Anne und Lien fallen aus. Margot und Janny halten länger durch.

Es fängt wieder an zu regnen. Erst zögerlich, ein unschuldiges Trommeln auf der Zeltbahn, dann verwandeln sich die Regenböen in klatschende Wasserfälle, die sich über die Zelte ergießen. Der Wind heult, und die Zeltbahnen flattern wild. Der Boden wird nass, das Stroh weicht durch, und die Decken tropfen vor Feuchtigkeit. In der Nacht zum 7. November bricht das Unwetter richtig los.

Zum Abend hin, als jeder wieder einen Platz finden muss, um zu schlafen, streiten sich Anne und Margot draußen im Regen. Die Zelte sind voller kranker und verwirrter Frauen. Es ist schon ein Akt, hinein- oder hinauszukommen, als müssten alle Besucher eines Stadions gleichzeitig durch denselben Eingang. Wenn man einmal drinnen ist, kommt man bis zum nächsten Morgen so einfach nicht wieder hinaus: Es ist dunkel im Zelt, und mehrere Hundert Frauen liegen dicht zusammengedrängt. Wasserlassen ist dann nicht mehr möglich, obwohl die Latrinen – bloß offene Löcher voller Durchfall – so ekelhaft sind, dass man sie im Dunkeln gar nicht benutzen möchte. Genau wie in einem Stadion hat jeder seine eigene Taktik: Manche stehen immer vorn, damit sie die besten Plätze bekommen, andere lassen sich vom Zufall treiben. Die Taktik von Janny und Lien ist immer die gleiche: Sie beobachten aus einigem Abstand das Hauen und Stechen, und erst, wenn die Menge sich geordnet hat, betreten sie als Letzte das Zelt und suchen sich ein ruhiges Fleckchen. Aber an diesem Abend möchten die Schwestern Frank nicht auf sie warten, denn das Wetter ist so schlecht, dass sie möglichst rasch ins Zelt wollen.

Janny und Lien warten in der Kälte und beobachten, wie eine gekrümmte Gestalt nach der nächsten im Inneren verschwindet, die Menschenreihe scheint kein Ende zu finden. Erst als der letzte Zipfel der Schlange drinnen ist, huschen sie auch hinein. Das Zelt ist voller als je zuvor – noch immer kommen jeden Tag Transporte an –, und sie müssen bis unter das Zeltdach klettern, um überhaupt noch einen Platz zu finden.

Es ist dunkel, und die üblichen Geräusche von hustenden, wimmernden, streitenden Frauen werden an diesem Abend von Sturm und Regen übertönt. Das ganze Lagergelände scheint in seinen Grundfesten zu erbeben. Windstöße jagen um das Zelt, zerren an den Seitenwänden, peitschen dagegen, Hagelkörner schlagen aufs Dach. Durch den durchweichten Stoff sickert bereits das Wasser, rinnt über ihre Gesichter, tropft auf den Boden. Das Zelttuch hängt an manchen Stellen gefährlich durch, fast kann man es mit den Fingern erreichen. Janny und Lien klammern sich aneinander. Als es auch noch anfängt zu blitzen, wird es drinnen totenstill. Immer wieder wird das Innere des Zelts von den Blitzen kurz hell erleuchtet, und man sieht die angstverzerrten Gesichter. Der Donner baut sich grollend auf und entlädt sich dann mit einem so lauten Knall direkt über ihnen, dass sie glauben, die Erde würde sich auftun und sie mit dem Zelt und allem darin in die Tiefe ziehen. Starr liegen sie auf den Betten. Dann ein Schrei, gefolgt von höllischem Lärm, das Geräusch von reißendem Stoff und berstendem Holz, die Pritschen stürzen unter ihnen ein, ein Schlag auf den Kopf, dann scheint es, als ob sie im Wasser versinken würden. Sie bekommen keine Luft mehr, alles ist schwarz, die Stimmen scheinen jetzt weit weg zu sein, gedämpft. Die Stützpfähle sind gebrochen, die Zeltbahnen aufgerissen, und das ganze Zelt ist zusammengestürzt, auf Hunderte von Frauen im Inneren.

Es ist stockfinster, Arme suchen Halt, ein Stoß ins Gesicht, aufstehen, nach oben, bloß unter dem Zelt hervorkommen, Sauerstoff. Regen prasselt auf ihren Kopf, noch ein Atemzug, und Janny hat es geschafft. Wo ist Lien? Hier, ich bin hier. Fort, rasch, sie kriechen über Köpfe und Körper, unter dem zusammengestürzten Zelt Kreischen und Jammern, sie können die Hand vor Augen nicht sehen. Sie schaffen es auf offenes Terrain, alles zittert, sie klappern mit den Zähnen. Überall liegen verletzte Frauen, weitere Zelte sind zusammengebrochen; ihre schwarzen Konturen in der Landschaft sind verschwunden. Leblose Körper im Matsch. Die Zeltbahnen auf der Erde bewegen sich hin und her wie ein chinesischer Drache, während Hunderte Frauen versuchen, irgendwie auf Händen und Füßen darunter hervorzukriechen. Janny und Lien hatten noch Glück – da sie ganz oben lagen, sind die anderen nicht auf sie heruntergefallen, und sie konnten durch einen Riss im Zelt nach draußen entkommen.

Endlich kommt auch die SS angerannt. Ihr Schreien löst sich im Sturm auf, man sieht nur aufgesperrte Münder. Jeder, der sich selbst retten konnte, wird ins Küchenzelt getrieben. Dort stehen sie bibbernd beieinander, bis Stunden später die ersten zögernden Sonnenstrahlen das ganze Ausmaß der Katastrophe enthüllen.

Das Gelände ist übersät von Trümmern, Holz, Kleidung und Menschen. Verletzte Frauen laufen immer noch wimmernd und orientierungslos umher; sie haben im Dunkeln nicht gesehen, dass das Küchenzelt Schutz vor dem Unwetter bot. Das komplette Zeltlager wurde von der Erdoberfläche gefegt. Es gibt in diesem Augenblick kein Wasser, keine Nahrung, keine medizinische Versorgung. Aus dem Küchenzelt werden sie in die Schuhbaracke umquartiert, dort finden sie Anne und Margot wieder. Die Mädchen zittern vor Kälte, sind aber unverletzt. Sie schließen einander in die Arme und betrachten das Chaos um sich herum: Tische voller zerlegter Schuhe und angehäufter Lumpen, eine dicke Schicht Schmutz bedeckt den Boden. Niemand glaubt mehr, dass die Verlegung nach Bergen-Belsen die Rettung bedeutet.

~

Die Überlebenden des nächtlichen Sturms werden in einem kleinen Frauenlager neben dem Sternlager untergebracht. Die Wachleute legen einen breiten Zaun aus Stacheldraht an, der mit Strohballen aufgefüllt wird, sodass sie keinen Kontakt mit den Frauen im Sternlager aufnehmen können; wer sich trotzdem der Schneise nähert und versucht, mit jemandem von der anderen Seite zu sprechen, oder Dinge und Nahrung über den Zaun zu werfen, wird schwer bestraft: Die Gefangenen müssen einen Tag lang mit einem Stein über dem Kopf in der Eiseskälte hocken – oder bekommen die Kugel. Trotzdem versuchen es einige; im Sternlager geht es den Gefangenen besser, und für einen warmen Pullover oder eine Dose mit Essen ist manche bereit, ihr Leben zu riskieren.

Das neue Frauenlager besteht nur aus ein paar Baracken, einige Frauen werden in anderen Bereichen des Lagers untergebracht, aber es treffen immer neue Transporte ein, und es gibt einfach nicht genügend Platz für alle. Abends muss man unbedingt einen Schlafplatz finden, Gefangene, die nicht rechtzeitig eine Pritsche finden, werden erschossen. Im Chaos verlieren Janny und Lien die beiden Schwestern Anne und Margot für ein paar Tage aus den Augen.

Die Situation verschlechtert sich mit jedem Tag. In Birkenau wurden die Schwächsten selektiert, sobald es mit ihnen abwärts ging, nur die Stärksten blieben übrig. Hier müssen sie mit ansehen, wie Menschen erbärmlich zugrunde gehen, jeden kleinen Schritt des Verfalls, bis zu dem Augenblick, in dem eine Gefangene ihren letzten Atemzug tut, während sie direkt neben dir liegt. Das kleine Krematorium läuft auf Hochtouren, jault und stößt schwarze Rauchwolken aus, aber das reicht nicht aus. Jede Nacht geht es überall auf dem riesigen Gelände mit Hunderten Leben zu Ende, und jeden Morgen stapeln sich die Leichen vor den Baracken. Zwar kommen jeden Tag große Gruppen mit neuen Häftlingen am Tor an, aber die Zahl der Lagerinsassen wächst langsamer als die Flut der Neuankömmlinge vermuten lassen würde. Die Rationen werden kleiner, frisches Wasser wird knapp, und die offenen Gruben voller Fäkalien, die täglich von Zehntausenden Gefangenen benutzt werden, bilden Infektionsherde: Typhus, Tuberkulose, Ruhr. Eine Mitgefangene, mit der man am Abend noch gesprochen hat, liegt am nächsten Morgen auf dem Haufen vor der Baracke. Daran kann man sich nicht gewöhnen. Eines ist rasch klar: Wer allein ist, hat keine Chance. Janny und Lien suchen Leute, die sie kennen, damit sie eine Gruppe bilden können, so finden sie Anne und Margot wieder. Sie achten ab jetzt darauf, dass sie mit einigen niederländischen Frauen zusammenbleiben.

In der Baracke leben drei niederländische Geschwisterpaare: Janny und Lien Brilleslijper, Anne und Margot Frank sowie Annelore und Ellen Daniel. Aus einem späteren Transport schließen sich noch das niederländische Mädchen Sonja Lopes Cardozo und Auguste van Pels der Gruppe an. Sonja ist erst neunzehn und hat dieselbe Tortur wie die Geschwister Frank und Brilleslijper hinter sich: Sie wurde in einem Versteck erwischt und landete über Westerbork in Auschwitz, wo sie ihre Eltern und den ein Jahr älteren Bruder Matthieu zurücklassen musste. Sie weiß nicht, ob sie noch leben. Ihre Eltern sind Greetje van Amstel und Lodewijk Lopes Cardozo aus der Kerkstraat in Amsterdam, Bekannte von Janny und Lien aus Vorkriegszeiten. Sonja ist ein munteres und kluges Mädchen, das sie alle sehr mögen. Sie jammert nie und versucht immer, den Mut nicht zu verlieren; aus Brotstücken schnitzt sie Püppchen, die sie verteilt, was in manch eingefallenem Gesicht noch einmal für ein Lächeln sorgt. Auguste van Pels hatte sich mit den Franks im Hinterhaus versteckt und ist die Älteste der Gruppe, sie ist bereits über vierzig. Manche denken, sie sei die Mutter von Anne und Margot, da sie sich so nahstehen. In derselben Baracke ist auch noch Rachel van Amerongen-Frankfoorder untergebracht, eine jüdische Frau aus einem sozialistischen Milieu, die neben ihrer Arbeit im Kaufhaus Bijenkorf für den Widerstand gearbeitet hat. Auch sie war in der gleichen Periode wie die Familie Brilleslijper und die Familie Frank im Lager Westerbork und landete dann in Auschwitz.

Die Frauen haben ein Auge aufeinander, versuchen, einander Mut zu machen und organisieren, wo immer es irgendwie geht, Nahrung, die sie miteinander teilen. Eine steht immer Wache, damit sie als Erste wissen, wann Verpflegung ausgegeben wird; wenn man nicht vorne steht, hat sich die Chance auf etwas zu essen an diesem Tag erledigt.

Anne und Margot teilen sich die Pritsche unter der von Janny und Lien. Sie versuchen, die zähen Stunden zu füllen, indem sie sich Geschichten erzählen. Kindergeschichten, Märchen, Witze, Erinnerungen an Amsterdam und natürlich diskutieren sie ausführlich über Rezepte. Einige Frauen in der Baracke finden es schrecklich, wenn über Essen gesprochen wird; ihnen wird ganz schlecht davon, und sie suchen schimpfend das Weite. Aber nicht die vier Schwestern. Als ausgewiesene Köchinnen sind sie in einer imaginären Küche zugange, stellen Menüs zusammen und beschreiben bis ins letzte Detail die Gerichte, die sie essen werden, wenn sie nach Hause kommen.

An einem Tag träumen sie davon, wie sie zu viert das vornehme Café Américain am Leidseplein betreten und dort verschwenderisch ihre Bestellungen aufgeben. Während die anderen mit geschlossenen Augen den Speichel herunterschlucken und daran glauben, dass sie das prachtvolle Restaurant mit der gewölbten Decke besuchen, bricht Anne plötzlich in Tränen aus. Sie weiß, dass die Wahrscheinlichkeit, irgendwann nach Amsterdam zurückzukehren, mit jedem Tag geringer wird. Auch die schönsten Luftschlösser können die Realität nicht mehr verdrängen.

~

Am Ende des Jahres 1944 füllt sich die Baracke mit Mädchen und Frauen aus Ungarn, der Tschechoslowakei und Russland; es sind Jüdinnen, Sinti und Roma und politische Gefangene. Die Sprachbarriere macht Kontakte schwierig. Als Janny eines Morgens beim Zählappell wartet, spricht ein ungarisches Mädchen sie in gebrochenem Deutsch an. Sie ist offensichtlich in Panik, aber Janny kann nicht richtig verstehen, was sie eigentlich von ihr will. Kurze Zeit später kommt sie mit einer Freundin und einem vollen Koffer wieder. In ihrer Baracke wurde eine umfangreiche Entlausung angekündigt, was auch bedeutet, dass die Mädchen alles abgeben müssen, was sie besitzen. Ob Janny den Koffer für sie aufheben könnte, bis die Entlausungsaktion vorbei ist? Ohne groß nachzudenken übernimmt sie den Koffer und versteckt ihn bei Lien im obersten Bett. Als die ungarischen Mädchen am selben Abend erleichtert zurückkommen, um den Koffer abzuholen, möchten sie Janny etwas für die Hilfe bezahlen. Der Tauschhandel im Lager ist sehr lebendig, die Währungen sind ein Stückchen Brot oder eine Zwiebel, ein warmer Pullover oder eine Unterhose, die aus einer Decke gemacht wurde. Janny lehnt ab, sie findet, sie habe nichts Besonderes getan und freut sich, den Mädchen helfen zu können. So steht der versteckte Koffer am Anfang ihres Bundes mit einer Gruppe politischer Gefangener aus Ungarn, die Janny und Lien seit diesem Ereignis helfen, wo sie nur können.

Einige der ungarischen Frauen arbeiten in der Küche der SS und können Janny gelegentlich etwas mitbringen; eine Zwiebel, eine Kartoffel, etwas Sauerkraut für Lien, die an Durchfall leidet, einmal sogar einen Becher Milch. Die ist zwar sauer und klumpt, aber das ist einer der Rettungsanker, die sie vor den Leichenhaufen bewahren. Vielleicht noch wichtiger als die Nahrung sind die neuen Informationen der ungarischen Frauen. Mit Händen und Füßen, in einem gebrochenen Deutsch, befragt Janny die Frauen und berichtet am Abend ihren niederländischen Freundinnen davon. Die Alliierten kommen näher, Hitler wurde beinahe in die Knie gezwungen, und wenn sie noch eine Weile, vielleicht nur noch kurz durchhalten, dann überleben sie das hier. Ob das der Wahrheit entspricht oder für sie erfunden wurde, kann niemand sagen, aber an etwas anderes können sie sich nicht klammern.

Am ersten Dezember 1944 wird Josef Kramer neuer Lagerkommandant von Bergen-Belsen. Die Schwestern kennen ihn schon aus Birkenau. Mit seiner plumpen Statur, einem Kopf, der an einen Breitmaulfrosch erinnert, und aufeinandergepressten Lippen war er der Rohling neben dem zarten Todesengel Mengele. Mit Samthandschuhen schien Mengele die Selektionen durchführen zu wollen, Kramer hingegen war verantwortlich für den Gang in die Gaskammern. Dieser ehemalige Buchhalter aus München empfand bei der SS eine Begeisterung, die ihm in seinem früheren Beruf gefehlt hatte. In den letzten zehn Jahren machte er eine beispiellose Karriere in den Konzentrationslagern. Vom Wachmann stieg er auf zum Lagerkommandanten. Obwohl bei seiner Ankunft in ganz Bergen-Belsen kein Gefangener mehr zu finden ist, der noch eine Hand gegen die Nazis erheben könnte, führt er ein Terrorregime ein. Misshandlungen, Hetzjagden mit Hunden auf Menschen, die Exekution ganzer Gruppen am Rand von Massengräbern: Nicht umsonst soll Kramer als »die Bestie von Bergen-Belsen« in die Geschichtsbücher eingehen.

Ab Januar 1945 sterben durchschnittlich mehr als zweitausend Menschen pro Woche im Lager. Jeden Morgen stapeln sich etwa dreihundert neue Leichen vor den Baracken; es gibt keine Möglichkeit, sie alle zu verbrennen. In der Heidelandschaft werden Gruben ausgehoben, groß wie Wettkampfschwimmbäder, in denen die Opfer des in den letzten Zuckungen liegenden Naziregimes verschwinden. Ihre Gräber sind namenlos, aber ihr Erbe ist für immer in die Erde der Lüneburger Natur eingeschrieben.

DAS FEST

Janny muss mit ansehen, wie sich der Zustand von Lien, Margot und Anne verschlechtert; ihre rasierten Köpfe mit den scharf hervorstechenden Jochbeinen sehen aus wie Totenschädel. Von den Ungarinnen erfährt sie, dass die Alliierten rasch vorankommen, sie müssen durchhalten, bis die Truppen vor dem Lager stehen. Sie hat den Einfall, am letzten Dezemberabend gleichzeitig Weihnachten, Silvester und Chanukka zu feiern. Alle sind begeistert. Schon die Vorbereitungen machen neuen Mut. Sie legen sich jetzt jeden Tag einen Brotkrümel zur Seite, und die Freundinnen aus der SS-Küche geben Janny zwei Handvoll Kartoffelschalen. Anne beschafft irgendwie eine Knoblauchzehe, die Schwestern Daniel »finden« auf wundersame Weise eine Rübe und eine Möhre. Lien singt Lieder für die Aufseherinnen und verdient sich dadurch Butterbrote und einen Schlag Sauerkraut. Am Morgen des großen Tages heben sie sich alle etwas von der braunen Morgenplörre in ihren Zinnbechern auf, damit sie auch etwas zu trinken haben.

Am Abend trifft sich die holländische Gruppe aufgeregt auf den obersten Betten unter dem Dach der gemauerten Baracke. Die Nahrungsmittel haben sie zwischen sich ausgebreitet. Alle sind da: Janny, Lien, die Schwestern Frank, die Schwestern Daniel, Auguste und Sonja. Sie reden miteinander und essen, erzählen sich angenehme Geschichten darüber, was sie alles anstellen werden, wenn sie erst wieder zu Hause sind. Anne geht ganz darin auf: Zuerst möchte sie in einem edlen Restaurant auf der Ecke Leidsestraat und Prinsengracht essen: Dikker & Thijs. Weitere Frauen aus der Baracke stoßen hinzu, der Trubel hat sie neugierig gemacht, das ist etwas anderes als die ansonsten übliche bedrückte Stimmung. Die Kälte, der Schmerz in den Knochen und die Abwesenheiten der geliebten Menschen werden für kurz vergessen, während sie ihr festliches Dinner feiern – im Schneidersitz auf den Holzbetten. Dann stimmt jemand ein Lied aus der Schulzeit an:

Een karretje dat op de zandweg reed
De maan scheen helder, de weg was breed
Het paardje liep met luste
'k Wed dat het zelf zijn weg wel vindt
De voerman lei te rusten
Ik wens je wel thuis m'n vrind, m'n vrind
Ik wens je wel thuis m'n vrind

Ein Karren auf dem Sandweg fuhr
Der Mond schien hell, der Weg war breit
Das Pferdchen trabte mit Bravour
Ich wett', dass es den Weg alleine weiß
Der Fuhrmann schläft, der Fuhrmann träumt
Komm gut nach Hause, lieber Freund, mein Freund
Komm gut nach Hause, lieber Freund

Sie stimmen alle ein und schwingen auf den Pritschen im Rhythmus der Musik mit. Und weiter mit »Constant hat ein Schaukelpferd«, danach »Kling klang Glöckchen« und »Die Sonne verlässt uns«. Wie eine Kindergartengruppe in der Singstunde klatschen sie mit und betonen die niederländischen Worte, als hätten sie noch nie etwas so Schönes gehört. Manche Frauen in der Baracke ärgern sich über so viel Fröhlichkeit, man faucht herüber, dass sie still sein sollen, auf Französisch, auf Russisch, in Worten, die sie nicht verstehen, deren Bedeutung aber klar ist. Es ist ihnen egal. Die Kraft, die sie schon lange verlassen hat, strömt durch ihre Glieder und macht die Köpfe leicht.

Plötzlich reagieren die tschechischen Frauen heftiger als alle anderen. Sie beugen sich über die Pritschen und pressen die Finger auf ihre Lippen.

»Psst! Psst!«

Janny und die anderen erschrecken sich und halten den Mund. Sie sind mit dieser Gruppe befreundet und verstehen nicht, was los ist. Vier tschechische Frauen fangen an zu singen, und auch die restliche Baracke verstummt. Vierstimmig intonieren sie das niederländische Kinderlied, mit einer glasklaren Melodie, aber in gebrochenem Niederländisch: »Constant hat ein Schaukelpferd, ohne Kopf und ohne Schwanz, so tanzt er im Zimmer, nackig wie es ihm gefällt ... Constant hat ein Schaukelpferd« und so weiter. Die Anspannung im Raum löst sich auf einen Schlag auf, und die Gruppe der niederländischen Frauen unter dem Dach bricht in Tränen aus; der Druck, erwachsen und beherrscht sein zu müssen, fällt von ihnen ab.

~

Anfang des Jahres 1945 greift der Tod um sich; was Janny auch immer tut, es ist nur ein Tropfen auf den heißen Stein. Zusammen mit Lien versucht sie jene zu retten, die noch zu retten sind. Fast jede in ihrem kleinen Frauenlager ist mittlerweile zu krank und zu matt, um noch zu arbeiten. Anne, Margot, Sonja, Auguste: Sie bleiben in den Baracken, die Brutstätten für Bakterien sind. Auch Lien fühlt sich schlecht. Nachts sickert das eisige Wasser durchs Dach und tropft auf die Pritschen. Morgens können sie die Toten in ihre eigenen nassen Decken einwickeln und draußen auf den Haufen werfen.

Janny hat sich wieder als Krankenschwester gemeldet und – ohne zu fragen – auch Liens Arm in die Höhe gerissen, als die SS weitere Freiwillige suchte: Jetzt sind sie Krankenschwester und Hilfsschwester und tragen ein weißes Band am Arm. Außerdem haben sie Zugang zur Lagerapotheke und können sich etwas ungehinderter bewegen. Wie eine gereizte Arbeitsameise läuft Janny herum, befiehlt und delegiert. Ihr Körper schrumpft jeden Tag etwas mehr zusammen, und ihr Kopf wird immer schwerer, aber sie klammert sich an das Versprechen, das sie ihrer Mutter und den Kindern gegeben hat: Lien und sie werden zurückkehren. Wasser muss herangeschafft werden, damit die Kranken etwas zu trinken haben und um Körper und Kleidung zu reinigen. Durch das Chaos und die Überbelegung ist es nicht mehr sicher bei der Pumpe, und auch auf dem Weg in die Baracken kommt es vor, dass einem das Wasser einfach aus den Händen geschlagen wird. Janny stellt eine Fraueneskorte zusammen, die sie begleiten soll, damit sie sicher Wasser holen kann. Mit Bechern, Blechtassen und Essgeschirr laufen sie hin und her, waschen Menschen und versuchen, die versiffte Kleidung auszuwaschen und in der Eiseskälte zu trocknen. Es gibt Typhusfälle, aber sie haben nichts, um die Krankheit zu bekämpfen. Um den Kranken zumindest ein letztes Gefühl von Würde zurückzugeben, stiehlt Janny in großem Umfang ein stinkendes Zeug aus der Apotheke, mit dem sie Läuse und Flöhe bekämpfen können.

Eines Morgens bittet Lien ihre Schwester, sie zu einem kleinen Block zu begleiten, wo gerade ein neuer Transport einquartiert wurde. Zu Jannys Überraschung ist die Baracke voller niederländischer Frauen, auch ein paar ganz kleine Kinder und einige Alte sind dabei. Einige kennt sie sogar, etwa Marianne »Schwester« Asscher und ihre drei Kinder. Manche der Frauen können sich nicht mehr aufrecht halten, auch den Kindern geht es schlecht. Niemand jammert oder weint, aber sie blicken starr aus großen Augen, die nur noch wenig wahrnehmen.

Es stellt sich heraus, dass sie nicht aus einem neuen Transport stammen. Die Frauen berichten, sie seien bislang mit ihren Männern in einem anderen Teil des Lagers inhaftiert gewesen. Alle gehören Familien von Diamantenhändlern an, die bereits länger in Bergen-Belsen sind, aber bisher ihr Schicksal mit Hilfe von Zahlungen abwenden konnten. Als sie schließlich keine Diamanten und auch kein Gold mehr besaßen, um den Lagerkommandanten und seine Offiziere zu bestechen, wurden ihre Männer abtransportiert. Sie hatten Bergen-Belsen ertragen können, weil sie zusammen waren, aber jetzt, da die Familien auseinandergerissen wurden, ist alles wie ein Kartenhaus zusammengestürzt. Der Wille zu überleben hat sich mit dem Abtransport ihrer Männer in Luft aufgelöst.

Die Schwestern zögern nicht. Frauen werden losgeschickt, um Wasser zu holen, den Alten wird auf eine Pritsche geholfen, Kinder werden draußen in der Eiseskälte gewaschen und mit rauen Stofffetzen abgetrocknet. Auch versuchen sie irgendwo Nahrung für die Gruppe zu beschaffen. Schwester Asscher ist apathisch, ihre zwei Söhne, Brammetje und Jopie, klammern sich an sie, und ihre Tochter Truusje, die Ende 1943 in Westerbork geboren wurde, liegt da wie eine Puppe, mit abgespreizten Gliedmaßen und schmutzigen Wangen. Janny sieht Liens Blick: Sie denken dasselbe. Liselotte. Kathinka. Sie schütteln den Gedanken von sich ab und machen weiter, hier gilt es, keine Zeit zu verlieren.

Der neuen Gruppe Frauen und Kinder geht es so schlecht, dass Janny und Lien als Betreuerinnen der kleinen Baracke eingeteilt werden und dort auch einziehen. Sie fragen Anne und Margot, ob sie mit ihnen mitkommen, aber Margot hat Durchfall und darf wegen der Typhus-Infektionsgefahr den Block nicht verlassen. Anne versucht sich so gut wie möglich um ihre ältere Schwester zu kümmern, und Janny und Lien achten auf die beiden Mädchen. Janny und Lien tragen jetzt die Verantwortung für die Kranken und Toten in der »Diamantenbaracke«, sie müssen Wasser und Nahrung für alle beschaffen und die Baracke sauber halten; stundenlang klauben sie Kleiderläuse aus Kleidung und Decken, um die Lage abzumildern.

Zur Gruppe der Diamantenfrauen gehört auch eine gewisse Henriëtte van Amerongen. Die beiden Schwestern berichten ihr, dass in ihrer vorherigen Baracke eine Rachel van Amerongen ist. Wie sich herausstellt, handelt es sich um ihre Schwiegertochter.

Rasch holen sie Rachel herbei und obwohl diese Wiedervereinigung Henriëtte van Amerongen sichtbar guttut, reicht es nicht: Sie ist zu krank, um sich noch aufzurichten und stirbt wenig später. Janny und Lien schließen ihr die Augen und legen sie auf den Haufen. Bevor eine Fremde damit verschwindet, retten sie noch ihren Pelzmantel und den Ehering und übergeben beides später am Tag Rachel.

Janny muss während des täglichen Appells der SS melden, wie viele Menschen nicht mehr in der Lage sind, zu gehen oder auch nur zu stehen. Bei einem dieser Appelle beugt sich eine Aufseherin über den Wagen von Truusje Asscher und schrickt mit einem Ruck zurück. Der Bauch des Babys ist aufgebläht wie ein Ballon, die Arme und Beine ragen wie Zweige heraus. Erschrocken stellt die Aufseherin einen Zuweisungsschein über einen halben Liter Milchbrei täglich aus. Truusje hört am selben Tag noch auf zu atmen, aber die Zuteilung kommt zahllosen anderen Kindern zugute.

In einer anderen Baracke haben die Deutschen eine Gruppe niederländischer Kinder untergebracht, bei denen sie nicht sicher wissen, ob es *Volljuden* sind. Janny und Lien probieren, die Geschwister Frank etwas aufzumuntern und fragen Anne und Margot, ob sie sich auch um die Kinder kümmern könnten. Vorlesen, spielen, Haare und Nägel schneiden, alles, damit die Kleinen über den Tag kommen. Anne und Margot begleiten sie einige Male, singen niederländische Kinderlieder und erzählen Märchen, aber schon bald fühlen sie sich zu krank, als dass sie ihre Baracke noch hätten verlassen können. Margot kann nicht mehr alleine stehen, und Anne bleibt an der Seite ihrer Schwester.

In einem letzten Versuch, die beiden Mädchen zu aktivieren, bringen Janny und Lien ihnen die übrig gebliebenen Kinder der Schwester Asscher, Jopie und Brammetje, damit sie mit ihnen spielen, aber die Schwestern haben sich in einen Dämmerzustand zurückgezogen, sie sind zu schwach, um auf die kleinen Kinder zu reagieren. Lien und Janny sammeln Essen und bringen es ihnen ab und zu, aber eines Tages finden sie die Pritschen leer; Anne und Margot wurden in die Krankenbaracke verlegt. Das sind schlechte Nachrichten: In der Krankenbracke werden die Patienten nicht mehr behandelt, zudem sind sie dort noch mehr Bakterien ausgesetzt. Alle, die sich dort befinden, liegen im Sterben, leiden an Ruhr oder Flecktyphus.

Lien und Janny besuchen die Mädchen und wollen sie überzeugen, mit ihnen mitzukommen – vergeblich. Die Krankenbaracke ist beheizt, sie haben es also warm, und außerdem dürfen sie sich zu zweit eine Pritsche teilen. Anne sagt ihnen, dass sie bei Margot bleiben möchte. Margot spricht nicht mehr.

DIE STADT DER TOTEN

Janny steht am Rande der riesigen Grube und schaut nach oben in den Sternenhimmel über der Lüneburger Heide. Der zunehmende Mond bescheint die aufgehäuften Leichen in der Tiefe. Sie steht einfach so mit herabhängenden Schultern da. Die Ecke der Decke, aus der gerade ein nackter Frauenkörper gerollt ist, hält sie noch zwischen den Fingern – die Decke wird noch gebraucht. Den Kopf mit den kurzen Haaren hat sie in den Nacken gelegt. Obwohl sie die Lippen aufeinanderpresst und den Atem anhält, dringt ihr Verwesungsgeruch in die Nase. So intensiv ist der Gestank. Vogelschwärme kreisen über den toten Körpern und senken sich dann in die Grube. Janny bewegt sich nicht, blickt in den Himmel und wartet darauf, dass die Sterne ihr ein Zeichen geben.

Die Todesmärsche bringen immer noch Gefangenenkolonnen ins Lager, das aus allen Nähten platzt. In einer Baracke, die ursprünglich für achtzig Soldaten gebaut wurde, werden vierzehnhundert Frauen zusammengepfercht. Neuankömmlinge müssen mit anderen Gefangenen um einen Platz auf dem schmutzigen Boden kämpfen. Viele wollen ihrem Körper nur die Ruhe gönnen, die er dringend braucht, und brechen angesichts dieser Zustände an Ort und Stelle zusammen. Die Kleiderläuse waren schon immer ein Problem, aber da sie kaum noch bekämpft werden und so viele neue Gefangene eintreffen, vermehren sie sich rasant. Die Plage hat das Lager im Griff. Hundertausende winzige Biester wimmeln in den Baracken, saugen sich voll mit menschlichem Blut und bilden ein Netz aus Überträgern, dem man nicht entkommen kann – sie verbreiten überall Flecktyphus. Es fängt an mit Kopfschmerzen, Übelkeit, Muskelschmerzen und hohem Fieber. Nach einer knappen Woche wird der Köper von einem leuchtend roten Hautausschlag bedeckt, und die Erkrankten fallen in ein fiebriges Delirium. Der Patient befindet sich in der Schwebe zwischen Leben und Tod. In den Wintermonaten des Jahres 1945 sind nur wenige wieder ins Leben zurückgekehrt.

Auch Lien liegt todkrank im Bett. Margot ist bereits länger krank, und ihr Zustand verschlechtert sich rapide. Janny eilt durch die Baracken und versucht zu tun, was sie kann. Zwischendurch schaut sie immer wieder kurz nach Margot und Anne. Margot hat hohes Fieber und kann nur noch flüstern. Anne weicht ihr nicht von der Seite, aber auch sie ist fiebrig, ihre Wangen glühen, die Augen sind geweitet. Sie versucht, sich um ihre Schwester zu kümmern, aber Janny sieht, dass sie schon mit einem Bein in einer anderen Welt steht. Sie kann so wenig für sie tun.

Janny weiß, dass sie selbst ebenfalls krank ist – auch ihre Wangen glühen, sie sieht verschwommen. Es ist ein Wettlauf gegen die Zeit. Sie muss weiter, läuft von einer Baracke zur nächsten, achtet auf Liens Hygiene, schneidet erfrorene Finger und Zehen ab, holt Wasser für die nicht enden wollende Reihe der Kranken und kaut altes Brot für sie vor, aber die Leben gleiten wie Sand zwischen ihren Fingern hindurch. Eine Frau in ihrer Baracke stirbt, während sie ihr Baby in den Armen hält. Wie am Fließband schließt sie Augen, die nichts mehr sehen, nimmt die noch brauchbaren Besitztümer für andere Gefangene mit und schleppt die Leichen zu den Gruben. Aber sie wird nie fertig. Wie Fallholz liegen die Körper über das Lagergelände verteilt, Gliedmaßen strecken sich grotesk in den Himmel. In den Baracken herrscht Stille, obwohl die Zahl der Häftlinge mittlerweile der Einwohnerzahl einer Kleinstadt entspricht.

Plötzlich taucht Anne bei Janny auf. Sie ist nackt und trägt nur eine Decke um ihre knochigen Schultern. Es ist eiskalt, der Schnee beginnt gerade erst langsam zwischen den Bäumen ums Lager zu schmelzen. Janny zieht sie an sich heran.

»Was machst du hier? Wo sind deine Kleider?«

»Margot ist so krank.« Das Mädchen findet kaum Worte. »Und die Läuse ...« Ihr Kopf ruckt hin und her, und sie kratzt sich mit den Fingern, die schmal wie Spinnenbeine geworden sind.

»Alle sind krank, Anne. Komm her«, sagt Janny und greift nach Kleidung, die sie Anne in die Hände drückt. Zu essen ist kaum noch etwas da, manchmal verteilt die Lagerleitung tagelang nichts. Aber sie gibt Anne etwas von dem letzten Brot, das sie für Lien aufgehoben hat.

»Nimm das mit und bleibe in deiner Baracke. Ich schaue so schnell wie möglich bei euch vorbei. Geh jetzt.«

Kurz danach fällt Margot von der Pritsche und schlägt mit dem Kopf auf dem Betonfußboden auf. Sie erlangt das Bewusstsein nicht wieder. Anne ging sowieso davon aus, dass ihre Mutter und ihr Vater bereits tot sind; nach dem Tod ihrer Schwester gibt es für sie keinen Grund mehr weiterzuleben, und sie gibt ihren Widerstand auf. Als Janny und Lien ein paar Tage später wieder nach den Mädchen schauen wollen, finden sie die Pritsche verlassen vor. Sie suchen draußen und finden die leblosen

Körper bei den aufgehäuften Toten. Zwei andere Frauen helfen ihnen, die Schwestern in Decken einzuwickeln und sie zu einer der Gruben zu tragen, wo sie die Leichen nacheinander in die Tiefe hinabgleiten lassen.

~

Alles ist verschwommen, als hätte sich die Netzhaut in ihren Augen gelöst. Die Farben sind verschwunden, und sie nimmt nur noch Umrisse wahr, graue Flecken, die über das Gelände wanken. Jannys Kopf pocht ununterbrochen, er scheint zu schwer für ihren Hals geworden zu sein. Tage und Nächte gehen ineinander über, Wochen und Leben lösen sich auf. Die Szenen auf dem Lagergelände scheinen einer Art pervertiertem Karneval entsprungen zu sein; überall Menschen, die verrückt geworden sind, Kranke und Sterbende. Von Zeit zu Zeit ertönt ein Luftalarm, ein Heulen dringt aus Richtung der Bäume über die Ebene, ohne dass etwas passieren würde. Die Insassen des Konzentrationslagers schauen nach einer Weile gar nicht mehr auf, als hätten sie noch Hoffnung, dass die Alliierten vielleicht da wären, um sie zu retten. Überall stolpert man über Leichen, niemand hat noch die Kraft, sie fortzutragen. Sie liegen in der Gosse, auf den Wegen oder noch in den Baracken; es sind Hunderte oder sogar Tausende – niemand zählt sie noch.

Die meisten Häftlinge liegen oder hocken apathisch auf den Pritschen, lehnen sich an die Wände oder sitzen draußen auf der kalten Erde. Es gibt so gut wie nichts mehr zu essen, manchmal Steckrüben mit Wasser; warm, kalt, häufig verdorben. Von den ungarischen Frauen hört Janny die bizarrsten Geschichten. Die Engländer seien schon lange da, würden sich wegen der Ansteckungsgefahr aber nicht ins Lager wagen. Die Deutschen hätten Sprengstoff unter dem Lager verlegt und würden es mit allen Bewohnern in die Luft jagen. Nichts geschieht.

Draußen scheint es weniger kalt, vielleicht ist es aber auch nur das Fieber, das in ihrem Körper wütet. Janny stiehlt Aspirin aus der Apotheke und verschlingt es, sie muss auf den Beinen bleiben, damit sie Wasser holen kann für Lien und sich selbst. Lien ist ihre einzige Überlebenschance, ohne sie will sie nicht zurück nach Hause.

Wieder einmal Luftalarm, Flugzeuge, überall Schüsse, sie wissen nicht, ob die Deutschen oder die Alliierten feuern. Die Wachleute flüchten, plötzlich ist es totenstill im Lager. Ein paar der Frauen wollen sich die SS-Baracken näher ansehen und kommen rasch wieder zurück: Sie sind weg! Menschen schreien, laufen herum, die Porträts von Hitler werden von den Wänden gerissen. Janny kann sich kaum noch bewegen und betrachtet alles aus der Distanz. Irgendwo liegen zwei turmhohe Berge Steckrüben, auf die sich die ausgehungerten Gefangenen stürzen. Innerhalb weniger Minuten sind alle Rüben verschwunden. Die Erkenntnis, dass sie nun tatsächlich befreit werden, schlägt bei einigen in einen Zustand animalischer Raserei um. Überall werden Feuer entzündet, rote Flammen schießen in der grauen Landschaft in den Himmel. Gefangene ziehen SS-Jacken an, um sich zu wärmen – andere Gefangene greifen sie daraufhin an.

Plötzlich fallen wieder Schüsse, jemand ruft, die Moffen seien zurück. Der Pfiff zum Zählapell ertönt, gefolgt vom üblichen Geschrei der Wachleute, die rufen, dass sie sich beeilen sollen. Im Halbdämmer schleppt Janny sich zum Appellplatz. Ihr ist schwindelig, ihr Kopf scheint jetzt so leicht, als würde sie schweben.

Dort steht der Lagerkommandant Josef Kramer. Er und seine Leute tragen plötzlich weiße Bänder um die Oberarme und benehmen sich auf absurde Weise beinah zuvorkommend. Von allen Seiten kommen die weiblichen Gefangenen misstrauisch näher, sie wollen hören, was er zu sagen hat. Kramer besteigt eine Erhöhung und winkt sie heran, das Gesicht zu einer Grimasse verzerrt: *Kommen Sie her, kommen Sie, meine Damen.* Jemand ruft, dass dies gar kein Appell sei, Johlen ist zu hören, die Engländer stehen am Tor, hört nicht auf ihn!

Janny steht einfach so da, während Menschen links und rechts an ihr vorbeirennen. Kramer muss Schläge von Uniformierten einstecken und bekommt auch einen Tritt ab, die weißen Armbinden werden heruntergerissen, und man wirft ihn in einen Jeep. Während Janny dabei zuschaut, spürt sie, wie sich von ihrem Bauch aus Wärme in ihrem Körper ausbreitet. Dann sieht sie, wie Außerirdische in Gummianzügen auf sie zukommen und sinkt zusammen.

Es ist der 15. April 1945, und die Engländer befreien Bergen-Belsen. Auf dem Gelände des Lagers stoßen sie auf sechzigtausend ausgezehrte Gefangene sowie dreizehntausend Leichen in unterschiedlichen Stadien der Verwesung. In sofort eingerichteten Behelfskrankenhäusern läuft ein Rettungsprogramm für die Überlebenden an. Von ihnen wird in den nächsten Wochen trotzdem noch ein Viertel sterben.

DER LETZTE WEG

Janny hat den Kopf an die Scheibe gelehnt und schaut hinaus, nimmt die Eindrücke in sich auf und versucht, ruhig zu atmen. Sie fahren nach Amsterdam hinein, aus südlicher Richtung. Der Frühling schmückt die Straßen mit Farben, die sie beinahe vergessen hat. Violett und Fuchsia, auch Apfelgrün, ein Himmel aus nicht enden wollendem Blau. Sie blickt auf, die Gesichter von Vater, Mutter und Japie gehen ihr nicht aus dem Sinn und erscheinen am Himmel, auf dem roten Backstein, zwischen den Blättern der Bäume. Sie kann sie nicht ausblenden. Das hier ist die Jahreszeit, die sie so lieben. Die Stadt erwacht aus ihrem Winterschlaf. Die Fenster werden wieder weit aufgemacht, Laken wehen nach draußen, auf dem Waterlooplein herrscht Geschäftigkeit. Die Arbeit fiel Vater und Mutter immer leichter, wenn sich die Sonne wieder zeigte. Würden sie jetzt auch in diesen Himmel schauen? Irgendwo anders in der Stadt? Ein greller Schmerz blitzt hinter ihren Schläfen auf, ihr Blickfeld wird neblig. Sie presst die Lider zusammen und verdrängt die Gedanken an die Eltern und an Japie. Nicht daran denken. Später ist dafür Zeit.

Noorder Amstellaan, Apollolaan.

Die gediegenen Häuser an der breiten Apollolaan. Die eleganten Damen Jansen – ob sie wohl noch leben? Robuste, hölzerne Eingangstüren, zu beiden Seiten des grünen Mittelstreifens aneinandergereiht, schießen an der Autoscheibe vorbei. Bob und Eberhard, die in ihren besten Anzügen die Schwestern Jansen wegen des Mietvertrags besuchen, das Hohe Nest, ihr Leben in den Wäldern, die illegalen Aktivitäten in Amsterdam, der missglückte Auftrag am Roelof Hartplein, schließlich der Verrat. Sie weiß noch, wie sie dort stand, an der Ecke Van Baerlestraat, J. M. Coenenstraat und Roelof Hartstraat. Ihr entschlossener Schritt, Robbie an ihrer Hand. Damals war auch so ein schöner Tag gewesen. Das scheint hundert Jahre her zu sein, ein Schnipsel eines Films, den man irgendwann einmal gesehen hat. Janny schaut kurz auf ihre Hände, die auf den mageren Beinen liegen. Blaue Adern wölben sich unter der fast durchsichtigen Haut; ihre Oberschenkel sind immer noch eingefallen, ein Fußball würde locker zwischen ihnen hindurchpassen. Der Wagen brummt vor sich hin. Eine Faust bohrt sich in ihren Bauch, sie spürt, wie ihr der Mageninhalt hochkommt, das Herunterschlucken gelingt ihr nicht.

Die Kreuzung der Verkehrsachsen Apollolaan und Stadionweg, das Gebäude der Sozialversicherung aus Stahl und Glas, es steht noch dort.

Der Turm der Arbeit. Die Suchscheinwerfer der Deutschen auf dem Dach. Sie schaut kurz zur Seite und nimmt Blickkontakt mit ihrer Schwester auf, die dasselbe denkt. Lien sitzt kerzengerade neben ihr in einer zu warmen Jacke aus Kaninchenpelz – eingetauscht gegen die Tagesration Zigaretten, die sie im Auffanglager in Soltau bekommen haben, ganz in der Nähe von Bergen-Belsen. Ihre Hände liegen unbeweglich auf ihrem Schoß. Keine der beiden ist in der Lage, etwas zu sagen.

Rechts ab, in die Beethovenstraat, über das Wasser, die zweite links.

Sie schaukeln im Rhythmus der Bewegungen des Autos mal auf die eine, dann wieder auf die andere Seite. Ihre Schultern berühren sich kurz, beide zucken zurück. Alles in der Stadt scheint verändert – leerer, stiller –, aber als sie über die Brücken fahren ist es noch wie früher. Das Wasser ist die ganze Zeit einfach weitergeflossen, als hätte die Welt nicht stillgestanden. Sie haben Geschichten über den Hungerwinter gehört, der Tausende das Leben gekostet hat. Extreme Kälte, kein Heizmaterial, der Westen der Niederlande war von allem abgeschnitten. Aber das Wasser von Amsterdam fließt immer noch.

Jacob Obrechtstraat. Schmale Häuser mit gewölbten Fenstern weichen breiten Häuserblöcken mit rechtwinkligen Fensterrahmen.

Janny rutscht auf der Rückbank herum, kann die Füße nicht stillhalten. Mit den Fingern reibt sie kräftig über die Handflächen. Sie will noch einmal schlucken, aber ihr Mund ist staubtrocken. In der Ferne erkennt sie schon den Platz, auch das Concertgebouw ist beinah zu sehen. »Hier rechts«, hört sie ihre Schwester zum Fahrer sagen. Er schlägt das Lenkrad ein. »Nummer 26«, ergänzt sie.

Johannes Verhulststraat 26. Haakon und Mieke.

Der Wagen hält an. Schmale Häuser, deren Eingang unter einem Bogen liegt, schwere Ornamente stützen die Balkone. Janny kann sich nicht bewegen, starrt hoch zur Treppe, die zur Eingangstür führt, schwarze Punkte tanzen vor ihren Augen. Die Autotür schlägt zu, Lien rennt die Stufen hinauf, kommt sofort wieder zurück und hält einen Zettel in der Hand, biegt ab, läuft über den Gehsteig und bleibt einige Türen weiter wieder stehen. Janny hält es nicht mehr aus. Nach einer gefühlten Ewigkeit taucht Lien wieder auf, sie hält einen zweiten Zettel fest, rennt zum Auto und lässt sich neben Janny auf die Rückbank fallen. Sie hält Janny den Zettel vors Gesicht. Die Buchstaben tanzen auf dem Papier. Janny schiebt ihn weg.

»Es geht nicht.«

»Darf ich mal sehen?«

Der Mann am Steuer greift nach hinten und nimmt das Papier.

»Ein Zettel hing für uns an der Tür«, sagt Lien: *»Falls Lientje und Janny hier vorbeikommen, drei Häuser weiter, bei Jopie Bennet, liegt ein Brief von Eberhard für euch.«*

Lien keucht beim Sprechen. Sie hat sich noch nicht ganz erholt, das haben sie beide nicht. Sie wogen weniger als 28 Kilo, als die Engländer kamen.

Der Zahnarzt liest vor: »Bob wohnt mit beiden Kindern an der Amstel 101 und ich wohne in Oegstgeest.«

Lien ergreift Jannys Hand und drückt sie fest. Ihre Mundwinkel heben sich zitternd.

»Na also, Janny.«

Janny will zurücklächeln, aber es gelingt ihr nicht. Ihr Körper reagiert auf nichts mehr.

Amstel 101. Warum? Auf welcher Höhe ist das ungefähr? Sie kann keinen klaren Gedanken fassen.

Der Mann kennt den Weg nicht; er kommt nicht aus der Stadt. Sie haben ihn im alten Schulhaus in Enschede getroffen, wo sie untergebracht worden waren. Niemand hatte sie dort erwartet oder begrüßt; es war nur ein weiterer erbärmlicher Schritt auf dem langen Weg nach Hause. Überall sind Menschen unterwegs. Überall Lastwagen, die in alle Richtungen fahren. Jeden Tag schaffen sie etwa dreißig Kilometer. Anhalten, entlausen, registrieren. Als wollten die Niederlande sie nicht wiederhaben.

Eines Tages drückte ihnen jemand eine Trikolore, die niederländische Flagge, in die Hand, und als sie die Grenze in den Wagen passierten, sangen sie alle lauthals die Nationalhymne, das Wilhelmus. Alle im Lastwagen heulten, und endlich, ja, endlich wurden sie herzlich empfangen. Spaliere jubelnder Kinder standen mit wehenden Flaggen am Straßenrand. Aber die Begrüßung war gar nicht für sie gedacht, sie galt den Soldaten, die mit Lollis und Schokolade und anderen Süßigkeiten in ähnlichen Fahrzeugen die Grenze überquerten. Die Kinder gaben enttäuscht auf, und sie standen da, mit der Flagge in ihren Händen.

In Enschede wurden sie zum hundertsten Mal entlaust und zum tausendsten Mal registriert. Und dann wurden sie auch noch NSB-Frauen zugeteilt. Als eine von diesen anfing, sie anzuschreien, hatte Janny genug und wandte sich an die organisatorische Leitung: »Willkommen in Enschede? Wir werden in eine stinkende, leer stehende Schule gebracht, wir müssen wieder auf Stroh schlafen, und was bekommen wir in drei Teufels Namen zu essen? Steckrüben! Verflucht noch mal!«

Aber es nützte nichts: Wegen der ansteckenden Krankheiten war es verboten, Süd- beziehungsweise Nordholland zu betreten oder zu verlassen. Es war bereits Ende Mai, aber sie durften nicht weiter. Erst als sie nach einigen Tagen einen Bekannten von Jan Hemelrijk trafen, nahm die Sache Fahrt auf. Sie erhielten eine Erlaubnis, nach Hause zu reisen, und dieser Zahnarzt, der auf der Suche nach einem eigenen Familienmitglied war, das noch vermisst wurde, war so gütig, sie und zwei weitere Frauen an diesem Sonntagmorgen mitzunehmen.

Zuerst haben sie eine ältere Dame in Harderwijk abgesetzt und dann eine junge Frau in Hilversum. Als sie mittags Harderwijk erreichten, war es totenstill auf der Straße, die vier Frauen saßen vor Nervosität wie gelähmt im Auto, unsicher, wie man sie empfangen würde. Aber als die Familie der Frau sie sah, explodierte die Straße förmlich vor Freude. Schnell weiter nach Hilversum. Bei der Hausnummer der zweiten Frau war alles dunkel, das Gebäude offensichtlich unbewohnt. Mann und Kinder: verschwunden. Der Ausdruck ihrer Augen war nicht auszuhalten, aber die Schwestern wollten auch weiter, nach Amsterdam. Auf Jannys Schoß liegt ein weißer Bär und ein Kissenbezug, gefüllt mit Rosinen und Marzipan. Sie sagt kein einziges Wort. Lien hat sich herausgeputzt. Sie weist dem Zahnarzt den richtigen Weg aus der Johannes Verhulststraat.

»Zuerst müssen wir zurück zur Berlagebrug, dann fahren wir die Amstel entlang.« Der Mann fährt an. Das Haus von Mieke und Haakon lassen sie hinter sich.

Denselben Weg zurück, über das Wasser, abbiegen auf die Apollolaan, geradeaus weiter über die Noorder Amstellaan. An einer Sitzbank vorbei. Dort hat sie mit Bob schon gesessen.

Bob. Sie hat die Gedanken an ihn und die Kinder wegschieben können, aus purer Angst, ansonsten in ein bodenloses Loch zu fallen. Aber in den vergangenen Wochen stürzen die Erinnerungen an die Kinder und Bob auf sie ein. Das Gesicht von Liselotte unter einer Wollmütze, ein Band unter ihrem Kinn. Robbie, der laut lachend durch das Unterholz im Wald springt. Bob, der von der Arbeit kommt, das Fahrrad an der Hand führt oder ihr gegenübersitzt und ihr am Abend vorliest.

Ob er sie überhaupt noch erkennt? Jannys Hand fährt intuitiv hoch, sie drückt einige widerspenstige Strähnen auf ihrem Kopf an. »Nein! Nicht abschneiden!«, hatte sie gerufen, als die Schweizer Krankenschwester wieder einmal eine Laus gefunden hatte. Obwohl sie so schwach war, konnte sie es verhindern. Nicht wieder einen geschorenen Kopf.

Wie krank sie gewesen war. An vierzehn Tage hat sie keinerlei Erinnerung, in dieser Zeit durchlebte sie alle Zustände zwischen Leben und Tod. Aber immer gab es etwas, was sie zurückkehren ließ. Saubere Bettlaken auf ihrer zerstörten Haut. Warme Glieder unter einem Sonnenstrahl, der durchs Fenster fiel. Die freundliche Stimme der Krankenschwester. Doktor Jim, der rote Ire, und seine Ausstrahlung; alles konnte wieder gut werden. Jeden Tag stellte er die gleiche Frage, ohne dass sie in der Lage gewesen wäre, zu antworten.

»Where are you from?«

Glänzende Augen, ein verschmitztes Lächeln.

»Amsterdam.«

Endlich ging es. Lautlos, er musste es ihr von den Lippen ablesen.

Ich werde deine Schwester suchen, sagte er. Wenn du mir versprichst, etwas zu essen, suche ich deine Schwester. Aber Janny konnte nichts essen, sie hatte so viele entzündete Stellen im Mund, dass sie nicht schlucken konnte. Ein Gurt legte sich um ihre Brust, sie bekam keine Luft mehr: Sie musste etwas essen, sonst würde er Lientje nicht suchen. Gesprächsfetzen der Krankenschwestern, die im Koma zu ihr durchdringen, über verwesende Leichen, die Hunderten Toten pro Tag, noch immer, die Massengräber. Sie musste unbedingt rechtzeitig Lientje finden, aber sie konnte sich nicht bewegen, ihr Geist hatte sich losgelöst vom Körper.

Am Daniël Willinkplein, wo die drei Amstel-Straßen in einem Y aufeinanderstoßen, ragt im Zentrum markant der sogenannte Wolkenkratzer mit seinen zwölf Geschossen empor.

Während sie das Gebäude passieren, schaut Janny nach oben. Der Wolkenkratzer aus Beton mit den Eisenbalkonen. Lien und sie hatten sich früher kichernd darüber lustig gemacht, wer da um Himmels willen wohnen möchte, so hoch oben. *Diese Lientje wird wohl gestorben sein.* Sie hört noch, wie die Schwester das zum Doktor sagt, als hätte ihr jemand Eiswasser direkt in die Adern gespritzt. Ihr Körper war kalt und gelähmt, die Füße fielen schlaff nach außen, die Handflächen zeigten teilnahmslos zur Decke, aber innen drin war alles in Bewegung. Tränen strömten über ihre Wangen und liefen immer weiter, ohne dass sie sie irgendwie hätte wegwischen können.

Der Wolkenkratzer in ihrem Rücken, sie kreuzen die Rijnstraat. Nur wenige Menschen sind unterwegs. Die Straßenbahnlinie 8 fährt schon seit 1942 nicht mehr. Weiter über die Amstellaan, in der Ferne ist die Brücke zu erkennen.

Lien macht eine Geste für den hilfsbereiten Fahrer: geradeaus. Janny träumte nachts von Lientje, lief in ihrem Nachthemd barfuß über das KZ-Gelände, um sie zwischen den aufgehäuften Leichen zu suchen, wühlte zwischen den Gliedmaßen und erwachte immer wieder mit dem Gesicht der Krankenschwester über ihrem Bett, die einen um Verzeihung bittenden Blick in den Augen hatte: keine Neuigkeiten. Sie sah Lientjes Gestalt überall, sie sah sie durchs Fenster am Ende des Saals, sah, wie sie sich zwischen den Betten bewegte, hörte ihre Stimme, so vertraut, als schien sie aus ihrem eigenen Körper zu dringen, und sie winkte ihr zu. Ein Urschrei, eine Umarmung, als würden sie verschmelzen, als könnten sie nie wieder getrennt werden.

»Ich hole dich hier raus, ich lasse dich nie wieder allein, ich nehme dich mit!«, flüsterte Lien ihr ins Ohr. Sie holte zwei starke Frauen zu Hilfe, und sie trugen Janny rasch aus dem Krankensaal, bevor jemand es sah, in die Baracke, in der Lien untergebracht war. Aber Janny war so matt, dass sie nicht essen konnte. Lien kaute ihr die Nahrung vor und schob sie sanft in ihren Mund. Es funktionierte nicht. Janny lag auf dem unteren Bett und konnte nur weinen. So krank war sie. Lien fütterte sie wie ein Vögelchen, *nimm etwas, du musst essen, das Flugzeug in die Niederlande startet bald, mach schon*, aber Janny erstickte fast, und sie brachten sie schnell ins Lazarett zurück.

Das Flugzeug hob ohne sie ab.

Die Berlagebrug. Die Abriegelung Amsterdams.

Andere Holländer hatten berichtet, dass ein paar Tage nach der Befreiung kanadische Truppen über die Berlagebrug in die Stadt gefahren waren. Das muss ein überwältigender Anblick gewesen sein. Als sie auf die Brücke zufahren, erkennt Janny den Turm, der sich über dem mittleren Pfeiler erhebt. Wenn man sich der Brücke über den Amsteldijk vom Zentrum her nähert, sieht man auf dem Turm den Genius von Amsterdam aus Keramik, dargestellt als weiblicher Schutzgeist, der aus dem Wasser aufsteigt, während die Mittagssonne seine Krone bescheint. Joseph hatte sie schon in ihren Kinderjahren auf die Details hingewiesen, ohne dass sie sich wirklich dafür interessiert hätten. Anscheinend hat sie sich aber doch etwas gemerkt.

Über die Brücke. Das rhythmische Klopfen der Straßenbahnschienen unter den Rädern, wie bei Eisenbahnschienen.

Janny hält den Atem an und versteift am ganzen Körper, probiert das Rucken der Fugen nicht zu spüren, nicht zu hören. Weg von der Brücke.

Nach einer Woche konnten sie dann doch aufbrechen, im Gepäck ein Röhrchen mit Tabletten gegen ihre Herzkrämpfe. Doktor Jim machte sich Sorgen, aber das Herz schlug noch, und das war alles, was zählte. Sie saßen auf Holzbänken in Lastwagen, zwischen Fremden, die genauso schlecht dran waren und die genauso aufgeregt waren wie sie selbst, voller Angst vor dem, was sie zu Hause erwarten würde, nicht wissend, wer noch am Leben sein würde und ob überhaupt das jeweilige Heim noch existierte. Wenn sie fünfundzwanzig Kilometer am Tag schafften, war das viel, aber es war genug, denn sie hatten überlebt, was hinter ihnen lag, und wussten nicht, ob sie ertragen würden, was noch vor ihnen lag. Lientje gab sich gelassener, als sie war. Sie fühlte sich miserabel und nahm heimlich von Jannys Herztabletten. Daran wäre sie fast gestorben. Notlazarett, den Magen leer pumpen, aber am nächsten Tag saßen sie schon wieder im Güterzug. Alle wollten, dass die Türen unterwegs offen blieben, das war nicht verhandelbar.

»Nach links«, sagt Lien zum Fahrer.

Weesperzijde. Amstel 101 – warum sind sie dort? Die Nieuwe Achtergracht trifft rechtwinklig auf die Amstel, vielleicht leben sie ja alle tatsächlich zusammen … Bob, die Kinder, Vater, Mutter und Japie, in einem neuen Haus?

Janny drückt ihren Körper mit aller Kraft gegen die Rückbank, als wollte sie den Wagen verlangsamen, aufhalten. Der Kai und das Wasser verschwimmen, vielleicht fahren sie ja ins Wasser. Langsam untergehen. Sie erkennt Bob, Liselotte und Robbie knietief im Wasser, steht selbst auf dem letzten Hügel hinterm Wald, zu ihren Füßen breitet sich das IJsselmeer wie in einem Bilderbuch aus. Vielleicht erkennen sie sie gar nicht. Keine Haare. Kein Gramm Fett auf den Knochen. Um einige Leben gealtert. Sie dreht sich um, als wäre die Flucht eine Alternative. Von der Berlagebrug schaut ihnen der Genius mit der Sonnenkrone hinterher, die Hand ermutigend zu einem Gruß erhoben.

Janny bricht in Tränen aus. Heftig und anhaltend. Buchstäblich Rotz und Wasser. Sie kann nicht aufhören. Der Zahnarzt schaut kurz mit einem ängstlichen Bick nach hinten, sie fahren weiter, und Janny heult auf der Rückbank. Lien wird wütend.

»Mensch freu dich doch, wir sind fast da! Ich muss verflixt noch mal bis nach Oegstgeest raus.«

Aber Janny weint immer weiter, und Lien wird immer böser. Sie dreht sich in ihrer eleganten Jacke um und fährt ihre Schwester an.

»Bist du jetzt vollkommen verrückt geworden? Jetzt fahren wird endlich zu Bob und den Kindern, und dir fällt nichts anderes ein, als vor dich hin zu jammern! Was soll das? Hast du den Verstand verloren?«

Sie flucht und schimpft, wie Janny das so oft bei ihr in der vergangenen Zeit getan hat.

»Blödes Ding! Und jetzt hörst du damit auf, kapiert?«

Zwischen den Tränen fängt Janny an zu lachen. Der Zahnarzt gibt Vollgas und täuscht mit einem Blick Interesse am gediegenen Amstel Hotel vor, während sich die Schwestern hinter ihm weiterstreiten.

Der Wagen muss verlangsamen, als sie über die schmale Gracht der Amstel fahren, links das Wasser, auf der rechten

Seite Grachtenhäuser. Kurz vor dem Theater Carré, wo rechts an der Nieuwe Achtergracht das elterliche Haus liegt, sind beide plötzlich still. Während der Wagen langsam die Straße passiert, schauen sie beide nach rechts, als gäbe es dort etwas zu sehen. Als würde Joseph dort auf sie warten, den Brustkorb ihnen entgegengestreckt, mit offenen Armen. Niemand. Die Straße ist leer. Sie fahren am Carré vorbei, im Schritttempo, die Brücke ist hochgezogen. Dann packt Lien Janny am Arm.

»Guck doch! Das da sind eure kurzen Gardinen aus Den Haag!« Sie zeigt auf das Eckhaus auf der gegenüberliegenden Seite der Brücke.

»Ich kann Bob sehen!«

Der Zahnarzt hat noch nicht angehalten, als Lien schon aus dem Auto springt. Janny traut sich nicht aufzuschauen, und bleibt einfach sitzen, den Kopf zur Seite gekippt, die Hände im Schoß. Ihr Körper zeigt keine Reaktion mehr. Bob rennt nach draußen, reißt die Autotür auf, hebt sie an wie eine Feder und trägt sie hinein. Robbie tanzt jubelnd um sie herum.

»Seht ihr, meine Mutter ist wieder da! Kommt alle her, meine Mutter ist wieder da!«

Er läuft mit ins Haus und dann wieder hinaus auf die Straße.

»Leute, kommt alle her, ich habe wieder eine eigene Mutter! Meine Mutter ist wieder da!«

Der Junge stolpert über seine eigenen Füße durch die Haustür, fällt seiner Mutter in die Arme und schaut den Vater an: »Papa, ich habe es doch gesagt, Mama hat mir versprochen, dass sie zurückkommen wird.« Alle stehen in der Diele, weinen und umarmen einander. Der Zahnarzt, Bob, Lien und Janny. Robbie hält den Kissenbezug seiner Mutter fest und teilt Rosinen an Passanten aus: »Meine Mutter ist zu Hause! Kommt alle her, meine Mutter ist zu Hause!«, ruft er über die Gracht.

Janny hat sich wieder etwas gefasst und sucht Liselotte.

»Wo ist mein Mädchen?«

Sie findet das verwirrte Kind versteckt unter einem Bett, mit großen Augen. Janny zieht sie hervor und drückt sie behutsam an sich. Robbie kuschelt sich an sie, und so sitzen sie dort auf dem Boden, in ihrem neuen Haus an der Amstel 101.

»Schlaf doch eine Nacht bei uns«, schlägt Bob Lien vor, aber sie schüttelt den Kopf.

»Ich möchte nach Oegstgeest, zu Eberhard«, sagt sie. Sie blickt den Zahnarzt fragend an.

»Komm«, sagt dieser, ohne zu zögern.

~

Piet Verhoeve und Haakon Stotijn stimmen ihre Instrumente und machen sich bereit. Es ist eines der letzten Hauskonzerte bei der Familie Blomsma an der Emmalaan in Oegstgeest, und sie freuen sich darauf. Haakon wird erst ein Oboenkonzert spielen, dann ist Piet mit einem Klavierkonzert von Beethoven an der Reihe, anschließend spielen sie zusammen eine Sonate für Klavier und Oboe, das Konzert beenden sie mit der Hochzeitskantate von Bach. Kein steifes, religiöses Stück voll Trauer und Buße, sondern ein leichter Text für Sopran, der das Erblühen der Liebe mit den Anzeichen des Frühlings vergleicht. Frau Kramer wird die Arien singen.

Das Haus füllt sich mit Gästen, es herrscht eine angeregte Stimmung. Die Konzerte haben sich in der Umgebung einen Namen gemacht; im Hungerwinter sind sie vielen ein Trost gewesen. Niemand ahnte, dass Piet, wie die Menschen ihn hier nennen, schon ein ganzes Jahr bei der Familie Blomsma untergetaucht war.

Das Spielen gelingt vorzüglich, und sie sind schon fast am Ende des Konzerts angelangt. Frau Kramer stimmt die letzten Arien an, bei denen sie von Haakon und Piet begleitet wird. Ihre saubere Stimme wirbelt durch die befreiten Straßen, zu den fröhlichen Noten der Kantate:

Und dieses ist das Glücke,
Daß durch ein hohes Gunstgeschicke
Zwei Seelen einen Schmuck erlanget,
An dem viel Heil und Segen pranget.

Durch die Emmalaan fährt ein Auto im Schritttempo, zögernd.

Neugierige Gesichter tauchen an den Fenstern auf; hier wurde seit Monaten kein Personenwagen mehr gesehen, in den vergangenen Jahren waren nur Militärfahrzeuge unterwegs. Die hohen Pfeiftöne von Haakons Oboe dringen an diesem stillen Sonntagmittag aus dem Haus. Der Wagen bleibt abrupt stehen. Die Tür schwingt auf, jemand rennt über den Weg.

Piet lässt die Finger über die Tasten tanzen, sein Oberkörper schwingt zur Bachkantate. Er beobachtet zufrieden, wie im vollen Wohnzimmer die Menschen die Musik mit geschlossenen Augen genießen. Dann taucht plötzlich ein Gesicht direkt am Fenster auf. Zwei große braune Augen, schwarzes stacheliges Haar. Frau Kramer singt weiter, aber seine Hände bleiben in der Luft über den Tasten stehen. Er springt von seinem Hocker, macht einen Satz über den Flügel, bahnt sich einen Weg durch und über das Publikum, rennt zur Haustür und nimmt Lientje in die Arme. Sie küssen sich und weinen, sie zerdrücken einander fast, Lien ist so dünn, dass Eberhard ihre Knochen spürt. Hand in Hand gehen sie zusammen hinein, wo alle mit glänzenden Augen und Taschentüchern zwischen den Fingern im Zimmer stehen. Lien wird mit stehenden Ovationen begrüßt. Auch Haakon nimmt Lien in die Arme, und das Konzert ist zu Ende.

»Nein, nein, macht weiter!« Lien setzt sich auf einen der Stühle und schaut erwartungsvoll zu ihrem Mann.

»Ich habe so lange keine gute Musik mehr gehört, macht bitte weiter.«

Sie schauen Eberhard fragend an, ein kurzes Nicken, und alle nehmen ihre Plätze wieder ein. Frau Kramer ist so ergriffen, dass sie zwischen den Noten schluchzen muss, aber als Haakon mit seinem Solo die letzte Arie ankündigt, ist ihre Stimme treffsicher, und Eberhard erwischt keine falsche Taste. Ein ohrenbetäubender Applaus erfüllt das Haus und die Straße; sie stehen alle auf und klatschen, bis die Hände fast blau werden. Nur Lien bleibt sitzen, sie ist zu erschöpft, um aufzustehen. Eberhard kniet vor ihr und nimmt ihr schmales Gesicht zwischen seine Hände.

»Morgen hole ich Kathinka bei Cilia und Albert in Wassenaar ab, und dann sind wir wieder zusammen.«

Draußen fährt ein Auto an und verlässt die Straße. Lien hätte sich gerne bei dem Zahnarzt für alles bedankt, was er für sie getan hat, aber er ist leise aufgebrochen. Erfahren, wer er war, haben sie nie.

NACHWORT

Mensch, trau dich zu leben

In der Ferne hört man das Rauschen des Verkehrs auf der A1, und unter meinen Füßen rascheln verdorrte Blätter, ansonsten ist es hier still und einsam. Licht fällt durch die Bäume auf ein Grab, das wie ein altes Kinderbett aussieht: verrostete Gitter, ein Grabstein als Kopfende. Unkraut wächst durch die Stäbe. Ich trete näher heran, versuche, einen Namen zu entziffern, eine Jahreszahl: nichts. Das nächste. Ein eingesunkener Stein, dicht vor dem Namen sprießt eine junge Tanne. Ich schiebe sie zur Seite, damit ich die Buchstaben sehen kann. Ausgewaschen. Weiter, vorbei an geköpften Engeln und zerbröckelten Säulen, die sich scharf vom Himmel abheben. Vorsichtig gehe ich mit weiten Schritten durch die dicke Laubschicht, aber bei jedem Schritt hebe ich mit der Ferse einige Blätter hoch. Fast scheint es ein herbstlicher Spaziergang zu sein, aber heute ist der heißeste Tag des Jahres, das Thermometer misst 37 Grad. Die Niederlande erleben eine Hitzewelle.

Zuerst habe ich eine halbe Stunde lang auf dem römisch-katholischen Friedhof gesucht. Ich nahm den Weg über die Anliegerstraße neben der viel befahrenen Kreuzung und ging geradewegs auf den ausgedehnten Friedhof zu. Die Gräber konnte ich schon von der Straße aus sehen. Der Friedhof wurde sorgfältig gepflegt, die Grabsteine glänzten und die Gehwege waren sauber eingefasst. Eine ältere Frau mit einer Gießkanne kümmerte sich um das Grab ihres Mannes; einen Vormittag pro Woche, wie sie mir anvertraute. Es gab nur wenige Bäume, die Sonne brannte mir auf den Schädel, und Schweiß lief an meinen Schläfen hinab, aber wie ich aus den Augenwinkeln sah, lief die Frau mit der Gießkanne unbeirrt hin und her über das Gelände, zum Wasserhahn. Ich ging die Gräber ab und las, Reihe nach Reihe, Stein für Stein. Jahreszahlen, die mich an Großeltern denken ließen und Jahreszahlen, die mich an Freunde denken ließen. Die Zahlen, die mich an meine Kinder erinnerten, übersprang ich, und nach einer Weile stand ich mitten auf dem Friedhof und drehte mich einmal um die eigene Achse. Hier kam mir alles zu neu vor, zu noch-nicht-lange-tot. Mir fiel ein Artikel über Platzmangel in den Niederlanden ein und über geräumte Grabstellen. Ich war kurz davor, die Flinte ins Korn zu werfen. Die alte Dame hatte mich die ganze Zeit über genau beobachtet und konnte mein Herumirren nicht länger mitansehen.

»Wen suchen Sie denn, Kindchen?«

Wir standen uns gegenüber, allerdings getrennt durch zehn Reihen Grabsteine. Ich erklärte es ihr, und sie überlegte, starrte in die Ferne, während die volle Kanne ihren Arm nach unten zog. Ich war niedergeschlagen. Natürlich wusste diese Frau nicht, wo ich suchen musste, aber jetzt hatte ich sie in die Sache reingezogen.

»Waren Sie schon auf dem Alten Friedhof?«

Jetzt hatte sie meine volle Aufmerksamkeit.

»Da bin ich doch gerade?«

Sie lachte und schüttelte den Kopf.

»Das hier ist der katholische Friedhof, auf dem anderen liegen die Protestanten und die Juden.«

Sie zeigte in die Richtung hinter uns, irgendwo zwischen den Bäumen.

»Der Alte Friedhof Naarden?«

Sie nickte, und während ich mich bei ihr bedankte, ging ich bereits los, glücklich über diese Wendung. Aber viel kann dort nicht sein, in dem winzigen toten Winkel zwischen einem Wohngebiet und dem Hotel Jan Tabak.

»Ich zeige Ihnen, wo Sie hinmüssen.«

So lief die Frau ein Stückchen entfernt von mir parallel in dieselbe Richtung, die Gießkanne immer noch in der Hand. Am Tor trafen wir aufeinander.

»Schauen Sie« – sie zeigte auf einen Pfad, der zwischen den Bäumen verschwand –, »wenn Sie diesem Weg folgen, stoßen Sie links auf einen Zaun. Da ist der Alte Friedhof Naarden. Ich weiß allerdings nicht, ob man da einfach so reinkommt.«

Ich bedankte mich noch einmal bei ihr und schlug den Pfad ins Grüne ein. Die Bäume schlossen sich hinter mir, und ich befand mich mit einem Mal in der Natur. Ein großes Eisentor zwischen eingesunkenen Pfeilern, versperrt. Links daneben ein kleineres. Ein Stoß, das Geräusch von schleifendem Metall, und ich konnte hinein.

Der Friedhof ist riesig, vielleicht dreimal so groß wie die Anlage, auf der ich gerade war, und er ist wunderschön. Eine Hauptachse verläuft vor mir und wird von Linden begrenzt. An den gegenüberliegenden Seiten ein Wirrwarr aus überwucherten Grabmalen. Grauer Granit inmitten wilden Grases, Holzkreuze bekränzt von Efeugirlanden und zerbrochene Marmorplatten, auf denen samtweiches Moos wächst. Ein organisiertes Chaos, in Quadranten unterteilt durch Eibenhecken. Ich spaziere zwischen den verrosteten Zäunen und den wilden Sträuchern, bleibe vor einem neogotischen Kirchlein stehen, das auf einem Familiengrab errichtet wurde, entdecke Minikapellen und zeitlose Ornamente und habe das Gefühl, an einer der befahrensten Kreuzungen in ’t Gooi einen geheimen Ort entdeckt zu haben.

Ich kann mich nicht daran erinnern, dass ein Ort in dieser Gegend mich schon einmal so überrascht hätte. Nein, das stimmt nicht, wird mir plötzlich klar: Das ist schon einmal passiert, als ich zum ersten Mal den Waldweg zum Hohen Nest hochgefahren bin, und das Haus und der Garten sich mir offenbarten. Wie das Haus dort auf dem Hügel stand, würdig und zeitlos, abgewandt vom Wohnviertel. Die Front mit Blick auf Wald und Wasser, unberührt vom Rummel des Alltags; ich war sprachlos. Ein sicherer Hafen. Ein Fleck, der zum Klettern und Lachen einlud, an dem man schweigend auf einer Bank sitzen und in einem Feuer stochern konnte. Der spontane Plan, an diesem Freitagmittag das Grab zu suchen, war auch ein Versuch, der Arbeit aus dem Weg zu gehen. Die Hitze macht mich schwerfällig. Ein zwingend notwendiger Schritt bei meiner Recherche ist diese Grabsuche eigentlich nicht, aber jetzt fühlt sie sich konsequent und logisch an. Wo ich gerade stehe, war es an jenem winterlichen Freitagmittag am 18. November 1932 schwarz vor Menschen. Die Spazierwege des Friedhofs waren mit Hunderten Trauernden gefüllt. Die Herren trugen lange Wollmäntel und hohe Hüte, die Damen Pelz und sorgfältig drapierte Frisuren. Alle Stars der niederländischen Kunst- und Theaterwelt waren da. Der Kabarettier Louis Davids, die Opernsängerin Antoinette van Dijk, Stella Fontaine – die Großmutter der bei uns im Haus so verehrten Schauspielerin Dieuwertje Blok –, das Kabarettduo Tholen und Van Lier, der erste niederländische Krimiautor Ivans. Das hatte seine Gründe: Dirk Witte war sozusagen ein Promi: Der erste Textdichter, dessen Lieder landesweit berühmt waren. Gemeinsam mit Jean-Louis Pisuisse galt er als Pionier der niederländischen Kleinkunst. Sein Tod war ein Schock. Drei Tage zuvor hatte er sich von seinen Freunden im Café Schiller am Rembrandtplein verabschiedet. Auf der Fahrt nach Hause wurde ihm im Auto schlecht, und er lenkte den Wagen in einen Kanal, in die Weespertrekvaart. Pisuisse hatte einige Jahre zuvor ebenfalls ein tragisches Ende gefunden, als ein Sänger, den er gefeuert hatte, ihn und seine Frau auf dem Rembrandtplein erschoss. Die Lieder von Dirk Witte waren untrennbar mit dem Ersten Weltkrieg verbunden und hatten sich einen festen Platz im kollektiven Gedächtnis der Niederländer erobert. Seine Frau Jet Looman ließ die letzte Strophe seines Lieblingsliedes »Mensch, trau dich zu leben« auf dem Grabstein eingravieren:

Het leven is heerlijk, het leven is mooi
Maar – vlieg uit in de lucht en kruip niet in een kooi
Mensch, durf te leven!
Je kop in de hoogte, je neus in de wind
En lap aan je laars hoe een ander het vindt
Hou een hart vol van warmte en van liefde in je borst
Maar wees op je vierkante meter een vorst
Wat je zoekt kan geen ander je geven
Mensch, durf te leven!

Das Leben ist toll, das Leben ist einfach wundervoll
Doch muss man sich aus den Fesseln erheben!
Mensch, trau dich zu leben!
Den Kopf in den Wolken, vom Winde getragen
Wen kümmerts, was die anderen sagen!
Wer immer Wärme und Liebe im Herzen behält
Lebt fürstlich auf seinem Fitzelchen Welt!
Was du suchst, kann kein andrer dir geben!
Mensch, trau dich zu leben!

Das Grab muss 1971 bereits so verwahrlost gewesen sein, dass man den Text nicht mehr lesen konnte. Witte wurde 2005 ins Familiengrab der Loomans umgebettet. Ich suche es schon seit einer Stunde, ohne Erfolg. Ich setze mich auf eine Bank im Schatten der Bäume und denke an den langen Weg, der mich hierhergeführt hat, seit wir 2012 ins Hohe Nest eingezogen sind. Ich wollte alles über die Verfolgung der Juden wissen, über die Konzentrationslager und die politischen Umstände jener Zeit. Jedes einzelne Jahr des Krieges studierte ich und folgte dem Weg der Familie Brilleslijper. Ich wollte die NSB-Leute im Gooiland sichtbar machen, beschäftigte mich mit der Rolle der niederländischen Elite und suchte nach Mustern im Widerstand. Jedes Jahr stellte ich am 4. und 5. Mai anlässlich der Befreiung einen Tisch vor das Hohe Nest, darauf legte ich ein Gästebuch aus, in dem ich knapp die Ereignisse im Krieg aufgeschrieben hatte, mit der Bitte um weitere Informationen über diese Periode.

Im Shoah-Archiv von Steven Spielberg entdeckte ich Fotos von den untergetauchten Kindern in unserem Garten. Über amerikanische Universitäten hörte ich Anekdoten über das Haus und die Widerstandsaktivitäten. Ich nahm Kontakt mit Experten, Nachfahren und Freunden auf, es entstand eine besondere Verbindung mit den Kindern von Janny und Lien, und mir wurden Geschichten anvertraut, die ein Romanautor nicht hätte erfinden könnte. Ich konnte den persönlichen Nachlass von Janny im Anne-Frank-Archiv einsehen, wo ich auf Briefe der Schwestern und ihrer Lieben stieß sowie auf die handgeschriebene Erklärung von Janny, dass Anne und Margot Frank bei ihr in Bergen-Belsen gestorben waren. Ich bereiste Israel und entdeckte dort mehr Informationen über das Hohe Nest als in den Niederlanden, aber vor allem hatten die Menschen, denen ich begegnete, eine eindringliche Bitte: Erzähle diese Geschichte, denn sie ist anders als viele Geschichten, die die Welt kennt. Die Juden ließen sich nicht willig in den Tod schicken: Es gab sehr wohl jüdische Widerstandskämpfer – und zwar auch Frauen.

Die untergetauchten Kinder des Hohen Nestes sind jetzt in ihren Siebzigern. Sie kamen aus allen Himmelsrichtungen zurück zum Haus und sahen meine Kinder in Freiheit an den Orten spielen, an denen sie im Krieg gespielt hatten. Der Schreibtisch, an dem dieses Buch entstanden ist, steht direkt über der Luke, hinter der alle wichtigen Papiere versteckt wurden, als die Judenjäger das Haus umzingelten. Mir ist klar geworden, dass der eigentliche Wiederaufbau des Hohen Nestes nicht aus dem Wiederaufbau von Mauern bestand, sondern aus der Rekonstruktion der außergewöhnlichen Ereignisse, die sich zwischen diesen Mauern abgespielt haben.

Die Sonne ist mittlerweile verschwunden. Die Gräber sind im Schatten versunken, warme Luft steht zwischen den Bäumen. Ich stehe auf und nehme die Suche wieder auf. Ein paar Kilometer weiter warten der Turmfalke und ein kaltes Bier auf mich, aber ich gehe nicht, bevor ich Dirk Witte gefunden habe. Zwischen den Blättern entdecke ich plötzlich eine graue Fläche, die aus der Erde hervorragt, weder eingestürzt noch überwuchert; als hätte jemand mich erwartet und die Steinplatte rasch poliert. Ich gehe darauf zu, und dort liegt er, im Familiengrab der Loomans: Dirk Witte 1885–1932. Der Stein ist ansonsten leer, sein berühmter Schlachtruf ist verschwunden. Das macht nichts. Ich würde ihm gerne erzählen, wie Janny und Lien seine Worte in dem von ihm gebauten Haus lebendig haben werden lassen. Die Erinnerung an den Krieg scheint zu verblassen, aber ihre Unerschrockenheit ist für immer in die Steine des Hohen Nestes gemeißelt.

En lap aan je laars hoe een ander het vindt!
Mensch, durf te leven.

Wen kümmerts, was die anderen sagen!
Mensch, trau dich zu leben!

NACH DEM HOHEN NEST

Joseph Brilleslijper, geboren am 27. Februar 1891, am 6. September 1944 in Auschwitz-Birkenau angekommen und höchstwahrscheinlich unmittelbar danach vergast worden.

Fijtje »Fietje« Brilleslijper-Gerritse, geboren am 14. Januar 1891, am 6. September 1944 in Auschwitz-Birkenau angekommen und höchstwahrscheinlich unmittelbar danach vergast worden.

Rebekka »Lien« Rebling-Brilleslijper, geboren am 13. Dezember 1912, gestorben am 31. August 1988. Zog 1952 nach Ost-Berlin, woraufhin ihr die niederländische Staatsangehörigkeit aberkannt wurde. Als sie im März 1964 anlässlich der Hochzeit ihrer Nichte Liselotte in die Niederlande einreisen wollte, wurde sie am Flughafen Schiphol von Beamten der Ausländerbehörde festgehalten. Janny war wütend und rief jede Person mit politischem Einfluss in ihrem Freundeskreis an, damit ihre traumatisierte Schwester wieder freikam und Lien wieder einen niederländischen Ausweis erhielt. Das gelang schließlich auch. Lien trat bis ins hohe Alter weltweit mit einem Repertoire an jiddischen Liedern und Liedern aus dem Widerstand auf, unter anderem gemeinsam mit Eberhard und den Töchtern Kathinka und Jalda.

Marianne »Janny« Brandes-Brilleslijper, geboren am 24. Oktober 1916, gestorben am 15. August 2003. Janny, Bob und die Kinder blieben im Haus an der Amstel wohnen. Janny wehrte sich auch nach dem Krieg gemeinsam mit Bob intensiv gegen den anhaltenden, öffentlichen Antisemitismus in den Niederlanden und hat sich den Rest ihres Lebens für die Anerkennung der Opfer eingesetzt – sie arbeitete unter anderem beim Auschwitz Comité, bei der Anne-Frank-Stiftung und der Stiftung 40–45 mit. Jedes Jahr während des Gedenkens an den Februarstreik hatte Janny einen großen Topf mit Linsensuppe auf dem Herd für die Leute, die in der Kälte vom Denkmal *De Dokwerker* (Der Dockarbeiter) zurückkehrten, das sich unmittelbar um die Ecke ihres Hauses befand.

Jacob »Jaap« Brilleslijper, geboren am 7. Juni 1921, in Auschwitz angekommen am 6. September 1944, nach dem 15. September 1944, aber spätestens am 30. September 1944 in Auschwitz gestorben.

Eberhard Rebling, geboren am 4. Dezember 1911, gestorben am 2. August 2008. Erhielt als einer der ersten Deutschen nach dem Krieg die niederländische Staatsbürgerschaft. Wurde Musikredakteur bei der kommunistischen Zeitung *De Waarheid*. Zog 1952 nach Ost-Berlin, woraufhin ihm die niederländische Staatsbürgerschaft aberkannt wurde. Dort wurde er später Rektor der Hochschule für Musik. Ihm wurde der Yad-Vashem-Ehrentitel »Gerechter unter den Völkern« verliehen.

Bob Brandes, geboren am 20. Februar 1912, gestorben am 27. September 1998. Arbeitete unter anderem bei einer Girobank und war bis zu seinem Tod Jannys Stütze und Halt bei der Verarbeitung der zahlreichen Verluste in der Familie und der lebenslangen Auswirkungen der Kriegsgeschehnisse. Bob litt an einer bedrohlichen Form der Epilepsie und musste viele Medikamente nehmen; Janny sagte häufig: »Wenn Gerrit [Kastein] doch noch leben würde; der sagte oft, dass er ihm nach dem Krieg helfen würde.«

Kathinka Rebling, geboren am 8. August 1941. Zog als Kind mit ihren Eltern in die DDR um, erhielt schon in jungen Jahren Geigenunterricht, besuchte mit achtzehn das Konservatorium in Moskau und promovierte in der Tradition ihres Vaters mit einer musikwissenschaftlichen Arbeit. Sie kehrte dann nach Berlin zurück, um zu unterrichten. Sie gab weltweit Konzerte und Meisterklassen.

Jalda Rebling, geboren am 13. Februar 1951 in Amsterdam, siedelte ein Jahr später mit ihren Eltern und der Schwester Kathinka in die DDR über. Sie besuchte die Schauspielschule Berlin, wurde Theaterschauspielerin und Sängerin und spezialisierte sich auf europäisch-jüdische Musik. Sie ist Kantorin und spirituelle Leiterin der Ohel-Hachidusch-Gemeinde in Berlin.

Robert Brandes, geboren am 10. Oktober 1939. Bildender Künstler, lebt in den Niederlanden.

Liselotte Brandes, geboren am 6. September 1941, lebt in den Niederlanden.

Jetty Druijf, geboren am 16. Januar 1919, am 31. Juli 1944 nach Theresienstadt deportiert, am 28. September 1944 nach Auschwitz deportiert worden, dort gestorben am 3. Oktober 1944.

Simon Isidoor van Kreveld, geboren am 27. Januar 1921, am 31. Juli 1944 nach Theresienstadt deportiert, am 28. September 1944 deportiert worden nach Auschwitz, gestorben in Auschwitz am 3. Oktober 1944.

Pauline (Puck) van den Berg-Walvisch (mitunter auch geschrieben als Paulina bzw. Walvis), geboren am 26. Mai 1924, am 3. September 1944 Deportation nach Auschwitz-Birkenau, am 27. Oktober 1944 deportiert worden ins Lager Libau, das am 8. Mai 1945 von der russischen Armee befreit wurde. Rückkehr am 11. Juni 1945 in die Niederlande. Heutige Situation unbekannt.

Abraham »Bram« Teixeira de Mattos, geboren am 31. Mai 1888, am oder um den 6. September 1944 in Auschwitz-Birkenau angekommen und am 31. Oktober 1944 in Auschwitz vergast worden.

Louise »Loes« Teixeira de Mattos-Gompes, geboren am 12. August 1890, am oder um den 6. September 1944 in Auschwitz-Birkenau angekommen und höchstwahrscheinlich direkt nach Ankunft vergast worden.

Rita (Grietje) Jaeger, geboren 1920, blieb als Arbeiterin im Lager Westerbork bis zur Befreiung im April 1945. Gestorben am 30. November 2015.

Chaim Wolf (Willi) Jaeger, geboren am 17. März 1914, blieb als Bäcker im Lager Westerbork bis zur Befreiung im April 1945. Gestorben im Jahr 2006.

Jan Hemelrijk, geboren am 28. Mai 1918, gestorben am 16. März 2005, nach dem Krieg Professor für Statistik an der Universität von Amsterdam. In Gerard Reves Buch »Die Abende« basieren die Figuren Herman und Lidia auf Jan und Aleid Hemelrijk. Gemeinsam mit Bob van Amerongen hat Jan Hemelrijk die berühmte PP-Widerstandsgruppe gegründet – benannt nach den imaginären Tieren Porgel und Porulan aus dem Gedicht »De blauwbilgorgel« von Cees Buddingh'. Loes Gompes und Sander Snoep drehten hierüber den Dokumentarfilm »Fatsoenlijk land« (Anständiges Land). Nach dem Tod von Jaap Hemelrijk, dem Vater von Jan, im Jahr 1973, erhielt der Waldweg, der in den Buerweg mündet – wo Janny mit dem Rest der Familie lebte –, einen neuen Namen: das Hemelrijklaantje.

Aleid Hemelrijk-Brandes, geboren am 16. Dezember 1914, gestorben am 28. November 1999.

Leo Fuks, geboren am 29. Dezember 1908, gestorben am 12. Juli 1990. Nach dem Krieg Universitätsdozent für modernes Hebräisch und Jiddisch.

Louise Christine »Loes« Fuks-de Betue, geboren 1905, gestorben 1962.

Maarten »Mik« van Gilse, geboren am 2. Juni 1916, erschossen am 1. Oktober 1943.

Jan Hendrik »Janrik« van Gilse, geboren am 5. Juni 1912, bei einem Fluchtversuch von Angehörigen des SD am 28. März 1944 erschossen.

Jan van Gilse, Vater von Jan Hendrik van Gilse, geboren am 11. Mai 1881, gestorben am 8. September 1944.

Gerrit van der Veen, geboren am 26. November 1902, erschossen am 10. Juni 1944. Die Zentrale des SD und die Euterpestraat in Amsterdam wurden nach dem Krieg nach ihm benannt: in Gerrit van der Veen School (jetzt Gerrit van der Veen College) beziehungsweise in Gerrit van der Veenstraat.

Dirk Uipko Stikker, geboren am 5. Februar 1897, gestorben am 23. Dezember 1979. Direktor von Heineken zwischen 1935–1948. Nach dem Krieg u. a. erster Vorsitzender der konservativ-liberalen Partei VVD.

Frits Reuter, geboren am 19. Februar 1912, gestorben am 8. November 1985. Nach dem Krieg Mitglied im niederländischen Parlament für die CPN, die Kommunistische Partei der Niederlande, und Gewerkschaftsvertreter.

Rhijnvis Feith, Nervenarzt in Den Haag, geboren in Utrecht am 21. Juli 1909 und gestorben in Den Haag am 13. Januar 1964.

Gerrit Kastein, geboren am 25. Juni 1910, gestorben am 21. Februar 1943. Am 20. Juni 2017 wurde der Raum im Binnenhof, aus dessen Fenster Gerrit Kastein gesprungen war, nach ihm benannt, in Gerrit-Kastein-Zimmer.

Karel Emanuel Poons, geboren am 14. August 1912, gestorben am 12. März 1992. Nach dem Krieg einer der Initiatoren des Nationalen Balletts und Direktor von Scapino Dans.

Marion Pritchard-van Binsbergen, geboren am 7. November 1920, gestorben am 11. Dezember 2016. Nach dem Krieg tätig für die Vorgängerorganisation der UN in den USA. Sie blieb in den USA und führte dort eine psychoanalytische Praxis. Bis zu ihrem Tod hielt sie Vorträge über den Holocaust. Ihr wurde der Yad-Vashem-Ehrentitel »Gerechte unter den Völkern« verliehen.

Fred Lodewijk Polak, geboren am 21. Mai 1907, gestorben am 17. September 1985. Nach dem Krieg Direktor des Zentralen Planungsbüros, das für die Regierung wirtschaftliche Analysen und Prognosen erstellt. Mitglied der Ersten Kammer, Professor und Gründer von Teleac.

Grietje Kots, geboren am 7. Januar 1905, gestorben am 13. Mai 1993. Arbeitete nach dem Krieg als Masken-, Puppen- und Marionettenmacherin sowie als Malerin und Bildhauerin.

Anton Mussert, geboren am 11. Mai 1894, am 12. Dezember 1945 zum Tode verurteilt, am 7. Mai 1946 auf der Waalsdorpervlakte exekutiert.

Eduard »Eddy« Moesbergen, geboren am 26. Juni 1902. Nach dem Krieg angeklagt und im November 1948 zum Tode verurteilt. 1949 begnadigt worden von Königin Juliana, die Strafe wurde in lebenslange Haft umgewandelt. 1959 erneut begnadigt worden, die Haft wurde auf 23 Jahre gekürzt (das ist die längste Haftstrafe aller Mitglieder der Kolonne Henneicke). 1961 Haftentlassung und Emigration nach Neuseeland, zu seiner Frau und den vier Kindern. Gestorben am 8. November 1980.

Willi Lages, geboren am 5. Oktober 1901, gestorben am 2. April 1971. Nach dem Krieg angeklagt und zum Tode verurteilt, Begnadigung, die Strafe wurde in lebenslange Haft umgewandelt. 1955 Internierung. 1966 wurde ihm aus »humanitären Gründen« (er litt unter Darmbeschwerden) eine Strafunterbrechung von maximal drei Monaten gewährt. Er ging nach Deutschland, wurde operiert und lebte ab diesem Zeitpunkt als freier Mann, da er nicht ausgeliefert werden konnte.

Harm Krikke, geboren 1896, nach dem Krieg angeklagt und zum Tode verurteilt, begnadigt, die Strafe wurde in lebenslange Haft umgewandelt. Todesdatum unbekannt, eine Nachricht im *Friese Koerier* vom 15. Juli 1969 gibt den 12. Juli 1969 an.

Willem Punt: Im Krieg Ermittler für die Polizei Amsterdam, nach dem Krieg angeklagt. Geburts- und Todesdaten unbekannt.

Annie Bochove, geboren am 9. Juli 1913. Direkt nach dem Krieg, Anfang 1946, beantragte das Ehepaar Bochove die Papiere für eine Emigration; sie planten, in die USA auszuwandern. Die Papiere trafen erst am 16. Juli 1949 ein, am selben Tag starb Annie Bochove. Posthum wurde ihr der Yad-Vashem-Ehrentitel »Gerechte unter den Völkern« verliehen.

Bert Bochove, geboren am 1. Oktober 1910, emigrierte nach dem Krieg in die USA. Er starb am 13. August 1991 in Kalifornien. Ihm wurde der Yad-Vashem-Ehrentitel »Gerechter unter den Völkern« verliehen.

Éva Besnyő, geboren am 29. April 1910, gestorben am 12. Dezember 2003. Wurde nach dem Krieg als Fotografin berühmt.

Mieke Stotijn-Lindeman, später Riezouw-Lindeman, geboren am 15. Dezember 1914, gestorben am 23. April 2009. Nach dem Krieg politisch aktiv (Kommunistische Partei Holland und später in der sozialdemokratischen PvdA) sowie Gründerin des Nachbarschaftszentrums im Vondelpark-Concertgebouw-Viertel Amsterdam.

Haakon Stotijn, geboren am 11. Februar 1915, gestorben am 3. November 1964. Spielte nach dem Krieg Solo-Oboe im Concertgebouw-Orchester.

Kurt Kahle, geboren am 18. Oktober 1897, gestorben 1953 bei einem Autounfall. Nach dem Krieg drehte er Filme und Dokumentationen.

Marianne Gerritse-Lootsteen (Mutter von Fijtje), geboren am 28. Mai 1858, gestorben am 23. Dezember 1916.

Jacob Gerritse (Vater von Fijtje), geboren am 19. August 1858, gestorben am 27. Dezember 1936.

Isaäc Gerritse (Bruder von Fijtje), geboren am 5. Mai 1882, gestorben in Auschwitz am 27. August 1943, fünf seiner sechs Kinder starben in Konzentrationslagern.

Mozes Gerritse (Bruder von Fijtje), geboren am 15. August 1895, gestorben im Arbeitslager Jawischowitz (Kohlenmine), bei Auschwitz, am 1. Januar 1944. Seine Frau und beide Kinder starben in Konzentrationslagern.

Debora Beesemer-Gerritse (Schwester von Fijtje), geboren am 7. Januar 1898, gestorben in Sobibor am 21. Mai 1943. Ihr Mann und drei ihrer vier Kinder starben in Konzentrationslagern.

Alexander Gerritse (Bruder von Fijtje), geboren am 10. November 1900, gestorben in Auschwitz, 1942 oder 1943, seine Frau und drei Kinder starben in Konzentrationslagern.

Trees Lemaire, geboren am 15. Januar 1919, gestorben am 10. Dezember 1998. Nach dem Krieg Galeristin in Amsterdam, Leiterin der Abteilung Dokumentarfilm beim Sender Vara und Mitglied der Zweiten Kammer für die sozialdemokratische PvdA. Bis zu ihrem Tod waren Trees und Janny beste Freundinnen.

Carolina »Lily« Biet-Gassan, geboren am 20. Juli 1913, gestorben am 14. Oktober 1975.

Anita Leeser-Gassan, geboren am 17. September 1935, nach dem Krieg Rechtsanwältin und Jugendrichterin, Vizepräsidentin des Gerichts in Amsterdam.

Edith Frank-Hollander, geboren am 16. Januar 1900, gestorben am 6. Januar 1945. Als Anne und Margot Ende Oktober 1944 nach Bergen-Belsen verlegt werden, nehmen sie irrtümlich an, dass ihre Mutter in Auschwitz in die Gaskammer geschickt wurde. Edith Frank-Hollander stirbt allerdings wenig später an Krankheit und Erschöpfung in Auschwitz.

Otto Frank, geboren am 12. Mai 1889, gestorben am 19. August 1980. Am 27. Januar 1945 befreiten russische Truppen das KZ Auschwitz. Otto Frank kehrte in die Niederlande zurück und suchte Tag und Nacht nach Informationen über das Schicksal seiner Töchter Anne und Margot. Das Rote Kreuz nennt ihm die Namen der Geschwister Brilleslijper. Im Juli 1945 besucht er sowohl Lien als auch Janny, und sie berichten ihm, dass Anne und Margot in Bergen-Belsen gestorben sind.

Margot Frank, geboren am 16. Februar 1926, gestorben im Februar oder März 1945 in Bergen-Belsen.

Anne Frank, geboren am 12. Juni 1929, gestorben im Februar oder März 1945 in Bergen-Belsen.

Ida (Simons-)Rosenheimer, geboren am 11. März 1911, gestorben am 27. Juni 1960. Im September 1943 nach Westerbork deportiert, dort spielte sie als Pianistin im Lagerorchester. Im September 1944 nach Theresienstadt deportiert, im Februar 1945 gelangte sie in die Schweiz, im Sommer 1945 kehrte sie in die Niederlande zurück. Nach dem Krieg wurde sie als Schriftstellerin bekannt, ihr Roman »Vor Mitternacht« (1959) wurde ein Bestseller.

Alexander de Leeuw, geboren am 15. Mai 1899, tauchte in der Besatzungszeit gelegentlich unter, wurde im Mai 1941 verhaftet und im Juli 1942 nach Auschwitz gebracht, dort wurde er am 4. August 1942 vergast.

Kees Schalker, geboren am 31. Juli 1890. Er wurde Ende 1943 bei einer illegalen CPN-Versammlung verhaftet und am 12. Februar 1944 auf der Waalsdorpervlakte hingerichtet.

DANK

Diese außergewöhnliche Geschichte hätte ohne die Hilfe vieler Menschen nicht erzählt werden können, ihnen allen gilt mein Dank. Ich danke den Bewohnern der umliegenden Dörfer, die ihre Erinnerungen durchkämmten, alte Dokumente und Fotos in meinem Briefkasten deponierten, an der Tür klingelten oder persönliche Geschichten per Mail schickten. Den Nachfahren der Opfer, die so tapfer mitarbeiten wollten und mich trotz ihres eigenen neu entbrannten Schmerzes und ihres Kummers immer wieder ermutigten.

Den Autoren und Historikern, aus deren Wissen ich schöpfen durfte und die mich inspirierten, darunter die verstorbene Evelien Gans, der ich so gerne ein Exemplar dieses Buches überreicht hätte.

Den Archivmitarbeitern der Zeitungen, Bibliotheken, der Dokumentationszentren der Konzentrationslager und der Archive im In- und Ausland, die mir aus tiefster Überzeugung bei der Recherche halfen und aus eigenem Antrieb unverhofft neue Informationen zutage förderten.

Den Leuten in der Umgebung des Hohen Nestes, die unsere Familie liebevoll aufgenommen haben, mich mit Fotos, Hinweisen und Anekdoten unterstützten und die gelegentlich ein Auge auf uns hatten, insbesondere Fransje Sydzes-Westerman, Frans Bianchi, Randi und Alois Stas, Oma Aartje und Opa Lambert

Kruyning, Maria Wesselius, die Familien Kos und Westland, Marijke und Nico Buijs und viele weitere.

Der Niederländischen Stiftung für Literatur, den Mitarbeitern der Anne-Frank-Stiftung, den Mitarbeitern von Yad Vashem, Loes Gompes, David Shneer, Co Rol, Sylvia Braat, Louise Paktor, Buck Goudriaan, Marise Rinkel Bochove und Paul Schiffers.

Den Meistern ihres Faches, dem Filmemacher Willy Lindwer und dem Autor und TV-Journalisten Ad van Liempt, die mir in wichtigen Momenten entscheidende Anstöße gaben.

Dem ganzen Team von Lebowski Publishers und dem Verlag Overamstel und meinem Patron Oscar van Gelderen, *my jaunty publisher with an impish smile*, meinem munteren Verleger mit dem schelmischen Lächeln.

Meinem Lektor und Freund Jasper Henderson, einem Mann, der einem in dem Augenblick, in dem man die ganze Arbeit zum Fenster hinauswerfen möchte, rät, es sei nun an der Zeit, erst einmal in aller Ruhe eine Banane zu essen.

Den Kindern von Janny und Lien, die mich liebevoll in ihrer Mitte aufnahmen, mir ihr Vertrauen schenkten und ihre Erinnerungen mit mir teilten. Ihr habt mir alle persönlichen Unterlagen der Schwestern zur Verfügung gestellt; ich kann nur hoffen, dass ich euch gerecht geworden bin.

Meiner lieben Familie und den Freunden, die mich unterstützten und Verständnis hatten: für meine physische, und häufig auch mentale Abwesenheit.

Und schließlich meiner ersten, und hoffentlich auch letzten, Liebe Joris – wir sind einander Marlin und Dorie und manchmal auch Creed und Rocky –, meiner Bonustochter Anne und meinen Kindern Josephine, Duc und Cees, die mich in schwierigen Phasen überschüttet haben mit Küssen, Umarmungen, Omelett mit Mayonnaise und tütenweise Süßigkeiten; ihr macht mich glücklicher, als ihr es euch jemals vorstellen könnt.

Man verändert sich sehr, wenn man sich längere Zeit in die

Details des Holocausts versenkt, aber aus der Eigensinnigkeit, dem Mut und dem Humor der Schwestern Brilleslijper kann ich ein Leben lang Kraft schöpfen.

Ich möchte mit den Worten eines anderen Widerstandskämpfers, nämlich mit denen von Albert Camus, enden: »Mitten im tiefsten Winter wurde mir endlich bewusst, dass in mir ein unbesiegbarer Sommer wohnt.«

QUELLEN

Diese Geschichte basiert auf unzähligen Quellen, die zum Teil zur Oral History gehören. Fast jede der Erzählungen habe ich mit Hilfe mehrerer Quellen oder mittels offizieller Dokumente überprüfen können. Eine gewisse Unstimmigkeit der Fakten war bei einem Teilaspekt nicht auszuräumen: Janny Brilleslijper sagte immer, sie habe die Familie Frank zum ersten Mal am Hauptbahnhof in Amsterdam gesehen, obwohl sie die Franks damals noch nicht persönlich kannte. Auf den Namenslisten des niederländischen Roten Kreuzes, auf denen die Transporte von Amsterdam nach Westerbork angegeben sind, tauchen die Namen der Familie Frank und derjenige von Janny Brilleslijper jedoch nicht am selben Datum auf. Das kann zweierlei bedeuten: Janny hat sie damals verwechselt beziehungsweise ihre Erinnerung war trügerisch, oder aber die betreffenden Listen enthalten einen Fehler, was durchaus häufiger vorkam. Da ich mich beim Schreiben stets auf die Erinnerungen von Janny gestützt habe, und diese konsistent und detailreich waren, blieb ich bei ihrer Version.

~

PERSÖNLICHE AUFZEICHNUNGEN UND INTERVIEWS

Voltooid en onvoltooid verleden tijd, Erinnerungen für einen privaten Kreis, von Janny Brandes-Brilleslijper, 1986.

Eberhard Rebling: 90 jaar!, Erinnerungen für einen privaten Kreis, von Janny Brandes-Brilleslijper, 2001.

Sag nie, du gehst den letzten Weg, Erinnerungen von Lin Jaldati und Eberhard Rebling, Berlin: Buchverlag Der Morgen, 1986.

Persönliche Unterlagen von Eberhard Rebling und der Familie Brilleslijper in den Yad-Vashem-Archiven.

Persönliche Unterlagen von Janny Brandes-Brilleslijper und der Familie Brilleslijper im Anne-Frank-Archiv.

Persönliche Gespräche mit unter anderem Kathinka Rebling, Jalda Rebling, Rob Brandes, Willy Lindwer, Ad van Liempt und vielen anderen Betroffenen und Beteiligten.

Dokumentierte Gespräche mit unter anderem Janny Brandes-Brilleslijper, Lien Rebling-Brilleslijper, Eberhard Rebling, Karel Poons, Marion Pritchard, Bert und Annie Bochove, Jan Hemelrijk und vielen anderen Betroffenen und Beteiligten.

Gefilmte Aussage von Janny Brandes-Brilleslijper, USC Shoah Foundation, the Institute for Visual History and Education, 1966.

Gefilmte Aussage von Janny Brandes-Brilleslijper, *De laatste zeven maanden van Anne Frank*, ein Dokumentarfilm von Willy Lindwer, 1988.

Gefilmte Aussage von Jalda Rebling, Jiddish Book Center, 11. März 2014.

Slesin, Aviva. *Secret Lives: Hidden Children and Their Rescuers During World War II*, Dokumentarfilm, 2002.

Polizeiverhöre, Zeugenerklärungen, Transportlisten usw., Nationaal Archief (Nationalarchiv).

Briefwechsel und Dokumente des Niederländischen Roten Kreuzes.

Baupläne, Beantragung der Baugenehmigung und Übersicht des Architekten beim Bau des Hohen Nestes, 1920.

ARCHIVE UND WEBSEITEN

Aussagen von Adolf Eichmann vor Gericht in Jerusalem, 1961, Haus der Wannsee-Konferenz, Gedenk- und Bildungsstätte.

100 jaar Joods Bussum, Jüdische Gemeinde Bussum, Online-Archiv.

Anne-Frank-Stiftung, www.web.annefrank.org

Archiv *De Vrije Kunstenaar*, Gewerkschaftsbewegung im Krieg, www.vakbewegingindeoorlog.nl/documenten/vrije-kunstenaar

Archiv Eemland, www.archiefeemland.nl

Archieven.nl, Rubriken kulturelles Erbe, Zeitungen, Personen, www.archieven.nl

Art Is My Weapon: The Life and Work of Lin Jaldati, Mediaproject David Shneer.

Artistiekbureau, Online-Zeitschrift von Nick ter Wal, enthält Informationen u.a. über Gerrit van der Veen und Mik van Gilse.

Auschwitz Bulletin, Nederlands Auschwitz Comité.

Beeldbank WO2, niod, www.beeldbankwo2.nl

Das »Illegale Parool«-Archiv 1940–1945, www.hetillegale parool.nl

De laatste getuigen uit concentratie- en vernietigingskampen, een educatief vredesproject. Brüssel: Verlag Asp, 2010.

De Theaterencyclopedie, Besondere Sammlungen (UvA) und Stiftung TIN. www.theater encyclopedie.nl/wiki

Dodenakkers.nl, Archiv der Stiftung Dodenakkers, Funerair Erfgoed, u.a. mit Informationen über den Tod von Jan Verleun und General Seyffardt.

Drenthe in de oorlog, Lourens Looijenga und RTV Drenthe, www.drentheindeoorlog.nl

Encyclopaedia Britannica, Encyclopaedia Britannica, Inc. 2010, www.britannica.com

Erinnerungszentrum Lager Westerbork, Archiv und Sammlung des Lagers Westerbork, www.kampwesterbork.nl

Het Verzetsmuseum Amsterdam (Widerstandsmuseum), Sammlung & Bibliothek des Museums.

Historical Papers, Zeitungsarchiv Van Wits University.

Holocaust Survivors and Remembrance Project, Holocaust Rescuers, www.isurvived.org

Humanistische Canon (Humanistischer Kanon), Humanistisches Bündnis in Zusammenarbeit mit dem Humanistischen Historischen Zentrum, www.humanistischecanon.nl

Jewish Virtual Library, American-Israeli Cooperative Enterprise (aice), Jewishvirtuallibrary.org

Joods Monument (The Jewish Monument), Jüdisches kulturelles Viertel, www.joodsmonument.nl

Nederlands Instituut voor Oorlogsdocumentatie (Niederländisches Institut für Kriegsdokumentation, niod), Institut für Kriegs, Holocaust- und Genozidforschung, www.niod.nl

Niederländische Freiwillige im Spanischen Bürgerkrieg, Datenbank des Internationalen Instituts für Sozialgeschichte, www.spanjestrijders.nl

Nuremberg Trials Project, Harvard Law School Library.

Onderzoeksgids oorlogsgetroffenen WO2, terugkeer, opvang, nasleep. Het Nederlands Instituut voor Oorlogsdocumentatie (Niederländisches Institut für Kriegsdokumentation, niod) und das Huygens Instituut voor Nederlandse Geschiedenis (Huygens Institut für niederländische Geschichte, Huygens ing). www.oorlogsgetroffenen.nl

Parlamentarische Untersuchung zur Regierungspolitik 1940–1945, parlement.com

Positionspapier Verwaltung Gooise Meren, Erhaltungskonzept Alter Friedhof Naarden, 2004.

Protokoll der Wannseekonferenz vom 20. Januar 1942, Haus der Wannsee-Konferenz, Gedenk- und Bildungsstätte, und Yad Vashem, The World Holocaust Remembrance Center.

Reden des Reichsführers SS Heinrich Himmler in Posen am 4. und 6. Oktober 1943, Harvard Law School Library, Nuremberg Trials Project.

Stichting Joods Erfgoed Den Haag (Stiftung Jüdisches Erbe Den Haag), www.joodserfgoeddenhaag.nl

Stichting Oneindig Noord-Holland (Stiftung Unendliches Nord-Holland), www.onh.nl

The Holocaust Education & Archive Research Team,

h.e.a.r.t., www.holocaustresearchproject.org

United States Holocaust Memorial Museum, Archive und Interviews, www.ushmm.org

Wallenberg Lecture 1996, Marion P. Pritchard, 16–10–1996.

World Holocaust Remembrance Center Yad Vashem, The Holocaust Martyrs' and Heroes' Remembrance Authority, www.yadvashem.org

Zeitungsarchiv im Archiv Alkmaar, Regionales Archiv Alkmaar.

Zeitungen im Nord-Holländischen Archiv.

BÜCHER

Agamben, Giorgio. *Was von Auschwitz bleibt: das Archiv und der Zeuge*. Aus dem Ital. von Stefan Monhardt. Berlin: Suhrkamp 2003.

Block, Gay und Malka Drucker. *Rescuers: Portraits of Moral Courage in the Holocaust*. New York: Holmes & Meier Publishers 1992.

Braber, Ben. *Waren mijn ogen een bron van tranen: Een joods echtpaar in het verzet, 1940–1945*. Amsterdam: Amsterdam University Press 2015.

De Jong, Loe. *Het Koninkrijk der Nederlanden in de Tweede Wereldoorlog*. Den Haag: Sdu 1969–1991.

Enzer, Hyman A. und Sandra Solotaroff-Enzer (Hrsg.). *Anne Frank: Reflections on Her Life and Legacy*. University of Illinois Press 1999.

Fischel, Jack. *The Holocaust*. Westport: Greenwood Press Guide 1998.

Fournet, Caroline. *The Crime of Destruction and the Law of Genocide: Their Impact on Collective Memory*. Ashgate Publishing 2007.

Gompes, Loes. *Fatsoenlijk Land. Porgel en Porulan in het verzet*. Amsterdam: Rozenberg Publishers 2013/Digitale Fassung Rozenberg Quarterly 2014.

Goudriaan, Buck. *Verzetsman Gerrit Kastein (1910–1943). ›Een communistische intellectueel van een vreeswekkende koelbloedigheid‹*. Leiden: De Nieuwe Vaart 2010.

Hoeven, Liesbeth. *Een boek om in te wonen: De verhaalcultuur na Auschwitz*. Dissertation Tilburg 2015. Hilversum: Verloren 2015.

Keller, Sven. *Günzburg und der Fall Josef Mengele: Die Heimatstadt und die Jagd nach dem NS-Verbrecher*. München: Oldenbourg 2010.

Kershaw, Ian. *Hitler*. Aus dem Engl. von Jürgen Peter Krause u. a. München: Pantheon 2009.

Klemperer, Victor. *Ich will Zeugnis ablegen bis zum letzten: Tagebücher 1933–1945*. Berlin: Aufbau 2015.

Land-Weber, Ellen. *To Save a Life: Stories of Holocaust Rescue*. University of Illinois Press 2006.

Lee, Carol Ann. *Anne Frank: die Biographie*. Aus dem Engl. von Bernd Rullkötter und Ursel Schäfer. München, Zürich: Piper 2002.

Lee, Carol Ann. *Anne Frank 1929–1945: Het leven van een jong meisje, de definitieve biografie*. Marja de Bruijn (Übers.). Amsterdam: Uitgeverij Balans 2009.

Levi, Primo. *Ist das ein Mensch?* Aus dem Ital. von Heinz Riedt. München: DTV 2010.

Liempt, Ad van. *Aan de Maliebaan, de kerk, het verzet, de NSB en de SS op een strekkende kilometer*. Amsterdam: Uitgeverij Balans 2015.

Liempt, Ad van. *Frieda: Verslag van een gelijmd leven*. Herinneringscentrum Westerbork 2007.

Liempt, Ad van. *Kopfgeld. Bezahlte Denunziation von Juden in den besetzten Niederlanden*. Aus dem Niederländischen von Marianne Holberg. München: Siedler 2005.

Lindwer, Willy. *Anne Frank: Die letzten sieben Monate. Augenzeuginnen berichten*. Aus dem Niederländischen von Mirjam Pressler. Frankfurt am Main: Fischer 1990. Der Dokumentarfilm *De laatste zeven maanden van Anne Frank* von Lindwer erschien 1988.

Minney, R.J. *I Shall Fear No Evil: The Story of Dr. Alina Brewda*. London: Kimber 1966.

Pollman, Tessel. *Mussert & Co: De NSB-leider en zijn vertrouwelingen*. Amsterdam: Boom 2012.

Presser, J. *Ondergang. De vervolging en verdelging van het Nederlandse jodendom, 1940–1945*. Den Haag: Staatsuitgeverij 1965.

Rol, Co. *En nu een gewoon Hollandsch liedje. Leven en werken van Dirk Witte (1885–1932)*. Herausgegeben von der Stichting Vrienden van het Zaantheater 2006.

Romijn, P. *Burgemeesters in oorlogstijd: Besturen onder Duitse bezetting*. Amsterdam: Uitgeverij Balans 2006.

Schütz, Raymond. *Achter gesloten deuren: Het Nederlandse notariaat, de Jodenvervolging en de naoorlogse zuivering*. Amsterdam: Amsterdam University Press 2010.

Schütz, Raymund. *Kille mist: Het Nederlandse notariaat en de erfenis van de oorlog*. Amsterdam: Boom 2016.

Seymour, M. und Mercedes Camino. *The Holocaust in the Twenty-First Century*. London: Routledge 2017.

Went, Nicholaas. *Hoe de Leider voor volk en vaderland behouden bleef*. Bussem: Autonic 1942.

Würzner, Hans. *Österreichische Exilliteratur in den Niederlanden 1934–1940*. Amsterdam 1986.

Zee, Sytze van der. *25 000 Landverraders, de SS in Nederland/Nederland in de SS*. Den Haag: Kruseman 1967.

Auf S. 317 wird das Partisanenlied in der Nachdichtung von Kuba [d. i. Kurth Barthel] zitiert. In: Irene Selle (Hrsg.): *Frankreich meines Herzens. Die Résistance in Gedicht und Essay*. Leipzig: Philipp Reclam jun. 1987, S. 200ff.

Der Auszug aus *Der Kaufmann von Venedig* von William Shakespeare auf S. 251 folgt der Übersetzung von August Wilhelm von Schlegel. Stuttgart: Philipp Reclam jun. 1982, S. 43 f.

ZEITSCHRIFTEN, ZEITUNGEN & ARTIKEL

Bruggeman, Hans: »In memoriam: Jannie Brandes-Brilleslijper (1916–2003), Verzetsvrouw«, in: *Auschwitz Bulletin*, Nummer 3, September 2003.

Flap, Henk und Peter Tamme: »De electorale steun voor de Nationaal Socialistische Beweging in 1935 en 1939«, in: *Mens & Maatschappij*. 83: 1, S. 23, 2008.

Meyers, J.: »Mussert in mei veertig«, in: *Maatstaf*, Jahrgang 30, 1982.

Rolfs, David W. und Professor Schaberg: »The Treachery of the Climate: How German Meteorological Errors and the Rasputisa Helped Defeat Hitler's Army at

Moscow«, in: *Special Topics in History: World War II*, 2010.

Shneer, David: »Eberhard Rebling, Lin Jaldati, and Yiddish Music in East Germany, 1949–1962«, in: *Dislocated Memories*, 2014.

o. A.: »Mens durf te leven«, in: *De Omroeper*, 19: 2, S. 75–80, Juni 2006.

Artikel von Dwight Jon Zimmerman (Vorsitzender der Military Writers Society of America), Defense Media Network, Military History.

Delpher, regionale Zeitungsarchive und Online-Zeitungsarchiv

De Huizer Courant

De Jacobsladder, Vierteljahresschrift der historischen Vereinigung »Otto Cornelis van Hemessen«

De Typhoon, Dagblad voor de Zaanstreek

De Zuidkanter

De Groene Amsterdammer

De Omroeper, Stiftung Vijverberg

Historisch Nieuwsblad

Leeuwarder Courant

Maatstaf

The New York Times

Nieuw Israëlietisch Weekblad

Ons Amsterdam

Over Oegstgeest, halbjährliche Zeitschrift

Vrij Nederland

Im Buch werden zudem folgende niederländische Zeitungen in Verbindung mit dem Hohen Nest und der Arbeit im Widerstand erwähnt:

Het Volk

Het Signaal

Het Parool

De Waarheid

Joodsche Weekblad

De Vrije Kunstenaar

Politiek&Cultur